U0960007

高等院校财经类应用型专业系列教材

VBSE企业运营综合仿真实训教程

主　编　张亚娜
副主编　李永红　夏小荣

天津大学出版社
TIANJIN UNIVERSITY PRESS

图书在版编目（CIP）数据

VBSE企业运营综合仿真实训教程 / 张亚娜主编；李永红，夏小荣副主编. -- 天津：天津大学出版社，2023.5（2026.1重印）
高等院校财经类应用型专业系列教材
ISBN 978-7-5618-7448-6

Ⅰ. ①V… Ⅱ. ①张… ②李… ③夏… Ⅲ. ①企业经营管理－应用软件－高等学校－教材 Ⅳ. ①F272.7

中国国家版本馆CIP数据核字(2023)第063823号

出版发行　天津大学出版社
地　　址　天津市卫津路92号天津大学内（邮编:300072）
电　　话　发行部：022-27403647
网　　址　www.tjupress.com.cn
印　　刷　廊坊市海涛印刷有限公司
经　　销　全国各地新华书店
开　　本　787mm×1092mm　1/16
印　　张　20.5
字　　数　512千
版　　次　2023年5月第1版
印　　次　2026年1月第3次
定　　价　49.00元

凡购本书，如有缺页、倒页、脱页等质量问题，烦请与我社发行部门联系调换
版权所有　侵权必究

本书编委会

主　编　张亚娜
副主编　李永红　夏小荣
参　编　周　嫚　李喜梅

前　言

中国共产党第二十次全国代表大会提出了科教兴国战略、人才强国战略、创新驱动发展战略，为了适应企业转型升级和开辟新领域、新赛道的发展需求，国家需要培养大批具备发展前途的企业实务型岗位人员。高等院校要以学生为主体，促进教育链、人才链与产业链、创新链有机衔接，适应新形势，全面提高教育质量，扩大就业创业，为推进经济转型升级、培育经济发展新动能发挥重要作用。

本教材基于上述背景，不断创新产学合作育人机制，实现真学真做，掌握真本领。通过理论知识、职业素养与动手技能的有机结合，从现实岗位工作内容、管理流程、业务单据出发，将经营模拟与现实工作接轨，进行仿真经营和业务运作，结合与教学目标适配的业务规则，培养具有高潜质、全局观的实务型岗位管理人员，从而完善高等院校对学生的实训培养。

本教材是西安培华学院立项自编教材，是普通高校应用型实训教材，编写组在对“VBSE 综合实训”课程进行多年应用型课程改革的基础上，充分吸收借鉴企业管理的最新成果和相关教材的成熟经验，立足我国高等院校培养应用型、复合型高素质人才的目标，依托新道 VBSE 综合实践教学 3.5 平台，融入课程思政元素，通过对不同形态组织典型业务的抽取，营造虚拟的商业社会环境，让学生在虚拟的市场、商务、政务和公共服务环境中进行宏观微观管理、多人协同模拟经营，培养学生的综合执行能力、综合决策能力和创新创业能力，全局意识，分析问题和解决问题的能力，提升其综合职业素养。

本教材共分七个模块，模块一详细介绍虚拟商业社会环境，让学生初步了解实训内容；模块二介绍团队建设及工作交接，让学生进入角色，熟悉实训业务环境；模块三到模块六主要依托新道 VBSE 综合实践教学 3.5 平台的固定数据模块分别介绍工贸、制造、商贸、物流企业的日常管理、采购、生产、销售、账务处理全套业务流程，以项目为导向，任务为驱动，实施教、学、做一体化教学，对重难点问题进行单独实训，采用情景模拟教学法、主题教学法、案例教学法、团队互助教学法和探究式教学法，呈现全景化公司经营面貌；模块七介绍 VBSE 仿真经营的经营复盘，通过项目全覆盖分析，以复盘的方式梳理前期遇到的问题，强化学生对重难点的理解，让学生在深入理解 VBSE 平台的情况下进行反思，完成从被动学习到主动思考的转变。本教材各个模块均对实训知识进行了专题介绍，在系统介绍 VBSE 综合管理知识的过程中，逻辑紧凑、目的明确、顺势而为，有助于激发学生主动学习的热情。

本教材可作为新道 VBSE 综合实训课程（3.5 平台）的配套教材，有利于学生熟练掌握全产业链的业务管理，也可作为教师熟悉新道 VBSE 综合实训课程平台操作技能的参考读物。

本教材编写组由西安培华学院的张亚娜、李永红、夏小荣、周嫚、李喜梅组成。其中，张亚娜主编在和编写组成员及行业企业专家进行充分探讨后，拟定目录，并编写模块二、模块三、模块四和模块六；夏小荣编写模块五；周嫚编写模块七；李喜梅编写模块一；李永红编撰前言与全书的思政映射、知识拓展，并对全书的财务数据进行校对和统一编撰。本教材经西安培华学院教材建设委员会审定通过，编写过程中得到西安培华学院会计与金融学院和新道科技股份有限公司的大力支持，在此表示衷心的感谢。

受编者时间和水平所限，书中难免有错误和不妥之处，敬请专家和读者不吝指正。

编　者

2023 年 4 月

目　　录

模块一　进入虚拟商业社会环境

【模块任务简介】

VBSE 综合实训通过对不同形态组织典型业务的抽取，营造虚拟的商业社会环境，让学生在虚拟的市场、商务、政务和公共服务环境中根据现实岗位工作内容、管理流程、业务单据，进行仿真经营和业务运作。本模块主要介绍虚拟商业社会环境机构及部门设置情况，让学生对实训环境有初步的认知。

【教学目标】

知识点：了解不同社会经济组织的特点。

技能点：1. 可以区分不同经济组织的结合；

2. 初步掌握不同经济组织的岗位任务。

态度点：1. 对商业环境有初步认知；

2. 对岗位职责有初步认知。

【重点难点】

制造企业岗位职责。

VBSE 综合实训供应链关系如图 1-1 所示。

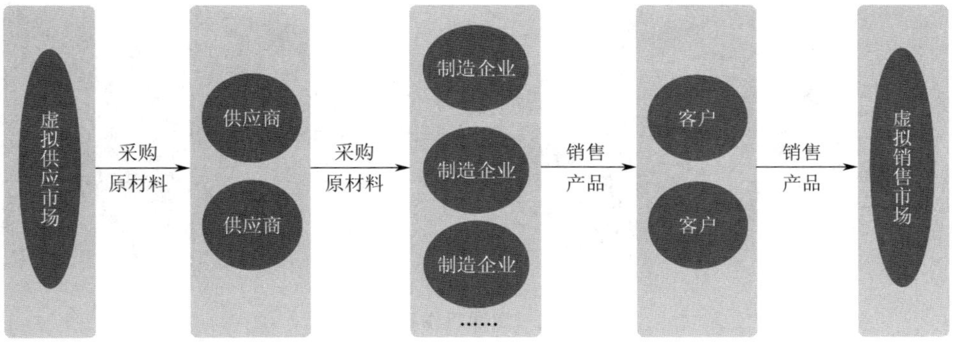

图 1-1　VBSE 综合实训供应链关系图

任务一　VBSE 综合实训课程介绍

VBSE（Virtual Business Society Environment，虚拟商业社会环境）企业运营综合仿真实

训是基于新道 VBSE 综合实践教学 3.5 平台（简称“V 综 3.5”）的一门综合实训课程。

通过对真实商业社会环境中典型单位、部门和岗位进行系统的模拟，让学生在其中进行身临其境的岗前实习，使学生认知并熟悉现代商业社会内部不同组织、不同职业岗位的工作内容和特性，培养学生从事经营管理活动所需的综合执行能力、综合决策能力和创新创业能力，以及全局意识和综合职业素养。

本课程以多专业性、全仿真性、对抗性为特色。多专业性，即融合经管类多个专业学科的知识体系；全仿真性，即基于企业真实组织机构、工作任务、业务流程和操作环境的全景呈现；对抗性，即兼顾创新、效率与效益的综合评测体系，营造组间竞争氛围。

企业管理全景仿真可分为主体企业和外部服务机构两大部分。主体企业由若干家同属一个行业的生产制造公司组成，它们所处的市场经济环境完全相同，每一家制造公司在企业经营运作过程中做出的决策不同，导致最终的经营业绩不同，彼此之间是相互竞争的关系。主体企业以童车生产企业（离散型企业）为业务原型，通过企业的产、供、销一条龙的业务链，让学生真实地感受到企业的实际业务。外部服务机构主要为配合生产制造公司的主体经营活动而设置，并通过交易活动和市场管理活动与生产制造公司产生联系，包括政务服务中心、客户、供应商、银行、综合服务中心等。

本课程仿真场景如图 1-2 所示。

图 1-2　本课程仿真场景

任务二　VBSE 组织机构设置

一、工贸企业组织结构及岗位设置

工贸企业是各童车制造企业的供应商,即各类零件的主要来源渠道。工贸企业组织结构如图 1-3 所示。

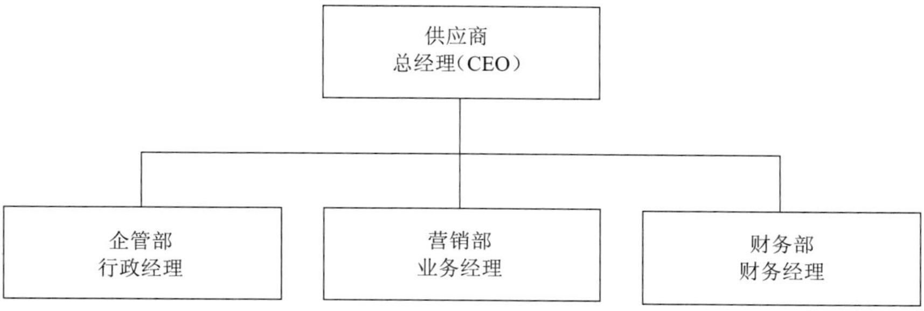

图 1-3　工贸企业组织结构

总经理(CEO):主持公司的日常经营管理工作,对公司的经营管理目标负责。

行政经理:负责人力资源及企业现金管理。

业务经理:负责采购、销售及仓储岗位的业务。

财务经理:负责公司资金运作管理、日常财务管理及分析、资本运作、筹资方略确定、对外合作谈判等。

二、制造企业组织结构及岗位设置

制造企业是以盈利为目的,从事工业生产经营活动或提供工业性劳务的经济组织,实行自主经营、自负盈亏、独立核算,是依法成立的具有法人资格的基本经济组织。

制造企业区别于其他行业的典型特征是生产职能,其生产职能是将资源转化为对客户更具有价值的商品活动。从资源材料的获取到最终的消费品有多个阶段,开发最终消费品的每个阶段都会增加附加值,从而创造更多财富。

制造企业组织结构如图 1-4 所示,制造企业岗位设置情况见表 1-1。

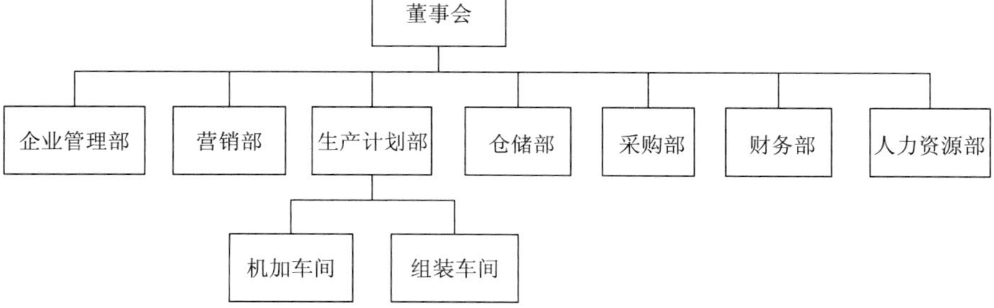

图 1-4　制造企业组织结构

表1-1 制造企业岗位设置情况

部门	岗位名称	岗位级别	在编人数	直接上级
企业管理部	总经理(兼企管部经理)	总经理	1	董事会
	行政助理	职能管理人员	1	总经理
营销部	营销部经理	部门经理	1	总经理
	市场专员	职能管理人员	1	部门经理
	销售专员	职能管理人员	1	部门经理
生产计划部	生产计划部经理	部门经理	1	总经理
	车间管理员	职能管理人员	1	部门经理
	生产计划员	职能管理人员	1	部门经理
	初级生产工人	工人	25	生产管理员
	中级生产工人	工人	15	生产管理员
仓储部	仓储经理	部门经理	1	总经理
	仓管员	职能管理人员	1	部门经理
采购部	采购经理	部门经理	1	总经理
	采购员	职能管理人员	1	部门经理
财务部	财务经理	部门经理	1	总经理
	出纳	职能管理人员	1	财务经理
	财务会计	职能管理人员	1	财务经理
	成本会计	职能管理人员	1	财务经理
人力资源部	人力资源部经理	部门经理	1	总经理
	人力资源助理	职能管理人员	1	部门经理

(1)总经理(兼企管部经理):企业的最高管理者,同时兼任企业管理部的负责人,在董事会领导下,负责总经理职责范围内的所有工作。

(2)行政助理:由总经理任命,工作涉及各个部门的多种工作,工作比较烦琐,负责公司经营过程中的日常行政管理,承担执行公司规章制度、管理规程等工作。

(3)营销部经理:营销部的负责人,在总经理的领导下,不同部门有效配合,全面负责营销部的所有工作。

(4)市场专员:在营销部经理的领导下,承担公司产品市场调查、市场分析及预测、市场开发、产品开发、产品促销等工作。

(5)销售专员:在营销部经理的领导下,负责完成公司下达的销售指标,负责指定区域内公司产品的客户推广和销售管理工作。

(6)生产计划部经理:生产计划部的负责人,在总经理的领导下,全面负责和完成公司生产部门的所有工作。

(7)车间管理员:全面负责所辖车间的各项工作,通过有效的统筹、调度安排,达到车间生产效率最大化,保证企业各项生产任务和目标顺利完成。

（8）生产计划员：根据客户订单及市场预测，结合企业实际产能和原材料供应情况，在不影响交货的前提下，编制合理均衡的生产计划，并安排生产。

（9）仓储经理：仓储部的负责人，在总经理的领导下，负责完成企业年度的仓储规划、制订部门作业计划、控制库存成本和库存费用等工作。

（10）仓管员：在仓储经理的领导下，按照仓储经理下达的作业计划，规范完成入出库、在库保管、盘点、库存控制等工作，保证企业生产和销售所需物资的及时供应。

（11）采购经理：负责采购计划、采购合同的编制及审核，跟踪合同执行，采购付款审核等。

（12）采购员：负责收集供应商资料信息，编制采购计划并进行跟进，确保采购物资按时、保质保量、低价送达。

（13）财务经理：制定财务制度，审核记账凭证和会计报表，登记总分类账，组织盘点，统筹资金运用。

（14）出纳：出纳工作是财会工作的一个重要组成部分，主要工作是收付和保管。

（15）财务会计：负责审核和填制有关原始凭证，编制记账凭证，登记账簿，编制报表和纳税申报等工作。

（16）成本会计：在财务经理的领导下，对生产过程中发生的各种耗费，采用会计的专门方法，依据一定标准进行确认、归集、计算和分配，为企业计算盈亏、确认成本补偿提供依据。

（17）人力资源部经理：人力资源部的负责人，对公司人力资源的招人、选人、用人、培训、考核进行统筹安排，保证人力资源满足公司的发展要求。

（18）人力资源助理：负责公司人力资源的招人、选人、用人、培训、考核等具体工作。

三、商贸企业组织结构及岗位设置

商贸企业具有独立的经营机构，向销费者提供商品，并获得经营利润。在 VBSE 综合实训中，商贸企业的主要业务是经销童车。商贸企业组织结构如图 1-5 所示。

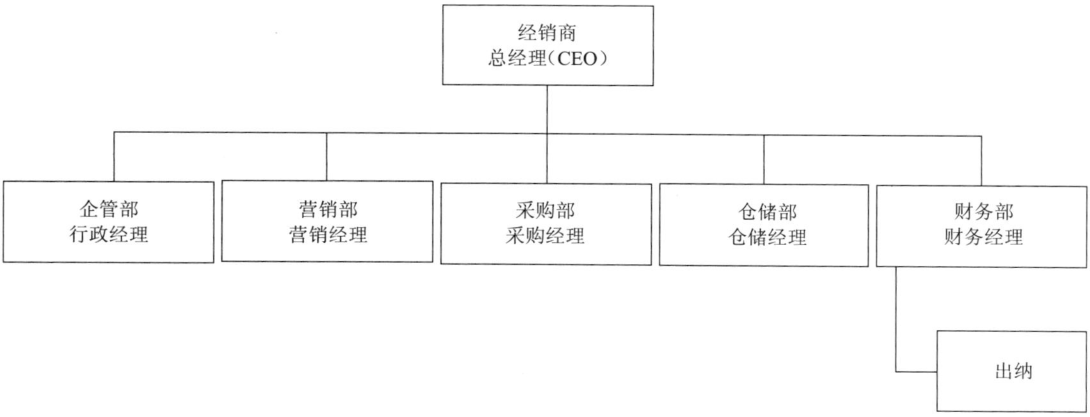

图 1-5　商贸企业组织结构

总经理（CEO，兼企管部经理）：组织制定公司总体战略及年度经营规划，建立和健全公司的管理体系及组织结构。

行政经理：负责协助制定公司各项管理规章制度，各种合同、公文、档案等文字资料的整理归档，企业证照、印章管理等，公司固定资产设备的管理。

营销经理：根据公司发展战略和总体目标，负责制定企业营销总体规划并组织实施，制订本部门业务计划并监督执行。

采购经理：统筹采购规划和确定采购内容，保证满足经营活动的需要，降低库存成本，制订采购计划和目标，改进采购的工作流程和标准，降低库存成本。

仓储经理：依据公司经营计划，配合公司总目标，制定本部门的目标及工作规划，根据仓储规划和目标改进仓库的工作流程和标准，优化库存方案，对公司仓储场所进行全面管理，达到最佳利用率。

财务经理：根据公司发展战略，协助公司领导组织制定公司财务部的战略规划，制订部门工作目标和计划并分解到个人，负责公司的全面财务会计工作。

出纳：负责办理银行账户的开立、变更和撤销业务，现金收支管理，确保现金的安全，定期进行银行对账，编制银行余额调节表。

四、物流企业组织结构及岗位设置

物流企业是从事物流活动的经济组织，从事运输（含运输代理、货物快递）或仓储等经营业务。物流企业组织结构如图 1-6 所示。

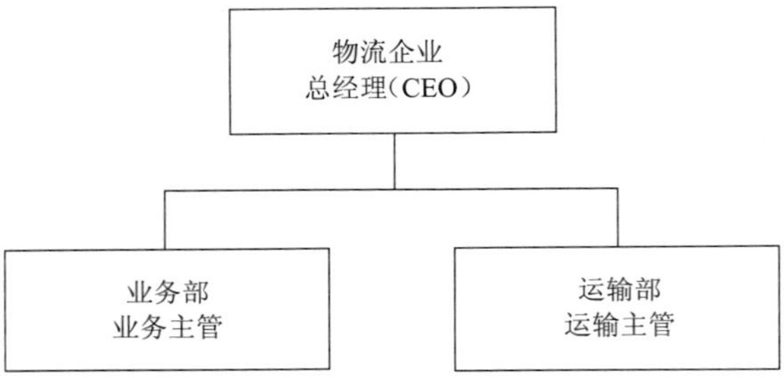

图 1-6 物流企业组织结构

总经理（CEO）：负责根据企业发展目标制定企业发展战略，构建合适的物流组织机构，组建合适的经营团队，组织处理各部门在运营过程中出现的重大突发事件。

业务主管：负责公司业务范围内的市场开发工作，在公司授权范围内进行业务洽谈，为客户宣讲公司服务，独立完成报价、谈判、签订合同等。

运输主管：负责公司货运相关操作规范的制定，并在实施中进行指导和监督，协作总经理一同完成整个公司的物流规划工作。

五、社会经济组织（外围）

本课程中所讲的社会经济组织，主要是为配合工贸企业、商贸企业和制造企业的主体经营活动而设置的，通过交易活动和市场管理活动与上述公司产生联系，包括工商行政管理部门、税务部门、社保公积金管理中心、工商银行和综合服务公司等。社会经济组织结构如图 1-7 所示。

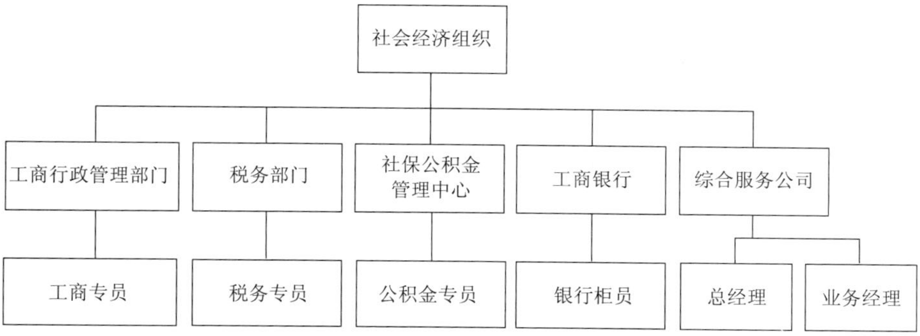

图 1-7 社会经济组织结构

1. 工商行政管理部门

工商行政管理部门的工作目标：确认市场主体资格，规范市场主体行为，维护市场经济秩序，保护商品生产者和消费者的合法权益，促进市场经济的健康发展。其具体职能如下。

（1）受理企业核名。审核企业申请的公司名称是否和其他相关企业存在重名情况，或者公司名字是否规范。如果重名，企业必须另起名字，直到工商部门审核通过为止。企业名称预先核准是企业开业登记前必须履行的重要程序。

（2）工商注册登记。依据国家工商行政管理的法律、法规，按照一定程序，对设立在中国境内的工商企业的开业、变更、注销活动进行注册登记。在 VBSE 综合实训中，主要进行公司变更登记。

（3）企业工商年检。依法按年度对领取营业执照的企业进行检查，确认企业继续经营资格。

（4）工商监督。依法组织监督检查市场竞争行为，组织实施各类市场经营秩序规范管理和监督，维护社会公共利益。

（5）广告、合同和商标管理。依法组织管理广告发布与广告经营活动，依法管理合同行为，依法管理注册商标、保护注册商标专用权。

在 VBSE 综合实训中，工商专员受理企业核名、工商注册登记、企业工商年检、工商监督以及广告、合同和商标管理。

2. 税务部门

税务部门主要负责税务登记、税款征收、发票管理、纳税检查、税收统计和分析、税务违法处罚。

3. 社保公积金管理中心

公积金专员为参保单位、职工和个体进行参保登记，建立、修改参保人员基础资料，建立个人账户、记账。

4. 工商银行

工商银行是为企业提供对公金融业务的金融机构，其主要职能如下。

（1）银行开户：为企业办理银行结算账户开户、变更等。

（2）银行转账：为企业办理银行账户转账业务。

（3）出售银行票据：向企业出售各种银行票据，方便客户办理业务。

(4)银行信贷:为企业提供长期、短期贷款等融资业务。

(5)档案管理:对银行柜台业务的各种文档进行分类归档和整理。

在 VBSE 综合实训中,银行柜员负责的业务包括银行开户、银行转账、代发工资、代扣代缴、出售银行票据、国际结算等。

5. 综合服务公司

综合服务公司主要是为制造企业顺利完成生产经营活动提供必要的服务,其主要职能如下。

(1)人力推荐:向制造企业推荐童车生产工人,收取人员推荐费。

(2)人才培训:为制造企业培训管理人员,收取培训费。

(3)广告服务:为制造企业提供广告服务,收取广告费。

(4)组织商品交易会:承接商品交易会组织工作,收取会务费。

(5)市场开发:作为第三方,承接制造企业的市场开发工作,收取市场开发费。

(6)认证管理:为制造企业提供认证服务,收取认证费。

(7)产品研发:作为第三方,承接制造企业的产品研发工作,收取产品研发费。

(8)其他服务:作为第三方,代办制造企业的其他服务事项,收取相应费用。

(9)档案管理:对采购过程中的各种文档进行分类归档和整理。

在 VBSE 综合实训中,综合服务公司经理及业务员主要负责市场开拓、广告服务、产品研发、办公用品零售、其他服务以及实训指导教师交办的其他任务。

思政映射　爱岗敬业,恪尽职守

工作态度折射人生态度,也在一定程度上决定事业能达到的高度。骐骥一跃,不能十步;驽马十驾,功在不舍。想在事业上取得成就,关键要有持之以恒的爱岗敬业精神,从最基础的工作做起。泰山不让土壤,故能成其大;河海不择细流,故能就其深。热爱本职工作,立足自身岗位,把一件件不起眼的小事做实、做好,就能搭建起事业进步的阶梯。

在某一个领域成为行家里手,不仅需要耐得住寂寞、经得起诱惑,还要在日常工作中做个有心人,不断加深对行业的认知,努力提高业务水平。伟大出自平凡,平凡造就伟大。全面建设社会主义现代化国家、实现中华民族伟大复兴,离不开每个人的付出。新时代、新征程,立足自身岗位,干一行、爱一行,钻一行、精一行,在各行各业发光发热,在平凡的岗位上创造不平凡的人生。

知识拓展　供应链及供应链管理

知识拓展　供应链及供应链管理

模块二　团队组建及工作交接

【模块任务简介】

学生参加 VBSE 综合实训,在了解虚拟商业社会环境基本设置情况的基础上,首先需要通过 CEO 竞聘上岗,完成团队的组建,共同搭建起实训的商业环境;其次应聘上岗的虚拟组织已经运行一段时间,积累了一定的人、财、物等资源,也可能存在正在进行的业务;最后工作交接既是与原岗位的工作移交,也是了解新应聘企业的运营环境和规则、理清企业现有资源,并建立档案、熟悉岗位业务流程的过程。

【教学目标】

知识点:1. 了解同一组织中不同岗位的工作内容;
　　　　2. 对商业环境有初步的认知。
技能点:1. 能够编制规范的简历;
　　　　2. 掌握岗位面试的基本流程和技巧。
态度点:1. 初步认识团队合作;
　　　　2. 培养学生的岗位认知和职业素养。

【重点难点】

各岗位期初建账。

项目一　团队组建

任务一　实训动员及系统操作

一、实训动员

在 VBSE 综合实训开始前,由任课教师就本次实训的目的、内容、时间安排、组织形式、实训要求、实训考核等内容做统一宣讲。通过实训动员,可使学生:

(1)理解本次实训的意义;
(2)明确实训要求及工作规范;
(3)了解实训考核评价指标体系。

二、系统操作

1. 登录与退出

第一步：打开实训网址，出现如图 2-1 所示界面，以学号为用户名和密码进行注册，然后输入用户名和密码并点击“登录”按钮，则进入课程班级界面，指导教师的登录界面和学生相同。

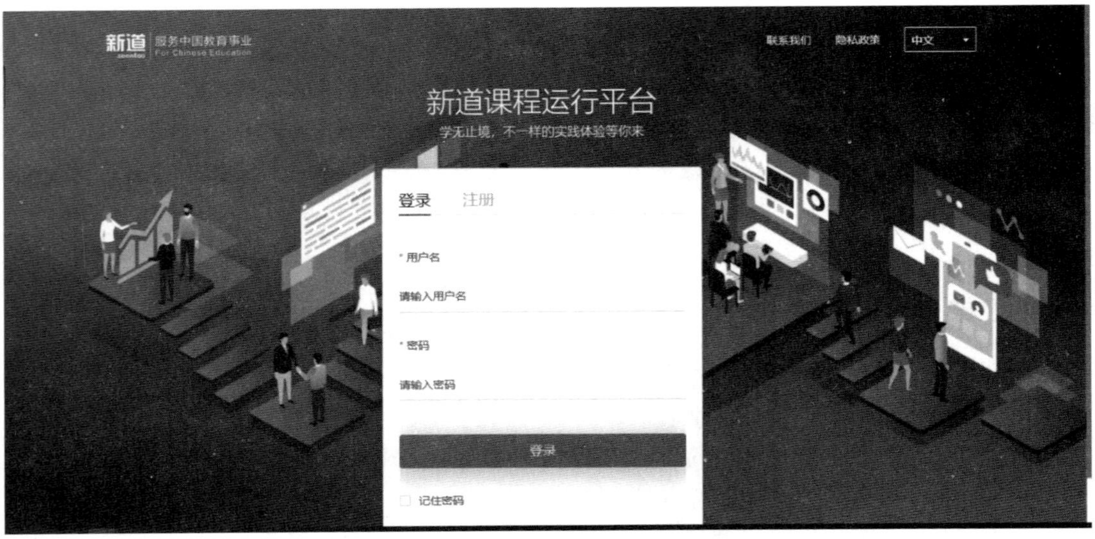

图 2-1　实训登录界面

第二步：登录成功后，在界面上搜索或选择自己所在班级的邀请码（由指导教师提供），进入自己所在班级即可。

第三步：如果要退出班级，在界面右上角点击“返回首页”即可；如果要退出登录，在界面右上角点击“退出登录”即可，如图 2-2 所示。

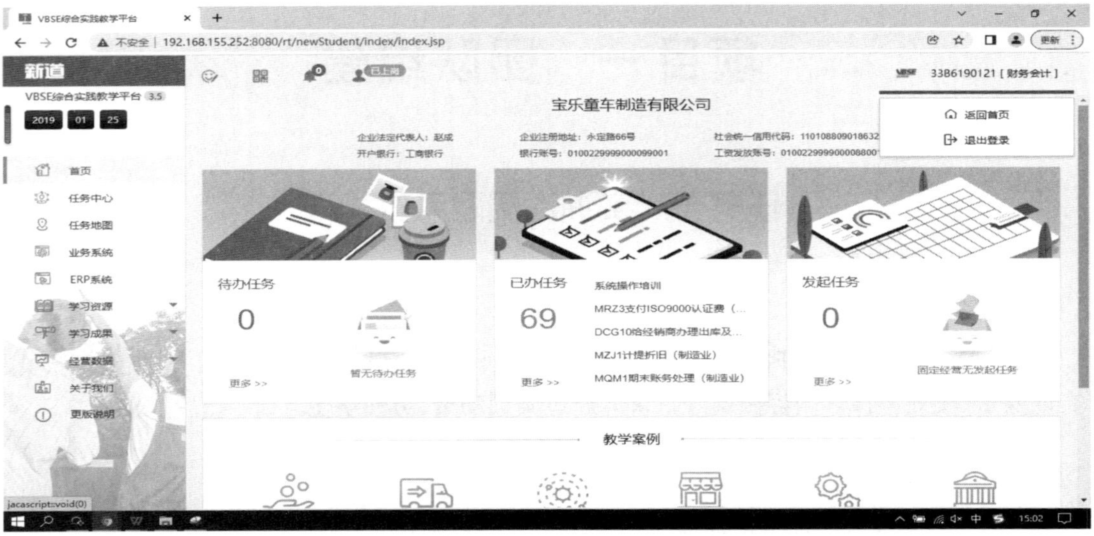

图 2-2　退出登录界面

2. 主界面基本操作

学生登录成功进入班级后，可看到如图 2-3 所示界面，指导教师发送的新任务会显示在“待办任务”区域，点击进去完成相应的任务后，已完成的任务就显示在“已办任务”区域，同时“待办任务”区域对应的任务不再显示。

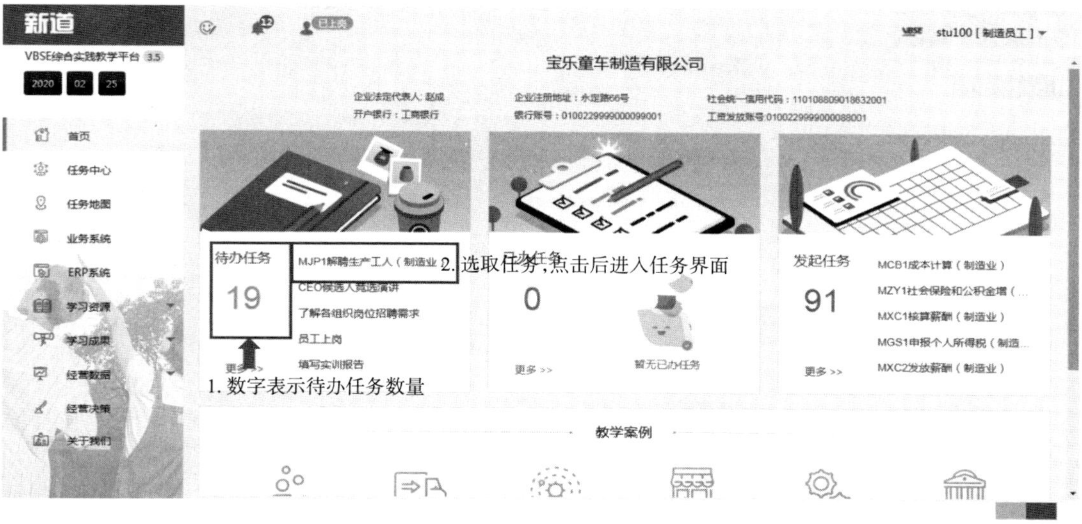

图 2-3　实训任务主界面

在“待办任务”区域，选择某个任务点击进去，显示如图 2-4 所示界面，其中有四个选项。“工作流程”说明当前该任务涉及的具体操作和岗位；“填写单据”和“业务操作”说明当前该任务需要填写的对应单据或需要进行的系统操作；“数据看板”一般不需要。

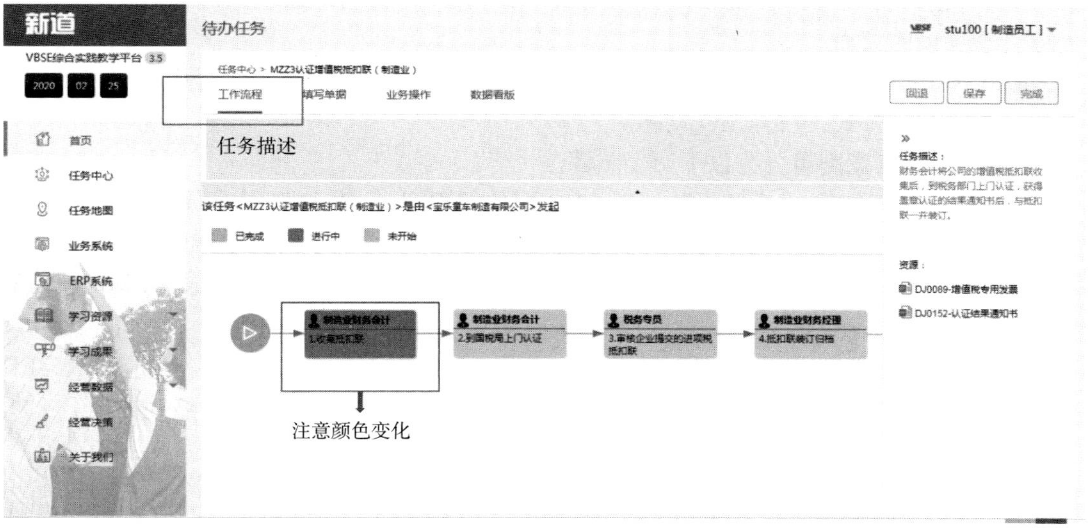

图 2-4　任务操作流程界面

在 VBSE 综合实训中，对于每一个任务，首先要关注工作流程，而且每个操作的完成情况由不同的颜色表示，即灰色表示“未开始”，橙色表示“进行中”，绿色表示“已完成”。

另外，在任务操作流程界面的右边有相关“资源”区域，其中的“资源”主要包括相关任务知识点讲解、重难点操作说明以及完成该任务所需要的相关数据，如图 2-5 所示。

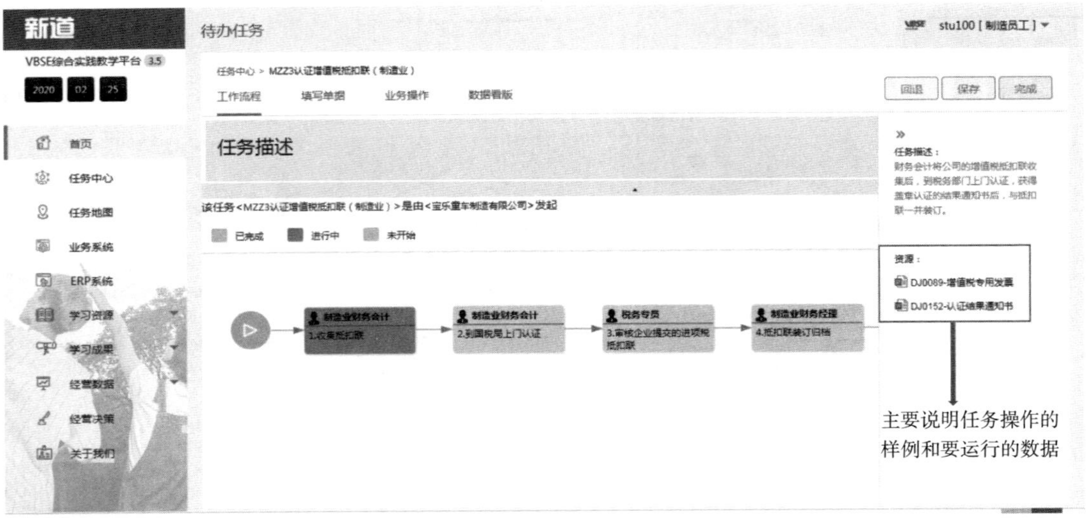

图 2-5 任务操作流程界面“资源”区域

任务二 CEO 竞聘

CEO(Chief Executive Officer，首席执行官)是一个企业中负责日常经营管理的最高级管理人员，也称行政总裁。CEO 向公司的董事会负责，在公司或组织内部拥有最终的执行经营管理决策的权力。

在 VBSE 综合实训中，采用竞聘方式确定每个组织的 CEO。实训过程中可以采取线上和线下相结合的方式，进行 CEO 竞聘。

线下的 CEO 竞聘可分为以下两个步骤。

第一步：竞聘发言，由竞聘者陈述对 CEO 岗位的理解、价值主张、处事原则等。

第二步：所有参与实训的学生参与投票，最终以竞聘者得票多少决定谁胜出。

线上的 CEO 竞聘是通过教师端和学生端交互执行的一系列操作完成的，其操作流程如下。

第一步：指导教师发起 CEO 竞聘报名。指导教师登录教师账号，并进入对应班级，在任务界面上左侧的操作模块中选择“教学导航”，依次点击“动员与准备”→“组建团队”→“开始报名 CEO”按钮，如图 2-6 所示。

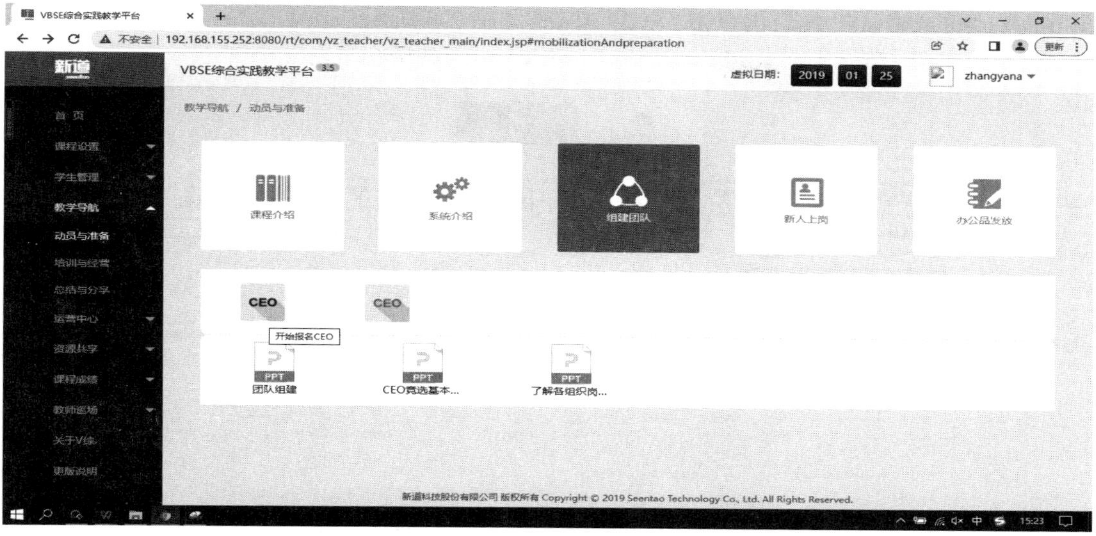

图 2-6　指导教师发起 CEO 竞聘报名任务界面

第二步：有意愿竞聘 CEO 的学生，在系统中进行报名。学生在“开始任务”中选择“CEO 候选人报名”，选择自己想要竞聘企业的 CEO，点击界面右侧的“确认报名”后，再点击“完成”按钮，如图 2-7 所示。

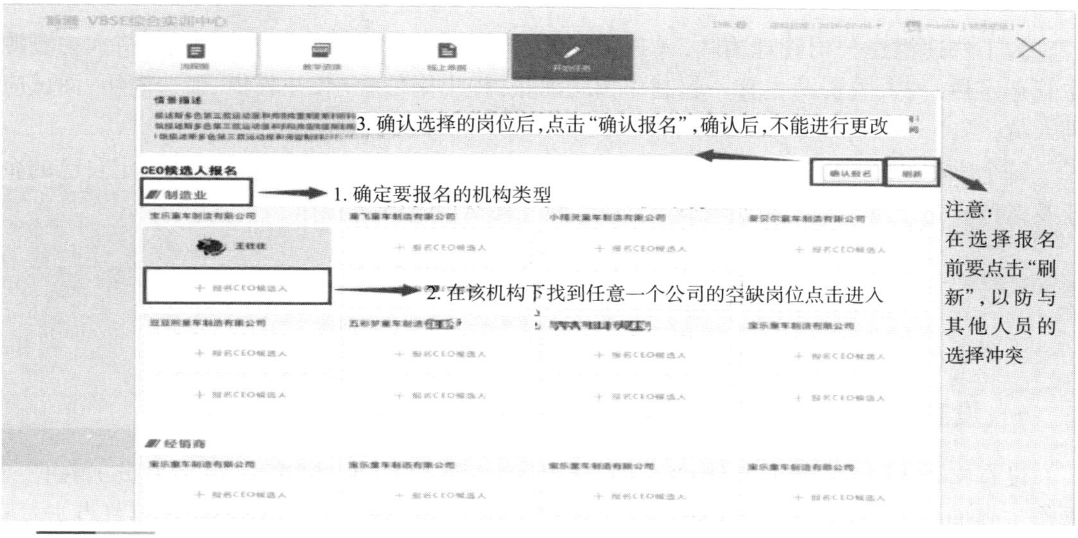

图 2-7　学生竞聘 CEO 报名操作界面

第三步：学生对每家企业的 CEO 候选人进行投票。每家企业或组织的 CEO 候选人都有两个名额，如果只有一个人报名，则默认其为 CEO；如果有两个人报名，则通过投票数量确定最终的 CEO。具体操作如下：指导教师在任务界面上左列的操作模块中选择“教学导航”，依次点击“动员与准备”→“组建团队”→“投票选举 CEO”按钮，启动“开始投票”；学生在“开始任务”中选择“投票选举 CEO”，给自己想支持的 CEO 候选人进行投票，然后点击界面右侧的“确认投票”，再点击“完成”按钮，如图 2-8 所示。

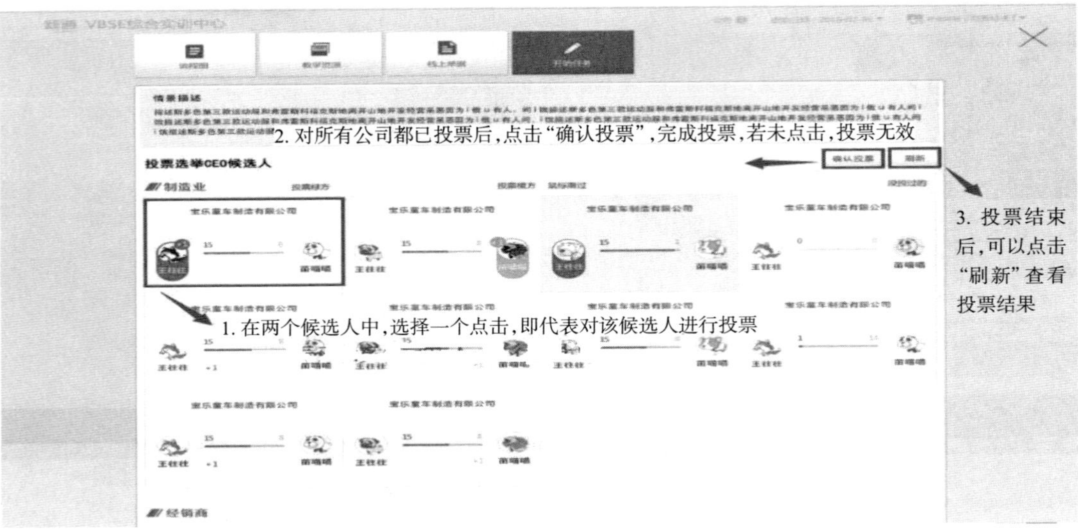

图 2-8 学生给 CEO 候选人投票操作界面

任务三 现场招聘组建团队

为了快速组建公司管理团队，CEO 需要立即着手招聘企业人力资源主管，待人力资源主管选定后，与人力资源主管一起制作招聘海报、提出岗位要求，并收集、筛选简历，面试应聘人员。

每个学生持个人填写的应聘登记表到意向单位应聘，经过双向选择，最终确定自己的企业及岗位。每个学生应充分重视这次面试，做好面试前的准备工作。

任务四 入职上岗

入职上岗分为没有岗位人员上岗和已有岗位人员上岗两种情况。

一、没有岗位人员上岗

没有岗位人员（包含未参与 CEO 竞聘的所有人员和竞聘未当选 CEO 的人员），在任务操作主界面点击“待上岗”进入岗位选择界面，选择组织类型、公司名称和岗位后，点击“下一步”进入入职登记界面，填写相关信息后，点击“提交”按钮，完成上岗操作，如图 2-9 至图 2-11 所示。

图 2-9　进入上岗页面

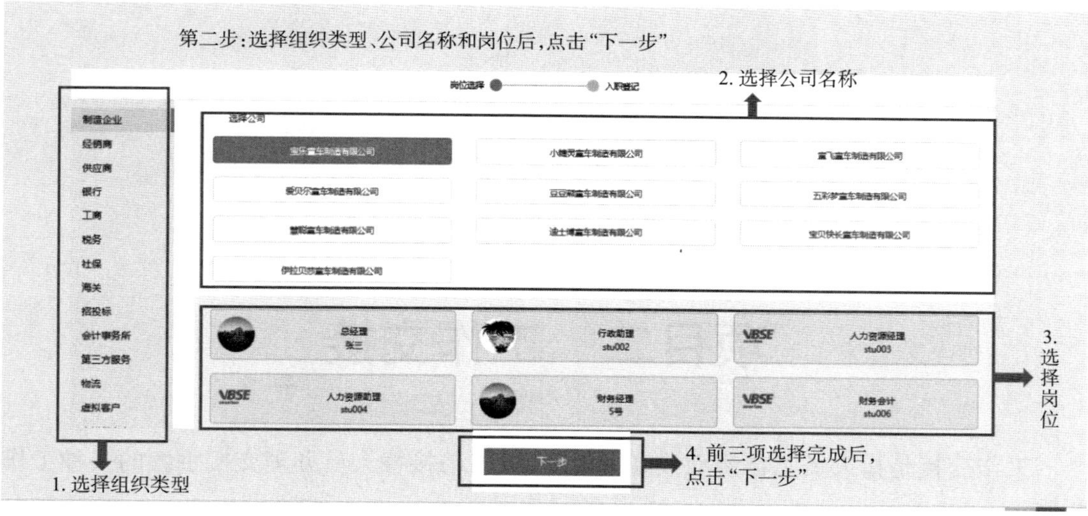

图 2-10　岗位选择界面

二、已有岗位人员上岗

已有岗位人员（在竞聘中当选 CEO 的人员），在任务操作主界面点击“已上岗”进入岗位选择界面，点击“下一步”进入入职登记界面，填写相关信息后，点击“提交”按钮，完成上岗操作。

图 2-11 入职登记界面

项目二 工作交接

工作交接是指人员工作调动或者因故离职时，与接替人员办理交接手续的一种工作程序。

在 VBSE 综合实训中，工贸企业（供应商）、制造企业、商贸企业（经销商）、物流企业所有职能部门的人员全部都是新聘任、刚上岗。所以，聘任的所有职能部门人员都需要进行工作交接，了解和掌握自己接手岗位的具体情况。

一、工作交接的基本程序

（1）交接前的准备工作。

（2）按照移交清单逐项移交。

（3）专人负责监督交接工作。

（4）交接后的有关事项。

二、工作交接的责任

交接双方对整个交接工作负主要责任。工作交接后，移交人员以移交清单内容为依据对所经办的业务负责，接收人员以移交清单内容为依据负后续责任，监督交接人员对整个交接工作负领导责任。

三、工作交接的内容

工作交接的内容包括本企业基本信息、组织结构、人员信息、固定资产信息、资金信息、财务账表信息、客户信息和供应商信息等。

四、工作交接的方法

接收人员（实训中指新入职人员）接到移交清单后，逐一核对清单内容，主要内容包括人员、财务、货物、业务信息。

（1）对于人员信息，要确认组织结构（部门和岗位）、各岗位职责，核对人员信息，确认人员薪酬信息。

注意：核对人员信息的岗位有总经理、行政经理和财务经理。

（2）对于财务信息，要核对现金和银行存款并建立日记账（出纳），确认科目余额表并建立科目明细账和总账（财务经理），核对固定资产并建立资产卡片和资产明细账（行政经理、财务经理）。

注意：核对财务信息的岗位有总经理、行政经理、财务经理、出纳。

（3）对于货物信息，要核对存货库存量并建立库存台账（仓储经理、财务经理），确认仓库信息。

注意：核对货物信息的岗位有总经理、仓储经理、营销经理、采购经理、财务经理。

（4）对于业务信息，要确认客户信息、供应商信息。

注意：核对业务信息的岗位有总经理、仓储经理、营销经理、采购经理、财务经理。

任务一　工贸企业各岗位工作交接

在 VBSE 综合实训中，工贸企业共有总经理（企管部）、行政经理（企管部）、业务经理（业务部）和财务经理（财务部）四类工作人员，如图 2-12 所示。

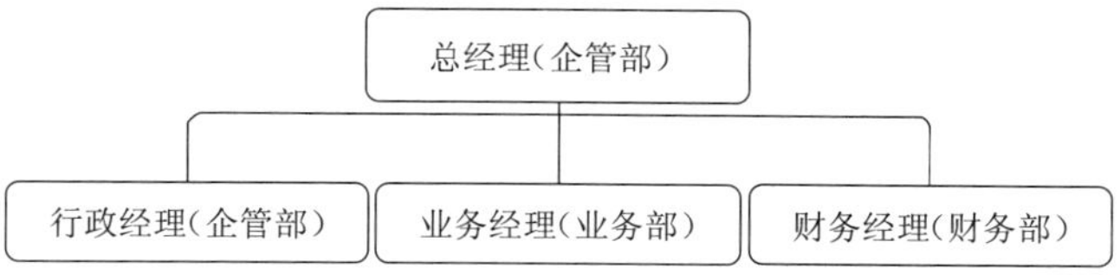

图 2-12　工贸企业组织结构

一、工贸企业工作交接

1. 科目余额表

工贸企业科目余额表见表 2-1。

表 2-1 工贸企业科目余额表

科目编码	科目名称	期初余额（元）		总账适用账簿	岗位	明细账适用账簿	岗位
		借方	贷方				
1001	库存现金	20 000.00	—	三栏式总分类账（总账）	财务经理	日记账	总经理
1002	银行存款	8 000 000.00	—	三栏式总分类账（总账）	财务经理		
100201	工行存款	8 000 000.00	—			日记账	总经理
1405	库存商品	6 971 800.00	—	三栏式总分类账（总账）	财务经理		
140504	钢管	2 243 280.00	—			数量金额明细账	财务经理
140506	坐垫	912 240.00	—			数量金额明细账	财务经理
140508	车篷	1 646 680.00				数量金额明细账	财务经理
140509	车轮	1 140 880.00				数量金额明细账	财务经理
140510	经济型童车包装套件	1 028 720.00				数量金额明细账	财务经理
1601	固定资产	14 448 000.00	—	三栏式总分类账（总账）	财务经理		
1602	累计折旧	—	870 000.00	三栏式总分类账（总账）	财务经理		
2211	应付职工薪酬	—	49 197.00	三栏式总分类账（总账）	财务经理		
221101	工资	—	34 500.00			三栏式总分类账（明细账）	财务经理
221103	社会保险	—	11 247.00			三栏式总分类账（明细账）	财务经理
221104	住房公积金	—	3 450.00			三栏式总分类账（明细账）	财务经理
2221	应交税费	—	61 897.41			多栏式明细账	财务经理
222101	应交增值税	0					
22210101	进项税额	239 743.59	—				
22210103	销项税额	—	301 641.00				
22210106	转出未交税金	61 897.41				三栏式总分类账（明细账）	财务经理

续表

科目编码	科目名称	期初余额（元）		总账适用账簿	岗位	明细账适用账簿	岗位
		借方	贷方				
222102	未交增值税	—	61 897.41				
4001	实收资本	—	23 000 000.00	三栏式总分类账（总账）	财务经理		
4104	利润分配	—	5 458 705.59	三栏式总分类账（总账）	财务经理		
410406	未分配利润	—	5 458 705.59			三栏式总分类账（明细账）	财务经理
	合计						

2. 会计科目表

工贸企业会计科目表见表 2-2。

表 2-2　工贸企业会计科目表

编号	名称	账簿设置	记账人	编号	名称	账簿设置	记账人
一、资产类				112205	豆豆熊童车	三栏式明细账	财务经理
1001	库存现金	总账/日记账	财务经理/总经理	112206	慧聪童车	三栏式明细账	财务经理
1002	银行存款	总账	财务经理	112207	迪士博童车	三栏式明细账	财务经理
100201	工行存款	日记账	总经理	112208	宝贝快长童车	三栏式明细账	财务经理
1012	其他货币资金	总账	财务经理	112209	伊拉贝莎童车	三栏式明细账	财务经理
1101	交易性金融资产	总账	财务经理	112210	五彩梦童车	三栏式明细账	财务经理
1121	应收票据	总账	财务经理	1123	预付账款	总账	财务经理
1122	应收账款	总账	财务经理	1131	应收股利	总账	财务经理
112201	宝乐童车	三栏式明细账	财务经理	1132	应收利息	总账	财务经理
112202	小精灵童车	三栏式明细账	财务经理	1221	其他应收款	总账	财务经理
112203	童飞童车	三栏式明细账	财务经理	1231	坏账准备	总账	财务经理
112204	爱贝尔童车	三栏式明细账	财务经理	1401	材料采购	总账/数量金额明细账	财务经理

续表

编号	名称	账簿设置	记账人	编号	名称	账簿设置	记账人
1402	在途物资	总账/数量金额明细账	财务经理	1502	持有至到期投资减值准备	总账	财务经理
1403	原材料	总账	财务经理	1503	可供出售金融资产	总账	财务经理
1404	材料成本差异	总账/数量金额明细账	财务经理	1511	长期股权投资	总账	财务经理
1405	库存商品	总账	财务经理	1512	长期股权投资减值准备	总账	财务经理
140504	钢管	数量金额明细账	财务经理	1521	投资性房地产	总账	财务经理
140505	镀锌管	数量金额明细账	财务经理	1531	长期应收款	总账	财务经理
140506	坐垫	数量金额明细账	财务经理	1601	固定资产	总账/三栏式明细账	财务经理
140507	记忆太空棉坐垫	数量金额明细账	财务经理	1602	累计折旧	总账	财务经理
140508	车篷	数量金额明细账	财务经理	1603	固定资产减值准备	总账	财务经理
140509	车轮	数量金额明细账	财务经理	1604	在建工程	总账	财务经理
140510	经济型童车包装套件	数量金额明细账	财务经理	1605	工程物资	总账	财务经理
140511	数控芯片	数量金额明细账	财务经理	1606	固定资产清理	总账	财务经理
140512	舒适型童车包装套件	数量金额明细账	财务经理	二、负债类			
140513	豪华型童车包装套件	数量金额明细账	财务经理	2001	短期借款	总账	财务经理
1406	发出商品	总账	财务经理	2201	应付票据	总账	财务经理
1407	商品进销差价	总账	财务经理	2202	应付账款	总账	财务经理
1408	委托加工物资	总账	财务经理	220211	隆飞物流	三栏式明细账	财务经理
1409	自制半成品	总账	财务经理	220212	融通服务	三栏式明细账	财务经理
1471	存货跌价准备	总账	财务经理	220213	丽华五金	三栏式明细账	财务经理
1501	持有至到期投资	总账	财务经理	220218	新华招投标	三栏式明细账	财务经理

续表

编号	名称	账簿设置	记账人	编号	名称	账簿设置	记账人
220219	中国工商银行	三栏式明细账	财务经理	2241	其他应付款	总账/三栏式明细账	财务经理
220220	工商	三栏式明细账	财务经理	2501	长期借款	总账	财务经理
220211	隆飞物流	三栏式明细账	财务经理	2502	应付债券	总账	财务经理
220221	税务局	三栏式明细账	财务经理	2701	长期应付款	总账	财务经理
220222	人社局	三栏式明细账	财务经理	2711	专项应付款	总账	财务经理
220223	海关	三栏式明细账	财务经理	2801	预计负债	总账	财务经理
2203	预收账款	总账	财务经理	2901	递延所得税负债	总账	财务经理
2211	应付职工薪酬	总账	财务经理	三、共同类（略）			
221101	工资	三栏式明细账	财务经理	四、所有者权益类			
221103	社会保险	三栏式明细账	财务经理	4001	实收资本	总账	财务经理
221104	住房公积金	三栏式明细账	财务经理	4002	资本公积	总账	财务经理
2221	应交税费	总账	财务经理	4101	盈余公积	总账	财务经理
222101	应交增值税	多栏式明细账	财务经理	4103	本年利润	总账	财务经理
22210101	进项税额			4104	利润分配	总账	财务经理
22210102	销项税额			410406	未分配利润	三栏式明细账	财务经理
22210106	转出未交税金			五、成本类			
222102	未交增值税	三栏式明细账	财务经理	5001	生产成本	总账	财务经理
222103	已交增值税	三栏式明细账	财务经理	5101	制造费用	总账/多栏式明细账	财务经理
222105	应交个人所得税	三栏式明细账	财务经理	5201	劳务成本	总账	财务经理
222108	应交企业所得税	三栏式明细账	财务经理	5301	研发支出	总账	财务经理
2231	应付利息	总账	财务经理	六、损益类			
2232	应付股利	总账	财务经理	6001	主营业务收入	总账	财务经理

续表

编号	名称	账簿设置	记账人	编号	名称	账簿设置	记账人
6051	其他业务收入	总账	财务经理	6301	营业外收入	总账	财务经理
6101	公允价值变动损益	总账	财务经理	6401	主营业务成本	总账	财务经理
6111	投资收益	总账	财务经理				

3. 固定资产列表

工贸企业固定资产列表见表2-3。

表2-3 工贸企业固定资产列表

资产编号	资产名称	使用部门	使用状态	使用年限(月)	开始使用日期	已计提月份	资产原值	残值	累计折旧	月折旧额	资产净值	折旧科目
0100001	办公大楼	企业管理部	在用	240	2015-09-15	15	9 000 000.00	450 000.00	534 375.00	35 625.00	8 465 625.00	管理费用
0100002	普通仓库	业务部	在用	240	2015-09-15	15	5 400 000.00	270 000.00	320 625.00	21 375.00	5 079 375.00	管理费用
0300001	笔记本电脑	企业管理部	在用	48	2015-09-15	15	6 000.00		1 875.00	125.00	4 125.00	管理费用
0300002	笔记本电脑	企业管理部	在用	48	2015-09-15	15	6 000.00		1 875.00	125.00	4 125.00	管理费用
0300003	笔记本电脑	财务部	在用	48	2015-09-15	15	6 000.00		1 875.00	125.00	4 125.00	管理费用
0300004	笔记本电脑	业务部	在用	48	2015-09-15	15	6 000.00		1 875.00	125.00	4 125.00	管理费用
0300005	打印复印一体机	企业管理部	在用	48	2015-09-15	15	24 000.00		7 500.00	500.00	16 500.00	管理费用
	合计						14 448 000.00		870 000.00	58 000.00	13 578 000.00	

4. 存货种类

工贸企业存货种类见表2-4。

表2-4 工贸企业存货种类

存货编码	存货类型	存货名称	规格	计量单位	存货占用存储单位	商品来源	存放仓库
B0001	库存商品	钢管	ϕ外16/ϕ内11/$L$5000(mm)	根	2	外购	A01
B0002	库存商品	镀锌管	ϕ外16/ϕ内11/$L$5000(mm)	根	2	外购	A02

续表

存货编码	存货类型	存货名称	规格	计量单位	存货占用存储单位	商品来源	存放仓库
B0003	库存商品	坐垫	HJM500	个	4	外购	A03
B0004	库存商品	记忆太空棉坐垫	HJM0031	个	4	外购	A04
B0005	库存商品	车篷	HJ72 × 32 × 40	个	2	外购	A05
B0006	库存商品	车轮	HJϕ外 125/ϕ内 60(mm)	个	1	外购	A06
B0007	库存商品	经济型童车包装套件	HJTB100	套	2	外购	A07
B0008	库存商品	数控芯片	MCX3154A	片	1	外购	A08
B0009	库存商品	舒适型童车包装套件	HJTB200	套	2	外购	A09
B0010	库存商品	豪华型童车包装套件	HJTB300	套	2	外购	A10

5. 存货期初

工贸企业存货期初见表 2-5。

表 2-5　工贸企业存货期初

存货编码	存货名称	规格	计量单位	存货平均单价(元)	期初库存量
B0001	钢管	ϕ外 16/ϕ内 11/$L$5000(mm)	根	86.28	26 000
B0002	镀锌管	ϕ外 16/ϕ内 11/$L$5000(mm)	根	—	—
B0003	坐垫	HJM500	个	65.16	14 000
B0004	记忆太空棉坐垫	HJM0031	个	—	—
B0005	车篷	HJ72 × 32 × 40	个	117.62	14 000
B0006	车轮	HJϕ外 125/ϕ内 60(mm)	个	21.94	52 000
B0007	经济型童车包装套件	HJTB100	套	73.48	14 000
B0008	数控芯片	MCX3154A	片	—	—
B0009	舒适型童车包装套件	HJTB200	套	—	—
B0010	豪华型童车包装套件	HJTB300	套	—	—

6. 工资规则

工贸企业工资规则见表 2-6。

表 2-6 工贸企业工资规则

人员类别	月基本工资
总经理	12 000 元
部门经理	7 500 元

7. 社保及住房公积金缴纳比例

工贸企业社保及住房公积金缴纳比例见表 2-7。

表 2-7 工贸企业社保及住房公积金缴纳比例

分类	养老保险	失业保险	工伤保险	生育保险	医疗保险		住房公积金
					基本医疗	大额互助	
单位	20%	1.0%	0.3%	0.8%	9%	1%	10%
个人	8%	0.2%	0	0	2%	3 元	10%

8. 个人所得税计算

个人所得税按照相应的比例缴纳。个人所得税计算采用 2018 年 10 月 1 日起开始执行的 7 级超额累进税率。个人所得税计算公式为

个人所得税=全月应纳税所得额 × 税率-速算扣除数

全月应纳税所得额=扣除五险一金后月收入-个税起征点-相关专项附加扣除

其中,个税起征点为 5 000 元/月(2018 年 10 月 1 日起正式执行,工资、薪金所得适用),个人所得税税率见表 2-8。本书所介绍个人所得税计算不考虑相关专项附加扣除。

表 2-8 个人所得税税率(综合所得适用)

级数	全年应纳税所得额(含税级距)	税率	速算扣除数
1	不超过 36 000 元	3%	0
2	超过 36 000 元至 144 000 元的部分	10%	2 520
3	超过 144 000 元至 300 000 元的部分	20%	16 920
4	超过 300 000 元至 420 000 元的部分	25%	31 920
5	超过 420 000 元至 660 000 元的部分	30%	52 920
6	超过 660 000 元至 960 000 元的部分	35%	85 920
7	超过 960 000 元的部分	45%	181 920

注:全年应纳税所得额指居民个人全年取得的综合收入,是以每一纳税年度收入额减除 6 万元以及专项扣除、专项附加扣除和依法确定的其他扣除后的余额。

9. 个人缴纳社保及住房公积金计算

工贸企业个人缴纳社保及住房公积金计算见表 2-9。

表 2-9 工贸企业个人缴纳社保及住房公积金计算

工号	姓名	部门	岗位	基本工资	个人缴纳五险一金							
					养老保险 8%	医疗保险 2%+3	失业保险 0.2%	工伤保险	生育保险	五险小计	住房公积金 10%	五险一金小计
1	赵金金	企业管理部	总经理	12 000.00	960.00	243.00	24.00	—	—	1 227.00	1 200.00	2 427.00
2	孙灿	企业管理部	行政经理	7 500.00	600.00	153.00	15.00	—	—	768.00	750.00	1 518.00
3	李鑫	业务部	业务经理	7 500.00	600.00	153.00	15.00	—	—	768.00	750.00	1 518.00
4	吴迪	财务部	财务经理	7 500.00	600.00	153.00	15.00	—	—	768.00	750.00	1 518.00

10. 企业缴纳社保及住房公积金计算

工贸企业缴纳社保及住房公积金计算见表 2-10。

表 2-10 工贸企业缴纳社保及住房公积金计算

工号	姓名	部门	岗位	基本工资	企业缴纳五险一金							
					养老保险 20%	医疗保险 10%	失业保险 1.0%	工伤保险 0.3%	生育保险 0.8%	五险小计	住房公积金 10%	五险一金小计
1	赵金金	企业管理部	总经理	12 000.00	2 400.00	1 200.00	120.00	36.00	96.00	3 852.00	1 200.00	5 052.00
2	孙灿	企业管理部	行政经理	7 500.00	1 500.00	750.00	75.00	22.50	60.00	2 407.50	750.00	3 157.50
3	李鑫	业务部	业务经理	7 500.00	1 500.00	750.00	75.00	22.50	60.00	2 407.50	750.00	3 157.50
4	吴迪	财务部	财务经理	7 500.00	1 500.00	750.00	75.00	22.50	60.00	2 407.50	750.00	3 157.50

11. 个人所得税及实发工资计算

工贸企业个人所得税及实发工资计算见表 2-11。

表 2-11 工贸企业个人所得税及实发工资计算

工号	姓名	部门	岗位	基本工资	代扣款项	应税工资	应扣个人所得税	实发工资
					五险一金小计			
1	赵金金	企业管理部	总经理	12 000.00	2 427.00	9 573.00	457.30	9 115.70
2	孙灿	企业管理部	行政经理	7 500.00	1 518.00	5 982.00	29.46	5 952.54
3	李鑫	业务部	业务经理	7 500.00	1 518.00	5 982.00	29.46	5 952.54
4	吴迪	财务部	财务经理	7 500.00	1 518.00	5 982.00	29.46	5 952.54

12. 薪资计算和汇总表

工贸企业薪资计算和汇总表分别见表 2-12 和表 2-13。

表 2-12　工贸企业薪资计算

工号	姓名	部门	岗位	基本工资	代扣款项								应税工资	应扣个人所得税	实发金额
					养老保险 8%	医疗保险 2%+3	失业保险 0.2%	工伤保险	生育保险	五险小计	住房公积金 10%	五险一金小计			
1	赵金金	企业管理部	总经理	12 000.00	960.00	243.00	24.00	0	0	1 227.00	1 200.00	2 427.00	9 573.00	457.30	9 115.70
2	孙灿	企业管理部	行政经理	7 500.00	600.00	153.00	15.00	0	0	768.00	750.00	1 518.00	5 982.00	29.46	5 952.54
3	李鑫	业务部	业务经理	7 500.00	600.00	153.00	15.00	0	0	768.00	750.00	1 518.00	5 982.00	29.46	5 952.54
4	吴迪	财务部	财务经理	7 500.00	600.00	153.00	15.00	0	0	768.00	750.00	1 518.00	5 982.00	29.46	5 952.54

表 2-13　工贸企业汇总表

部门	姓名	实发工资	代缴个人所得税	个人自缴福利		企业代缴福利		合计
				社会保险	住房公积金	社会保险	住房公积金	
企业管理部	赵金金	9 115.70	457.30	1 227.00	1 200.00	3 852.00	1 200.00	17 052.50
企业管理部	孙灿	5 952.54	29.46	768.00	750.00	2 407.50	750.00	10 657.50
业务部	李鑫	5 952.54	29.46	768.00	750.00	2 407.50	750.00	10 657.50
财务部	吴迪	5 952.54	29.46	768.00	750.00	2 407.50	750.00	10 657.50
合计		26 973.32	545.68	3 531.00	3 450.00	11 047.50	3 450.00	49 024.50

13. 上月销售情况

工贸企业上月销售情况见表 2-14。

表 2-14　工贸企业上月销售情况

上月销售					
单价(含税)	数量	税率(%)	税额	价款	价格合计
103.80	2 000	16	28 634.48	178 965.52	207 600.00
103.80	2 000	16	28 634.48	178 965.52	207 600.00
103.80	2 000	16	28 634.48	178 965.52	207 600.00
103.80	2 000	16	28 634.48	178 965.52	207 600.00
103.80	2 000	16	28 634.48	178 965.52	207 600.00
103.80	2 000	16	28 634.48	178 965.52	207 600.00
103.80	2 000	16	28 634.48	178 965.52	207 600.00

续表

上月销售					
单价(含税)	数量	税率(%)	税额	价款	价格合计
103.80	2 000	16	28 634.48	178 965.52	207 600.00
103.80	2 000	16	28 634.48	178 965.52	207 600.00
103.80	2 000	16	28 634.48	178 965.52	207 600.00
合计			286 344.80	1 789 655.20	2 076 000.00

14. 上月采购情况

工贸企业上月采购情况见表 2-15。

表 2-15　工贸企业上月采购情况

上期采购					
单价(含税)	数量	税率(%)	税额	价款	价格合计
100.00	16 500	16	227 586.21	1 422 413.79	1 650 000.00
合计			227 586.21	1 422 413.79	1 650 000.00

15. 客户(制造企业)组织机构信息

工贸企业客户(制造企业)组织机构信息见表 2-16。

表 2-16　工贸企业客户(制造企业)组织机构信息

序号	企业法定中文名称	简称	办公电话	邮政编码	注册资金	企业注册登记日期	企业法定代表人	企业注册地址	企业法人营业执照注册号	开户银行	银行账号
1	宝乐童车制造有限公司	宝乐	010-62××××78	102202	15 000 000	2015-01-04	赵成	永定路66号	110108809018632	中国工商银行	0100229999000099001
2	小精灵童车制造有限公司	小精灵	010-62××××79	102202	15 000 000	2015-01-04	钱乾	越秀东路45号	110108809018633	中国工商银行	0100229999000099002
3	童飞童车制造有限公司	童飞	010-62××××80	102202	15 000 000	2015-01-04	孙鸿铭	康安北街5号	110108809018634	中国工商银行	0100229999000099003
4	爱贝尔童车制造有限公司	爱贝尔	010-62××××81	102202	15 000 000	2015-01-04	李刚	新园西路666	110108809018635	中国工商银行	0100229999000099004
5	豆豆熊童车制造有限公司	豆豆熊	010-62××××82	102202	15 000 000	2015-01-04	周星星	武强北路722号	110108809018636	中国工商银行	0100229999000099005
6	五彩梦童车制造有限公司	五彩梦	010-62××××83	102202	15 000 000	2015-01-04	吴梦	天河北路11号	110108809018637	中国工商银行	0100229999000099006

续表

序号	企业法定中文名称	简称	办公电话	邮政编码	注册资金	企业注册登记日期	企业法定代表人	企业注册地址	企业法人营业执照注册号	开户银行	银行账号
7	慧聪童车制造有限公司	慧聪	010-62××××84	102202	15 000 000	2015-01-04	武岳	沿江中街144号	110108809018638	中国工商银行	0100229999000099007
8	迪士博童车制造有限公司	迪士博	010-62××××85	102202	15 000 000	2015-01-04	郑文	漕溪中路211号	110108809018639	中国工商银行	0100229999000099008
9	宝贝快长童车制造有限公司	宝贝快长	010-62××××86	102202	15 000 000	2015-01-04	王伟	天仙桥北路55号	110108809018640	中国工商银行	0100229999000099009
10	伊拉贝莎童车制造有限公司	伊拉贝莎	010-62××××87	102202	15000000	2015-01-04	朱玖	共和中路158号	110108809018641	中国工商银行	0100229999000099010

16. 供应商(虚拟供应商)组织机构信息

供应商(虚拟供应商)组织机构信息见表2-17。

表2-17 供应商(虚拟供应商)组织机构信息

序号	企业法定中文名称	简称	办公电话	邮政编码	注册资金	企业注册登记日期	企业法定代表人	企业注册地址	企业法人营业执照注册号	开户银行	银行账号
1	湖北丽华五金制品有限公司	丽华	027-83××××68	430060	1 000 000	2015-01-04	钱康	湖北省武汉市武昌区新河街幸福里小区7号	420100210129462	中国工商银行	4563512600681022355

17. 财务规则

财务规则主要包括会计核算制度、会计管理制度、账簿设置与会计核算程序等方面的主要规则,各公司必须按照本规则的各项规定组织进行会计核算和会计管理。

18. 税务规则

工贸企业从事生产经营活动,涉及国家或地方多个税种,包括企业所得税、增值税、城建税、教育费及附加、个人所得税。

19. 税种类型

按照国家税法规定的税率和起征金额进行税额的计算,企业所得税按照利润总额的25%缴纳,销售货物和购进货物增值税税率为16%,广告费税率为6%,水电费税率为16%,物流费用税率为10%,城建税为增值税税额的7%,教育费及附加为增值税税额的3%。个人所得税按照七级累进税率(表2-8)计算,起征点为月收入5 000元。

20. 日常纳税申报及缴纳税款

在税收征收期内，按照生产制造公司的经营情况，填制各税申报表，携带相关会计报表到税务部门办理纳税申报业务，得到税务部门开出的税收缴款书，并到银行缴纳税款。依据税务部门规定，每月初进行上月的纳税申报及缴纳。如遇特殊情况，可以向税务部门申请延期纳税申报。

21. 会计核算规则

工贸企业结算方式可以采用现金结算、转账支票结算和电子银行三种方式。原则上，日常经济活动低于 2 000 元的可以使用现金结算，超过 2 000 元的一般使用转账支票和电子银行结算，结算货款、代扣代缴各种税费通过电子银行结算，其他业务可以使用转账支票结算。

银行支票分为现金支票和转账支票。现金支票用于提取现金，转账支票用于同一票据交换区内的结算。异地付款一般采用电子银行结算。

22. 物流运输规则

物流运输只针对工贸企业与制造企业间的购销业务、制造企业与商贸企业间的购销业务，其他类型组织的物流运输不走物流企业；物流费用由购货方支付；物流费用为货物货款金额的 5%。

二、工贸企业工作交接重难点

1. 各岗位在工作交接阶段的注意事项

总经理需要学习科目余额表，根据相关的内容，填写现金日记账 1 张和银行存款日记账 1 张。

业务经理需要学习存货种类、期初存货、上月销售和上月采购的资料，填写库存台账 5 张。

行政经理需要学习固定资产、工资、社保和住房公积金缴纳、个人所得税等，根据相关的内容，填写固定资产卡片 7 张。

财务经理需要学习期初余额表，填写数量金额明细账 5 张、三栏式总账 8 张、三栏式明细账 5 张和多栏式明细账 1 张。

行政经理需要将薪酬计算中关于工资计算方法的相关信息提供给财务经理，并且告知财务经理共需发放多少工资，共需缴纳多少社保和住房公积金，共需缴纳多少个人所得税。对于财务经理而言，只需要知道最后每个人发放多少工资即可，但是行政经理却需要知道工资的计算方式以及每个部门需要发放的工资总额。行政经理负责人力资源的工作内容，需要了解每个人每个月的工资计算方式。

以总经理赵金金为例，进行相关费用计算：

应税工资=基本工资-个人缴纳五险一金合计=12 000-2 427=9 573 元

当月个税=（累计收入-累计五险一金-累计专项附加扣除-累计扣除费用）× 预扣税率-速算扣除数-累计已缴纳税额

=（12 000 × 12-2 427 × 12-0-5 000 × 12）× 10%-2 520-[（12 000 × 11-2 427 × 11-0-5 000 × 11）× 10%-2 520]

=457.3 元

实发工资=基本工资-个人缴纳五险一金合计-个人所得税

=12 000-2 427-457.3=9 115.7 元

企业支出(财务记账)=基本工资+企业缴纳五险一金合计=12 000+5 052=17 052 元

2. 关于薪酬发放的说明

工贸企业在每个月月底(25 日)进行薪酬的计算工作,其计算的是当月应发的工资,计算完成后不进行工资的发放,而是等到下个月月初(5 日)才进行工资的发放。

2019 年 1 月 5 日发放的工资是 2018 年 12 月的工资,应该按照系统中默认的人员信息(员工姓名)进行工资的发放。而 2019 年 1 月 25 日核算的工资是 2019 年 1 月的工资,应该按照实际工作的员工姓名进行工资的发放。

行政经理还需要及时做好员工的考勤工作,对于缺勤员工适当地扣除工资。

3. 关于财务工作的说明

行政经理需要将固定资产列表中的相关信息提供给财务经理,工贸企业每个月的 25 日进行固定资产折旧的计提,工作交接中所登记的相关信息是每月的 25 日计提折旧完成后所显示的数据。

业务经理需要将期初存货表中的相关存货信息提供给财务经理,并且需要告知财务经理。对于工贸企业来说,存货一共有 10 种,并且存货的记录分类应该为库存商品而不是原材料。对于制造企业来说,同样的商品,需要进行生产制造再加工,而对于工贸企业而言,由于不存在对商品的再加工,而是直接进行出售,所以应该记录为库存商品。

业务经理需要将上月销售汇总表与上月采购汇总表提供给财务经理,作为财务经理核对进项税和销项税的依据。

财务经理需要根据业务经理提供的存货期初核对科目 1405, 140504, 140506, 140508, 140409, 140510。

财务经理需要根据行政经理提供的固定资产清单核对科目 1601, 1602。

财务经理需要根据行政经理提供的人员工资信息核对科目 2211, 221101, 221103, 221104。

财务经理需要根据业务经理提供的上月采购付款和销售收款情况核对科目 2221, 222101, 22210101, 22210103, 22210106, 222102。

三、工贸企业工作交接填写示例

1. 固定资产卡片

固定资产卡片中需要填写“卡片编号”(七张卡片编号分别为 001~007)和“日期”“固定资产编号”“固定资产名称”“类别编号”(01/02/03 分别对应“类别名称”中的房屋建筑/生产设备/办公设备)以及“使用部门”“增加方式”“使用状况”“预计使用年限”“折旧方法”“开始使用日期”“已计提月份”“原值”“净残值”“累计折旧”“净值”“折旧费用类别”。

固定资产卡片中不需要填写“规格型号”“存放地点”和“保管人”。

所有固定资产卡片当中的“日期”填写“2019-01-05”,每填写完成一张固定资产卡片后,点击右侧“保存”按钮,然后点击上方的加号新增固定资产卡片,切记在所有固定资产卡片填写完成前不可点击“完成”按钮。

工贸企业固定资产卡片示例如图 2-13 所示。

卡片编号 0100001　　日期 2019-01-05
固定资产编号 0100001　　固定资产名称 办公楼
类别编号 01　　类别名称 房屋及土地
规格型号　　使用部门 企业管理部
增加方式 购买　　存放地点
使用状况 在用　　预计使用年限 240（月）折旧方法 直线法
开始使用日期 2017-09-15　　已计提月份 15
原值 9000000.00　　净残值 450000.00
累计折旧 534375.00
净值 8015625.00　　折旧费用类别 管理费用　　保管人

图 2-13　工贸企业固定资产卡片示例

2. 库存台账

库存台账中需要填写“物料名称”“物料编号”“规格”“存放仓库”“最高存量”“最低存量”和“计量单位”。其中，所有的物料都没有“最高存量”，且“最低存量”为 0；所有“日期”填写“2019-01-05”；“凭证号数”不填；“摘要”填写“上月结转”。

每填写完成一张库存台账后，点击右侧“保存”按钮，切记在所有库存台账填写完成前不可点击“完成”按钮。

工贸企业库存台账示例如图 2-14 所示。

140504--钢管　　**库 存 台 账**

分页：______总页：______

物料名称：钢管　　规格：Φ外16/Φ内11/L5000(mm)　　最高存量：
物料编号：B0001　　存放仓库：A01　　最低存量：0　　计量单位：根

2019 年		凭证号数	摘　要	入库		出库		结存	
月	日			数量	单价	数量	单价	数量	单价
01	05		上月结转					26.000.00	86.28

图 2-14　工贸企业库存台账示例

3. 总账

所有总账中的“日期”填写“2019-01-05”。为方便管理，工作交接中所有账页的“记账凭证号数”不填，所有账页的“摘要”填写“上月结转”。

每填写完成一张账页后，点击右侧“保存”按钮，切记在所有账页填写完成前不可点击“完成”按钮。科目余额表中的数据并不是进行简单的摘抄记录，还需要了解每一条数据的含义。

工贸企业总分类账示例如图 2-15 所示。

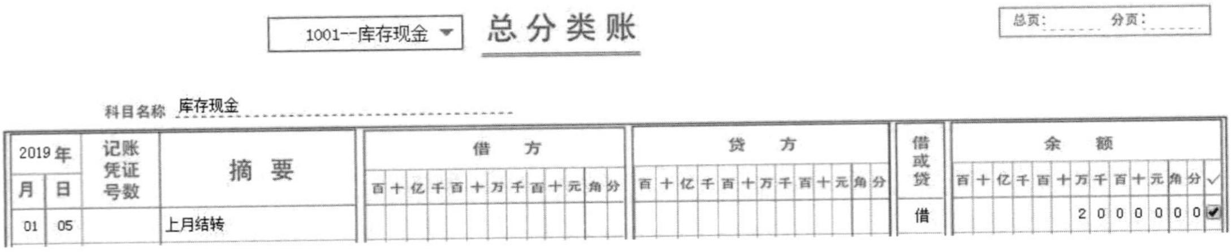

图 2-15 工贸企业总分类账示例

任务二 制造企业各岗位工作交接

一、制造企业财务部工作交接

目前，财务部有财务经理、财务会计、成本会计和出纳四类工作人员。财务部是企业的重要管理部门，主要负责核算和监控企业经营情况，以及税务管理、资金筹措和运用，并向利益关系人编送财务报告和经营管理报告等。制造企业财务部组织结构如图 2-16 所示。

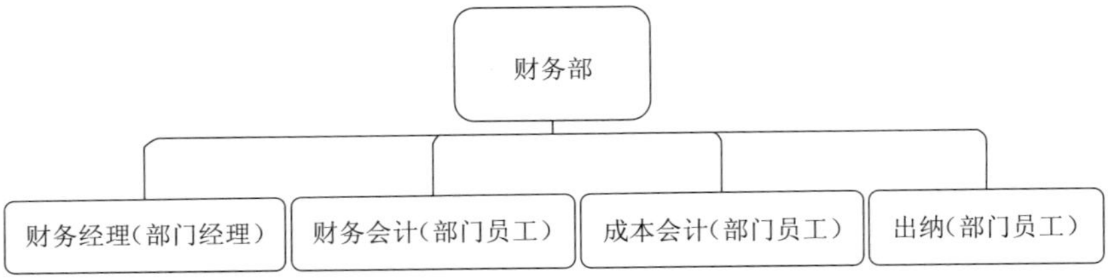

图 2-16 制造企业财务部组织结构

1. 财务部工作交接

（1）制造企业财务部科目余额表见表 2-18。

表 2-18 制造企业财务部科目余额表

科目编码	科目名称	期初余额		总账适用账簿	岗位	明细账适用账簿	岗位
		借方	贷方				
1001	库存现金	20 000.00		三栏式总分类账（总账）	财务经理	日记账	出纳
1002	银行存款	10 000 000.00		三栏式总分类账（总账）	财务经理		
100201	工行存款	10 000 000.00				日记账	出纳
1403	原材料	3 415 824.00		三栏式总分类账（总账）	财务经理		
140301	钢管	1 136 160.00				数量金额明细账	成本会计

续表

科目编码	科目名称	期初余额		总账适用账簿	岗位	明细账适用账簿	岗位
		借方	贷方				
140302	坐垫	432 972.00				数量金额明细账	成本会计
140303	车轮	580 824.00				数量金额明细账	成本会计
140304	车篷	779 004.00				数量金额明细账	成本会计
140305	经济型童车包装套件	486 864.00				数量金额明细账	成本会计
1405	库存商品	4 086 828.00		三栏式总分类账（总账）	财务经理		
140501	经济童车	4 086 828.00				数量金额明细账	成本会计
1409	自制半成品	1 869 696.00		三栏式总分类账（总账）	财务经理		
140901	经济车架	1 869 696.00				数量金额明细账	成本会计
1601	固定资产	27 328 800.00		三栏式总分类账（总账）	财务经理	三栏式总分类账（明细账）	财务会计
1602	累计折旧		1 824 000.00	三栏式总分类账（总账）	财务经理		
2211	应付职工薪酬		378 603.00	三栏式总分类账（总账）	财务经理		
221101	工资		265 500.00			三栏式总分类账（明细账）	财务会计
221103	社会保险费		86 553.00			三栏式总分类账（明细账）	财务会计
221104	住房公积金		26 550.00			三栏式总分类账（明细账）	财务会计
2221	应交税费		215 333.34	三栏式总分类账（总账）	财务经理		
222101	应交增值税	0				多栏式明细账	财务会计
22210101	进项税额	385 241.38					
22210103	销项税额		589 655.17				
22210106	转出未交税金	204 413.79					
222102	未交增值税		204 413.79			三栏式总分类账（明细账）	财务会计
4001	实收资本		35 000 000.00	三栏式总分类账（总账）	财务经理		

续表

科目编码	科目名称	期初余额		总账适用账簿	岗位	明细账适用账簿	岗位
		借方	贷方				
4101	盈余公积		396 687.31	三栏式总分类账（总账）	财务经理		
4104	利润分配		8 918 771.40	三栏式总分类账（总账）	财务经理		
410406	未分配利润		8 918 771.40			三栏式总分类账（明细账）	财务会计
	合计	46 721 148.00	46 721 148.00				

（2）制造企业会计科目表见表 2-19。

表 2-19　制造企业会计科目表

编号	名称	账簿设置	记账人	编号	名称	账簿设置	记账人
一、资产类				112230	湖北丽华	三栏式明细账	财务会计
1001	库存现金	总账/日记账	财务经理/出纳	1123	预付账款	总账	财务经理
1002	银行存款	总账	财务经理	1131	应收股利	总账	财务经理
100201	工行存款	日记账	出纳	1132	应收利息	总账	财务经理
1012	其他货币资金	总账	财务经理	1221	其他应收款	总账	财务经理
1101	交易性金融资产	总账	财务经理	1231	坏账准备	总账	财务经理
1121	应收票据	总账	财务经理	1401	材料采购	总账/数量金额明细账	财务经理/成本会计
1122	应收账款	总账	财务经理	1402	在途物资	总账/数量金额明细账	财务经理/成本会计
112211	旭日商贸	三栏式明细账	财务会计	1403	原材料	总账	财务经理
112212	华晨商贸	三栏式明细账	财务会计	140301	钢管	数量金额明细账	成本会计
112213	仁和商贸	三栏式明细账	财务会计	140302	坐垫	数量金额明细账	成本会计
112214	天府商贸	三栏式明细账	财务会计	140303	车轮	数量金额明细账	成本会计
112228	湖北强盛	三栏式明细账	财务会计	140304	车篷	数量金额明细账	成本会计
112229	湖北静洁	三栏式明细账	财务会计	140305	经济型童车包装套件	数量金额明细账	成本会计

续表

编号	名称	账簿设置	记账人	编号	名称	账簿设置	记账人
140306	镀锌管	数量金额明细账	成本会计	1503	可供出售金融资产	总账	财务经理
140307	记忆太空棉坐垫	数量金额明细账	成本会计	1511	长期股权投资	总账	财务经理
140308	数控芯片	数量金额明细账	成本会计	1512	长期股权投资减值准备	总账	财务经理
140309	舒适型童车包装套件	数量金额明细账	成本会计	1521	投资性房地产	总账	财务经理
140310	豪华型童车包装套件	数量金额明细账	成本会计	1531	长期应收款	总账	财务经理
1404	材料成本差异	总账/数量金额明细账	财务经理/成本会计	1601	固定资产	总账/三栏式明细账	财务经理/财务会计
1405	库存商品	总账	财务经理	1602	累计折旧	总账	财务经理
140501	经济型童车	数量金额明细账	成本会计	1603	固定资产减值准备	总账	财务经理
140502	舒适型童车	数量金额明细账	成本会计	1604	在建工程	总账	财务经理
140503	豪华型童车	数量金额明细账	成本会计	1605	工程物资	总账	财务经理
1406	发出商品	总账	财务经理	1606	固定资产清理	总账	财务经理
1407	商品进销差价	总账	财务经理	1701	无形资产	总账	财务经理
1408	委托加工物资	总账	财务经理	1702	累计摊销	总账	财务经理
1409	自制半成品	总账	财务经理	1703	无形资产减值准备	总账	财务经理
140901	经济车架	数量金额明细账	成本会计	1711	商誉	总账	财务经理
140902	舒适车架	数量金额明细账	成本会计	1801	长期待摊费用	总账	财务经理
140903	豪华车架	数量金额明细账	成本会计	1811	递延所得税资产	总账	财务经理
1471	存货跌价准备	总账	财务经理	1901	待处理财产损溢	总账	财务经理
1501	持有至到期投资	总账	财务经理	二、负债类			
1502	持有至到期投资减值准备	总账	财务经理	2001	短期借款	总账	财务经理

续表

编号	名称	账簿设置	记账人	编号	名称	账簿设置	记账人
2201	应付票据	总账	财务经理	22210101	进项税额		
2202	应付账款	总账	财务经理	22210102	销项税额		
220211	隆飞物流	三栏式明细账	财务会计	22210106	转出未交税金		
220212	融通服务	三栏式明细账	财务会计	222102	未交增值税	三栏式明细账	财务会计
220213	丽华五金	三栏式明细账	财务会计	222103	已交增值税	三栏式明细账	财务会计
220214	恒通工贸	三栏式明细账	财务会计	222105	应交个人所得税	三栏式明细账	财务会计
220215	邦尼工贸	三栏式明细账	财务会计	222108	应交企业所得税	三栏式明细账	财务会计
220216	思远工贸	三栏式明细账	财务会计	2231	应付利息	总账	财务经理
220217	新耀工贸	三栏式明细账	财务会计	2232	应付股利	总账	财务经理
220218	新华招投标	三栏式明细账	财务会计	2241	其他应付款	总账/三栏式明细账	财务经理/财务会计
220219	中国工商银行	三栏式明细账	财务会计	2501	长期借款	总账	财务经理
220220	工商	三栏式明细账	财务会计	2502	应付债券	总账	财务经理
220221	税务局	三栏式明细账	财务会计	2701	长期应付款	总账	财务经理
220222	人社局	三栏式明细账	财务会计	2711	专项应付款	总账	财务经理
220223	海关	三栏式明细账	财务会计	2801	预计负债	总账	财务经理
2203	预收账款	总账	财务经理	2901	递延所得税负债	总账	财务经理
2211	应付职工薪酬	总账	财务经理	三、共同类（略）			
221101	工资	三栏式明细账	财务会计	四、所有者权益类			
221103	社会保险	三栏式明细账	财务会计	4001	实收资本	总账	财务经理
221104	住房公积金	三栏式明细账	财务会计	4002	资本公积	总账	财务经理
2221	应交税费	总账	财务经理	4101	盈余公积	总账	财务经理
222101	应交增值税	多栏式明细账	财务会计	4103	本年利润	总账	财务经理

续表

编号	名称	账簿设置	记账人	编号	名称	账簿设置	记账人
4104	利润分配	总账	财务经理	6301	营业外收入	总账	财务经理
410406	未分配利润	三栏式明细账	财务会计	6401	主营业务成本	总账	财务经理
五、成本类				6402	其他业务成本	总账	财务经理
5001	生产成本	总账	财务经理	6403	营业税金及附加	总账	财务经理
5101	制造费用	总账/多栏式明细账	财务经理/财务会计	6601	销售费用	总账/多栏式明细账	财务经理/财务会计
5201	劳务成本	总账	财务经理	6602	管理费用	总账/多栏式明细账	财务经理/财务会计
5301	研发支出	总账	财务经理	6603	财务费用	总账/多栏式明细账	财务经理/财务会计
六、损益类				6701	资产减值损失	总账	财务经理
6001	主营业务收入	总账	财务经理	6711	营业外支出	总账	财务经理
6051	其他业务收入	总账	财务经理	6801	所得税费用	总账	财务经理
6101	公允价值变动损益	总账	财务经理	6901	以前年度损益调整	总账	财务经理
6111	投资收益	总账	财务经理				

2. 财务部工作交接重难点

1）账页填写注意事项

（1）所有账页当中的“日期”填写“2019-01-05”。

（2）为方便管理，工作交接当中所有账页的“记账凭证号数”不填，所有账页的“摘要”填写“上月结转”。

（3）每填写完成一张账页后，点击右侧“保存”按钮，切记在所有账页填写完成前不可点击“完成”按钮。

2）理解相关数据的含义

（1）科目余额表中的数据并不是进行简单的摘抄记录，还需要了解每一条数据的含义。

（2）科目 1403，140301，140302，140303，140304，140305，1405，140501，1409，140901，需要从仓储部获取相关的库存信息进行数据对比。

（3）科目 1601，1602，需要从企管部获取相关的固定资产信息进行数据对比。

（4）科目 2211，221101，221103，221104，需要从人力资源部获取相关的人员薪酬发放统计表进行数据对比。

（5）科目 22210101，需要从采购部了解上个月的采购付款情况，将税额总计与进项税额数据进行对比。

（6）科目 22210102，需要从营销部了解上个月的销售收款情况，将税额总计与销项税额数据进行对比。

3）工作交接填写示例

制造企业财务部总分类账示例如图 2-17 所示。

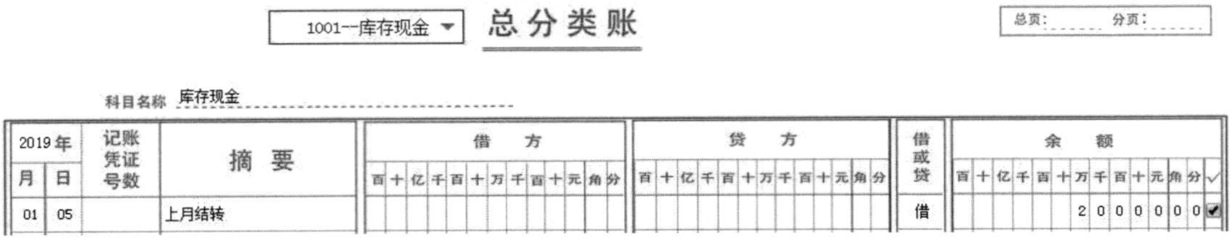

图 2-17 制造企业财务部总分类账示例

4）工作交接成果

（1）财务经理填写三栏式总分类账（总账）共计 12 张。

（2）成本会计填写数量金额明细账共计 7 张。

（3）财务会计填写三栏式总分类账（明细账）共计 6 张，多栏式明细账共计 1 张。

（4）出纳填写日记账共计 2 张。

3. 财务规则说明

1）结算方式

结算可以采用现金结算、转账支票结算和电汇结算三种方式。原则上，日常经济活动低于 2 000 元的可以使用现金结算，超过 2 000 元的一般使用转账支票结算（差旅费或支付给个人业务除外），转账支票用于同一票据交换区内的结算，异地付款一般采用电汇方式。

2）税种类型

税种类型包括增值税、企业所得税、个人所得税、城建税、教育费及附加。按照国家税法规定的税率和起征金额进行税额的计算，企业所得税按照利润总额的 25%缴纳，销售货物和购进货物增值税税率为 16%，广告费税率为 6%，水电费税率为 16%，物流费用税率为 10%，城建税为增值税税额的 7%，教育费及附加为增值税税额的 3%。个人所得税按照七级累进税率（表 2-8）计算，起征点为月收入 5 000 元。

3）存货计价

存货核算按照实际成本进行，原材料计价采用实际成本计价方式，材料采购按照实际采购价入账，材料发出按照全月一次加权平均计算材料成本。全月一次加权平均相关计算如下：

材料平均单价=（期初库存数量 × 库存单价+本月实际采购入库金额）/（期初库存数量+本月实际入库数量）

材料发出成本=本月发出材料数量 × 材料平均单价

4）固定资产取得方式及折旧

固定资产均通过购买的方式取得。固定资产购买当月不计提折旧，从次月开始计提折旧;固定资产出售当期须计提折旧,下月不再计提折旧。固定资产折旧按照直线法计提。

5)制造费用的归集及分配

生产管理部门发生的各项费用以及生产过程中各车间共同的间接费用计入制造费用。制造费用按照费用发生车间(机加车间、组装车间)设置明细科目。

机加车间发生的费用,如工人工资、机加车间设备折旧及维修等能够明确确认为机加车间发生的费用计入“制造费用——机加车间”。同样,组装车间发生的费用计入“制造费用——组装车间”。

生产计划部管理人员的工资、使用的设备折旧、报销的办公费等计入“管理费用”。厂房折旧计入“制造费用”,并按照各类设备占用厂房空间比例进行分配。

6)成本计算规则

产品成本分为直接材料、人工成本和制造费用结转。

制造费用中车间的费用直接计入该车间生产的产品成本,如果该车间生产两个及以上产品,则按照各产品生产工时分配车间制造费用。

在产品只计算材料费用,不计算制造费用和人工费用,即结转当期生产成本的金额为期初生产成本(直接材料)+本期归集的直接人工费用+本期归集的制造费用。

7)成本归集规则

原材料成本归集按照材料出库单的发出数量 × 平均单价计算,人工成本为当月计算的生产部门的人员工资,包括生产管理人员和生产工人。

8)半成品核算规则

车架为半成品,车架核算的范围为车架原材料、生产车架发生的人工费用和制造费用,以及分摊的相关生产制造费用。

9)产品之间费用分配

如果同一车间生产不同产品,则以各产品完工数量为权重,分配该车间的直接制造费用和结转的间接制造费用。

10)坏账损失

生产制造企业采用备抵法核算坏账损失。

坏账准备按年提取,按照年末应收账款的3%提取。

超过一年未收回的坏账,确认为坏账损失。已经确认为坏账损失的应收账款,并不表明公司放弃收款的权利。如果未来某一时期收回已做坏账的应收账款,应该及时恢复债权,并按照正常收回欠款进行会计核算。

11)利润分配

企业实现利润,应当按照法定程序进行利润分配。根据企业章程规定,按照本年净利润的10%提取法定盈余公积金,根据董事会决议,提取任意盈余公积金。

12)票据使用规则

(1)各个企业使用的支票,由银行制作并收取工本费,使用者必须到银行购买使用,任何企业和个人不得自制支票;银行按张出售支票,企业将该费用计入财务费用中。

(2)各企业制定完善的票据使用登记制度,以备检查。

(3)企业使用的发票为增值税专用发票。

(4)增值税进项税额需要进行申报、抵扣联认证、缴纳。

(5)在购买商品或服务的过程中,购销双方的结算必须以发票为依据,不取得发票的不能进行结算业务。

(6)税务局有定期的发票使用情况检查,税务局有权处以发票使用不合规范的企业一定金额的行政罚款。

13)*存货期初*

制造企业存货期初见表2-20。

表2-20 制造企业存货期初

存货编码	存货类型	存货名称	期货存量	成本单价	占用存储空间	期初金额	计量单位
B0001	原材料	钢管	10 800.00	105.20	21 600	1 136 160.00	根
B0002	原材料	镀锌管	—	—	—	—	根
B0003	原材料	坐垫	5 400.00	80.18	21 600	432 972.00	个
B0004	原材料	记忆太空棉坐垫	—	—	—	—	个
B0005	原材料	车篷	5 400.00	144.26	10 800	779 004.00	个
B0006	原材料	车轮	21 600.00	26.89	5 400	580 824.00	个
B0007	原材料	经济型童车包装套件	5 400.00	90.16	10 800	486 864.00	套
B0008	原材料	数控芯片	—	—	—	—	片
B0009	原材料	舒适型童车包装套件	—	—	—	—	套
B0010	原材料	豪华型童车包装套件	—	—	—	—	套
M0001	半成品	经济型童车车架	5 400.00	346.24	54 000	1 869 696.00	个
M0002	半成品	舒适型童车车架	—	—	—	—	个
M0003	半成品	豪华型童车车架	—	—	—	—	个
P0001	产成品	经济型童车	5 400.00	756.82	54 000	4 086 828.00	辆
P0002	产成品	舒适型童车	—	—	—	—	辆
P0003	产成品	豪华型童车	—	—	—	—	辆

二、制造企业采购部工作交接

采购部是企业的重要业务部门,主要负责外购原材料并支付货款,承担着公司原材料采购、供应商管理、收货验货、采购结算等任务。目前,采购部有采购经理和采购员两类工作人员。制造企业采购部组织结构如图2-18所示。

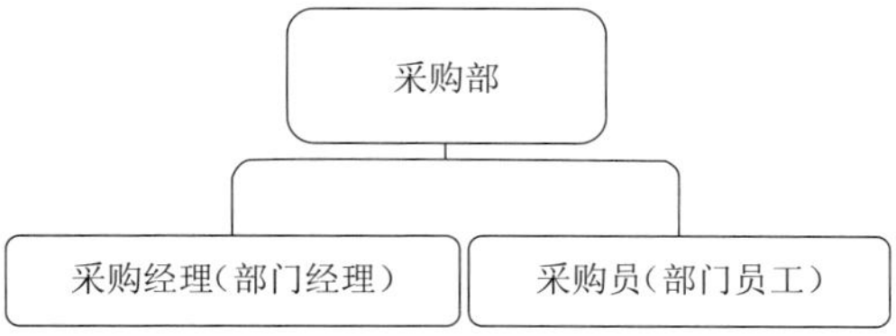

图 2-18　制造企业采购部组织结构

1. 采购部工作交接

1）采购部货物种类

制造企业采购部货物种类见表 2-21。

表 2-21　制造企业采购部货物种类

存货编码	存货名称	仓位	存货占用存储单位	规格	来源
B0001	钢管	A01	2	ϕ外 16/ϕ内 11/$L$5000（mm）	外购原材料
B0002	镀锌管	A02	2	ϕ外 16/ϕ内 11/$L$5000（mm）	外购原材料
B0003	坐垫	A03	4	HJM500	外购原材料
B0004	记忆太空棉坐垫	A04	4	HJM600	外购原材料
B0005	车篷	A05	2	HJ72 × 32 × 40	外购原材料
B0006	车轮	A06	1	HJϕ外 125/ϕ内 60（mm）	外购原材料
B0008	数控芯片	A07	1	MCX3154A	外购原材料
B0007	经济型童车包装套件	A08	2	HJTB100	外购原材料
B0009	舒适型童车包装套件	A09	2	HJTB200	外购原材料
B0010	豪华型童车包装套件	A10	2	HJTB300	外购原材料
M0001	经济型童车车架	B01	10	无	自制半成品
M0002	舒适型童车车架	B02	10	无	自制半成品
M0003	豪华型童车车架	B03	10	无	自制半成品
P0001	经济型童车	C01	10	无	自制产成品
P0002	舒适型童车	C02	10	无	自制产成品
P0003	豪华型童车	C03	10	无	自制产成品

2）采购部上月采购付款情况统计

制造企业采购部上月采购付款情况见表 2-22。

表 2-22　制造企业采购部上月采购付款情况

采购信息					
存货名称	采购数量	单价	金额	未税金额	税额
钢管	8 400	109.00	915 600.00	782 564.10	133 035.90

续表

采购信息					
存货名称	采购数量	单价	金额	未税金额	税额
坐垫	4 200	83.00	348 600.00	297 948.72	50 651.28
车轮	18 000	28.00	504 000.00	430 769.23	73 230.77
车篷	4 200	150.00	630 000.00	538 461.54	91 538.46
经济型童车包装套件	4 200	94.00	394 800.00	337 435.90	57 364.10
合计			2 793 000.00	2 387 179.49	405 820.51

3)采购部产品物料清单

物料清单(Bill of Material，BOM)是指将用图示表达的产品结构转化成某种数据格式来描述产品结构的文件。物料清单是定义产品结构的技术文件,因此又称为产品结构表或产品结构树。在某些工业领域,还被称为“配方”“要素表”或其他名称。

(1)经济型童车产品结构如图2-19所示,其物料清单见表2-23。

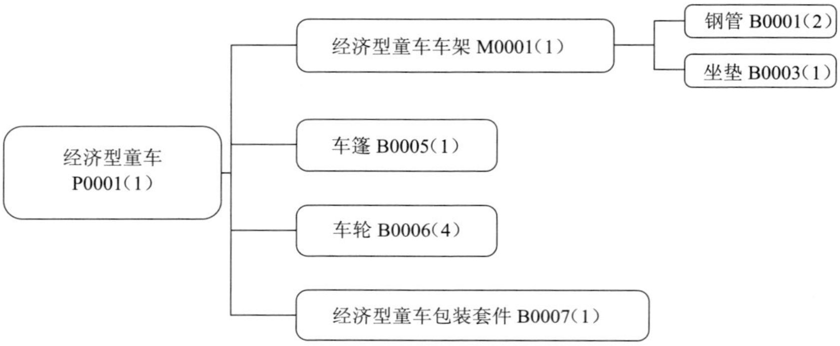

图2-19 经济型童车产品结构

表2-23 经济型童车物料清单

物料名称	父项物料	物料编码	规格型号	单位	用量	(相对制造企业)备注
经济型童车	无	P0001	无	辆	1	组装车间生产
经济型童车车架	P0001	M0001	无	个	1	机加车间生产
车篷	P0001	B0005	HJ72×32×40	个	1	外购原材料
车轮	P0001	B0006	HJϕ外125/ϕ内60(mm)	个	4	外购原材料
经济型童车包装套件	P0001	B0007	HJTB100	套	1	外购原材料
钢管	M0001	B0001	ϕ外16/ϕ内11/$L$5000(mm)	根	2	外购原材料
坐垫	M0001	B0003	HJM500	个	1	外购原材料

(2)舒适型童车产品结构如图2-20所示,其物料清单见表2-24。

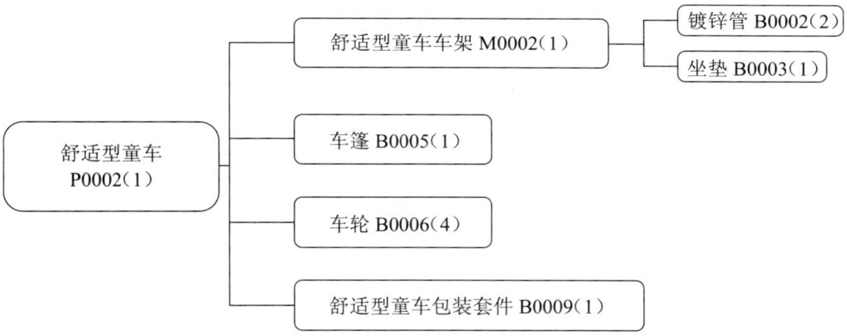

图 2-20　舒适型童车产品结构

表 2-24　舒适型童车物料清单

物料名称	父项物料	物料编码	规格型号	单位	用量	（相对制造企业）备注
舒适型童车	无	P0002	无	辆	1	组装车间生产
舒适型童车车架	P0002	M0002	无	个	1	机加车间生产
车篷	P0002	B0005	HJ72×32×40	个	1	外购原材料
车轮	P0002	B0006	HJϕ外 125/ϕ内 60（mm）	个	4	外购原材料
舒适型童车包装套件	P0002	B0009	HJTB200	套	1	外购原材料
镀锌管	M0002	B0002	ϕ外 16/ϕ内 11/$L$5000（mm）	根	2	外购原材料
坐垫	M0002	B0003	HJM500	个	1	外购原材料

（3）豪华型童车产品结构如图 2-21 所示，其物料清单见表 2-25。

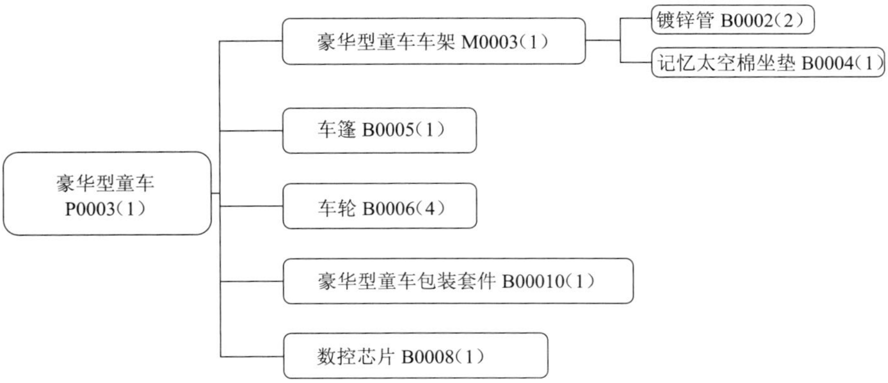

图 2-21　豪华型童车产品结构

表 2-25　豪华型童车物料清单

物料名称	父项物料	物料编码	规格型号	单位	用量	（相对制造企业）备注
豪华型童车	无	P0003	无	辆	1	组装车间生产

续表

物料名称	父项物料	物料编码	规格型号	单位	用量	（相对制造企业）备注
豪华型童车车架	P0003	M0003	无	个	1	机加车间生产
车篷	P0003	B0005	HJ72×32×40	个	1	外购原材料
车轮	P0003	B0006	HJϕ外 125/ϕ内 60（mm）	个	4	外购原材料
数控芯片	P0003	B0008	MCX3154A	片	1	外购原材料
豪华型童车包装套件	P0003	B0010	HJTB300	套	1	外购原材料
镀锌管	M0003	B0002	ϕ外 16/ϕ内 11/$L$5000（mm）	根	2	外购原材料
记忆太空棉坐垫	M0003	B0004	HJM600	个	1	外购原材料

2. 采购部工作交接重难点

采购部在工作交接阶段不需要进行单据的填写，但是却有不少的知识点需要学习了解。

（1）采购部需要将“采购部上月采购付款情况统计”交到财务经理处。

（2）采购部需要从仓储部获取目前各类原材料的存货情况，并了解目前库存的购买价格，为接下来的采购谈判提供依据。

（3）采购部需要根据产品物料清单、仓储情况和生产所需原材料情况，制订采购计划，并就现有的采购计划判断其合理性且给出建议。

（4）采购部需要学习任务地图当中的流程，主要学习 MCG 流程（其中 M 表示制造企业，CG 表示采购）。

仓储的物品分为原材料、半成品以及产成品，其中只有原材料是需要采购部进行采购的。

工贸企业信息见表 2-26。

表 2-26 工贸企业信息

序号	企业法定中文名称	简称	办公电话	邮政编码	注册资金	企业注册登记日期	企业法定代表人	企业注册地址	企业法人营业执照注册号	开户银行	银行账号
1	恒通工贸有限公司	恒通	010-51××××88	100076	4 500 000	2015.1.4	张艳	小红门路 45 号	110000001012587	中国工商银行	0100229999000099015
2	邦尼工贸有限公司	邦尼	021-60××××18	201100	4 500 000	2015.1.4	张伟	曙光西街 722 号	110106311235740	中国工商银行	0100229999000099016
3	思远工贸有限公司	思远	020-51××××37	510000	4 500 000	2015.1.4	何聪	顾家庄中路 147 号	110020001012524	中国工商银行	0100229999000099017
4	新耀工贸有限公司	新耀	028-62××××99	610000	4 500 000	2015.1.4	王敏	静远东街 151 号	110113050173019	中国工商银行	0100229999000099018

物流企业信息见表 2-27。

表 2-27　物流企业信息

序号	企业法定中文名称	简称	办公电话	邮政编码	注册资金	企业注册登记日期	企业法定代表人	企业注册地址	企业法人营业执照注册号	开户银行	银行账号
1	隆飞物流有限公司	隆飞	027-64×××58	430000	6 000 000	2015.1.4	李靖	卓尔大街 38 号	100108231234856	中国工商银行	0100229999000099019

三、制造企业仓储部工作交接

仓储部是企业的重要业务部门，主要负责储存保管生产所需的各类原材料、半成品以及生产完工等待销售的产成品；同时需要根据业务部门需要适时地做好相关物料的入库、出库、库存登记以及库存盘点等工作。目前，仓储部有仓储经理和仓管员两类工作人员。制造企业仓储部组织结构如图 2-22 所示。

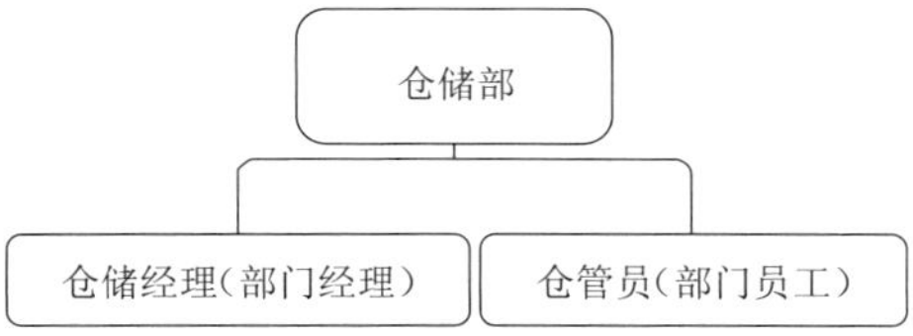

图 2-22　制造企业仓储部组织结构

1. 仓储部工作交接

1）仓储部存货种类

（1）制造企业仓储部存货种类——原材料，见表 2-28。

表 2-28　制造企业仓储部存货种类——原材料

存货编码	存货名称	仓位	存货占用存储单位	规格	来源
B0001	钢管	A01	2	ϕ外 16/ϕ内 11/$L$5000（mm）	外购原材料
B0002	镀锌管	A02	2	ϕ外 16/ϕ内 11/$L$5000（mm）	外购原材料
B0003	坐垫	A03	4	HJM500	外购原材料
B0004	记忆太空棉坐垫	A04	4	HJM600	外购原材料
B0005	车篷	A05	2	HJ72×32×40	外购原材料
B0006	车轮	A06	1	HJ ϕ外 125/ϕ内 60（mm）	外购原材料
B0008	数控芯片	A07	1	MCX3154A	外购原材料
B0007	经济型童车包装套件	A08	2	HJTB100	外购原材料
B0009	舒适型童车包装套件	A09	2	HJTB200	外购原材料
B0010	豪华型童车包装套件	A10	2	HJTB300	外购原材料

（2）制造企业仓储部存货种类——半成品，见表 2-29。

表 2-29 制造企业仓储部存货种类——半成品

存货编码	存货名称	仓位	存货占用存储单位	规格	来源
M0001	经济型童车车架	B01	10	无	机加车间生产
M0002	舒适型童车车架	B02	10	无	机加车间生产
M0003	豪华型童车车架	B03	10	无	机加车间生产

（3）制造企业仓储部存货种类——产成品，见表 2-30。

表 2-30 制造企业仓储部存货种类——产成品

存货编码	存货名称	仓位	存货占用存储单位	规格	来源
P0001	经济型童车	C01	10	无	组装车间生产
P0002	舒适型童车	C02	10	无	组装车间生产
P0003	豪华型童车	C03	10	无	组装车间生产

2）仓储部存货期初

制造企业仓储部存货期初，见表 2-31。

表 2-31 制造企业仓储部存货期初

存货编码	存货类型	存货名称	期初库存量	单价	占用存储空间	期初金额	计量单位
B0001	原材料	钢管	10 800.00	105.20	21 600	1 136 160.00	根
B0002	原材料	镀锌管	—	—	—	—	根
B0003	原材料	坐垫	5 400.00	80.18	21 600	432 972.00	个
B0004	原材料	记忆太空棉坐垫	—	—	—	—	个
B0005	原材料	车篷	5 400.00	144.26	10 800	779 004.00	个
B0006	原材料	车轮	21 600.00	26.89	5400	580 824.00	个
B0007	原材料	经济型童车包装套件	5 400.00	90.16	10 800	486 864.00	套
B0008	原材料	数控芯片	—	—	—	—	片
B0009	原材料	舒适型童车包装套件	—	—	—	—	套
B0010	原材料	豪华型童车包装套件	—	—	—	—	套
M0001	半成品	经济型童车车架	5 400.00	346.24	54 000	1 869 696.00	个
M0002	半成品	舒适型童车车架	—	—	—	—	个
M0003	半成品	豪华型童车车架	—	—	—	—	个
P0001	产成品	经济型童车	5 400.00	756.82	54 000	4 086 828.00	辆
P0002	产成品	舒适型童车	—	—	—	—	辆
P0003	产成品	豪华型童车	—	—	—	—	辆

3）仓储部产品物料清单

同采购部产品物料清单。

2. 仓储部工作交接重难点

仓储部储存的货物一共有三大类，分别是原材料、半成品和产成品。原材料的物料编号以B开头，占用的是A仓库——原材料仓库；半成品的物料编号以M开头，占用的是B仓库——半成品仓库；产成品的物料编号以P开头，占用的是C仓库——产成品仓库。

库存台账中需要填写“物料名称”“物料编号”“规格”“仓位”“最高存量”“最低存量”和“计量单位”。其中，所有的物料都没有“最高存量”，“最低存量”为0；所有“日期”填写“2019年01月05日”，“凭证号数”不填，“摘要”填写“上月结转”。每填写完成一张库存台账后，点击右侧“保存”按钮，切记在所有库存台账填写完成前不可点击“完成”按钮。

仓储部需要将“存货期初”的相关信息提供给成本会计。

仓储部需要将“存货期初”中有关“原材料”的部分（B0001~B0010）提供给采购经理。

仓储部需要将“存货期初”中有关“半成品”（M0001~M0003）和“产成品”（P0001~P0003）的部分提供给营销部经理。

仓储部需要根据产品物料清单，及时将原材料的情况与采购部交流，协助其制订采购计划。

仓储部需要根据产成品的库存，及时与营销部交流，帮助其制订销售计划。

仓储部的原材料通过“采购入库”的方式入库，通过“生产出库”的方式出库；半成品通过“生产入库”的方式入库，通过“生产出库”的方式出库；产成品通过“生产入库”的方式入库，通过“销售出库”的方式出库。

制造业仓储部库存台账示例如图2-23所示，制造企业仓储部工作交接成果是仓储经理填写库存台账共计7张。

新道 seentao 教学专用

库存台账

本帐页数
本户页数

物料名称：钢管　　规格：Φ外16/Φ内11/L5000(mm)　　最高存量：

物料编号：B0001　　仓位：A01　　最低存量：0

2019年		凭证号数	摘要	入库		出库		结存	
月	日			数量	单价	数量	单价	数量	单价
01	05		上月结转					10,800	105.20

图2-23　制造业仓储部库存台账示例

四、制造企业企管部工作交接

企业管理部是企业的重要业务部门，主要负责企业管理及运营、上下联络沟通、及时向领导汇报情况等工作，以及督查和考核各部门的工作，如行政文案事物、内务后勤、制度规程、监督管理等。目前，企管部有企管经理（由总经理兼任）和行政助理两类工作人员。制造企业企管部组织结构如图 2-24 所示。

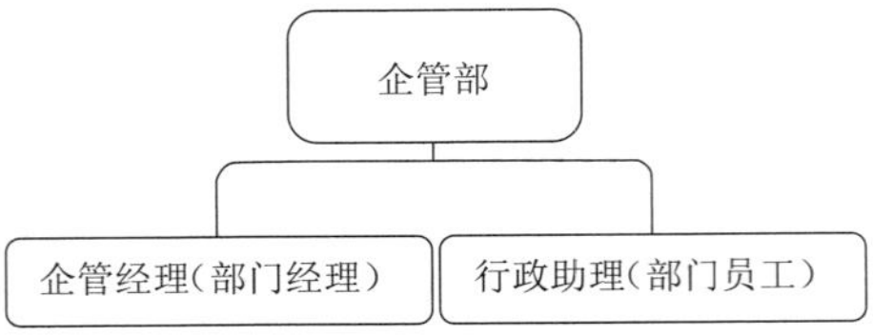

图 2-24 制造企业企管部组织结构

1. 企管部工作交接

1）企管部固定资产列表

制造企业企管部固定资产列表见表 2-32。

表 2-32 制造企业企管部固定资产列表

固定资产编号	固定资产名称	使用部门	使用年限（月）	开始使用日期	已计提月份	原值	残值	月折旧额	累计折旧	对应科目
0100001	办公楼	企业管理部	240	2014-09-15	15	12 000 000.00	600 000.00	47 500.00	712 500.00	管理费用
0100002	普通仓库	仓储部	240	2014-09-15	15	5 400 000.00	270 000.00	21 375.00	320 625.00	管理费用
0100003	大厂房	生产计划部	240	2014-09-15	15	7 200 000.00	360 000.00	28 500.00	427 500.00	制造费用
0200001	普通机床（机加工生产线）	生产计划部	120	2014-09-15	15	210 000.00	—	1 750.00	26 250.00	制造费用-机加
0200002	普通机床（机加工生产线）	生产计划部	120	2014-09-15	15	210 000.00	—	1 750.00	26 250.00	制造费用-机加
0200003	普通机床（机加工生产线）	生产计划部	120	2014-09-15	15	210 000.00	—	1 750.00	26 250.00	制造费用-机加
0200004	普通机床（机加工生产线）	生产计划部	120	2014-09-15	15	210 000.00	—	1 750.00	26 250.00	制造费用-机加
0200005	普通机床（机加工生产线）	生产计划部	120	2014-09-15	15	210 000.00	—	1 750.00	26 250.00	制造费用-机加
0200006	普通机床（机加工生产线）	生产计划部	120	2014-09-15	15	210 000.00	—	1 750.00	26 250.00	制造费用-机加
0200007	普通机床（机加工生产线）	生产计划部	120	2014-09-15	15	210 000.00	—	1 750.00	26 250.00	制造费用-机加
0200008	普通机床（机加工生产线）	生产计划部	120	2014-09-15	15	210 000.00	—	1 750.00	26 250.00	制造费用-机加
0200009	普通机床（机加工生产线）	生产计划部	120	2014-09-15	15	210 000.00	—	1 750.00	26 250.00	制造费用-机加

续表

固定资产编号	固定资产名称	使用部门	使用年限（月）	开始使用日期	已计提月份	原值	残值	月折旧额	累计折旧	对应科目
0200010	普通机床（机加工生产线）	生产计划部	120	2014-09-15	15	210 000.00	—	1 750.00	26 250.00	制造费用-机加
0200011	组装生产线	生产计划部	120	2014-09-15	15	510 000.00	—	4 250.00	63 750.00	制造费用-组装
0300001	笔记本电脑	企业管理部	48	2014-09-15	15	6 000.00	—	125.00	1 875.00	管理费用
0300002	笔记本电脑	人力资源部	48	2014-09-15	15	6 000.00	—	125.00	1 875.00	管理费用
0300003	笔记本电脑	财务部	48	2014-09-15	15	6 000.00	—	125.00	1 875.00	管理费用
0300004	笔记本电脑	采购部	48	2014-09-15	15	6 000.00	—	125.00	1 875.00	管理费用
0300005	笔记本电脑	营销部	48	2014-09-15	15	6 000.00	—	125.00	1 875.00	销售费用
0300006	笔记本电脑	仓储部	48	2014-09-15	15	6 000.00	—	125.00	1 875.00	管理费用
0300007	笔记本电脑	生产计划部	48	2014-09-15	15	6 000.00	—	125.00	1 875.00	制造费用
0300008	台式电脑	财务部	48	2014-09-15	15	4 800.00	—	100.00	1 500.00	管理费用
0300009	台式电脑	财务部	48	2014-09-15	15	4 800.00	—	100.00	1 500.00	管理费用
0300010	台式电脑	企业管理部	48	2014-09-15	15	4 800.00	—	100.00	1 500.00	管理费用
0300011	台式电脑	人力资源部	48	2014-09-15	15	4 800.00	—	100.00	1 500.00	管理费用
0300012	台式电脑	财务部	48	2014-09-15	15	4 800.00	—	100.00	1 500.00	管理费用
0300013	台式电脑	采购部	48	2014-09-15	15	4 800.00	—	100.00	1 500.00	管理费用
0300014	台式电脑	营销部	48	2014-09-15	15	4 800.00	—	100.00	1 500.00	销售费用
0300015	台式电脑	营销部	48	2014-09-15	15	4 800.00	—	100.00	1 500.00	销售费用
0300016	台式电脑	仓储部	48	2014-09-15	15	4 800.00	—	100.00	1 500.00	管理费用
0300017	台式电脑	生产计划部	48	2014-09-15	15	4 800.00	—	100.00	1 500.00	制造费用
0300018	台式电脑	生产计划部	48	2014-09-15	15	4 800.00	—	100.00	1 500.00	制造费用
0300019	打印复印一体机	企业管理部	48	2014-09-15	15	24 000.00	—	500.00	7 500.00	管理费用
合计						27 328 800.00	1 230 000	121 600.00	1 824 000.00	

2）企管部资产设备购买规则

（1）制造企业企管部厂房购买规则见表 2-33。

表 2-33 制造企业企管部厂房购买规则

厂房类型	使用年限(年)	厂房面积(平方米)	厂房容积(立方米)	容量	售价(万元)	期初数量
小厂房	20	800	4 800	12 台机床位	480	0
大厂房	20	1 000	6 000	20 台机床位	720	1

(2)制造企业企管部生产设备购买规则见表 2-34。

表 2-34 制造企业企管部生产设备购买规则

生产设备名称	生产设备类型	购置费(万元)	使用年限	生产能力(台/虚拟 1 天)		
				经济	舒适	豪华
普通机床	机床	21	10	500	500	0
数控机床	机床	81	10	3 000	3 000	3 000
组装流水线	生产线	51	10	7 000	7 000	6 000

(3)制造企业企管部仓库购买规则见表 2-35。

表 2-35 制造企业企管部仓库购买规则

仓库类型	使用年限(年)	仓库面积(平方米)	仓库容积(立方米)	仓库总存储单位	售价(万元)
普通仓库	20	500	3 000	300 000	540

2. 企管部工作交接重难点

企管部负责企业固定资产的管理工作,在工作交接时,企业中拥有登记在案的固定资产共 33 项。制造企业每个月的 25 日进行固定资产折旧的计提,工作交接中所登记的相关信息是 2018 年 12 月 25 日计提折旧完成后所显示的数据。

企管部需要在工作交接时根据现有固定资产状况,在系统中进行固定资产卡片的填写,为了简易起见,只需要以每个类型的固定资产为例,填写 8 张固定资产卡片,分别是 0100001 办公楼,0100002 普通仓库,0100003 大厂房,0200001 普通机床(机加工生产线),0200011 组装生产线,0300001 笔记本电脑,0300008 台式电脑,0300019 打印复印一体机。

固定资产卡片中需要填写"卡片编号"(八张卡片编号分别为 001~008)和"日期""固定资产编号""固定资产名称""类别编号"(01/02/03 分别对应"类别名称"中的房屋建筑/生产设备/办公设备)以及"使用部门""增加方式""使用状况""预计使用年限""折旧方法""开始使用日期""已计提月份""原值""净残值""累计折旧""净值""折旧费用类别"。

固定资产卡片中不需填写"规格型号""存放地点"和"保管人"。

所有固定资产卡片当中的"日期"填写"2019 年 01 月 05 日",每填写完成一张固定资产卡片后,点击右侧"保存"按钮,然后点击上方的加号新增固定资产卡片,切记在所有固定资产卡片填写完成前不可点击"完成"按钮。

企管部需要将固定资产列表的所有相关信息提供给财务会计。

企管部需要将固定资产列表编号为 0100002 的固定资产信息提供给仓储部。

企管部需要将固定资产列表编号为 0100003 以及 0200001 的固定资产信息提供给生产计划部。

企管部需要将固定资产根据折旧科目的不同，统计出不同折旧科目的折旧费用合计，将相关合计信息在月底时提供给财务经理。

制造企业企管部固定资产卡片示例如图 2-25 所示，行政助理填写固定资产卡片共计 8 张。

固　定　资　产　卡　片

卡片编号 001　　日期 2019年01月05日

固定资产编号 0100001　　固定资产名称 办公大楼

类别编号 01　　类别名称 房屋建筑

规格型号　　使用部门 企管部

增加方式 购入　　存放地点

使用状况 在用　　预计使用年限 20年　　折旧方法 直线法

开始使用日期 2017年09月15日　　已计提月份 15

原值 12,000,000.00　　净残值 600,000.00

累计折旧 712,500.00

净值 11,287,500.00　　折旧费用类别 管理费用　　保管人

图 2-25　制造企业企管部固定资产卡片示例

五、制造企业人力资源部工作交接

人力资源部是企业的重要业务部门，是企业发展的助推器，其核心职能包括选、训、考、用、留五个方面。目前，人力资源部有人力资源经理和人力资源助理两类工作人员。制造企业人力资源部组织结构如图 2-26 所示。

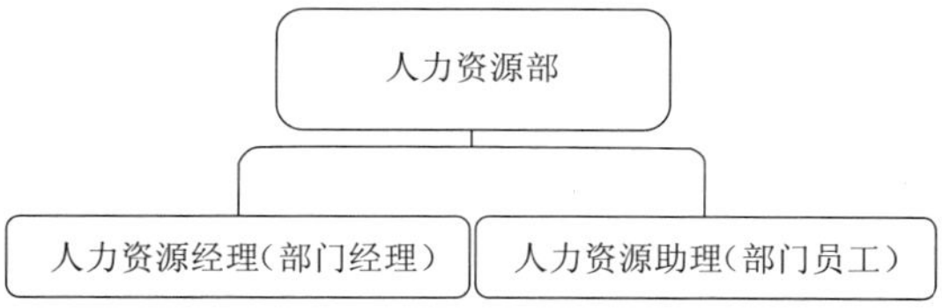

图 2-26　制造企业人力资源部组织结构

1. 人力资源部工作交接

1）人员概况

制造企业人员概况见表 2-36。

表 2-36 制造企业人员概况

部门	岗位名称	岗位级别	在编人数	直接上级
企业管理部	企管经理（总经理兼）	总经理	1	董事会（指导教师）
	行政助理	职能管理人员	1	企管经理（总经理）
营销部	营销经理	部门经理	1	总经理
	市场专员	职能管理人员	1	营销经理
	销售专员	职能管理人员	1	营销经理
生产计划部	生产计划经理	部门经理	1	总经理
	车间管理员	职能管理人员	1	生产计划经理
	生产计划员	职能管理人员	1	生产计划经理
	初级生产工人	工人	25	车间管理员
	中级生产工人	工人	15	车间管理员
仓储部	仓储经理	部门经理	1	总经理
	仓管员	职能管理人员	1	仓储经理
采购部	采购经理	部门经理	1	总经理
	采购员	职能管理人员	1	采购经理
人力资源部	人力资源经理	部门经理	1	总经理
	人力资源助理	职能管理人员	1	人力资源经理
财务部	财务经理	部门经理	1	总经理
	出纳	职能管理人员	1	财务经理
	财务会计	职能管理人员	1	财务经理
	成本会计	职能管理人员	1	财务经理

2）工资规则

制造企业工资规则见表 2-37。

表 2-37 制造企业工资规则

人员类别	月基本工资
总经理	12 000 元
部门经理	7 500 元
职能管理人员	5 500 元
营销部员工	4 500 元
初级/中级/高级生产工人	3 600 元/4 000 元/4 600 元

3）社保及住房公积金缴纳比例

制造企业社保及住房公积金缴纳比例见表 2-38。

表 2-38　制造企业社保及住房公积金缴纳比例

分类	养老	失业	工伤	生育	医疗		住房公积金
					基本医疗	大额互助	
单位	20%	1.0%	0.3%	0.8%	9%	1%	10%
个人	8%	0.2%	0	0	2%	3 元	10%

4）个人所得税计算

制造企业个人所得税税率见表 2-8。

5）个人缴纳社保及住房公积金计算

制造企业个人缴纳社保及住房公积金计算见表 2-39。

表 2-39　制造企业个人缴纳社保及住房公积金计算

工号	姓名	部门	岗位	基本工资	个人缴纳五险一金							
					养老保险 8%	医疗保险 2%+3	失业保险 0.2%	工伤保险	生育保险	五险小计	住房公积金 10%	五险一金小计
1001	梁天	企业管理部	总经理	12 000.00	960.00	243.00	24.00	—	—	1 227.00	1 200.00	2 427.00
1002	张万军	人力资源部	经理	7 500.00	600.00	153.00	15.00	—	—	768.00	750.00	1 518.00
1003	李斌	采购部	经理	7 500.00	600.00	153.00	15.00	—	—	768.00	750.00	1 518.00
1004	何明海	仓储部	经理	7 500.00	600.00	153.00	15.00	—	—	768.00	750.00	1 518.00
1005	钱坤	财务部	经理	7 500.00	600.00	153.00	15.00	—	—	768.00	750.00	1 518.00
1006	叶润中	生产计划部	经理	7 500.00	600.00	153.00	15.00	—	—	768.00	750.00	1 518.00
1007	杨笑笑	营销部	经理	7 500.00	600.00	153.00	15.00	—	—	768.00	750.00	1 518.00
1008	叶瑛	企业管理部	助理	5 500.00	440.00	113.00	11.00	—	—	564.00	550.00	1 114.00
1009	肖红	人力资源部	助理	5 500.00	440.00	113.00	11.00	—	—	564.00	550.00	1 114.00
1010	付海生	采购部	采购员	5 500.00	440.00	113.00	11.00	—	—	564.00	550.00	1 114.00
1011	王宝珠	仓储部	仓管员	5 500.00	440.00	113.00	11.00	—	—	564.00	550.00	1 114.00
1012	刘自强	财务部	成本会计	5 500.00	440.00	113.00	11.00	—	—	564.00	550.00	1 114.00
1013	朱中华	财务部	财务会计	5 500.00	440.00	113.00	11.00	—	—	564.00	550.00	1 114.00
1014	赵丹	财务部	出纳	5 500.00	440.00	113.00	11.00	—	—	564.00	550.00	1 114.00
1015	周群	生产计划部	生产计划员	5 500.00	440.00	113.00	11.00	—	—	564.00	550.00	1 114.00
1016	孙盛国	生产计划部	车间管理员	5 500.00	440.00	113.00	11.00	—	—	564.00	550.00	1 114.00

续表

工号	姓名	部门	岗位	基本工资	个人缴纳五险一金							
					养老保险 8%	医疗保险 2%+3	失业保险 0.2%	工伤保险	生育保险	五险小计	住房公积金 10%	五险一金小计
1017	马博	营销部	市场专员	4 500.00	360.00	93.00	9.00	—	—	462.00	450.00	912.00
1018	刘思羽	营销部	销售专员	4 500.00	360.00	93.00	9.00	—	—	462.00	450.00	912.00
1019	李良钊	机加车间	初级工人	3 600.00	288.00	75.00	7.20	—	—	370.20	360.00	730.20
1020	付玉芳	机加车间	初级工人	3 600.00	288.00	75.00	7.20	—	—	370.20	360.00	730.20
1021	张接义	机加车间	初级工人	3 600.00	288.00	75.00	7.20	—	—	370.20	360.00	730.20
1022	毕红	机加车间	初级工人	3 600.00	288.00	75.00	7.20	—	—	370.20	360.00	730.20
1023	吴淑敏	机加车间	初级工人	3 600.00	288.00	75.00	7.20	—	—	370.20	360.00	730.20
1024	毛龙生	机加车间	初级工人	3 600.00	288.00	75.00	7.20	—	—	370.20	360.00	730.20
1025	扈志明	机加车间	初级工人	3 600.00	288.00	75.00	7.20	—	—	370.20	360.00	730.20
1026	李龙吉	机加车间	初级工人	3 600.00	288.00	75.00	7.20	—	—	370.20	360.00	730.20
1027	吴官胜	机加车间	初级工人	3 600.00	288.00	75.00	7.20	—	—	370.20	360.00	730.20
1028	雷丹	机加车间	初级工人	3 600.00	288.00	75.00	7.20	—	—	370.20	360.00	730.20
1029	刘良生	机加车间	初级工人	3 600.00	288.00	75.00	7.20	—	—	370.20	360.00	730.20
1030	余俊美	机加车间	初级工人	3 600.00	288.00	75.00	7.20	—	—	370.20	360.00	730.20
1031	徐积福	机加车间	初级工人	3 600.00	288.00	75.00	7.20	—	—	370.20	360.00	730.20
1032	潘俊辉	机加车间	初级工人	3 600.00	288.00	75.00	7.20	—	—	370.20	360.00	730.20
1033	朱祥松	机加车间	初级工人	3 600.00	288.00	75.00	7.20	—	—	370.20	360.00	730.20
1034	刘文钦	机加车间	初级工人	3 600.00	288.00	75.00	7.20	—	—	370.20	360.00	730.20
1035	龚文辉	机加车间	初级工人	3 600.00	288.00	75.00	7.20	—	—	370.20	360.00	730.20
1036	王小强	机加车间	初级工人	3 600.00	288.00	75.00	7.20	—	—	370.20	360.00	730.20
1037	刘胜	机加车间	初级工人	3 600.00	288.00	75.00	7.20	—	—	370.20	360.00	730.20
1038	刘贞	机加车间	初级工人	3 600.00	288.00	75.00	7.20	—	—	370.20	360.00	730.20
1039	余永俊	组装车间	初级工人	3 600.00	288.00	75.00	7.20	—	—	370.20	360.00	730.20
1040	万能	组装车间	初级工人	3 600.00	288.00	75.00	7.20	—	—	370.20	360.00	730.20
1041	万俊俊	组装车间	初级工人	3 600.00	288.00	75.00	7.20	—	—	370.20	360.00	730.20
1042	张逸君	组装车间	初级工人	3 600.00	288.00	75.00	7.20	—	—	370.20	360.00	730.20
1043	言海根	组装车间	初级工人	3 600.00	288.00	75.00	7.20	—	—	370.20	360.00	730.20
1044	田勤	组装车间	中级工人	4 000.00	320.00	83.00	8.00	—	—	411.00	400.00	811.00
1045	肖鹏	组装车间	中级工人	4 000.00	320.00	83.00	8.00	—	—	411.00	400.00	811.00
1046	徐宏	组装车间	中级工人	4 000.00	320.00	83.00	8.00	—	—	411.00	400.00	811.00
1047	田军	组装车间	中级工人	4 000.00	320.00	83.00	8.00	—	—	411.00	400.00	811.00
1048	郑华珺	组装车间	中级工人	4 000.00	320.00	83.00	8.00	—	—	411.00	400.00	811.00

续表

工号	姓名	部门	岗位	基本工资	个人缴纳五险一金							
					养老保险 8%	医疗保险 2%+3	失业保险 0.2%	工伤保险	生育保险	五险小计	住房公积金 10%	五险一金小计
1049	洪梁	组装车间	中级工人	4 000.00	320.00	83.00	8.00	—	—	411.00	400.00	811.00
1050	冯奇	组装车间	中级工人	4 000.00	320.00	83.00	8.00	—	—	411.00	400.00	811.00
1051	黄聪	组装车间	中级工人	4 000.00	320.00	83.00	8.00	—	—	411.00	400.00	811.00
1052	薛萍	组装车间	中级工人	4 000.00	320.00	83.00	8.00	—	—	411.00	400.00	811.00
1053	张世平	组装车间	中级工人	4 000.00	320.00	83.00	8.00	—	—	411.00	400.00	811.00
1054	李小春	组装车间	中级工人	4 000.00	320.00	83.00	8.00	—	—	411.00	400.00	811.00
1055	蔡丽娟	组装车间	中级工人	4 000.00	320.00	83.00	8.00	—	—	411.00	400.00	811.00
1056	吴新祥	组装车间	中级工人	4 000.00	320.00	83.00	8.00	—	—	411.00	400.00	811.00
1057	胡首科	组装车间	中级工人	4 000.00	320.00	83.00	8.00	—	—	411.00	400.00	811.00
1058	邹建榕	组装车间	中级工人	4 000.00	320.00	83.00	8.00	—	—	411.00	400.00	811.00

6）企业缴纳社保及住房公积金计算

制造企业缴纳社保及住房公积金计算见表 2-40。

表 2-40　制造企业缴纳社保及住房公积金计算

工号	姓名	部门	岗位	基本工资	企业缴纳五险一金							
					养老保险 20%	医疗保险 10%	失业保险 1.0%	工伤保险 0.3%	生育保险 0.8%	五险小计	住房公积金 10%	五险一金小计
1001	梁天	企业管理部	总经理	12 000.00	2 400.00	1 200.00	120.00	36.00	96.00	3 852.00	1 200.00	5 052.00
1002	张万军	人力资源部	经理	7 500.00	1 500.00	750.00	75.00	22.50	60.00	2 407.50	750.00	3 157.50
1003	李斌	采购部	经理	7 500.00	1 500.00	750.00	75.00	22.50	60.00	2 407.50	750.00	3 157.50
1004	何明海	仓储部	经理	7 500.00	1 500.00	750.00	75.00	22.50	60.00	2 407.50	750.00	3 157.50
1005	钱坤	财务部	经理	7 500.00	1 500.00	750.00	75.00	22.50	60.00	2 407.50	750.00	3 157.50
1006	叶润中	生产计划部	经理	7 500.00	1 500.00	750.00	75.00	22.50	60.00	2 407.50	750.00	3 157.50
1007	杨笑笑	营销部	经理	7 500.00	1 500.00	750.00	75.00	22.50	60.00	1 765.50	750.00	3 157.50
1008	叶瑛	企业管理部	助理	5 500.00	1 100.00	550.00	55.00	16.50	44.00	1 765.50	550.00	2 315.50
1009	肖红	人力资源部	助理	5 500.00	1 100.00	550.00	55.00	16.50	44.00	1 765.50	550.00	2 315.50
1010	付海生	采购部	采购员	5 500.00	1 100.00	550.00	55.00	16.50	44.00	1 765.50	550.00	2 315.50

续表

工号	姓名	部门	岗位	基本工资	企业缴纳五险一金							
					养老保险 20%	医疗保险 10%	失业保险 1.0%	工伤保险 0.3%	生育保险 0.8%	五险小计	住房公积金 10%	五险一金小计
1011	王宝珠	仓储部	仓管员	5 500.00	1 100.00	550.00	55.00	16.50	44.00	1 765.50	550.00	2 315.50
1012	刘自强	财务部	成本会计	5 500.00	1 100.00	550.00	55.00	16.50	44.00	1 765.50	550.00	2 315.50
1013	朱中华	财务部	财务会计	5 500.00	1 100.00	550.00	55.00	16.50	44.00	1 765.50	550.00	2 315.50
1014	赵丹	财务部	出纳	5 500.00	1 100.00	550.00	55.00	16.50	44.00	1 765.50	550.00	2 315.50
1015	周群	生产计划部	生产计划员	5 500.00	1 100.00	550.00	55.00	16.50	44.00	1 765.50	550.00	2 315.50
1016	孙盛国	生产计划部	车间管理员	5 500.00	1 100.00	550.00	55.00	16.50	44.00	1 765.50	550.00	2 315.50
1017	马博	营销部	市场专员	4 500.00	900.00	450.00	45.00	13.50	36.00	1 444.50	450.00	1 894.50
1018	刘思羽	营销部	销售专员	4 500.00	900.00	450.00	45.00	13.50	36.00	1 444.50	450.00	1 894.50
1019	李良钊	机加车间	初级工人	3 600.00	720.00	360.00	36.00	10.08	28.80	1 155.60	360.00	1 515.60
1020	付玉芳	机加车间	初级工人	3 600.00	720.00	360.00	36.00	10.08	28.80	1 155.60	360.00	1 515.60
1021	张接义	机加车间	初级工人	3 600.00	720.00	360.00	36.00	10.08	28.80	1 155.60	360.00	1 515.60
1022	毕红	机加车间	初级工人	3 600.00	720.00	360.00	36.00	10.08	28.80	1 155.60	360.00	1 515.60
1023	吴淑敏	机加车间	初级工人	3 600.00	720.00	360.00	36.00	10.08	28.80	1 155.60	360.00	1 515.60
1024	毛龙生	机加车间	初级工人	3 600.00	720.00	360.00	36.00	10.08	28.80	1 155.60	360.00	1 515.60
1025	扈志明	机加车间	初级工人	3 600.00	720.00	360.00	36.00	10.08	28.80	1 155.60	360.00	1 515.60
1026	李龙吉	机加车间	初级工人	3 600.00	720.00	360.00	36.00	10.08	28.80	1 155.60	360.00	1 515.60
1027	吴官胜	机加车间	初级工人	3 600.00	720.00	360.00	36.00	10.08	28.80	1 155.60	360.00	1 515.60
1028	雷丹	机加车间	初级工人	3 600.00	720.00	360.00	36.00	10.08	28.80	1 155.60	360.00	1 515.60
1029	刘良生	机加车间	初级工人	3 600.00	720.00	360.00	36.00	10.08	28.80	1 155.60	360.00	1 515.60
1030	余俊美	机加车间	初级工人	3 600.00	720.00	360.00	36.00	10.08	28.80	1 155.60	360.00	1 515.60
1031	徐积福	机加车间	初级工人	3 600.00	720.00	360.00	36.00	10.08	28.80	1 155.60	360.00	1 515.60

续表

工号	姓名	部门	岗位	基本工资	企业缴纳五险一金							
					养老保险20%	医疗保险 10%	失业保险 1.0%	工伤保险 0.3%	生育保险 0.8%	五险小计	住房公积金10%	五险一金小计
1032	潘俊辉	机加车间	初级工人	3 600.00	720.00	360.00	36.00	10.08	28.80	1 155.60	360.00	1 515.60
1033	朱祥松	机加车间	初级工人	3 600.00	720.00	360.00	36.00	10.08	28.80	1 155.60	360.00	1 515.60
1034	刘文钦	机加车间	初级工人	3 600.00	720.00	360.00	36.00	10.08	28.80	1 155.60	360.00	1 515.60
1035	龚文辉	机加车间	初级工人	3 600.00	720.00	360.00	36.00	10.08	28.80	1 155.60	360.00	1 515.60
1036	王小强	机加车间	初级工人	3 600.00	720.00	360.00	36.00	10.08	28.80	1 155.60	360.00	1 515.60
1037	刘胜	机加车间	初级工人	3 600.00	720.00	360.00	36.00	10.08	28.80	1 155.60	360.00	1 515.60
1038	刘贞	机加车间	初级工人	3 600.00	720.00	360.00	36.00	10.08	28.80	1 155.60	360.00	1 515.60
1039	余永俊	组装车间	初级工人	3 600.00	720.00	360.00	36.00	10.08	28.80	1 155.60	360.00	1 515.60
1040	万能	组装车间	初级工人	3 600.00	720.00	360.00	36.00	10.08	28.80	1 155.60	360.00	1 515.60
1041	万俊俊	组装车间	初级工人	3 600.00	720.00	360.00	36.00	10.08	28.80	1 155.60	360.00	1 515.60
1042	张逸君	组装车间	初级工人	3 600.00	720.00	360.00	36.00	10.08	28.80	1 155.60	360.00	1 515.60
1043	言海根	组装车间	初级工人	3 600.00	720.00	360.00	36.00	10.08	28.80	1 155.60	360.00	1 515.60
1044	田勤	组装车间	中级工人	4 000.00	800.00	400.00	40.00	12.00	32.00	1 284.00	400.00	1 684.00
1045	肖鹏	组装车间	中级工人	4 000.00	800.00	400.00	40.00	12.00	32.00	1 284.00	400.00	1 684.00
1046	徐宏	组装车间	中级工人	4 000.00	800.00	400.00	40.00	12.00	32.00	1 284.00	400.00	1 684.00
1047	田军	组装车间	中级工人	4 000.00	800.00	400.00	40.00	12.00	32.00	1 284.00	400.00	1 684.00
1048	郑华珺	组装车间	中级工人	4 000.00	800.00	400.00	40.00	12.00	32.00	1 284.00	400.00	1 684.00
1049	洪梁	组装车间	中级工人	4 000.00	800.00	400.00	40.00	12.00	32.00	1 284.00	400.00	1 684.00
1050	冯奇	组装车间	中级工人	4 000.00	800.00	400.00	40.00	12.00	32.00	1 284.00	400.00	1 684.00

续表

工号	姓名	部门	岗位	基本工资	企业缴纳五险一金							
					养老保险20%	医疗保险10%	失业保险1.0%	工伤保险0.3%	生育保险0.8%	五险小计	住房公积金10%	五险一金小计
1051	黄聪	组装车间	中级工人	4 000.00	800.00	400.00	40.00	12.00	32.00	1 284.00	400.00	1 684.00
1052	薛萍	组装车间	中级工人	4 000.00	800.00	400.00	40.00	12.00	32.00	1 284.00	400.00	1 684.00
1053	张世平	组装车间	中级工人	4 000.00	800.00	400.00	40.00	12.00	32.00	1 284.00	400.00	1 684.00
1054	李小春	组装车间	中级工人	4 000.00	800.00	400.00	40.00	12.00	32.00	1 284.00	400.00	1 684.00
1055	蔡丽娟	组装车间	中级工人	4 000.00	800.00	400.00	40.00	12.00	32.00	1 284.00	400.00	1 684.00
1056	吴新祥	组装车间	中级工人	4 000.00	800.00	400.00	40.00	12.00	32.00	1 284.00	400.00	1 684.00
1057	胡首科	组装车间	中级工人	4 000.00	800.00	400.00	40.00	12.00	32.00	1 284.00	400.00	1 684.00
1058	邹建榕	组装车间	中级工人	4 000.00	800.00	400.00	40.00	12.00	32.00	1 284.00	400.00	1 684.00

7)个人所得税及实发工资计算

制造企业个人所得税及实发工资计算见表2-41。

表 2-41 制造企业个人所得税及实发工资计算

工号	姓名	部门	岗位	基本工资	代扣款项	应税工资	应扣个人所得税	实发工资
					五险一金小计			
1001	梁天	企业管理部	总经理	12 000.00	2 427.00	9 573.00	457.3	9 115.70
1002	张万军	人力资源部	经理	7 500.00	1 518.00	5 982.00	29.46	5 952.54
1003	李斌	采购部	经理	7 500.00	1 518.00	5 982.00	29.46	5 952.54
1004	何明海	仓储部	经理	7 500.00	1 518.00	5 982.00	29.46	5 952.54
1005	钱坤	财务部	经理	7 500.00	1 518.00	5 982.00	29.46	5 952.54
1006	叶润中	生产计划部	经理	7 500.00	1 518.00	5 982.00	29.46	5 952.54
1007	杨笑笑	营销部	经理	7 500.00	1 518.00	5 982.00	29.46	5 952.54
1008	叶瑛	企业管理部	助理	5 500.00	1 114.00	4 386.00	0.00	4 386.00
1009	肖红	人力资源部	助理	5 500.00	1 114.00	4 386.00	0.00	4 386.00
1010	付海生	采购部	采购员	5 500.00	1 114.00	4 386.00	0.00	4 386.00
1011	王宝珠	仓储部	仓管员	5 500.00	1 114.00	4 386.00	0.00	4 386.00
1012	刘自强	财务部	成本会计	5 500.00	1 114.00	4 386.00	0.00	4 386.00

续表

工号	姓名	部门	岗位	基本工资	代扣款项	应税工资	应扣个人所得税	实发工资
					五险一金小计			
1013	朱中华	财务部	财务会计	5 500.00	1 114.00	4 386.00	0.00	4 386.00
1014	赵丹	财务部	出纳	5 500.00	1 114.00	4 386.00	0.00	4 386.00
1015	周群	生产计划部	生产计划员	5 500.00	1 114.00	4 386.00	0.00	4 386.00
1016	孙盛国	生产计划部	车间管理员	5 500.00	1 114.00	4 386.00	0.00	4 386.00
1017	马博	营销部	市场专员	4 500.00	912.00	3 588.00	0.00	3 588.00
1018	刘思羽	营销部	销售专员	4 500.00	912.00	3 588.00	0.00	3 588.00
1019	李良钊	机加车间	初级工人	3 600.00	730.20	2 869.80	0.00	2 869.80
1020	付玉芳	机加车间	初级工人	3 600.00	730.20	2 869.80	0.00	2 869.80
1021	张接义	机加车间	初级工人	3 600.00	730.20	2 869.80	0.00	2 869.80
1022	毕红	机加车间	初级工人	3 600.00	730.20	2 869.80	0.00	2 869.80
1023	吴淑敏	机加车间	初级工人	3 600.00	730.20	2 869.80	0.00	2 869.80
1024	毛龙生	机加车间	初级工人	3 600.00	730.20	2 869.80	0.00	2 869.80
1025	扈志明	机加车间	初级工人	3 600.00	730.20	2 869.80	0.00	2 869.80
1026	李龙吉	机加车间	初级工人	3 600.00	730.20	2 869.80	0.00	2 869.80
1027	吴官胜	机加车间	初级工人	3 600.00	730.20	2 869.80	0.00	2 869.80
1028	雷丹	机加车间	初级工人	3 600.00	730.20	2 869.80	0.00	2 869.80
1029	刘良生	机加车间	初级工人	3 600.00	730.20	2 869.80	0.00	2 869.80
1030	余俊美	机加车间	初级工人	3 600.00	730.20	2 869.80	0.00	2 869.80
1031	徐积福	机加车间	初级工人	3 600.00	730.20	2 869.80	0.00	2 869.80
1032	潘俊辉	机加车间	初级工人	3 600.00	730.20	2 869.80	0.00	2 869.80
1033	朱祥松	机加车间	初级工人	3 600.00	730.20	2 869.80	0.00	2 869.80
1034	刘文钦	机加车间	初级工人	3 600.00	730.20	2 869.80	0.00	2 869.80
1035	龚文辉	机加车间	初级工人	3 600.00	730.20	2 869.80	0.00	2 869.80
1036	王小强	机加车间	初级工人	3 600.00	730.20	2 869.80	0.00	2 869.80
1037	刘胜	机加车间	初级工人	3 600.00	730.20	2 869.80	0.00	2 869.80
1038	刘贞	机加车间	初级工人	3 600.00	730.20	2 869.80	0.00	2 869.80
1039	余永俊	组装车间	初级工人	3 600.00	730.20	2 869.80	0.00	2 869.80
1040	万能	组装车间	初级工人	3 600.00	730.20	2 869.80	0.00	2 869.80
1041	万俊俊	组装车间	初级工人	3 600.00	730.20	2 869.80	0.00	2 869.80
1042	张逸君	组装车间	初级工人	3 600.00	730.20	2 869.80	0.00	2 869.80
1043	言海根	组装车间	初级工人	3 600.00	730.20	2 869.80	0.00	2 869.80
1044	田勤	组装车间	中级工人	4 000.00	811.00	3 189.00	0.00	3 189.00
1045	肖鹏	组装车间	中级工人	4 000.00	811.00	3 189.00	0.00	3 189.00
1046	徐宏	组装车间	中级工人	4 000.00	811.00	3 189.00	0.00	3 189.00

续表

工号	姓名	部门	岗位	基本工资	代扣款项	应税工资	应扣个人所得税	实发工资
					五险一金小计			
1047	田军	组装车间	中级工人	4 000.00	811.00	3 189.00	0.00	3 189.00
1048	郑华珺	组装车间	中级工人	4 000.00	811.00	3 189.00	0.00	3 189.00
1049	洪梁	组装车间	中级工人	4 000.00	811.00	3 189.00	0.00	3 189.00
1050	冯奇	组装车间	中级工人	4 000.00	811.00	3 189.00	0.00	3 189.00
1051	黄聪	组装车间	中级工人	4 000.00	811.00	3 189.00	0.00	3 189.00
1052	薛萍	组装车间	中级工人	4 000.00	811.00	3 189.00	0.00	3 189.00
1053	张世平	组装车间	中级工人	4 000.00	811.00	3 189.00	0.00	3 189.00
1054	李小春	组装车间	中级工人	4 000.00	811.00	3 189.00	0.00	3 189.00
1055	蔡丽娟	组装车间	中级工人	4 000.00	811.00	3 189.00	0.00	3 189.00
1056	吴新祥	组装车间	中级工人	4 000.00	811.00	3 189.00	0.00	3 189.00
1057	胡首科	组装车间	中级工人	4 000.00	811.00	3 189.00	0.00	3 189.00
1058	邹建榕	组装车间	中级工人	4 000.00	811.00	3 189.00	0.00	3 189.00

8)薪资计算表

制造企业薪资计算表见表 2-42。

表 2-42 制造企业薪资计算表

工号	姓名	部门	岗位	基本工资	代扣款项目								应税工资	应扣个人所得税	实发金额
					养老保险 8%	医疗保险 2%+3	失业保险 0.2%	工伤保险	生育保险	五险小计	住房公积金 10%	五险一金小计			
1001	梁天	企业管理部	总经理	12 000.00	960.00	243.00	24.00	—	—	1 227.00	1 200.00	2 427.00	9 573.00	457.3	9 115.70
1002	张万军	人力资源部	经理	7 500.00	600.00	153.00	15.00	—	—	768.00	750.00	1 518.00	5 982.00	29.46	5 952.54
1003	李斌	采购部	经理	7 500.00	600.00	153.00	15.00	—	—	768.00	750.00	1 518.00	5 982.00	29.46	5 952.54
1004	何明海	仓储部	经理	7 500.00	600.00	153.00	15.00	—	—	768.00	750.00	1 518.00	5 982.00	29.46	5 952.54
1005	钱坤	财务部	经理	7 500.00	600.00	153.00	15.00	—	—	768.00	750.00	1 518.00	5 982.00	29.46	5 952.54
1006	叶润中	生产计划部	经理	7 500.00	600.00	153.00	15.00	—	—	768.00	750.00	1 518.00	5 982.00	29.46	5 952.54
1007	杨笑笑	营销部	经理	7 500.00	600.00	153.00	15.00	—	—	768.00	750.00	1 518.00	4 386.00	29.46	5 952.54
1008	叶瑛	企业管理部	助理	5 500.00	440.00	113.00	11.00	—	—	564.00	550.00	1 114.00	4 386.00	0.00	4 386.00
1009	肖红	人力资源部	助理	5 500.00	440.00	113.00	11.00	—	—	564.00	550.00	1 114.00	4 386.00	0.00	4 386.00
1010	付海生	采购部	采购员	5 500.00	440.00	113.00	11.00	—	—	564.00	550.00	1 114.00	4 386.00	0.00	4 386.00

续表

工号	姓名	部门	岗位	基本工资	代扣款项目								应税工资	应扣个人所得税	实发金额
					养老保险8%	医疗保险2%+3	失业保险0.2%	工伤保险	生育保险	五险小计	住房公积金10%	五险一金小计			
1011	王宝珠	仓储部	仓管员	5 500.00	440.00	113.00	11.00	—	—	564.00	550.00	1 114.00	4 386.00	0.00	4 386.00
1012	刘自强	财务部	成本会计	5 500.00	440.00	113.00	11.00	—	—	564.00	550.00	1 114.00	4 386.00	0.00	4 386.00
1013	朱中华	财务部	财务会计	5 500.00	440.00	113.00	11.00	—	—	564.00	550.00	1 114.00	4 386.00	0.00	4 386.00
1014	赵丹	财务部	出纳	5 500.00	440.00	113.00	11.00	—	—	564.00	550.00	1 114.00	4 386.00	0.00	4 386.00
1015	周群	生产计划部	生产计划员	5 500.00	440.00	113.00	11.00	—	—	564.00	550.00	1 114.00	4 386.00	0.00	4 386.00
1016	孙盛国	生产计划部	车间管理员	5 500.00	440.00	113.00	11.00	—	—	564.00	550.00	1 114.00	4 386.00	0.00	4 386.00
1017	马博	营销部	市场专员	4 500.00	360.00	93.00	9.00	—	—	462.00	450.00	912.00	3 588.00	0.00	3 588.00
1018	刘思羽	营销部	销售专员	4 500.00	360.00	93.00	9.00	—	—	462.00	450.00	912.00	3 588.00	0.00	3 588.00
1019	李良钊	机加车间	初级工人	3 600.00	288.00	75.00	7.20	—	—	370.20	360.00	730.20	2 869.80	0.00	2 869.80
1020	付玉芳	机加车间	初级工人	3 600.00	288.00	75.00	7.20	—	—	370.20	360.00	730.20	2 869.80	0.00	2 869.80
1021	张接义	机加车间	初级工人	3 600.00	288.00	75.00	7.20	—	—	370.20	360.00	730.20	2 869.80	0.00	2 869.80
1022	毕红	机加车间	初级工人	3 600.00	288.00	75.00	7.20	—	—	370.20	360.00	730.20	2 869.80	0.00	2 869.80
1023	吴淑敏	机加车间	初级工人	3 600.00	288.00	75.00	7.20	—	—	370.20	360.00	730.20	2 869.80	0.00	2 869.80
1024	毛龙生	机加车间	初级工人	3 600.00	288.00	75.00	7.20	—	—	370.20	360.00	730.20	2 869.80	0.00	2 869.80
1025	扈志明	机加车间	初级工人	3 600.00	288.00	75.00	7.20	—	—	370.20	360.00	730.20	2 869.80	0.00	2 869.80
1026	李龙吉	机加车间	初级工人	3 600.00	288.00	75.00	7.20	—	—	370.20	360.00	730.20	2 869.80	0.00	2 869.80
1027	吴官胜	机加车间	初级工人	3 600.00	288.00	75.00	7.20	—	—	370.20	360.00	730.20	2 869.80	0.00	2 869.80
1028	雷丹	机加车间	初级工人	3 600.00	288.00	75.00	7.20	—	—	370.20	360.00	730.20	2 869.80	0.00	2 869.80
1029	刘良生	机加车间	初级工人	3 600.00	288.00	75.00	7.20	—	—	370.20	360.00	730.20	2 869.80	0.00	2 869.80
1030	余俊美	机加车间	初级工人	3 600.00	288.00	75.00	7.20	—	—	370.20	360.00	730.20	2 869.80	0.00	2 869.80

续表

工号	姓名	部门	岗位	基本工资	代扣款项目								应税工资	应扣个人所得税	实发金额
					养老保险8%	医疗保险2%+3	失业保险0.2%	工伤保险	生育保险	五险小计	住房公积金10%	五险一金小计			
1031	徐积福	机加车间	初级工人	3 600.00	288.00	75.00	7.20	—	—	370.20	360.00	730.20	2 869.80	0.00	2 869.80
1032	潘俊辉	机加车间	初级工人	3 600.00	288.00	75.00	7.20	—	—	370.20	360.00	730.20	2 869.80	0.00	2 869.80
1033	朱祥松	机加车间	初级工人	3 600.00	288.00	75.00	7.20	—	—	370.20	360.00	730.20	2 869.80	0.00	2 869.80
1034	刘文钦	机加车间	初级工人	3 600.00	288.00	75.00	7.20	—	—	370.20	360.00	730.20	2 869.80	0.00	2 869.80
1035	龚文辉	机加车间	初级工人	3 600.00	288.00	75.00	7.20	—	—	370.20	360.00	730.20	2 869.80	0.00	2 869.80
1036	王小强	机加车间	初级工人	3 600.00	288.00	75.00	7.20	—	—	370.20	360.00	730.20	2 869.80	0.00	2 869.80
1037	刘胜	机加车间	初级工人	3 600.00	288.00	75.00	7.20	—	—	370.20	360.00	730.20	2 869.80	0.00	2 869.80
1038	刘贞	机加车间	初级工人	3 600.00	288.00	75.00	7.20	—	—	370.20	360.00	730.20	2 869.80	0.00	2 869.80
1039	余永俊	组装车间	初级工人	3 600.00	288.00	75.00	7.20	—	—	370.20	360.00	730.20	2 869.80	0.00	2 869.80
1040	万能	组装车间	初级工人	3 600.00	288.00	75.00	7.20	—	—	370.20	360.00	730.20	2 869.80	0.00	2 869.80
1041	万俊俊	组装车间	初级工人	3 600.00	288.00	75.00	7.20	—	—	370.20	360.00	730.20	2 869.80	0.00	2 869.80
1042	张逸君	组装车间	初级工人	3 600.00	288.00	75.00	7.20	—	—	370.20	360.00	730.20	2 869.80	0.00	2 869.80
1043	言海根	组装车间	初级工人	3 600.00	288.00	75.00	7.20	—	—	370.20	360.00	730.20	2 869.80	0.00	2 869.80
1044	田勤	组装车间	中级工人	4 000.00	320.00	83.00	8.00	—	—	411.00	400.00	811.00	3 189.00	0.00	3 189.00
1045	肖鹏	组装车间	中级工人	4 000.00	320.00	83.00	8.00	—	—	411.00	400.00	811.00	3 189.00	0.00	3 189.00
1046	徐宏	组装车间	中级工人	4 000.00	320.00	83.00	8.00	—	—	411.00	400.00	811.00	3 189.00	0.00	3 189.00
1047	田军	组装车间	中级工人	4 000.00	320.00	83.00	8.00	—	—	411.00	400.00	811.00	3 189.00	0.00	3 189.00
1048	郑华珺	组装车间	中级工人	4 000.00	320.00	83.00	8.00	—	—	411.00	400.00	811.00	3 189.00	0.00	3 189.00
1049	洪梁	组装车间	中级工人	4 000.00	320.00	83.00	8.00	—	—	411.00	400.00	811.00	3 189.00	0.00	3 189.00

续表

工号	姓名	部门	岗位	基本工资	代扣款项目								应税工资	应扣个人所得税	实发金额
					养老保险8%	医疗保险2%+3	失业保险0.2%	工伤保险	生育保险	五险小计	住房公积金10%	五险一金小计			
1050	冯奇	组装车间	中级工人	4 000.00	320.00	83.00	8.00	—	—	411.00	400.00	811.00	3 189.00	0.00	3 189.00
1051	黄聪	组装车间	中级工人	4 000.00	320.00	83.00	8.00	—	—	411.00	400.00	811.00	3 189.00	0.00	3 189.00
1052	薛萍	组装车间	中级工人	4 000.00	320.00	83.00	8.00	—	—	411.00	400.00	811.00	3 189.00	0.00	3 189.00
1053	张世平	组装车间	中级工人	4 000.00	320.00	83.00	8.00	—	—	411.00	400.00	811.00	3 189.00	0.00	3 189.00
1054	李小春	组装车间	中级工人	4 000.00	320.00	83.00	8.00	—	—	411.00	400.00	811.00	3 189.00	0.00	3 189.00
1055	蔡丽娟	组装车间	中级工人	4 000.00	320.00	83.00	8.00	—	—	411.00	400.00	811.00	3 189.00	0.00	3 189.00
1056	吴新祥	组装车间	中级工人	4 000.00	320.00	83.00	8.00	—	—	411.00	400.00	811.00	3 189.00	0.00	3 189.00
1057	胡首科	组装车间	中级工人	4 000.00	320.00	83.00	8.00	—	—	411.00	400.00	811.00	3 189.00	0.00	3 189.00
1058	邹建榕	组装车间	中级工人	4 000.00	320.00	83.00	8.00	—	—	411.00	400.00	811.00	3 189.00	0.00	3 189.00

9)部门薪资汇总表

制造企业部门薪资汇总表见表 2-43。

表 2-43 制造企业部门薪资汇总表

部门名称	部门人数	实发工资	代缴个人所得税	个人自缴福利		企业代缴福利		合计
				社会保险	住房公积金	社会保险	住房公积金	
企业管理部	2	13 501.70	457.30	1 791.00	1 750.00	5 617.50	1 750.00	24 867.50
人力资源部	2	10 338.54	29.46	1 332.00	1 300.00	4 173.00	1 300.00	18 473.00
采购部	2	10 338.54	29.46	1 332.00	1 300.00	4 173.00	1 300.00	18 473.00
仓储部	2	10 338.54	29.46	1 332.00	1 300.00	4 173.00	1 300.00	18 473.00
财务部	4	19 110.54	29.46	2 460.00	2 400.00	7 704.00	2 400.00	34 104.00
营销部	3	13 128.54	29.46	1 692.00	1 650.00	5 296.50	1 650.00	23 446.50
生产计划部	3	14 724.54	29.46	1 896.00	1 850.00	5 938.50	1 850.00	26 288.50
机加车间	20	57 396.00	—	7 404.00	7 200.00	23 112.00	7 200.00	102 312.00
组装车间	20	62 184.00	—	8 016.00	7 800.00	25 038.00	7 800.00	110 838.00
总计	58	211 060.94	634.06	27 255.50	26 550.00	85 225.50	26 550.00	377 275.50

2019 年 1 月,制造企业共需发放到员工银行账户的工资合计 211 060.94 元。

2019 年 1 月,制造企业共需缴纳的社会保险为 27 255.00+85 225.50=112 480.50 元。

2019 年 1 月,制造企业共需缴纳的住房公积金为 26 550+26 550=53 100 元。

2019 年 1 月,制造企业共需为员工缴纳的个人所得税为 634.06 元。

2. 人力资源部工作交接重难点

(1)人力资源部需要将“部门薪资汇总表”的相关信息提供给财务会计,并且告知财务会计共需发放多少工资,共需缴纳多少社会保险,共需缴纳多少住房公积金,共需缴纳多少个人所得税。对于财务部而言,只需要知道最后每个人发放多少工资即可,但是人力资源部却需要知道工资的计算方式以及每个部门需要发放的工资统计。

(2)人力资源部需要知道每个人每个月的工资计算方式。

以工号 1001 梁天为例,进行工资的计算:

应税工资=基本工资-个人缴纳五险一金合计=12 000-2 427=9 573 元

当月个税=(累计收入-累计五险一金-累计专项附加扣除-累计扣除费用)× 预扣税率-速算扣除数-累计已缴纳税额

=(12 000 × 12-2 427 × 12-0-5 000 × 12)× 10%-2 520-[(12 000 × 11-2 427 × 11-0-5 000 × 11)× 10%-2 520]=457.3 元

实发工资=基本工资-个人缴纳五险一金合计-个人所得税

=12 000-2 427-457.3=9 115.7 元

企业支出(财务记账)=基本工资+企业缴纳五险一金合计=12 000+5 052=17 052 元

(3)机加车间和组装车间分别有 20 个工人,其中机加车间的 20 个工人全部是初级工人,组装车间的 20 个工人中有 5 个是初级工人、15 个是中级工人,人力资源部需要将此信息提供给生产计划部,并与生产计划部门确认工人用工规则,了解雇佣原理。

(4)制造企业在每个月月底(25 日)进行薪酬的计算工作,计算的是当月应发的工资,计算完成后不进行工资的发放,而是等到下个月月初(5 日)才进行工资的发放。

(5)2019 年 1 月 5 日发放的工资是 2018 年 12 月的工资,应该按照系统中默认的人员信息(员工姓名)进行工资的发放;而 2019 年 1 月 25 日核算的工资是 2019 年 1 月的工资,应该按照实际工作的员工姓名进行工资的发放。

(6)人力资源部还需要及时做好人员的考勤工作,对于缺勤人员适当地扣除工资。

六、制造企业生产计划部工作交接

生产计划部是企业的重要业务部门,主要负责有效组织生产资源,实现产品高效优质生产。目前,生产计划部有生产计划经理、生产计划员和车间管理员三类工作人员。制造企业生产计划部组织结构如图 2-27 所示。

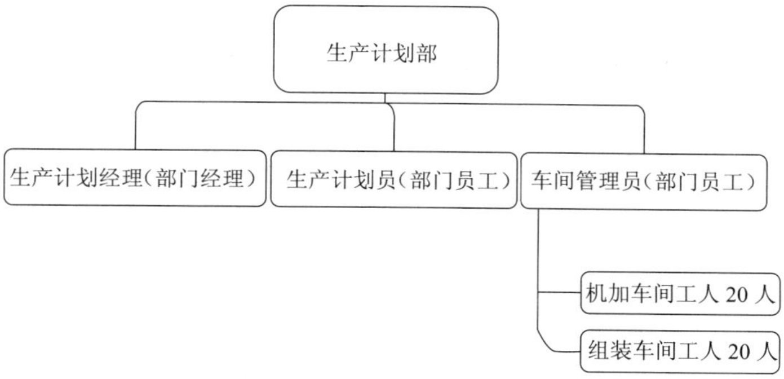

图 2-27　制造企业生产计划部组织结构

1. 生产计划部工作交接

生产计划部需要通过配置厂房、生产设备、车间工人、原材料,保证生产的正常进行。

1)厂房

制造企业生产计划部厂房见表 2-44。

表 2-44　制造企业生产计划部厂房

厂房类型	使用年限(年)	厂房面积(平方米)	厂房容积(立方米)	容量	售价(万元)
小厂房	20	800	4 800	12 台机床位	480
大厂房	20	1 000	6 000	20 台机床位	720

2)生产设备

制造企业生产计划部生产设备见表 2-45。

表 2-45　制造企业生产计划部生产设备

生产设备名称	生产设备类型	购置费(万元)	使用年限	生产能力(台/虚拟 1 天)			占用机床位
				经济	舒适	豪华	
普通机床	机床	21	10	500	500	0	1
数控机床	机床	81	10	3 000	3 000	3 000	2
组装流水线	生产线	51	10	7 000	7 000	6 000	4

3)车间工人

制造企业生产计划部车间工人见表 2-46。

表 2-46　制造企业生产计划部车间工人

生产设备	人员级别	要求人员配置数量
普通机床	初级生产工人	2
数控机床	高级生产工人	2

续表

生产设备	人员级别	要求人员配置数量
组装流水线	初级生产工人	5
	中级生产工人	15

4）原材料

制造企业生产计划部原材料见表 2-47。

表 2-47　制造企业生产计划部原材料

存货编码	存货名称	仓位	存货占用存储单位	规格	来源
B0001	钢管	A01	2	ϕ外 16/ϕ内 11/$L$5000（mm）	外购原材料
B0002	镀锌管	A02	2	ϕ外 16/ϕ内 11/$L$5000（mm）	外购原材料
B0003	坐垫	A03	4	HJM500	外购原材料
B0004	记忆太空棉坐垫	A04	4	HJM600	外购原材料
B0005	车篷	A05	2	HJ72 × 32 × 40	外购原材料
B0006	车轮	A06	1	HJϕ外 125/ϕ内 60（mm）	外购原材料
B0008	数控芯片	A07	1	MCX3154A	外购原材料
B0007	经济型童车包装套件	A08	2	HJTB100	外购原材料
B0009	舒适型童车包装套件	A09	2	HJTB200	外购原材料
B0010	豪华型童车包装套件	A10	2	HJTB300	外购原材料

5）生产工艺

（1）经济型童车生产工艺见表 2-48。

表 2-48　经济型童车生产工艺

工序	部门	工序描述	工作中心	加工工时
10	生产计划部-机加车间	经济型童车车架加工	普通（或数控）机床	虚拟 1 天
20	生产计划部-组装车间	经济型童车组装	组装生产线	虚拟 1 天

（2）舒适型童车生产工艺见表 2-49。

表 2-49　舒适型童车生产工艺

工序	部门	工序描述	工作中心	加工工时
10	生产计划部-机加车间	舒适型童车车架加工	普通（或数控）机床	虚拟 1 天
20	生产计划部-组装车间	舒适型童车组装	组装生产线	虚拟 1 天

（3）豪华型童车生产工艺见表 2-50。

表 2-50 豪华型童车生产工艺

工序	部门	工序描述	工作中心	加工工时
10	生产计划部-机加车间	豪华型童车车架加工	数控机床	虚拟 1 天
20	生产计划部-组装车间	豪华型童车组装	组装生产线	虚拟 1 天

6）生产计划部产品物料清单

同采购部产品物料清单。

2. 生产计划部工作交接重难点

生产计划部以生产为主，拥有两个生产部门，即一个机加车间和一个组装车间。机加车间负责生产半成品，组装车间负责生产产成品。

生产计划部需要从人力资源部了解目前机加车间和组装车间的工人配置情况，并探讨目前人员配置的合理性。

生产计划部需要从企管部了解目前拥有厂房情况以及生产设备情况，如设备数量、种类、使用时间等。

生产计划部需要从仓储部了解目前各项物料的储备情况，并探讨是否符合目前的生产能力。

生产计划部需要从营销部了解销售预测情况和预计签订销售合同的情况，并准备接下来的生产。

1）研发规则

制造企业初始默认的生产许可为经济型童车，随着企业的运营发展，后期需要生产舒适型或豪华型童车，制造企业需要在服务公司购置相应的生产技术成果，代表企业已完成新产品的研发，可以立即开工生产。

制造企业生产计划部童车研发规则，见表 2-51。

表 2-51 制造企业生产计划部童车研发规则

许可证类型	价格（元）
舒适型	1 000 000
豪华型	1 500 000

2）ISO 规则

制造企业进行生产前，需要进行 ISO9000 的资质认证，制造企业生产计划部需要前往服务公司办理本企业的 ISO9000 资质认证业务，具体费用为 50 000 元，认证一次即可，无须重复认证。

3）3C 规则

制造企业进行销售出库前，需要进行 3C 的资质认证，初始默认拥有的生产许可为经济型童车，制造企业生产计划部需要前往服务公司办理相应产品的3C资质认证，具体费用为22 000元，认证一次即可。

制造企业3C规则，见表2-52。

表2-52 制造企业3C规则

产品	3C认证费用(元)
经济型童车	22 000
舒适型童车	22 000
豪华型童车	22 000

七、制造企业营销部工作交接

营销部是企业的重要业务部门，企业的利润来自销售收入，销售实现是企业生存和发展的关键，因此营销工作的成功与否直接决定着企业的发展。营销部兼顾销售和市场两大职能。目前，营销部有营销经理、市场专员和销售专员三类工作人员。制造企业营销部组织结构如图2-28所示。

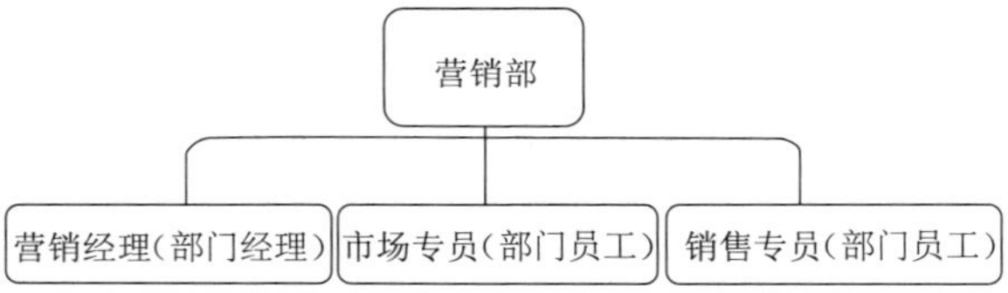

图2-28 制造企业营销部组织结构

1. 营销部工作交接

1)营销部物料种类

制造企业营销部物料种类见表2-53。

表2-53 制造企业营销部物料种类

存货编码	存货名称	仓位	存货占用存储单位	规格	来源
B0001	钢管	A01	2	ϕ外16/ϕ内11/$L$5000(mm)	外购原材料
B0002	镀锌管	A02	2	ϕ外16/ϕ内11/$L$5000(mm)	外购原材料
B0003	坐垫	A03	4	HJM500	外购原材料
B0004	记忆太空棉坐垫	A04	4	HJM600	外购原材料
B0005	车篷	A05	2	HJ72×32×40	外购原材料
B0006	车轮	A06	1	HJϕ外125/ϕ内60(mm)	外购原材料
B0008	数控芯片	A07	1	MCX3154A	外购原材料
B0007	经济型童车包装套件	A08	2	HJTB100	外购原材料
B0009	舒适型童车包装套件	A09	2	HJTB200	外购原材料

续表

存货编码	存货名称	仓位	存货占用存储单位	规格	来源
B0010	豪华型童车包装套件	A10	2	HJTB300	外购原材料
M0001	经济型童车车架	B01	10	无	自制半成品
M0002	舒适型童车车架	B02	10	无	自制半成品
M0003	豪华型童车车架	B03	10	无	自制半成品
P0001	经济型童车	C01	10	无	自制产成品
P0002	舒适型童车	C02	10	无	自制产成品
P0003	豪华型童车	C03	10	无	自制产成品

2）营销部销售收款情况统计

制造企业营销部销售收款情况统计见表 2-54。

表 2-54　制造企业营销部销售收款情况统计

产品名称	销售数量	单价	金额	未税金额	税额
经济型童车	4 500	950.00	4 275 000.00	3 685 344.83	589 655.17

3）营销部产品物料清单

同采购部产品物料清单。

2. 营销部工作交接重难点

营销部在工作交接阶段不需要进行单据的填写，但是却有不少的知识点需要学习了解。

营销部需要将“营销部销售收款情况统计”交到财务经理处。

营销部需要从仓储部获取目前经济型童车的存货情况，并了解目前库存童车的成本价格，为接下来的销售谈判提供参考。

营销部需要根据产品物料清单、仓储情况和生产所需原材料情况，在确定生产能力的前提下，制订销售计划，并判断现有销售计划的合理性并且给出建议。

营销部需要学习任务地图当中的流程，主要学习 DCG 流程（D 表示商贸企业，CG 表示采购）。

仓储的物品分为原材料、半成品以及产成品，其中营销部销售的主要是产成品，包括经济型童车、舒适型童车和豪华型童车。

1）商贸企业信息

商贸企业信息见表 2-55。

表 2-55 商贸企业信息

序号	企业法定中文名称	简称	办公电话	邮政编码	注册资金	企业注册登记日期	企业法定代表人	企业注册地址	企业法人营业执照注册号	开户银行	银行账号
1	旭日商贸有限公司	旭日	010-68××××12	100094	4 500 000	2015-01-04	李峰	北清路5号	100108554831327	中国工商银行	0100229999000099011
2	华晨商贸有限公司	华晨	021-68××××12	201100	4 500 000	2015-01-04	王强	沙静南路671号	110108753990101	中国工商银行	0100229999000099012
3	仁和商贸有限公司	仁和	020-63××××22	510800	4 500 000	2015-01-04	董浩	安杰北街18号	110108554831245	中国工商银行	0100229999000099013
4	天府商贸有限公司	天府	028-62××××78	611600	4 500 000	2015-01-04	康庄	丰豪中街55号	110108120101673	中国工商银行	0100229999000099014
5	湖北强盛商贸有限公司（中部）	强盛	027-84××××11	430090	1 000 000	2015-01-04	潘强	武汉市汉南区纱帽街汉南大道12号	420113000028713	中国工商银行	4563512600681022353
6	湖北静洁商贸有限公司（中部）	静洁	027-84××××12	430090	1 000 000	2015-01-04	胡生	武汉市星源大道19号	420113000028193	中国工商银行	4563512600681022354
7	五洲进出口有限公司	五洲	010-62××××78	101060	20 000 000	2015-01-04	郭容	广顺北街38号	110108120101688	中国工商银行	0100229999000099021

2）物流企业信息

物流企业信息见表 2-56。

表 2-56 物流企业信息

序号	企业法定中文名称	简称	办公电话	邮政编码	注册资金	企业注册登记日期	企业法定代表人	企业注册地址	企业法人营业执照注册号	开户银行	银行账号
1	隆飞物流有限公司	隆飞	027-64××××58	430000	6 000 000	2015-01-04	李靖	卓尔大街38号	100108231234856	中国工商银行	0100229999000099019

3）销售规则

制造企业销售童车给商贸企业、国际贸易类型企业，不得销售给其他类型企业，必须与商贸企业类型企业签订合同，并在系统中录入订单相关信息，订单相关信息作为系统发货、结算的依据。

制造企业还可以参与招投标公司的招投标业务，中标后可以进行销售、发货、开发票、收款等业务活动。制造企业销售童车给华中地区的虚拟商贸企业，销售前需要完成市场开拓，然后再投放广告。

4）市场开拓规则

制造企业进行生产销售前，要进行市场开拓。制造企业市场专员需要前往服务公司办理市场开拓的业务，首先开拓中部市场。

制造企业可以通过委托服务公司进行华中地区市场开拓，开拓市场后，投放广告，依据得分由高到低依次选择华中地区的市场订单。

5）存货期初

制造企业营销部存货期初见表2-57。

表2-57　制造企业营销部存货期初

存货编码	存货类型	存货名称	期初库存量	单价	占用存储空间	期初金额	计量单位
B0001	原材料	钢管	10 800.00	105.20	21 600	1 136 160.00	根
B0002	原材料	镀锌管	—	—	—	—	根
B0003	原材料	坐垫	5 400.00	80.18	21 600	432 972.00	个
B0004	原材料	记忆太空棉坐垫	—	—	—	—	个
B0005	原材料	车篷	5 400.00	144.26	10 800	779 004.00	个
B0006	原材料	车轮	21 600.00	26.89	5 400	580 824.00	个
B0007	原材料	经济型童车包装套件	5 400.00	90.16	10 800	486 864.00	套
B0008	原材料	数控芯片	—	—	—	—	片
B0009	原材料	舒适型童车包装套件	—	—	—	—	套
B0010	原材料	豪华型童车包装套件	—	—	—	—	套
M0001	半成品	经济型童车车架	5 400.00	346.24	54 000	1 869 696.00	个
M0002	半成品	舒适型童车车架	—	—	—	—	个
M0003	半成品	豪华型童车车架	—	—	—	—	个
P0001	产成品	经济型童车	5 400.00	756.82	54 000	4 086 828.00	辆
P0002	产成品	舒适型童车	—	—	—	—	辆
P0003	产成品	豪华型童车	—	—	—	—	辆

任务三　商贸企业各岗位工作交接

目前，商贸企业共有总经理（企管部）、行政助理（企管部）、营销经理（营销部）、采购经理（采购部）、仓储经理（仓储部）、财务经理（财务部）、出纳（财务部）七类工作人员。商贸企业组织结构如图 2-29 所示。

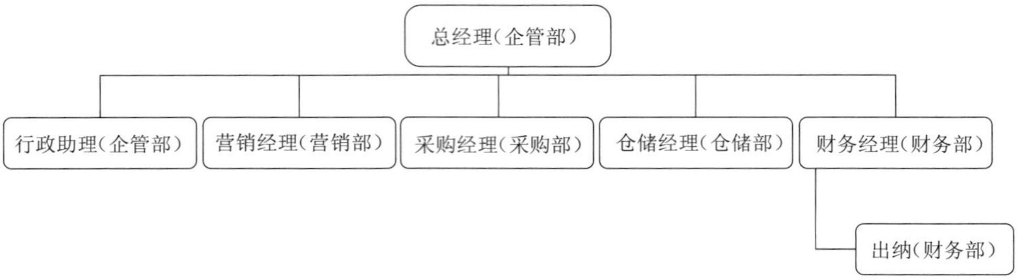

图 2-29　商贸企业组织结构

一、商贸企业工作交接

1. 科目余额表

商贸企业科目余额表见表 2-58。

表 2-58　商贸企业科目余额表

科目编码	科目名称	期初余额		总账适用账簿	岗位	明细账适用账簿	岗位
		借方	贷方				
1001	库存现金	20 000.00	—	三栏式总分类账（总账）	财务经理	日记账	出纳
1002	银行存款	4 700 000.00	—	三栏式总分类账（总账）	财务经理		
100201	工行存款	4 700 000.00	—			日记账	出纳
1405	库存商品	13 888 000.00	—	三栏式总分类账（总账）	财务经理		
140501	经济型童车	13 888 000.00	—			数量金额明细账	财务经理
1601	固定资产	14 460 000.00	—	三栏式总分类账（总账）	财务经理		
1602	累计折旧	—	873 750.00	三栏式总分类账（总账）	财务经理		
2211	应付职工薪酬	—	78 430.00	三栏式总分类账（总账）	财务经理		
221101	工资	—	55 000.00			三栏式总分类账（明细账）	财务经理
221103	社会保险	—	17 930.00			三栏式总分类账（明细账）	财务经理
221104	公积金	—	5 500.00			三栏式总分类账（明细账）	财务经理
2221	应交税费	—	100 256.36			多栏式明细账	财务经理

续表

科目编码	科目名称	期初余额		总账适用账簿	岗位	明细账适用账簿	岗位
		借方	贷方				
222101	应交增值税	0					
22210101	进项税额	313 846.20	—				
22210103	销项税额	—	414 102.56				
22210106	转出未交税金	100 256.36				三栏式总分类账（明细账）	财务经理
222102	未交增值税		100 256.36				
4001	实收资本	—	28 000 000.00	三栏式总分类账（总账）	财务经理		
4104	利润分配	—	4 015.563.64	三栏式总分类账（总账）	财务经理		
410406	未分配利润	—	4 015.563.64			三栏式总分类账（明细账）	财务经理
合计		32 194 250.00	32 194 250.00				

2. 会计科目表

商贸企业会计科目表见表2-59。

表2-59　商贸企业会计科目表

编号	名称	账簿设置	记账人	编号	名称	账簿设置	记账人
一、资产类				112225	北京爱喜	三栏式明细账	财务经理
1001	库存现金	总账/日记账	财务经理/出纳	112226	成都新兴	三栏式明细账	财务经理
1002	银行存款	总账	财务经理	112227	成都文西	三栏式明细账	
100201	工行存款	日记账	出纳	1123	预付账款	总账	
1012	其他货币资金	总账	财务经理	1131	应收股利	总账	
1101	交易性金融资产	总账	财务经理	1132	应收利息	总账	
1121	应收票据	总账	财务经理	1221	其他应收款	总账	
1122	应收账款	总账	财务经理	1231	坏账准备	总账	
112220	上海乐康	三栏式明细账	财务经理	1401	材料采购	总账/数量金额明细账	
112221	上海金亿	三栏式明细账	财务经理	1402	在途物资	总账/数量金额明细账	
112222	广州好康	三栏式明细账	财务经理	1403	原材料	总账	财务经理
112223	广州嘉乐	三栏式明细账	财务经理	1404	材料成本差异	总账/数量金额明细账	财务经理
112224	北京华伟	三栏式明细账	财务经理	1405	库存商品	总账	财务经理

续表

编号	名称	账簿设置	记账人	编号	名称	账簿设置	记账人
140501	经济型童车	数量金额明细账	财务经理	2001	短期借款	总账	财务经理
140502	舒适型童车	数量金额明细账	财务经理	2201	应付票据	总账	财务经理
140503	豪华型童车	数量金额明细账	财务经理	2202	应付账款	总账	财务经理
1406	发出商品	总账	财务经理	220201	宝乐童车	三栏式明细账	财务经理
1407	商品进销差价	总账	财务经理	220202	小精灵童车	三栏式明细账	财务经理
1408	委托加工物资	总账	财务经理	220203	童飞童车	三栏式明细账	财务经理
1409	自制半成品	总账	财务经理	220204	爱贝尔童车	三栏式明细账	财务经理
1471	存货跌价准备	总账	财务经理	220205	豆豆熊童车	三栏式明细账	财务经理
1501	持有至到期投资	总账	财务经理	220206	慧聪童车	三栏式明细账	财务经理
1502	持有至到期投资减值准备	总账	财务经理	220207	迪士博童车	三栏式明细账	财务经理
1503	可供出售金融资产	总账	财务经理	220208	宝贝快长童车	三栏式明细账	财务经理
1511	长期股权投资	总账	财务经理	220209	伊拉贝莎童车	三栏式明细账	财务经理
1512	长期股权投资减值准备	总账	财务经理	220210	五彩梦童车	三栏式明细账	财务经理
1521	投资性房地产	总账	财务经理	220211	隆飞物流	三栏式明细账	财务经理
1531	长期应收款	总账	财务经理	220212	融通服务	三栏式明细账	财务经理
1601	固定资产	总账/三栏式明细账	财务经理	220213	丽华五金	三栏式明细账	财务经理
1602	累计折旧	总账	财务经理	220218	新华招投标	三栏式明细账	财务经理
1603	固定资产减值准备	总账	财务经理	220219	中国工商银行	三栏式明细账	财务经理
1604	在建工程	总账	财务经理	220220	工商	三栏式明细账	财务经理
1605	工程物资	总账	财务经理	220221	税务局	三栏式明细账	财务经理
1606	固定资产清理	总账	财务经理	220222	人社局	三栏式明细账	财务经理
1701	无形资产	总账	财务经理	220223	海关	三栏式明细账	财务经理
1702	累计摊销	总账	财务经理	2203	预收账款	总账	财务经理
1703	无形资产减值准备	总账	财务经理	2211	应付职工薪酬	总账	财务经理
1711	商誉	总账	财务经理	221101	工资	三栏式明细账	财务经理
1801	长期待摊费用	总账	财务经理	221103	社会保险	三栏式明细账	财务经理
1811	递延所得税资产	总账	财务经理	221104	住房公积金	三栏式明细账	财务经理
1901	待处理财产损溢	总账	财务经理	2221	应交税费	总账	财务经理
二、负债类				222101	应交增值税	多栏式明细账	财务经理

续表

编号	名称	账簿设置	记账人	编号	名称	账簿设置	记账人
22210101	进项税额			五、成本类			
22210102	销项税额			5001	生产成本	总账	财务经理
22210106	转出未交税金			5101	制造费用	总账/多栏式明细账	财务经理
222102	未交增值税	三栏式明细账	财务经理	5201	劳务成本	总账	财务经理
222103	已交增值税	三栏式明细账	财务经理	5301	研发支出	总账	财务经理
222105	应交个人所得税	三栏式明细账	财务经理	六、损益类			
222108	应交企业所得税	三栏式明细账	财务经理	6001	主营业务收入	总账	财务经理
2231	应付利息	总账	财务经理	6051	其他业务收入	总账	财务经理
2232	应付股利	总账	财务经理	6101	公允价值变动损益	总账	财务经理
2241	其他应付款	总账/三栏式明细账	财务经理	6111	投资收益	总账	财务经理
2501	长期借款	总账	财务经理	6301	营业外收入	总账	财务经理
2502	应付债券	总账	财务经理	6401	主营业务成本	总账	财务经理
2701	长期应付款	总账	财务经理	6402	其他业务成本	总账	财务经理
2711	专项应付款	总账	财务经理	6403	营业税金及附加	总账	财务经理
2801	预计负债	总账	财务经理	6601	销售费用	总账/多栏式明细账	财务经理
2901	递延所得税负债	总账	财务经理	6602	管理费用	总账/多栏式明细账	财务经理
三、共同类（略）				6603	财务费用	总账/多栏式明细账	财务经理
四、所有者权益类				6701	资产减值损失	总账	财务经理
4001	实收资本	总账	财务经理	6711	营业外支出	总账	财务经理
4002	资本公积	总账	财务经理	6801	所得税费用	总账	财务经理
4101	盈余公积	总账	财务经理	6901	以前年度损益调整	总账	财务经理
4103	本年利润	总账	财务经理	6403	营业税金及附加	总账	财务经理
4101	盈余公积	总账	财务经理	6601	销售费用	总账/多栏式明细账	财务经理
4103	本年利润	总账	财务经理	6602	管理费用	总账/多栏式明细账	财务经理
4104	利润分配	总账	财务经理	6603	财务费用	总账/多栏式明细账	财务经理
410406	未分配利润	三栏式明细账	财务经理	6701	资产减值损失	总账	财务经理

续表

编号	名称	账簿设置	记账人	编号	名称	账簿设置	记账人
6711	营业外支出	总账	财务经理	6901	以前年度损益调整	总账	财务经理
6801	所得税费用	总账	财务经理				

3. 固定资产列表

商贸企业固定资产列表见表 2-60。

表 2-60 商贸企业固定资产列表

资产编号	资产名称	使用部门	使用状态	使用年限（月）	开始使用日期	已计提月份	资产原值	残值	累计折旧	月折旧额	资产净值	折旧科目
0100001	办公楼	企业管理部	在用	240	2015-09-15	15	9 000 000.00	450 000.00	534 375.00	35 625.00	8 465 625.00	管理费用
0100002	普通仓库	仓储部	在用	240	2015-09-15	15	5 400 000.00	270 000.00	320 625.00	21 375.00	5 079 375.00	管理费用
0300001	笔记本电脑	企业管理部	在用	48	2015-09-15	15	6 000.00		1 875.00	125.00	4 125.00	管理费用
0300002	笔记本电脑	企业管理部	在用	48	2015-09-15	15	6 000.00		1 875.00	125.00	4 125.00	管理费用
0300003	笔记本电脑	财务部	在用	48	2015-09-15	15	6 000.00		1 875.00	125.00	4 125.00	管理费用
0300004	笔记本电脑	采购部	在用	48	2015-09-15	15	6 000.00		1 875.00	125.00	4 125.00	管理费用
0300005	笔记本电脑	营销部	在用	48	2015-09-15	15	6 000.00		1 875.00	125.00	4 125.00	销售费用
0300006	笔记本电脑	仓储部	在用	48	2015-09-15	15	6 000.00		1 875.00	125.00	4 125.00	管理费用
0300007	打印复印一体机	企业管理部	在用	48	2015-09-15	15	24 000.00		7 500.00	500.00	16 500.00	管理费用
合计							14 460 000.00		873 750.00	58 250.00	13 586 250.00	

4. 存货种类

商贸企业存货种类见表 2-61。

表 2-61 商贸企业存货种类

存货编码	存货类型	存货名称	规格	计量单位	存货占用存储单位	商品来源	存放仓库
P0001	库存商品	经济型童车	无	辆	10	外购	A01
P0002	库存商品	舒适型童车	无	辆	10	外购	A02
P0003	库存商品	豪华型童车	无	辆	10	外购	A03

5. 存货期初

商贸企业存货期初见表 2-62。

表 2-62　商贸企业存货期初

存货编码	存货名称	规格	计量单位	存货平均单价（元）	期初库存量
P0001	经济型童车	无	辆	992.00	14 000
P0002	舒适型童车	无	辆	—	0
P0003	豪华型童车	无	辆	—	0

6. 工资规则

商贸企业工资规则见表 2-63。

表 2-63　商贸企业工资规则

人员类别	月基本工资
总经理	12 000 元
部门经理	7 500 元
职能管理人员	5 500 元

7. 社保及住房公积金缴纳比例

商贸企业社保及住房公积金缴纳比例见表 2-64。

表 2-64　商贸企业社保及住房公积金缴纳比例

分类	养老保险	失业保险	工伤保险	生育保险	医疗保险		住房公积金
					基本医疗	大额互助	
单位	20%	1.0%	0.3%	0.8%	9%	1%	10%
个人	8%	0.2%	0	0	2%	3 元	10%

8. 个人所得税计算

商贸企业个人所得税税率见表 2-8。

9. 个人缴纳社保及住房公积金计算

商贸企业个人缴纳社保及住房公积金计算见表 2-65。

表 2-65 商贸企业个人缴纳社保及住房公积金计算

工号	姓名	部门	岗位	基本工资	个人缴纳五险一金							
					养老保险 8%	医疗保险 2%+3	失业保险 0.2%	工伤保险	生育保险	五险小计	住房公积金 10%	五险一金小计
1	关雅寒	企业管理部	总经理	12 000.00	960.00	243.00	24.00	—	—	1 277.00	1 200.00	2 427.00
2	牧雪瑶	企业管理部	行政助理	7 500.00	600.00	153.00	15.00	—	—	768.00	750.00	1 518.00
3	杨绮萱	营销部	营销经理	7 500.00	600.00	153.00	15.00	—	—	768.00	750.00	1 518.00
4	范易龙	采购部	采购经理	7 500.00	600.00	153.00	15.00	—	—	768.00	750.00	1 518.00
5	陈寒丘	仓储部	仓储经理	7 500.00	600.00	153.00	15.00	—	—	768.00	750.00	1 518.00
6	武妍伊	财务部	财务经理	7 500.00	600.00	153.00	15.00	—	—	768.00	750.00	1 518.00
7	吴亦竹	财务部	出纳	5 500.00	440.00	113.00	11.00	—	—	564.00	550.00	1 114.00

10. 企业缴纳社保及住房公积金计算

商贸企业缴纳社保及住房公积金计算见表 2-66。

表 2-66 商贸企业缴纳社保及住房公积金计算

工号	姓名	部门	岗位	基本工资	企业缴纳五险一金							
					养老保险 20%	医疗保险 10%	失业保险 1.0%	工伤保险 0.3%	生育保险 0.8%	五险小计	住房公积金 10%	五险一金小计
1	关雅寒	企业管理部	总经理	12 000.00	2 400.00	1 200.00	120.00	36.00	96.00	3 852.00	1 200.00	5 052.00
2	牧雪瑶	企业管理部	行政助理	7 500.00	1 500.00	750.00	75.00	22.50	60.00	2 407.5	750.00	3 157.50
3	杨绮萱	营销部	营销经理	7 500.00	1 500.00	750.00	75.00	22.50	60.00	2 407.5	750.00	3 157.50
4	范易龙	采购部	采购经理	7 500.00	1 500.00	750.00	75.00	22.50	60.00	2 407.5	750.00	3 157.50
5	陈寒丘	仓储部	仓储经理	7 500.00	1 500.00	750.00	75.00	22.50	60.00	2 407.5	750.00	3 157.50
6	武妍伊	财务部	财务经理	7 500.00	1 500.00	750.00	75.00	22.50	60.00	2 407.5	750.00	3 157.50
7	吴亦竹	财务部	出纳	5 500.00	1 100.00	550.00	55.00	16.50	44.00	1 765.50	550.00	2 315.50

11. 个人所得税及实发工资计算

商贸企业个人所得税及实发工资计算见表 2-67。

表 2-67　商贸企业个人所得税及实发工资计算

工号	姓名	部门	岗位	基本工资	代扣款项	应税工资	应扣个人所得税	实发工资
					五险一金小计			
1	关雅寒	企业管理部	总经理	12 000.00	2 427.00	9 573.00	457.3	9 115.70
2	牧雪瑶	企业管理部	行政助理	7 500.00	1 518.00	5 982.00	29.46	5 952.54
3	杨绮萱	营销部	营销经理	7 500.00	1 518.00	5 982.00	29.46	5 952.54
4	范易龙	采购部	采购经理	7 500.00	1 518.00	5 982.00	29.46	5 952.54
5	陈寒丘	仓储部	仓储经理	7 500.00	1 518.00	5 982.00	29.46	5 952.54
6	武妍伊	财务部	财务经理	7 500.00	1 518.00	5 982.00	29.46	5 952.54
7	吴亦竹	财务部	出纳	5 500.00	1 114.00	4 386.00	0.00	4 386.00

12. 薪资计算和汇总表

商贸企业薪资计算和汇总表分别见表 2-68 和表 2-69。

表 2-68　商贸企业薪资计算

工号	姓名	部门	岗位	基本工资	代扣款项目								应税工资	应扣个人所得税	实发金额
					养老保险 8%	医疗保险 2%+3	失业保险 0.2%	工伤保险	生育保险	五险小计	住房公积金 10%	五险一金小计			
1	关雅寒	企业管理部	总经理	12 000.00	960.00	243.00	24.00	—	—	1 277.00	1 200.00	2 427.00	9 573.00	457.3	9 115.70
2	牧雪瑶	企业管理部	行政助理	7 500.00	600.00	153.00	15.00	—	—	768.00	750.00	1 518.00	5 982.00	29.46	5 952.54
3	杨绮萱	营销部	营销经理	7 500.00	600.00	153.00	15.00	—	—	768.00	750.00	1 518.00	5 982.00	29.46	5 952.54
4	范易龙	采购部	采购经理	7 500.00	600.00	153.00	15.00	—	—	768.00	750.00	1 518.00	5 982.00	29.46	5 952.54
5	陈寒丘	仓储部	仓储经理	7 500.00	600.00	153.00	15.00	—	—	768.00	750.00	1 518.00	5 982.00	29.46	5 952.54
6	武妍伊	财务部	财务经理	7 500.00	600.00	153.00	15.00	—	—	768.00	750.00	1 518.00	5 982.00	29.46	5 952.54
7	吴亦竹	财务部	出纳	5 500.00	440.00	113.00	11.00	—	—	564.00	550.00	1 114.00	4 386.00	0.00	4 386.00

表 2-69　商贸企业薪资汇总表

部门名称	部门人数	实发工资	代缴个人所得税	个人自缴福利		企业代缴福利		合计
				社会保险	住房公积金	社会保险	住房公积金	
企业管理部	2	15 068.24	486.76	1 995.50	1 950.00	6 259.50	1 950.00	27 709.50

续表

部门名称	部门人数	实发工资	代缴个人所得税	个人自缴福利		企业代缴福利		合计
				社会保险	住房公积金	社会保险	住房公积金	
营销部	1	5 952.54	29.46	768.00	750.00	2 407.50	750.00	10 657.50
采购部	1	5 952.54	29.46	768.00	750.00	2 407.50	750.00	10 657.50
仓储部	1	5 952.54	29.46	768.00	750.00	2 407.50	750.00	10 657.50
财务部	2	10 338.54	29.46	1 332.00	1 300.00	4 815.00	1 300.00	19 115.00
合计	7	43 264.40	604.60	5 631.00	5 500.00	18 297.00	5 500.00	78 797.00

13. 上月销售

商贸企业上月销售见表 2-70。

表 2-70　商贸企业上月销售

上期销售					
单价(含税)	数量	税率(%)	税额	价款	价格合计
950.00	3 000	16	393 103.45	2 456 896.55	2 850 000.00
合计			393 103.45	2 456 896.55	2 850 000.00

14. 上月采购

商贸企业上月采购见表 2-71。

表 2-71　商贸企业上月采购

上期采购					
单价(含税)	数量	税率(%)	税额	价款	价格合计
720.00	300	16	29 793.10	186 206.90	216 000.00
720.00	300	16	29 793.10	186 206.90	216 000.00
720.00	300	16	29 793.10	186 206.90	216 000.00
720.00	300	16	29 793.10	186 206.90	216 000.00
720.00	300	16	29 793.10	186 206.90	216 000.00
720.00	300	16	29 793.10	186 206.90	216 000.00
720.00	300	16	29 793.10	186 206.90	216 000.00
720.00	300	16	29 793.10	186 206.90	216 000.00
720.00	300	16	29 793.10	186 206.90	216 000.00
720.00	300	16	29 793.10	186 206.90	216 000.00
合计			297 931.00	1 862 069.00	2 160 000.00

15. 供应商（制造企业）组织结构信息

供应商（制造企业）组织结构信息见表 2-72。

表 2-72　供应商（制造企业）组织结构信息

序号	企业法定中文名称	简称	办公电话	邮政编码	注册资金	企业注册登记日期	企业法定代表人	企业注册地址	企业法人营业执照注册号	开户银行	银行账号
1	宝乐童车制造有限公司	宝乐	010-62××××78	102202	15 000 000	2015-01-04	赵成	永定路66号	110108809018632	中国工商银行	0100229999000099001
2	小精灵童车制造有限公司	小精灵	010-62××××79	102202	15 000 000	2015-01-04	钱乾	越秀东路45号	110108809018633	中国工商银行	0100229999000099002
3	童飞童车制造有限公司	童飞	010-62××××80	102202	15 000 000	2015-01-04	孙鸿铭	康安北街5号	110108809018634	中国工商银行	0100229999000099003
4	爱贝尔童车制造有限公司	爱贝尔	010-62××××81	102202	15 000 000	2015-01-04	李刚	新园西路666	110108809018635	中国工商银行	0100229999000099004
5	豆豆熊童车制造有限公司	豆豆熊	010-62××××82	102202	15 000 000	2015-01-04	周星星	武强北路722号	110108809018636	中国工商银行	0100229999000099005
6	五彩梦童车制造有限公司	五彩梦	010-62××××83	102202	15 000 000	2015-01-04	吴梦	天河北路11号	110108809018637	中国工商银行	0100229999000099006
7	慧聪童车制造有限公司	慧聪	010-62××××84	102202	15 000 000	2015-01-04	武岳	沿江中街144号	110108809018638	中国工商银行	0100229999000099007
8	迪士博童车制造有限公司	迪士博	010-62××××85	102202	15 000 000	2015-01-04	郑文	漕溪中路211号	110108809018639	中国工商银行	0100229999000099008
9	宝贝快长童车制造有限公司	宝贝快长	010-62××××86	102202	15 000 000	2015-01-04	王伟	天仙桥北路55号	110108809018640	中国工商银行	0100229999000099009
10	伊拉贝莎童车制造有限公司	伊拉贝莎	010-62××××87	102202	15 000 000	2015-01-04	朱玖	共和中路158号	110108809018641	中国工商银行	0100229999000099010

16. 客户（虚拟客户）组织机构信息

客户（虚拟客户）组织结构信息见表 2-73。

表 2-73 客户(虚拟客户)组织结构信息

序号	企业法定中文名称	简称	办公电话	邮政编码	注册资金	企业注册登记日期	企业注册地址	企业法人营业执照注册号	开户银行	银行账号
1	上海乐康妇婴用品有限公司(东部)	乐康	021-62××××88	200062	1 000 000	2015-01-04	上海市普陀区梅川路149号	310107072339402	中国工商银行	4563512600681022345
2	上海金亿妇婴用品有限公司(东部)	金亿	021-62××××33	200011	1 000 000	2015-01-04	上海市黄浦区御道街112号	310107072339133	中国工商银行	4563512600681022346
3	广西好康妇婴用品有限公司(南部)	好康	0771-20××××09	530012	1 000 000	2015-01-04	南宁市人民东路73号	450102200020381	中国工商银行	4563512600681022347
4	广西嘉乐妇婴用品有限公司(南部)	嘉乐	0771-20××××11	530044	1 000 000	2015-01-04	南宁市西开北路73号	450102200020361	中国工商银行	4563512600681022348
5	北京华伟商贸有限公司(北部)	华伟	010-82××××88	100081	1 000 000	2015-01-04	北京市红旗大街623号	131100000014297	中国工商银行	4563512600681022349
6	北京爱喜商贸有限公司(北部)	爱喜	010-82××××79	100081	1 000 000	2015-01-04	北京市温泉北路623号	131100000014299	中国工商银行	4563512600681022350
7	成都新兴商贸有限公司(西部)	新兴	028-67××××32	610000	1 000 000	2015-01-04	成都市武侯区双龙湖街道仙桃村2社	500112200023236	中国工商银行	4563512600681022351
8	成都文西商贸有限公司(西部)	文西	028-67××××61	610000	1 000 000	2015-01-04	成都市观音路西街122号	500112200023455	中国工商银行	4563512600681022352

17. 财务规则

财务业务规则主要包括会计核算制度、会计管理制度、账簿设置与会计核算程序等方面的主要规则，各公司必须按照本规则的各项规定组织会计核算和会计管理。

18. 税务规则

商贸企业从事生产经营活动，涉及国家或地方多个税种，包括企业所得税、增值税、城建税、教育费及附加、个人所得税。

19. 税种类型

按照国家税法规定的税率和起征金额进行税额的计算，企业所得税按照利润总额的25%缴纳，销售货物和购进货物增值税税率为16%，广告费税率为6%，水电费税率为16%，物流费用税率为10%，城建税为增值税税额的7%，教育费及附加为增值税税额的3%，个人所得税按照七级累进税率（见表2-8）计算，起征点为月收入5 000元。

20. 日常纳税申报及缴纳税款

在税收征收期内，按照商贸企业的经营情况，填制各税申报表，携带相关会计报表到税务部门办理纳税申报业务，得到税务部门开出的税收缴款书，并到银行缴纳税款。依据税务部门规定，每月初进行上月的纳税申报及缴纳。如遇特殊情况，可以向税务部门申请延期纳税申报。

21. 会计核算规则

商贸企业可以采用现金结算、转账结算和电子银行三种方式进行会计核算。原则上，日常经济活动低于2 000元的可以使用现金结算，超过2 000元的一般使用转账支票和电子银行结算，结算货款、代扣代缴各种税费通过电子银行结算，其他业务可以使用转账支票结算。

银行支票分为现金支票和转账支票。现金支票用于提取现金，转账支票用于同一票据交换区内的结算。异地付款一般采用电子银行结算。

22. 物流运输规则

物流运输只针对工贸企业与制造企业间的购销业务、制造企业与商贸企业间的购销业务，其他类型组织的物流运输不走物流企业。

物流费用的支付由购货方支付，物流费用为货物货款金额的5%。

二、商贸企业工作交接重难点

1. 工作交接学习要点

出纳需要学习科目余额表，根据相关的内容，填写现金日记账1张和银行存款日记账1张。

仓储经理需要学习存货种类和存货期初，填写库存台账1张。

行政经理需要学习固定资产、工资、社保和住房公积金缴纳、个人所得税等，根据相关的内容，填写固定资产卡片9张。

营销经理需要学习上月销售汇报表，了解上月的销售情况。

采购经理需要学习上月采购汇总表，了解上月的采购情况。

财务经理需要学习期初余额表，填写数量金额明细账1张、三栏式总账8张、三栏式明细账5张、多栏式明细账1张。

2. 关于薪酬发放的说明

行政经理需要将薪酬计算表中的关于工资计算方法的相关信息提供给财务经理，并且告知财务经理共需发放多少工资，共需缴纳多少社会保险，共需缴纳多少住房公积金，共需缴纳多少个人所得税。对于财务经理而言，只需要知道最后每个人发放多少工资即可，但是行政经理却需要知道工资的计算方式以及每个部门需要发放的工资统计。

行政经理需要负责人力资源的工作内容，需要了解每个人每个月的工资计算方式。

以总经理关雅寒为例，进行相关费用计算：

应税工资=基本工资-个人缴纳五险一金合计=12 000-2 427=9 573 元

当月个税=(累计收入-累计五险一金-累计专项附加扣除-累计扣除费用)× 预扣税率-速算扣除数-累计已缴纳税额

=(12 000.00 × 12-2 427.00 × 12-0-5 000.00 × 12)× 10%-2 520.00-[(12 000.00 × 11-2 427.00 × 11-0-5 000.00)× 11)× 10%-2 520.00]=457.30 元

实发工资 =基本工资-个人缴纳五险一金合计-个人所得税

=12 000.00-2 427.00-457.30=9 115.70 元

企业支出(财务记账)=基本工资+企业缴纳五险一金合计

=12 000.00+5 052.00=17 052.00 元

商贸企业在每个月月底(25 日)进行薪酬的计算工作,计算的是当月应发的工资,计算完成后不进行工资的发放,而是等到下个月月初(5 日)才进行工资的发放。2019 年 1 月 5 日发放的工资是 2018 年 12 月的工资,应该按照系统中默认的人员信息(员工姓名)进行工资的发放。而 2019 年 1 月 25 日核算的工资是 2019 年 1 月的工资,应该按照实际工作的员工姓名来进行工资的发放。

行政经理还需要及时做好人员的考勤工作,对于缺勤人员适当地扣除工资。

3. 关于财务工作的说明

行政经理需要将固定资产列表的相关信息提供给财务经理,商贸企业每个月的 25 日进行固定资产折旧的计提,工作交接中所登记的相关信息是 2018 年 12 月 25 日计提折旧完成后所显示的数据。

仓储经理需要将固定资产列表中的相关存货信息提供给财务经理,并且需要告知财务经理。对于商贸企业来说,存货一共有 3 种,即经济型童车、舒适型童车、豪华型童车。

营销经理和采购经理需要将上月销售汇总表与上月采购汇总表提供给财务经理,作为财务经理核对进项税和销项税的依据。

财务经理需要根据仓储经理提供的存货期初核对科目 1405,140504,140506,140508,140409,140510。

财务经理需要根据行政经理提供的固定资产清单核对科目 1601,1602。

财务经理需要根据行政经理提供的人员工资信息核对科目 2211,221101,221103,221104。

财务经理需要根据营销经理和采购经理提供的上月采购付款和销售收款情况核对科目 2221,222101,22210101,22210103,22210106,222102。

4. 商贸企业工作交接填写示例

1)固定资产卡片

固定资产卡片中需要填写“卡片编号”(七张卡片编号分别为 001~007)和“日期”“固定资产编号”“固定资产名称”“类别编号”(01/02/03 分别对应“类别名称”的房屋建筑/生产设备/办公设备)以及“使用部门”“增加方式”“使用状况”“预计使用年限”“折旧方法”“开始使用日期”“已计提月份”“原值”“净残值”“累计折旧”“净值”“折旧费用类别”。

固定资产卡片中不需填写“规格型号”“存放地点”和“保管人”。

所有固定资产卡片当中的“日期”填写“2019-01-05”，每填写完成一张固定资产卡片后，点击右侧“保存”按钮，然后点击上方的加号新增固定资产卡片，切记在所有固定资产卡片填写完成前不可点击“完成”按钮。

商贸企业固定资产卡片示例如图 2-30 所示。

卡片编号 0100001　日期 2019-01-05
固定资产编号 0100001　固定资产名称 办公楼
类别编号 01　类别名称 房屋建筑
规格型号　使用部门 企业管理部
增加方式 购买　存放地点
使用状况 在用　预计使用年限 240（月）折旧方法 直线法
开始使用日期 2017-09-15　已计提月份 15
原值 9000000.00　净残值 450000.00
累计折旧 534375.00
净值 8015625.00　折旧费用类别 管理费用　保管人 牧雪瑶

图 2-30　商贸企业固定资产卡片示例

2）库存台账

库存台账中需要填写“物料名称”“物料编号”“规格”“存放仓库”“最高存量”“最低存量”和“计量单位”。其中，所有的物料都没有“最高存量”，“最低存量”为 0；所有“日期”填写“2019 年 01 月 05 日”；“凭证号数”不填；“摘要”填写“上月结转”。

每填写完成一张库存台账后，点击右侧“保存”按钮，切记在所有库存台账填写完成前不可点击“完成”按钮。

商贸企业库存台账示例如图 2-31 所示。

140504--钢管　库存台账

分页：______总页：______

物料名称：钢管　规格：Φ外16/Φ内11/L5000（mm）　最高存量：
物料编号：B0001　存放仓库：A01　最低存量：0　计量单位：根

2019 年		凭证号数	摘要	入库		出库		结存	
月	日			数量	单价	数量	单价	数量	单价
01	05		上月结转					26.000.00	86.28

图 2-31　商贸企业库存台账示例

3）总账

所有账页当中的“日期”填写“2019 年 01 月 05 日”。为方便管理，工作交接当中所有账页的“记账凭证号数”空着不填，所有账页的“摘要”填写“上月结转”。

每填写完成一张账页后，点击右侧“保存”按钮，切记在所有账页填写完成前不可点击“完成”按钮。科目余额表中的数据并不是进行简单的摘抄记录，还需要了解每一条数据的含义。

商贸企业总分类账示例如图 2-32 所示。

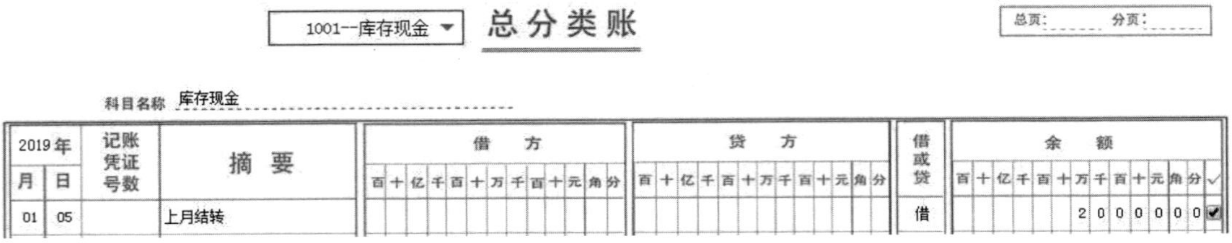

图 2-32 商贸企业总分类账示例

任务四 物流企业各岗位工作交接

目前,物流企业有企管部和业务部两个部门,企管部有总经理一类工作人员,业务部有业务经理一类工作人员。物流企业组织结构如图 2-33 所示。

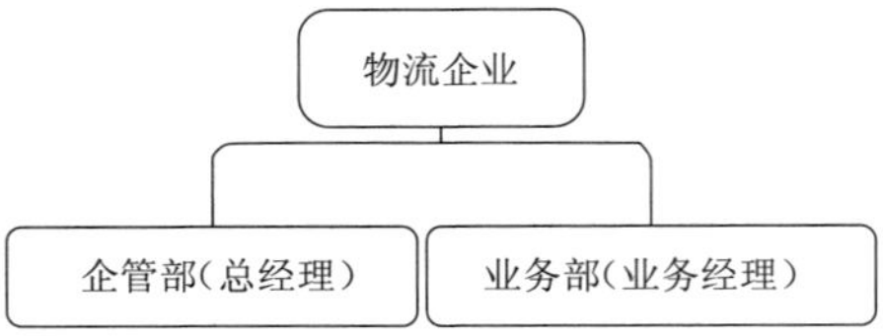

图 2-33 物流企业组织结构

一、物流企业工作交接

1. 物流企业客户组织机构信息

物流企业客户组织机构信息见表 2-74。

表 2-74 物流企业客户组织机构信息

序号	企业法定中文名称	简称	办公电话	邮政编码	注册资金	企业注册登记日期	企业法定代表人	企业注册地址	企业法人营业执照注册号	开户银行	银行账号
1	宝乐童车制造有限公司	宝乐	010-62××××78	102202	15 000 000	2015-01-04	赵成	永定路 66 号	110108809018632	中国工商银行	0100229999000099001
2	小精灵童车制造有限公司	小精灵	010-62××××79	102202	15 000 000	2015-01-04	钱乾	越秀东路 5 号	110108809018633	中国工商银行	0100229999000099002
3	童飞童车制造有限公司	童飞	010-62××××80	102202	15 000 000	2015-01-04	孙鸿铭	康安北街 5 号	110108809018634	中国工商银行	0100229999000099003

续表

序号	企业法定中文名称	简称	办公电话	邮政编码	注册资金	企业注册登记日期	企业法定代表人	企业注册地址	企业法人营业执照注册号	开户银行	银行账号
4	爱贝尔童车制造有限公司	爱贝尔	010-62××××81	102202	15 000 000	2015-01-04	李刚	新园西路666	110108809018635	中国工商银行	0100229999000099004
5	豆豆熊童车制造有限公司	豆豆熊	010-62××××82	102202	15 000 000	2015-01-04	周星星	武强北路722号	110108809018636	中国工商银行	0100229999000099005
6	五彩梦童车制造有限公司	五彩梦	010-62××××83	102202	15 000 000	2015-01-04	吴梦	天河北路11号	110108809018637	中国工商银行	0100229999000099006
7	慧聪童车制造有限公司	慧聪	010-62××××84	102202	15 000 000	2015-01-04	武岳	沿江中街144号	110108809018638	中国工商银行	0100229999000099007
8	迪士博童车制造有限公司	迪士博	010-62××××85	102202	15 000 000	2015-01-04	郑文	漕溪中路211号	110108809018639	中国工商银行	0100229999000099008
9	宝贝快长童车制造有限公司	宝贝快长	010-62××××86	102202	15 000 000	2015-01-04	王伟	天仙桥北路55号	110108809018640	中国工商银行	0100229999000099009
10	伊拉贝莎童车制造有限公司	伊拉贝莎	010-62××××87	102202	15 000 000	2015-01-04	朱玖	共和中路158号	110108809018641	中国工商银行	0100229999000099010
11	恒通工贸有限公司	恒通	010-51××××88	100076	4 500 000	2015-01-04	张艳	小红门路45号	110000001012587	中国工商银行	0100229999000099015
12	邦尼工贸有限公司	邦尼	021-60××××18	201100	4 500 000	2015-01-04	张伟	曙光西街722号	110106311235740	中国工商银行	0100229999000099016
13	思远工贸有限公司	思远	020-51××××37	510000	4 500 000	2015-01-04	何聪	顾家庄中路147号	110020001012524	中国工商银行	0100229999000099017
14	新耀工贸有限公司	新耀	028-62××××99	610000	4 500 000	2015-01-04	王敏	静远东街151号	110113050173019	中国工商银行	0100229999000099018
15	旭日商贸有限公司	旭日	010-68××××12	100094	4 500 000	2015-01-04	李峰	北清路5号	100108554831327	中国工商银行	0100229999000099011

续表

序号	企业法定中文名称	简称	办公电话	邮政编码	注册资金	企业注册登记日期	企业法定代表人	企业注册地址	企业法人营业执照注册号	开户银行	银行账号
16	华晨商贸有限公司	华晨	021-68××××12	201100	4 500 000	2015-01-04	王强	沙静南路671号	110108753990101	中国工商银行	0100229999000099012
17	仁和商贸有限公司	仁和	020-63××××22	510800	4 500 000	2015-01-04	董浩	安杰北街18号	110108554831245	中国工商银行	0100229999000099013
18	天府商贸有限公司	天府	028-62××××78	611600	4 500 000	2015-01-04	康庄	丰豪中街55号	110108120101673	中国工商银行	0100229999000099014

2. 物流企业组织机构信息

物流企业组织机构信息见表 2-75。

表 2-75 物流企业组织机构信息

序号	企业法定中文名称	简称	办公电话	邮政编码	注册资金	企业注册登记日期	企业法定代表人	企业注册地址	企业法人营业执照注册号	开户银行	银行账号
1	隆飞物流有限公司	隆飞	027-64××××58	430000	6 000 000	2015-01-04	李靖	卓尔大街38号	100108231234856	中国工商银行	0100229999000099019

3. 物流企业车辆信息

物流企业车辆信息见表 2-76。

表 2-76 物流企业车辆信息

车型	最大载重/t	最大容积/m^3	车厢尺寸	数量/辆
短途运输车	4	13	4 m × 1.8 m × 1.8 m	40
长途运输车	8	40	7 m × 2.4 m × 2.5 m	20
40 尺柜牵引车	20	75	12.5 m × 2.5 m × 2.5 m	20

4. 物流企业承运存货档案

物流企业承运存货档案见表 2-77。

表 2-77 物流企业承运存货档案

存货编码	存货类型	存货名称	规格	计量单位
P0001	产成品	经济型童车	无	辆
P0002	产成品	舒适型童车	无	辆

续表

存货编码	存货类型	存货名称	规格	计量单位
P0003	产成品	豪华型童车	无	辆
B0001	原材料	钢管	ϕ外 16/ϕ内 11/$L$5000(mm)	根
B0002	原材料	镀锌管	ϕ外 16/ϕ内 11/$L$5000(mm)	根
B0003	原材料	坐垫	HJM500	个
B0004	原材料	记忆太空棉坐垫	HJM0031	个
B0005	原材料	车篷	HJ72×32×40	个
B0006	原材料	车轮	HJϕ外 125/ϕ内 60(mm)	个
B0007	原材料	经济型童车包装套件	HJTB100	套
B0008	原材料	数控芯片	MCX3154A	片
B0009	原材料	舒适型童车包装套件	HJTB200	套
B0010	原材料	豪华型童车包装套件	HJTB300	套

5. 物流企业岗位职责

1)总经理岗位职责

(1)负责根据企业发展目标,制定企业物流发展战略。

(2)负责构建合适的物流组织机构,组建合适的经营团队。

(3)负责主持建立各项物流制度,监督、检查各项规章制度的执行情况。

(4)负责研究、设计、改善物流管理的各项工作流程。

(5)负责下达年度计划指标,并组织各部门实施,监督、检查各计划目标的执行情况。

(6)负责指导和部署业务、物流、仓储、运输和配送等各部门的工作,协调各部门工作。

(7)负责组织制定企业物流成本控制的流程和管理办法。

(8)负责向各部门下达成本控制目标,并监督、检查执行情况。

(9)负责组织处理各部门运营过程中出现的重大突发事件。

2)业务经理岗位职责

(1)负责公司业务范围内的市场开发工作。

(2)负责在公司授权范围内进行业务洽谈,为客户宣讲公司服务,增强客户的认可。

(3)负责独立完成报价、谈判、签订合同。

(4)负责物流行业信息收集、分析和市场调研。

(5)负责定期对客户进行电话回访,了解客户对公司服务的意见及建议,详细记录客户对公司的意见和建议并及时反馈。

(6)负责制订所管地区的市场推广年度、月度、周工作计划,并报上级批准后组织实施。

(7)负责控制本部门各种费用预算。

(8)负责根据市场的需求变化,向上级提出合理化建议和意见。

二、物流企业经营规则

1. 运输规则

物流企业与其他企业签订运输合同年限为 1 年。费用结算以运单为依据，详见合同，如出现争议，提交工商局进行协调，运费为货款金额的 5%。

2. 财务规则

财务业务规则主要包括会计核算制度、会计管理制度、预算管理方法、筹资规则、投资规则、账簿设置与会计核算程序等方面的主要规则，各公司必须按照本规则的各项规定组织会计核算和会计管理。

3. 税务规则

物流企业从事生产经营活动，涉及国家或地方多个税种，包括企业所得税、营业税、城建税、房产税、车船使用税、土地使用税、印花税、土地增值税、教育费及附加、个人所得税。

4. 税种类型

按照国家税法规定的税率和起征金额进行税额的计算，企业所得税按照利润总额的 25%缴纳，交通运输业营业税税率为 5%，城建税为增值税税额的 7%，房产税按自有房产原值的 70%×1.2%缴纳；车船使用税按车辆缴纳；印花税按购销合同金额的万分之三贴花，账本按 5 元/本缴纳（每年启用时），年度按“实收资本”与“资本公积”之和的万分之五缴纳（第一年按全额缴纳，以后按年度增加部分缴纳）；教育费及附加为增值税税额的 3%；个人所得税按照七级累进税率（表 2-8）计算，起征点为月收入 5 000 元。

5. 日常纳税申报及缴纳税款

在税收征收期内，按照物流企业的经营情况，填制各税申报表，携带相关会计报表到税务部门办理纳税申报业务，得到税务部门开出的税收缴款书，并到银行缴纳税款。依据税务部门规定，每月初进行上月的纳税申报及缴纳。如遇特殊情况，可以向税务部门申请延期纳税申报。

6. 会计核算规则

物流企业可以采用现金结算、转账结算和电汇三种方式进行会计核算。原则上，日常经济活动低于 2 000 元的可以使用现金结算，超过 2 000 元的一般使用转账支票结算（差旅费或支付给个人业务除外）。

银行支票分为现金支票和转账支票。现金支票用于提取现金，转账支票用于同一票据交换区内的结算。异地付款一般采用电汇方式。

7. 人力资源管理规则

1）工资规则

物流企业工资规则见表 2-78。

表 2-78 物流企业工资规则

人员类别	月基本工资
总经理	12 000 元
部门经理	7 500 元

2）五险一金规则

五险一金按照月基本工资进行相应比例的缴纳。物流企业五险一金规则见表 2-79。

表 2-79 物流企业五险一金规则

分类	养老保险	失业保险	工伤保险	生育保险	医疗保险		住房公积金
					基本医疗	大额互助	
单位	20%	1.0%	0.3%	0.8%	9%	1%	10%
个人	8%	0.2%	0	0	2%	3 元	10%

3）个人所得税按照相应的比例缴纳

物流企业个人所得税税率见表 2-8。

4）个人工资计算规则

应税工资=基本工资-个人缴纳五险一金合计

当月个税=(累进收入-累计五险一金-累计专项附加扣除-累计扣除费用)× 预扣税率-速算扣除数-累计已缴纳税额

实发工资=基本工资-个人缴纳五险一金合计-个人所得税

企业支出(财务记账)=基本工资+企业缴纳五险一金合计

5）个人缴纳五险一金计算

物流企业个人缴纳五险一金计算见表 2-80。

表 2-80 物流企业个人缴纳五险一金计算

工号	姓名	部门	岗位	基本工资	个人缴纳五险一金							
					养老保险 8%	医疗保险 2%+3	失业保险 0.2%	工伤保险	生育保险	五险小计	住房公积金 10%	五险一金小计
1	赵金金	企业管理部	总经理	12 000.00	960.00	243.00	24.00	—	—	1 227.00	1 200.00	2 427.00
2	李鑫	业务部	业务经理	7 500.00	600.00	153.00	15.00	—	—	768.00	750.00	1 518.00

6）企业缴纳五险一金计算

物流企业缴纳五险一金计算见表 2-81。

表 2-81 物流企业缴纳五险一金计算

工号	姓名	部门	岗位	基本工资	企业缴纳五险一金							
					养老保险 20%	医疗保险 10%	失业保险 1.0%	工伤保险 0.3%	生育保险 0.8%	五险小计	住房公积金 10%	五险一金小计
1	赵金金	企业管理部	总经理	12 000.00	2 400.00	1 200.00	120.00	36.00	96.00	3 852.00	1 200.00	5 052.00
2	李鑫	业务部	业务经理	7 500.00	1 500.00	750.00	75.00	22.50	60.00	2 407.50	750.00	3 157.50

7)个人所得税及实发工资计算

物流企业个人所得税及实发工资计算见表 2-82。

表 2-82 物流企业个人所得税及实发工资计算

工号	姓名	部门	岗位	基本工资	代扣款项	应税工资	应扣个人所得税	实发工资
					五险一金小计			
1	赵金金	企业管理部	总经理	12 000.00	2 427.00	4 573.00	457.30	9 115.70
2	李鑫	业务部	业务经理	7 500.00	1 518.00	982.00	29.46	5 952.54

以赵金金为例,相关费用的计算如下:

应税工资=基本工资-个人缴纳五险一金合计=12 000-2 427=9 573 元

当月个税=(累进收入-累计五险一金-累计专项附加扣除-累计扣除费用)× 预扣税率-速算扣除数-累计已缴纳税额=(12 000 × 12-2 427 × 12-0-5 000 × 11)× 10%-2 520-[(12 000 × 11-2 427 × 11-0-5 000 × 11)× 10%-2 520]=457.3 元

实发工资=基本工资-个人缴纳五险一金合计-个人所得税=12 000-2 427-457.3 =9 115.7 元

企业支出(财务记账)=基本工资+企业缴纳五险一金合计=12 000+5 052=17 052 元

任务五 期初建账

前面的任务一至任务四分别介绍了工贸企业、制造企业、商贸企业和物流企业工作交接的情况。在 VBSE 综合实训中,各企业财务部门的账务处理是难点。制造企业是 VBSE 综合实训中的实训主体,很多业务都是围绕制造企业的生产制造发生的,而且不同企业组织账簿登记的规范是相同的,所以下面以制造企业为例,说明财务各岗位如何建立期初账务。

制造企业财务各岗位根据表 2-18 所示的制造企业科目余额表建立期初账务。

一、出纳岗位

工作交接时,出纳岗位登记现金和银行存款日记账,账页格式见表 2-83 和表 2-84。

表 2-83 现金存款日记账期初建账

1001-现金日记账

现金日记账

第 1 页

2019 年		记账凭证号数	摘要	借方	√	贷方	√	借方
月	日			千百十万千百十元角分		千百十万千百十元角分		千百十万千百十元角分
01	01		上期结转					20 000.00

表 2-84 银行存款日记账期初建账

100201 - 工行存款		银行存款日记账						
				第 1 页				
2019 年		记账凭证号数	摘要	借方	√	贷方	√	借方
月	日			千百十万千百十元角分		千百十万千百十元角分		千百十万千百十元角分
01	01		上期结转					10 000 000.00

二、财务经理岗位

财务经理岗位登记各科目总账，以银行存款和原材料总账为例，账页格式见表 2-85 和表 2-86。

表 2-85 "银行存款"总分类账期初建账

1001- 银行存款　　总分类账

科目名称：银行存款　　总页：　分页：

2019 年		记账凭证号数	摘要	借方										贷方										借或贷	余额										
月	日			千	百	十	万	千	百	十	元	角	分	千	百	十	万	千	百	十	元	角	分		千	百	十	万	千	百	十	元	角	分	√
01	01		上期结转																					借	1	0	0	0	0	0	0	0	0	0	√

表 2-86 "原材料"总分类账期初建账

1400- 原材料　　总分类账

科目名称：原材料　　总页：　分页：

2019 年		记账凭证号数	摘要	借方										贷方										借或贷	余额										
月	日			千	百	十	万	千	百	十	元	角	分	千	百	十	万	千	百	十	元	角	分		千	百	十	万	千	百	十	元	角	分	√
01	01		上期结转																					借		3	4	1	5	6	2	4	0	0	√

在 VBSE 综合实训中，财务经理需要登记的总账有"库存现金""银行存款""原材料""库存商品""自制半成品""固定资产""累计折旧""应付职工薪酬""应交税费""实收资本""盈余公积"和"利润分配"，登记方法与以上两种总账相同，在此不再赘述。

三、财务会计岗位

财务会计主要登记三栏式明细账，以“应付职工薪酬——工资”为例，账页格式见表2-87。

表 2-87 “应付职工薪酬——工资”明细账期初建账

221101-工资

明细账

会计科目：应付职工薪酬

：　　总页：　分页：　辅助科目：工资

记账凭证				摘要	借方										贷方										借或贷	余额										
2019年		类	号																																	
月	日	别	数		千	百	十	万	千	百	十	元	角	分	千	百	十	万	千	百	十	元	角	分		千	百	十	万	千	百	十	元	角	分	√
01	01			上期结转																					贷			2	6	5	5	0	0	0	0	√

需要注意的是，实务中“应交税费——应交增值税”明细账为多栏式明细账，VBSE综合实训降低了登记账簿的难度，以三栏式明细账的格式登记该科目明细账，“应交税费——应交增值税——进项税额”账页格式见表2-88，“应交税费——应交增值税——销项税额”账页格式见表2-89。实务中“应交税费——应交增值税”多采用多栏式明细账登记，其账页格式见表2-90，“应交税费——未交增值税”账页格式见表2-91。

表 2-88 “应交税费——应交增值税——进项税额”明细账

22210101-进项税额

明细账

会计科目：应交税费

：　　总页：　分页：　辅助科目：进项税额

记账凭证				摘要	借方										贷方										借或贷	余额										
2019年		类	号																																	
月	日	别	数		千	百	十	万	千	百	十	元	角	分	千	百	十	万	千	百	十	元	角	分		千	百	十	万	千	百	十	元	角	分	√
01	01			上期结转																					贷			4	0	5	8	2	0	5	1	√

表 2-89 “应交税费——应交增值税——销项税额”明细账

22210102-销项税额

明细账

会计科目：应交税费

：　　总页：　分页：　辅助科目：销项税额

记账凭证				摘要	借方										贷方										借或贷	余额										
2019年		类	号																																	
月	日	别	数		千	百	十	万	千	百	十	元	角	分	千	百	十	万	千	百	十	元	角	分		千	百	十	万	千	百	十	元	角	分	√
01	01			上期结转																					贷			6	2	1	1	5	3	8	5	√

表 2-90　“应交税费——应交增值税”多栏式明细账

应收增值税明细账													总页：										
：													分页：										
记账凭证				摘要	借方			贷方			借或贷	余额									
2019 年		类别	号数		进项税额	转出未交增值税	合计	进项税额	转出未交增值税	合计											
月	日				金额	金额	金额	金额	金额	金额		千	百	十	万	千	百	十	元	角	分
01	01			上年结转																	

表 2-91　“应交税费——未交增值税”明细账

222104-未交增值税	明细账	会计科目：应交税费
：	总页：　分页：	辅助科目：未交增值税

记账凭证				摘要	借方										贷方										借或贷	余额										
2019 年		类	号																																	
月	日	别	数		千	百	十	万	千	百	十	元	角	分	千	百	十	万	千	百	十	元	角	分		千	百	十	万	千	百	十	元	角	分	√
01	01			上期结转																					贷			2	1	5	3	3	3	3	4	√

在 VBSE 综合实训中，财务会计需要登记的明细账有“应付职工薪酬——工资”“应付职工薪酬——社会保险费”“应付职工薪酬——住房公积金”“应交税费——应交增值税”“应交税费——应交增值税——进项税额”“应交税费——应交增值税——销项税额”“应交税费——未交增值税”和“利润分配——未分配利润”。

四、成本会计岗位

成本会计岗位主要登记数量金额明细账，以“原材料——钢管”为例，账页格式见表 2-92。其他原材料和库存商品，均按此格式登记。

表 2-92　“原材料——钢管”数量金额明细账

总页：　分页：	140301-钢管	数量金额明细账
编号名称：　存放地点：	寄存放地点：　计量单位：根	规格：ϕ外 55/ϕ内 11/mm　类别：原材料

2019 年		凭证字号	摘要	收入			发出			结存		
月	日			数量	单价	金额	数量	单价	金额	数量	单价	金额
01	01		上期结转							10 000	105.20	1 163 160.00

在 VBSE 综合实训中，成本会计需要登记的明细账有“原材料——钢管”“原材料——坐垫”“原材料——车篷”“原材料——车轮”“原材料——经济型童车包装套件”“库存商品——经济型童车”和“库存商品——经济型车架”。

思政映射　职场责任与担当初体验

2022 年 5 月 10 日，习近平总书记在庆祝中国共产主义青年团成立 100 周年大会上的讲话指出：“自觉担当尽责，始终成为组织中国青年永久奋斗的先锋力量。奋斗是青春最亮丽的底色，行动是青年最有效的磨砺。有责任有担当，青春才会闪光。”[1] 时代总是把历史责任赋予青年。青年是时代的弄潮儿，在改造客观世界、推动社会进步的过程中，蕴含着无穷力量。青年一代有理想、有本领、有担当，国家就有前途，民族就有希望。

良好的开端是成功的一半，你们经过努力，刚刚在虚拟商业社会环境中走上工作岗位，完成角色转换，一定要明确自己的岗位职责，懂得团队协作的力量。工作无贵贱之分，只有在平凡的工作岗位做出不平凡的成绩，才是最大的成功。你们一定要保有自信，牢记使命，勇于担当，不断进步。

知识拓展一　个人简历制作及面试技巧

知识拓展一　个人简历制作及面试技巧

知识拓展二　公司印章使用基本规范

知识拓展二　公司印章使用基本规范

① 习近平：《在庆祝中国共产主义青年团成立 100 周年大会上的讲话》. 人民出版社，2022，13 页。

模块三　工贸企业经营业务

【模块任务简介】

在 VBSE 综合实训中，工贸企业的主要任务包括向虚拟的供应商采购原材料、将原材料出售给制造企业，在这个过程中涉及具体的采购付款业务等。

【教学目标】

知识点：1. 掌握工贸企业日常业务的经营流程；
2. 掌握工贸企业采购付款业务的经营流程；
3. 掌握工贸企业销售收款业务的经营流程。

技能点：1. 能够填写各种业务表单、账单；
2. 能够熟练掌握申报和缴纳增值税、个税业务的步骤和流程；
3. 能够熟练掌握薪酬核算、扣除五险一金的操作流程。

态度点：1. 培养学生的职业素养、企业家精神；
2. 熟悉国家税收的法律法规，培养学生经世济民、德法兼修、知行合一的实践开拓精神；
3. 提升团队合作精神和创新能力。

【重点难点】

个税申报、增值税申报。

项目一　工贸企业日常管理业务

任务一　工贸企业在银行开卡

一、业务描述

新员工入职后，需要所在企业的人力资源部办理用于发放工资的银行卡，工贸企业由行政助理兼人力资源部的人员办理本业务。

二、业务流程

工贸企业办理银行卡开卡的业务流程如图 3-1 所示。

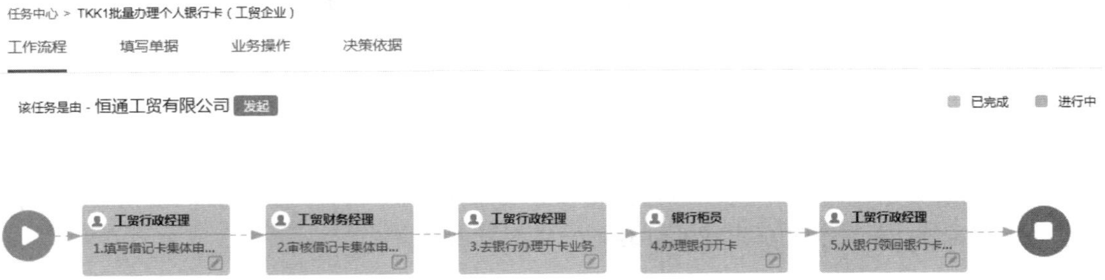

图 3-1　工贸企业办理银行卡开卡的业务流程

三、业务步骤

在 VBSE 综合实训中，制造企业、工贸企业和商贸企业都有银行卡开卡业务，工贸企业办理银行卡开卡业务的具体步骤如下。

1. 行政经理填制"借记卡集体申领登记表"

行政经理收集新入职员工的姓名、身份证号等信息，在系统中将新入职员工的信息录入"借记卡集体申领登记表"，然后点击"保存"按钮。

2. 财务经理审核"借记卡集体申领登记表"

财务经理核对"借记卡集体申领登记表"上的员工信息，确认无误后，在系统中盖章审核，点击"完成"按钮。

3. 行政经理到银行办理银行卡开卡业务

行政经理线下到银行柜台递交"借记卡集体申领登记表"，办理银行卡开卡业务。

4. 银行柜员办理银行卡开卡业务

银行柜员根据企业提交的"借记卡集体申领登记表"，核对无误后办理银行卡开卡业务，办理完毕后将所办理的银行卡交给企业行政经理。

5. 将"借记卡集体申领登记表"归档

行政经理领回银行卡后，将"借记卡集体申领登记表"归档。

四、业务单据

借记卡集体申领登记表如图 3-2 所示，工商银行银行卡如图 3-3 所示。

借记卡集体申领登记表

申请日期：2019 年 01 月 05 日

单位名称	恒通工贸有限公司	单位地址	小红门路45号
负责人姓名	牟义龙	联系电话	13891657441

本单位愿意集体申领借记卡，保证提供的下述资料真实可靠。

序	姓名	拼音姓名	性别	证件名	证件号码	联系地址	邮编	联系电话
1	牟义龙	mouyilong	男	身份证	123456789123453358	小红门路45号	710018	13891657441
2	张玉帛	zhangyubo	男	身份证	12345678912345041X	小红门路45号	710018	13399226736
3	乔建浪	qiaojianlang	男	身份证	123456789123452810	小红门路45号	710018	13759951097
4	马浩天	mahaotian	男	身份证	123456789123450015	小红门路45号	710018	13324592903
5								

图 3-2　借记卡集体申领登记表

图 3-3　工商银行银行卡

任务二　工贸企业各部门借款

一、业务描述

1. 借款的概念

在 VBSE 综合实训中，各部门为保障业务的正常开展，需要到财务部借备用金。

借款对象：本公司的部门或个人。

借款用途：经常性差旅费、零星采购、零星开支、备用金等。

管理原则：限额拨付、专人负责、及时报销、定期清理、临时支取、前账未清、后款不借。

借款人应填写“个人借款单”，注明借款的性质及用途，需部门主管、财务主管等相关负责人审核后，到财务部出纳处支取相应的借款。

日常现金使用较频繁的部门或人员，经批准可申请领取保证工作正常进行所需要的一定限额的备用金。备用金应指定专人负责管理，按照规定用途使用，不得转借给他人或挪作他用。备用金一般实行定额管理制度，部门已申请备用金的，原则上不再批准部门员工的个人借款。

2. 借款单

借款单是企业的内部自制单据，一般由部门提供基本样式，各部门人员经办业务时需要借款的，依照固定的格式进行填列。借款单的应用范围广泛，多数支付业务都可以通过填写借款单取得相应的支付款，如日常零星支出需要借现金，发放薪酬、支付材料款等时需要使用支票或电汇。

二、业务流程

工贸企业企管部借款的业务流程如图 3-4 所示。

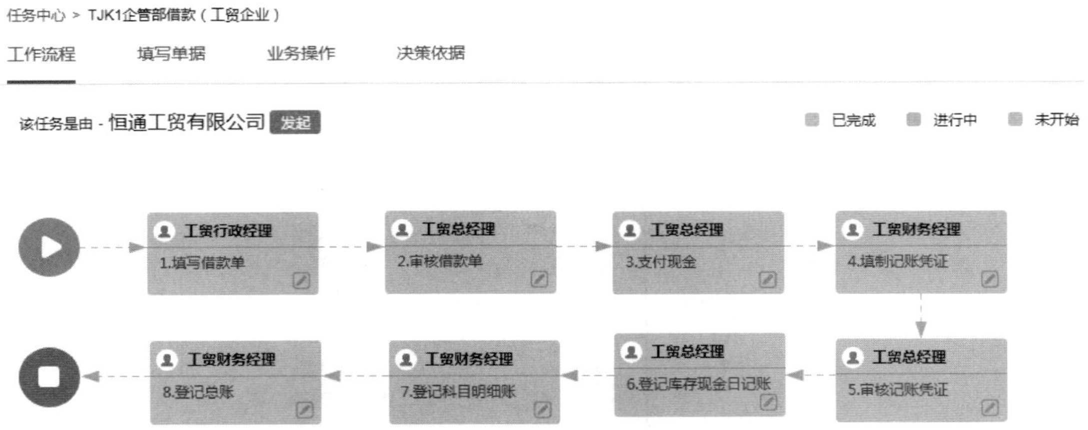

图 3-4 工贸企业企管部借款的业务流程

三、业务步骤

1. 行政经理填写借款单

行政经理到出纳处领取空白借款单，并填写借款单，借款作为部门备用金，然后将填写好的借款单交给总经理审核，同样操作在系统中完成。

2. 总经理审核借款单并支付现金

总经理审核借款单的金额、借款用途、付款条款等信息，审核无误后签字盖章。

由于工贸企业由总经理兼任出纳工作，所以总经理审核后，确认无误即可支付现金给借款人，借款人签字后，在借款单上加盖“现金付讫”章。

3. 财务经理填制记账凭证

财务经理根据已支付的借款单填制记账凭证，将借款单粘贴在后面作为附件。

4. 总经理审核记账凭证

总经理审核记账凭证，并对照借款单检查是否有误，审核无误后签字盖章，同样操作在系统中完成。

5. 总经理登记现金日记账

总经理根据审核后的记账凭证登记库存现金日记账，记账后在记账凭证上签字或盖章，并将记账凭证交回财务经理。

6. 财务经理登记科目明细账和总账

财务经理根据记账凭证登记科目明细账和总账，并在记账凭证上签字盖章，同样操作在系统中完成。

四、业务单据

借款单的填写主要包括以下几部分。

（1）部门：依据借款人所在部门如实填写。

（2）申请日期：依据借款人发生借款的系统日期填写，如实训中系统当前时间为“2019年01月05日”，即填写“2019年01月05日”。

（3）借款事由：依据实际情况填写，如支付办公用品采购款项、部门备用金、支付广告投放费等。

（4）借款金额：分别在人民币（大写）、￥后面填写大、小写金额。

（5）支付方式：依照实际情况填写，如一般1 000元以下费用支付现金，其余用支票；同城结算用支票，异地结算用电汇。

（6）审核意见：内部审批过程展现，如车间管理员借款，需要其生产计划部经理、财务经理、总经理三人依据权限进行审批。

企管部借款单填写示例如图3-5所示。

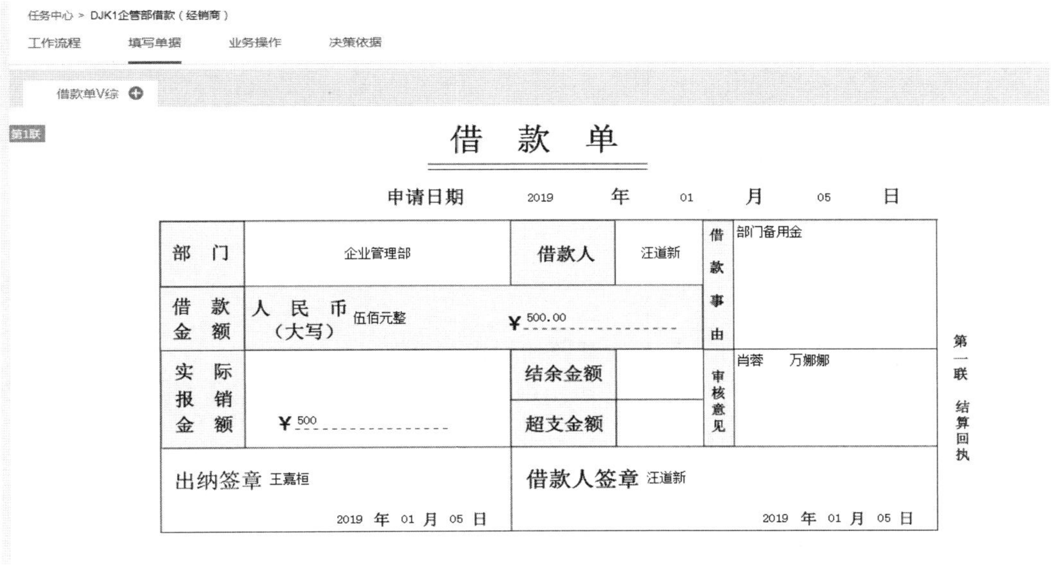

任务中心 > DJK1企管部借款（经销商）

工作流程　填写单据　业务操作　决策依据

借款单V综

第1联

借　款　单

申请日期　2019　年　01　月　05　日

部　门	企业管理部	借款人	汪道新	借款事由	部门备用金
借款金额	人民币（大写）伍佰元整　￥500.00				
实际报销金额	￥500	结余金额		审核意见	肖蓉　万娜娜
		超支金额			
出纳签章 王嘉桓　2019 年 01 月 05 日		借款人签章 汪道新　2019 年 01 月 05 日			

第一联　结算回执

图3-5　企管部借款单填写示例

任务三　工贸企业签订代发工资协议

一、业务描述

工贸企业和银行确立代发工资的合作关系，需要签订代发工资协议。

以前企业办理业务需要很多资质、证件，2015年10月1日起，营业执照、组织机构代码证和税务登记证三证合一。“三证合一”的最终目标是实行“一照一号”模式，通过“一口受理、并联审批、信息共享、结果互认”，将由三个部门分别核发不同证照改为由一个部门核发加载法人和其他组织统一社会信用代码的营业执照。

企业法人营业执照正副本具有同等法律效力，一般而言正本悬挂于企业经营场所显眼处，副本则在外出办理业务时携带。税务登记证正副本的区别与营业执照正副本相同，一般正本用于展示，而副本用于外出办理税务登记、年检等业务。组织结构代码证是企业在注册登记时颁发的，是企业在全国范围内的统一标识，相当于企业的身份证。开户许可证是由中国人民银行核发的一种开设基本账户的凭证。凡在中华人民共和国境内金融机构开立基本存款账户的单位可凭此证办理其他金融往来业务。

除开户许可证外，其他证件统一合并成营业执照。

二、业务流程

工贸企业签订代发工资协议的业务流程如图3-6所示。

图3-6 工贸企业签订代发工资协议的业务流程

三、业务步骤

1. 行政经理填写“公章、印鉴、资质证照使用申请表”

行政经理填写“公章、印鉴、资质证照使用申请表”，注明使用原由是去银行签订代发工资协议，并将此申请表提交给总经理。

2. 总经理审核“公章、印鉴、资质证照使用申请表”

总经理审核“公章、印鉴、资质证照使用申请表”。

3. 行政经理到银行签订代发工资协议

行政经理根据“公章、印鉴、资质证照使用申请表”，整理相关资料，带好营业执照、组织机构代码证、税务登记证、法人身份证等以及公章、印鉴（注意：实训中带上营业执照、组织机构代码证、税务登记证和公章即可）到银行柜台签订代发工资协议，审核无误后在此申请表上签字确认。

4. 银行柜员办理代发工资协议

银行柜员接收、审核代发工资协议，审核通过后盖章返还企业行政经理。

5. 行政经理将协议归档

行政经理收到银行签字盖章的代发工资协议，审核无误后归档，并登记合同管理表，填写协议信息。

四、业务单据

“公章、印鉴、资质证照使用申请表”的填写说明如下。

(1)申请使用时间:合同需要盖章的时间。

(2)使用原由:使用证照办理什么业务以及业务摘要,如合作方、合作事项、涉及费用金额、签约日期等。

(3)章、证类别:原件还是复印件,章包括法人章、合同章、公章、发票章、财务章等,证照包括企业营业执照、税务登记证、组织结构代码证等。

(4)归还时间:是否需要带出单位,如果需要,确定带出多长时间以及什么时候归还。

公章、印鉴、资质证照使用申请表示例如图 3-7 所示。

新道 教学专用

公章、印鉴、资质证照使用申请表

编号:

部　门		经办人		申请使用时间	
使用原由					
章、证类别(原/复印件)		盖章/证照复印件份数		归还时间	
部门审核					
总经理审批					

填表说明:
1、本表由经办人填写
2、审核由经办人直接上级负责审核

图 3-7　公章、印鉴、资质证照使用申请表示例

银企代发工资合作协议如图 3-8 所示。

任务四　工贸企业签订社保及住房公积金同城委托收款协议

一、业务描述

社保,即社会保险(Social Insurance),是指一种为丧失劳动能力、暂时失去劳动岗位或因健康原因造成损失的人口提供收入或补偿的社会和经济制度。社会保险主要包括养老保险、医疗保险、失业保险、工伤保险、生育保险。社会保险计划由政府举办,强制某一群体将其收入的一部分作为社会保险税(费)形成社会保险基金,在满足一定条件的情况下,被保险人可从该基金获得固定的收入或损失的补偿,它是一种再分配制度,它的目标是保证物质及劳动力的再生产和社会的稳定。

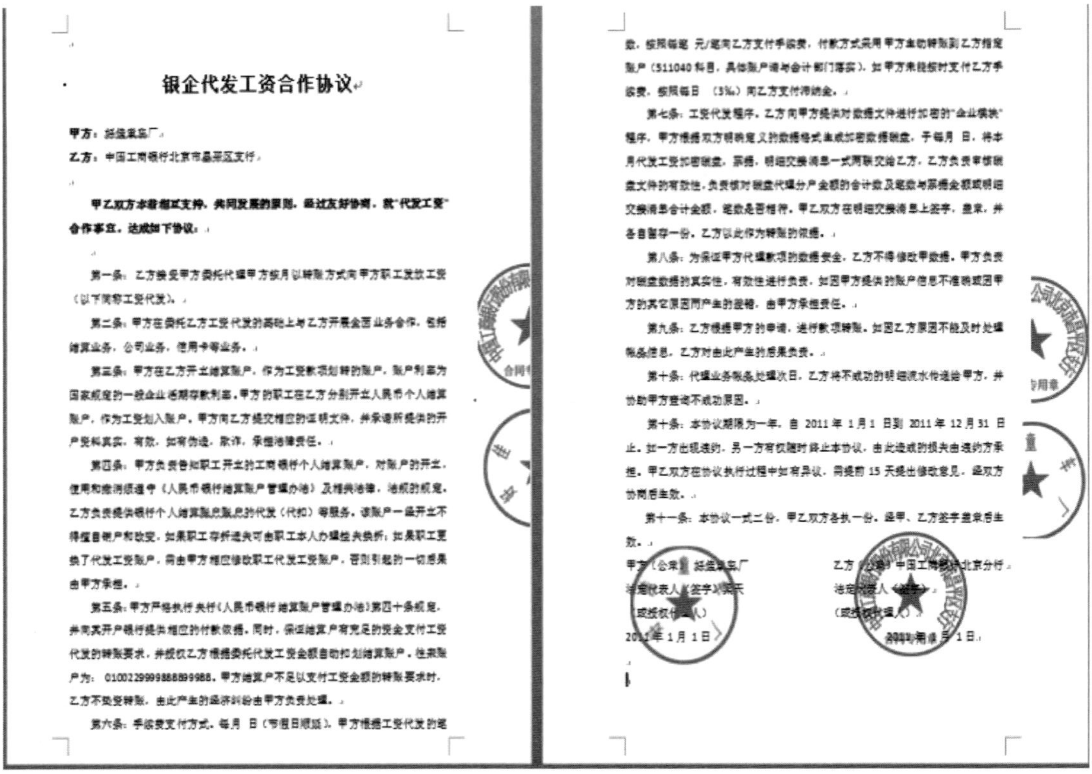

银企代发工资合作协议

甲方：好佳童车厂

乙方：中国工商银行北京市昌平区支行

甲乙双方本着相互支持、共同发展的原则，经过友好协商，就"代发工资"合作事宜，达成如下协议。

第一条：乙方接受甲方委托代理甲方按月以转账方式向甲方职工发放工资（以下简称工资代发）。

第二条：甲方在委托乙方工资代发的基础上与乙方开展全面业务合作，包括结算业务、公司业务、信用卡等业务。

第三条：甲方在乙方开立结算账户，作为工资款项划转的账户，账户利率为国家规定的一般企业活期存款利率。甲方的职工在乙方分别开立人民币个人结算账户，作为工资划入账户。甲方向乙方提交相应的证明文件，并承诺所提供的开户资料真实、有效，如有伪造、欺诈，承担法律责任。

第四条：甲方负责告知职工开立的工商银行个人结算账户，对账户的开立、使用和撤销须遵守《人民币银行结算账户管理办法》及相关法律、法规的规定。乙方负责提供银行个人结算账户账户的代发（代扣）等服务。该账户一经开立不得擅自销户和改变。如果职工存折遗失可由职工本人办理挂失换折；如果职工更换了代发工资账户，须由甲方相应修改职工代发工资账户，否则引起的一切后果由甲方承担。

第五条：甲方严格执行央行《人民币银行结算账户管理办法》第四十条规定，并向其开户银行提供相应的付款依据。同时，保证结算户有充足的资金支付工资代发的转账要求，并授权乙方根据委托代发工资金额自动扣划结算账户。结算账户为：01002299998888899988。甲方结算户不足以支付工资金额的转账要求时，乙方不接受转账，由此产生的经济纠纷由甲方负责处理。

第六条：手续费支付方式。每月 日（节假日顺延），甲方根据工资代发的笔数，按照每笔 元/笔向乙方支付手续费，付款方式采用甲方主动转账到乙方指定账户（511040 科目，具体账户请与会计部门落实）。如甲方未能按时支付乙方手续费，按照每日 （3‰）向乙方支付滞纳金。

第七条：工资代发程序。乙方向甲方提供对数据文件进行加密的"企业模块"程序，甲方根据双方明确定义的数据格式生成加密数据磁盘，于每月 日，将本月代发工资加密磁盘、票据、明细交换清单一式两联交给乙方，乙方负责审核磁盘文件的有效性，负责核对磁盘代理分户金额的合计数及笔数与票据金额或明细交换清单合计金额、笔数是否相符。甲乙双方在明细交换清单上签字、盖章，并各自留存一份，乙方以此作为转账的依据。

第八条：为保证甲方代理款项的数据安全，乙方不得修改甲数据。甲方负责对磁盘数据的真实性、有效性进行负责，如因甲方提供的账户信息不准确或因甲方的其它原因而产生的差错，由甲方承担责任。

第九条：乙方根据甲方的申请，进行款项转账。如因乙方原因不能及时处理账务信息，乙方对由此产生的后果负责。

第十条：代理业务账务处理次日，乙方将不成功的明细流水传递给甲方，并协助甲方查询不成功原因。

第十条：本协议期限为一年，自 2011 年 1 月 1 日到 2011 年 12 月 31 日止。如一方出现违约，另一方有权随时终止本协议，由此造成的损失由违约方承担。甲乙双方在协议执行过程中如有异议，需提前 15 天提出修改意见，经双方协商后生效。

第十一条：本协议一式二份，甲乙双方各执一份，经甲、乙方签字盖章后生效。

甲方（公章）好佳童车厂
法定代表人（签字）
（或授权代理人）
2011 年 1 月 1 日

乙方（公章）中国工商银行北京分行
法定代表人（签字）
（或授权代理人）
2011 年 1 月 1 日

图 3-8 银企代发工资合作协议

在中国，社会保险是社会保障体系的重要组成部分，其在整个社会保障体系中居于核心地位。另外，社会保险是一种缴费性的社会保障，资金主要是用人单位和劳动者本人缴纳，政府财政给予补贴并承担最终的责任。但是劳动者只有履行了法定的缴费义务，并在符合法定条件的情况下，才能享受相应的社会保险待遇。

住房公积金，也称公积金，是指国家机关和事业单位、国有企业、城镇集体企业、外商投资企业、城镇私营企业及其他城镇企业和事业单位、民办非企业单位、社会团体及其在职职工，对等缴存的长期住房储蓄，一般由住房公积金管理中心收取。

在 VBSE 综合实训中，工贸企业和人力资源和社会保障局、银行确立代收社保公积金的合作关系，需要签订社保公积金同城委托收款协议。

二、业务流程

工贸企业签订社保及住房公积金同城委托收款协议的业务流程如图 3-9 所示。

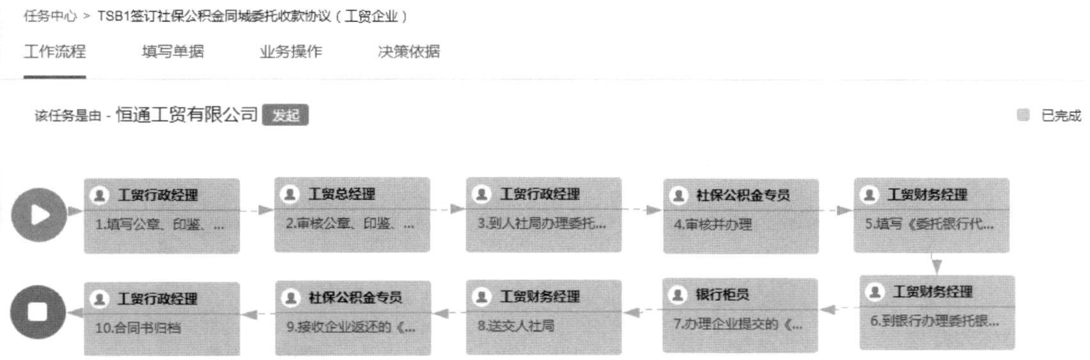

图 3-9　工贸企业签订社保及住房公积金同城委托收款协议的业务流程

三、业务步骤

1. 行政经理填写“公章、印鉴、资质证照使用申请表”

行政经理填写“公章、印鉴、资质证照使用申请表”，注明使用原由是去银行签订社保公积金同城委托收款协议，并将此申请表提交给总经理。

2. 总经理审核“公章、印鉴、资质证照使用申请表”

总经理审核“公章、印鉴、资质证照使用申请表”，审核无误后在申请表上签字确认。

3. 行政经理到人力资源和社会保障局办理社保公积金同城委托收款协议

行政经理携带相关资料到人力资源和社会保障局办理社保公积金同城委托收款协议。

4. 社保公积金专员审核并办理

社保公积金专员接收工贸企业行政经理提交的资料并审核，审核通过后下发《委托收款合同书》（待企业填写完成后盖章即可）。

5. 财务经理填写《委托收款合同书》并到银行办理相关手续

财务经理填写《委托收款合同书》并盖企业公章，且一式三份，然后由社保公积金专员盖章；财务经理再到银行签订社保公积金同城委托收款协议，将相关资料提交给银行柜员。

6. 银行柜员办理企业提交的《委托收款合同书》

银行柜员接收工贸企业财务经理提交的一式三份的《委托收款合同书》并审核，审核通过后盖银行公章并留存一份，其余两份返还工贸企业财务经理。

7. 财务经理送交《委托收款合同书》

财务经理收到银行签字盖章的两份《委托收款合同书》，将一份交给行政经理归档，另一份交给人力资源和社会保障局。

8. 社保公积金专员接收工贸企业返还的《委托收款合同书》

社保公积金专员接收工贸企业返还的《委托收款合同书》，并进行归档。

9. 行政经理接收返还的《委托收款合同书》

行政经理接收人力资源和社会保障局、银行签字盖章的《委托收款合同书》，审核无误后进行归档，并登记合同管理表，填写相关信息。

四、业务单据

社保及住房公积金委托收款合同书示例如图 3-10 所示。

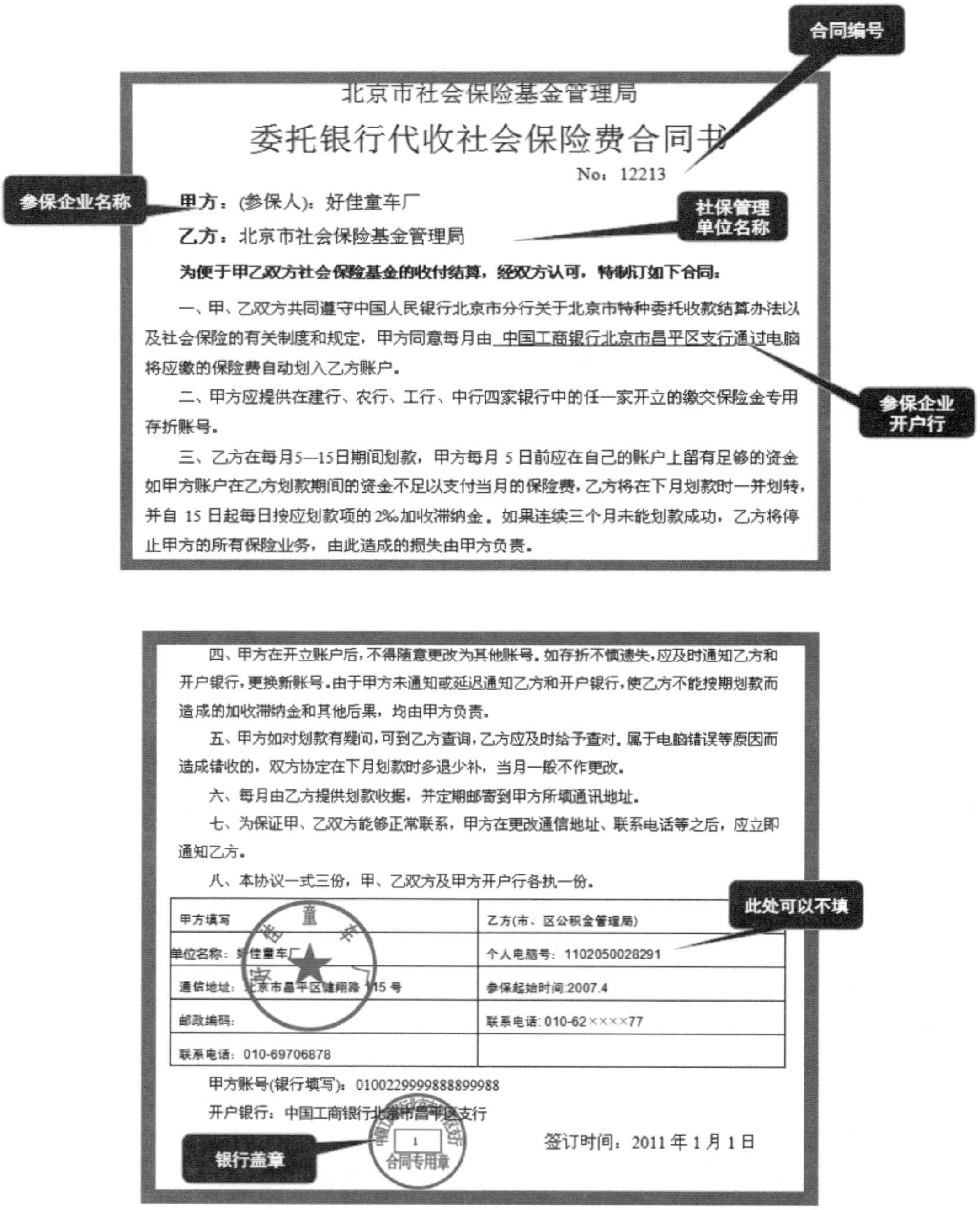
北京市社会保险基金管理局

委托银行代收社会保险费合同书

No：12213

甲方：(参保人)：好佳童车厂

乙方：北京市社会保险基金管理局

为便于甲乙双方社会保险基金的收付结算，经双方认可，特制订如下合同：

一、甲、乙双方共同遵守中国人民银行北京市分行关于北京市特种委托收款结算办法以及社会保险的有关制度和规定，甲方同意每月由 中国工商银行北京市昌平区支行 通过电脑将应缴的保险费自动划入乙方账户。

二、甲方应提供在建行、农行、工行、中行四家银行中的任一家开立的缴交保险金专用存折账号。

三、乙方在每月5—15日期间划款，甲方每月 5 日前应在自己的账户上留有足够的资金如甲方账户在乙方划款期间的资金不足以支付当月的保险费，乙方将在下月划款时一并划转，并自 15 日起每日按应划款项的 2‰加收滞纳金。如果连续三个月未能划款成功，乙方将停止甲方的所有保险业务，由此造成的损失由甲方负责。

四、甲方在开立账户后，不得随意更改为其他账号。如存折不慎遗失，应及时通知乙方和开户银行，更换新账号。由于甲方未通知或延迟通知乙方和开户银行，使乙方不能按期划款而造成的加收滞纳金和其他后果，均由甲方负责。

五、甲方如对划款有疑问，可到乙方查询，乙方应及时给予查对。属于电脑错误等原因而造成错收的，双方协定在下月划款时多退少补，当月一般不作更改。

六、每月由乙方提供划款收据，并定期邮寄到甲方所填通讯地址。

七、为保证甲、乙双方能够正常联系，甲方在更改通信地址、联系电话等之后，应立即通知乙方。

八、本协议一式三份，甲、乙双方及甲方开户行各执一份。

甲方填写	乙方(市、区公积金管理局)
单位名称：好佳童车厂	个人电脑号：1102050028291
通信地址：北京市昌平区健翔路 115 号	参保起始时间:2007.4
邮政编码:	联系电话：010-62××××77
联系电话：010-69706878	

甲方账号(银行填写)：0100229999888899988

开户银行：中国工商银行北京市昌平区支行

签订时间：2011 年 1 月 1 日

图 3-10 社保及住房公积金委托收款合同书示例

任务五　工贸企业发放薪酬

一、业务描述

薪酬是指员工向其所在单位提供所需要的劳动而获得的各种形式的补偿。薪酬包括经济性薪酬和非经济性薪酬两大类，经济性薪酬可分为直接经济性薪酬和间接经济性薪酬。直接经济性薪酬是单位按照一定的标准以货币形式向员工支付的薪酬。间接经济性薪酬不直接以货币形式发放给员工，但通常可以给员工带来生活上的便利、减少员工额外开支或者免除员工后顾之忧。非经济性薪酬是指无法用货币等手段来衡量，但会使员工心情愉悦的一些因素。

薪酬发放是单位向员工支付直接经济性薪酬的途径、操作流程，薪酬发放一般是由人力资源部和财务部协同配合完成的一项基础性工作。

在 VBSE 综合实训中，工贸企业行政经理于每月 5 日向员工发放薪酬。

二、业务流程

工贸企业发放薪酬的业务流程如图 3-11 所示。

图 3-11　工贸企业发放薪酬的业务流程

三、业务步骤

工贸企业发放薪酬的具体步骤如下。

1. 行政经理薪资录盘

行政经理首先在 VBSE 系统中打开“薪资录盘”界面，点击“业务操作”进行薪资录盘，根据薪酬发放表在系统中修改并保存职工基本工资信息。在 VBSE 系统中修改完毕，还有非常重要的一步，即导出工资信息，点击“导出”按钮，下载修改并保存过的薪酬发放表即可。

2. 行政经理填写支出凭单

行政经理根据薪酬发放表填写支出凭单，将填好的支出凭单和薪酬发放表交给总经理和财务经理。

3. 总经理和财务经理审核支出凭单和薪酬发放表

总经理和财务经理审核支出凭单的日期、金额、支出用途以及金额大小写是否正确，以及与薪酬发放表是否一致，审核无误后在支出凭单上签字确认。

4. 出纳（总经理兼）开具转账支票

出纳（总经理兼）开具转账支票，并找财务经理加盖企业公章、财务章和法人章，将待发放的工资数额从公司一般账户转到代发工资的专用账户。

5. 出纳（总经理兼）登记支票登记簿

出纳（总经理兼）根据签发的支票登记支票使用登记簿，支票领用人在支票使用登记簿上签字。

6. 财务经理去银行办理薪酬发放

财务经理携带薪酬发放表、转账支票、薪资录盘文件等薪资发放资料，去银行办理薪资发放。

7. 银行柜员发放薪酬

银行柜员将薪酬发放表导入并发放薪酬。

具体操作：银行柜员在"待办任务"中找到前来办理业务的公司的"发放薪酬"任务，点击"业务操作"进入"薪资发放"页面，在"薪资发放"页面的右上角出现"导入"和"发放"两个按钮，点击"导入"会出现文件选择界面，选择企业薪酬发放表并导入，相应的数据上传到当前页面，核对无误后点击"发放"按钮，当页面提示"发放成功"时，点击"完成"按钮完成此项任务。

需要注意的是，点击"完成"按钮后会出现几个企业名称，要选择当前办理业务的企业名称完成此项任务。

8. 银行柜员打印银行回单

银行柜员办理完薪酬发放业务后，打印银行回单，并交给财务经理。此项任务可以在柜台办理时由银行柜员打印取回；如未在柜台打印，次日可以在回单柜中取得。

9. 财务经理填制记账凭证

财务经理根据银行业务回单、转账支票存根、支出凭单填制记账凭证，将原始单据作为附件粘贴在记账凭证后。

10. 总经理审核记账凭证

总经理审核记账凭证与原始凭证的一致性，审核无误后签字或盖章，点击"完成"按钮完成此任务，并将记账凭证交给出纳。

11. 出纳（总经理兼）登记银行存款日记账

出纳（总经理兼）根据审核后的记账凭证登记银行存款日记账，在记账凭证上签字或盖章，点击"完成"按钮完成此任务，并将记账凭证交回财务经理。

12. 财务经理登记科目明细账

财务经理根据记账凭证登记科目明细账，在记账凭证上签字或盖章，点击"保存"按钮保存当前所填写的科目明细账，确认无误后点击“完成”按钮完成此任务。

13. 财务经理登记总账

财务经理根据记账凭证登记科目总账，并在记账凭证上签字或盖章。

四、业务单据

工贸企业薪酬发放表示例如图 3-12 所示，工贸企业薪酬支出凭单示例如图 3-13 所示。

任务中心 > TXC2发放薪酬（工贸企业）

工作流程　填写单据　业务操作　决策依据

修改　保存　导出

序号	姓名	部门	级别	个人账户	公司账户	实发工资	基本工资
1	赵金金	企业管理部		4231588997835210	0100229999000099015	9115.70	12000.00
2	孙灿	企业管理部		4231588997835212	0100229999000099015	5952.54	7500.00
3	李鑫	业务部		4231588997835216	0100229999000099015	5952.54	7500.00
4	吴迪	财务部		4231588997835215	0100229999000099015	5952.54	7500.00

图 3-12　工贸企业薪酬发放表示例

支出凭单

部门：企业管理部　　2019 年　01 月　05 日　　预算项目：

即　付：发放职工薪资

款

计人民币（大写）：玖仟壹佰壹拾伍元柒角　　¥ 9115.70

领款人：牟义龙

会计主管	乔建浪	出纳	牟义龙

部门经理：牟义龙　　财务部经理：乔建浪　　总经理：牟义龙

图 3-13　工贸企业薪酬支出凭单示例

任务六　工贸企业申报和缴纳个人所得税

一、业务描述

个人所得税是国家对本国公民、居住在本国境内的个人的所得和境外个人来源于本国的所得征收的一种所得税。在一些国家，个人所得税是主体税种，在财政收入中占较大比重，对经济亦有较大影响。

2018 年 8 月 31 日，我国修改《中华人民共和国个人所得税法》的决定通过，基本减除费用标准调至每月 5 000 元，2018 年 10 月 1 日起实施。2021 年 12 月 29 日，国务院常务会议决定将全年一次性奖金不并入当月工资薪金所得，实施按月单独计税的政策延至 2023 年底。2022 年 3 月 28 日，国务院决定设立 3 岁以下婴幼儿照护个人所得税专项附加扣除，自 2022 年 1 月 1 日起实施。

纳税人进入企业综合申报界面后，可以选择本期要申报的税目，填写相应的申报数据并保存后，系统会生成相应的缴款数据。

在 VBSE 综合实训中，本业务主要是参考调整后的 7 级超额累进税率进行计算，申报和缴纳个税都在仿真申报系统中完成。

二、业务流程

工贸企业申报个人所得税的业务流程如图 3-14 所示，工贸企业缴纳个人所得税的业务流程如图 3-15 所示。

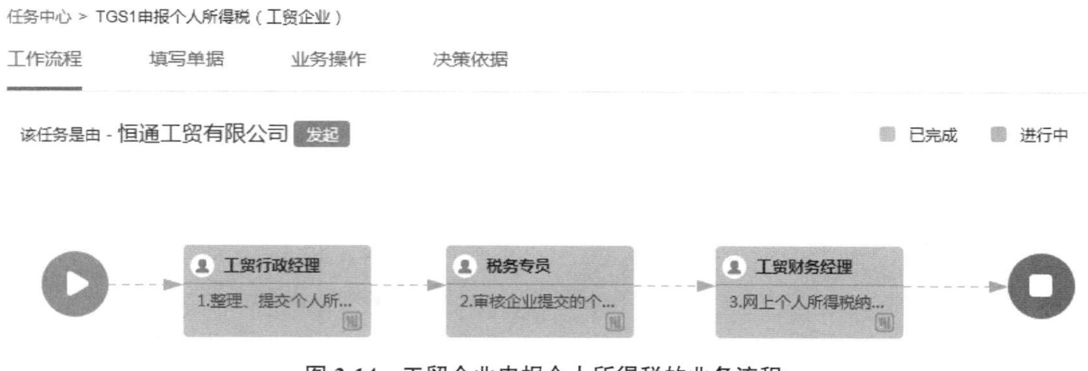

图 3-14　工贸企业申报个人所得税的业务流程

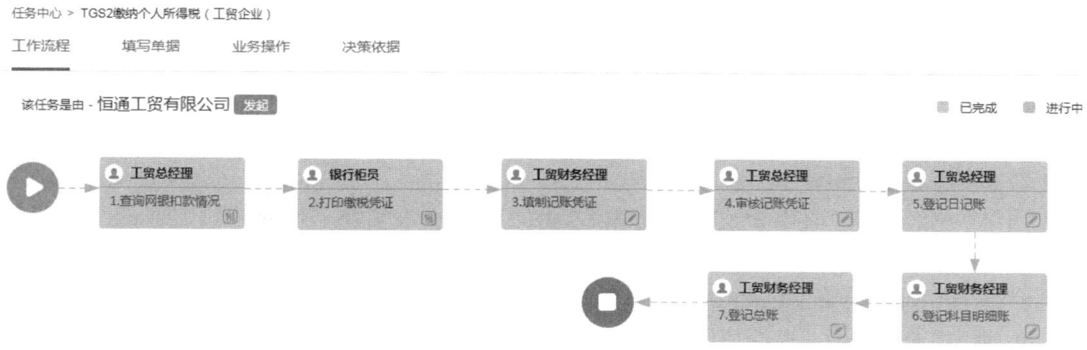

图 3-15 工贸企业缴纳个人所得税的业务流程

三、业务步骤

工贸企业申报和缴纳个人所得税的具体步骤如下。

1. 申报个人所得税

1）行政经理整理、提交员工信息

行政经理根据员工信息在 VBSE 系统中点击“下载导入模板”，根据员工信息填写“个人所得税基础信息模板”，将填好的“个人所得税基础信息模板”导入系统中，并提交税务机关审核。

具体操作：行政经理在申报个人所得税任务中点击“业务操作”按钮，进入“网上申报个人所得税”页面，在该页面下方点击“下载导入模板”，下载“个人所得税基础信息模板”并保存，根据员工信息填写下载的“个人所得税基础信息模板”，重点需要填写的有序号、姓名、国籍（地区）、身份证件类型、身份证件号码。

【温馨提示】

填写该模板时，不能改变模板的格式，否则会导致后续上传时导入失败。另外，已经导入的员工信息不能重复导入，否则将会提示“已经存在、无法导入”。

填写好个人所得税基础信息后，点击“导入”按钮，选择已经编辑好的“个人所得税基础信息表”导入系统，确认无误后全部选中，点击“提交税务局”按钮，出现“提交个人信息成功”后，点击“完成”按钮。

2）税务专员审核企业提交的个人所得税申报

税务专员在“待办任务”中选择已经提交的企业申报个人所得税任务，在线审核企业提交的“个人所得税基础信息表”，确认无误后点击“完成”按钮。

3）财务经理进行网上个人所得税申报

财务经理在 VBSE 系统中点击“业务操作”按钮，再点击“下载扣缴模板”，下载“扣缴个人所得税报告表”，根据工资表和员工信息填写此表后，点击“导入”按钮，将填好的“扣缴个人所得税报告表”导入系统中并扣缴个人所得税，确认无误后点击“扣缴个人所得税”按钮，提示扣缴总额，确认无误后点击“是”按钮进行个人所得税扣缴。

【温馨提示】

需要注意的是,“扣缴个人所得税报告表”只填写达到扣税标准的员工收入信息。以制造企业为例,制造企业共有员工 58 人,其中符合扣税标准的为 18 名管理人员, 40 名工人的薪酬均未达到个税起征点,不用在此表中填写相关信息。

2. 缴纳个人所得税

出纳(总经理兼)取得个税扣款通知后,将取回的税收缴款书按照公司财务的工作流程在财务部内依次办理账务处理。

1)出纳(总经理兼)查询网银扣款情况

出纳在“业务操作”界面查询银行转账流水信息,查询个人所得税是否扣款成功。如果已经扣款成功,则点击“操作”下方的“打印”按钮,打印税收缴税证明。

【温馨提示】

在 VBSE 综合实训中,如果未扣款成功,可能是因为在网上申报个人所得税业务时未点击“扣缴”按钮,如果出现这种情况,业务又无法返回重做,可由本企业出纳通过学生端主页面“快捷入口”直接将征收税额通过银行转账方式交至税务局。

2)银行柜员打印缴税凭证

银行柜员在缴纳个人所得税任务中的“业务操作”界面查询前来办理业务的企业的银行转账记录,确认无误后打印缴税证明,进入打印页面后,点击下方的“打印”按钮进行银行电子回单打印,完成此项任务。

【温馨提示】

如果计算机未连接打印机,则此项任务无法进行,截图保存即可,点击“完成”按钮结束此项任务。

3)财务经理填制记账凭证

财务经理将扣款通知和税收缴款书作为原始凭证,填制记账凭证。

4)总经理审核记账凭证

总经理收到记账凭证和相关原始单据后,对单据进行审核,确认无误后在上面签字或盖章。

5)出纳(总经理兼)登记银行存款日记账

出纳(总经理兼)根据审核后的记账凭证登记银行存款日记账,并在记账凭证上签字或盖章,点击“完成”按钮。

6)财务经理登记科目明细账

财务经理根据审核后的记账凭证登记科目明细账,记账后在记账凭证上签字或盖章。

7)财务经理登记总账

财务经理根据审核后的记账凭证登记总账,记账后在记账凭证上签字或盖章。

四、业务单据

人员信息采集操作界面如图 3-16 所示,个人所得税基础信息操作界面如图 3-17 所示,个人所得税扣缴操作界面如图 3-18 所示,个人所得税记账凭证示例如图 3-19 所示,个人所得税扣款界面如图 3-20 所示,个人所得税明细账示例如图 3-21 所示,个人所得税总分类账示例如图 3-22 所示。

图 3-16　人员信息采集操作界面

图 3-17　个人所得税基础信息操作界面

图 3-18　个人所得税扣缴操作界面

记 账 凭 证

2019 年 01 月 05 日　　　　记字第 006 号

摘要	总账科目	明细账科目	借方金额	贷方金额	✓
缴纳个人所得税	2221--应交税费	222102--应交个人所得税	54568		
	1002--银行存款	100201--工行存款		54568	
合计			54568	54568	

附单据 张

会计主管：乔建浪　记账：乔建浪　出纳：牟义龙　复核：牟义龙　制单：乔建浪

图 3-19　个人所得税记账凭证示例

恒通工贸有限公司 银行转账流水信息

开始时间：2019-01-05　结束时间：2019-01-25　账户余额：3576738.43元

付款方：恒通工贸有限公司　收款方：税务局　用途：全部

付款方	收款方	用途	转账金额	付款日期	操作
恒通工贸有限公司	税务局	个税扣缴	-545.76	2019-01-05	
恒通工贸有限公司	税务局	增值税扣缴	-58758.59	2019-01-05	

图 3-20　个人所得税扣款界面

222102--应交个人所得税　明 细 账

总页：　分页：

会计科目　应交税费

明细科目　应交个人所得税

2019年 月	日	记账凭证 类别	号数	摘要	对应科目	借方金额	贷方金额	借或贷	余额	✓
01	05	记	…	交个税			54568	贷	54568	
01	05	记	…	缴纳个人所得税		54568		平	0	

图 3-21　个人所得税明细账示例

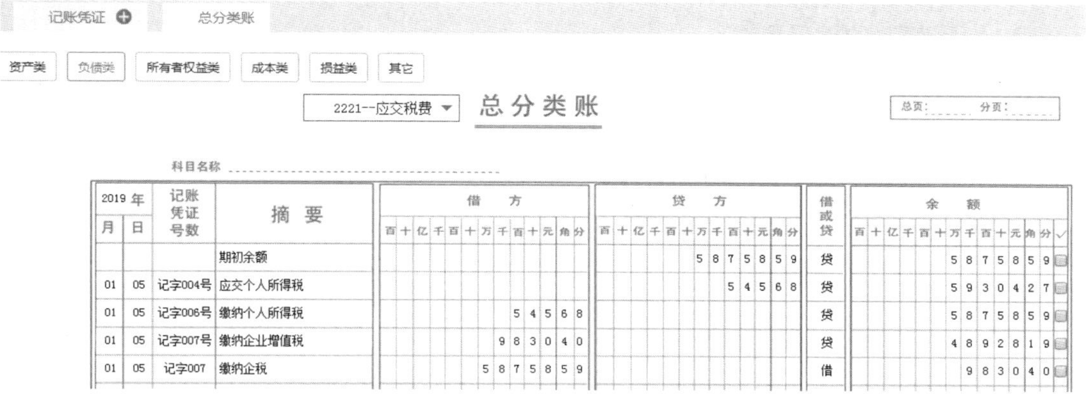
记账凭证　总分类账

资产类　负债类　所有者权益类　成本类　损益类　其它

2221--应交税费　总分类账　总页：　分页：

科目名称

2019年 月	日	记账凭证号数	摘要	借方	贷方	借或贷	余额
			期初余额		5 8 7 5 8 5 9	贷	5 8 7 5 8 5 9
01	05	记字004号	应交个人所得税		5 4 5 6 8	贷	5 9 3 0 4 2 7
01	05	记字006号	缴纳个人所得税	5 4 5 6 8		贷	5 8 7 5 8 5 9
01	05	记字007号	缴纳企业增值税	9 8 3 0 4 0		贷	4 8 9 2 8 1 9
01	05	记字007	缴纳企税	5 8 7 5 8 5 9		借	9 8 3 0 4 0

图 3-22　个人所得税总分类账示例

任务七　工贸企业申报和缴纳企业增值税

一、业务描述

增值税是以商品（含应税劳务）在流转过程中产生的增值额作为计税依据而征收的一种流转税。从计税原理来说，增值税是对商品生产、流通、劳务服务中多个环节的新增价值或商品的附加值征收的一种流转税，实行价外税，也就是由消费者负担，有增值才征税，没增值不征税。

增值税是对销售货物或者提供加工、修理修配劳务以及进口货物的单位和个人就其实现的增值额征收的一个税种。增值税已经成为我国最主要的税种之一，增值税的收入占我国全部税收收入的60%以上，是最大的税种。

2021年《政府工作报告》中提出，将小规模纳税人增值税起征点从月销售额10万元提高到15万元，小微企业和个体工商户年应纳税所得额不到100万元的部分，在现行优惠政策基础上，再减半征收所得税。

在VBSE综合实训中，工贸企业由财务经理申报和缴纳企业增值税。

二、业务流程

工贸企业申报企业增值税的业务流程如图3-23所示，工贸企业缴纳企业增值税的业务流程如图3-23所示。

三、业务步骤

工贸企业申报和缴纳企业增值税的具体步骤如下。

1. 申报企业增值税

1）财务经理整理增值税纳税申报表

财务经理准备上期的销项税和进项税，对上期发生的业务数据进行汇总并整理。

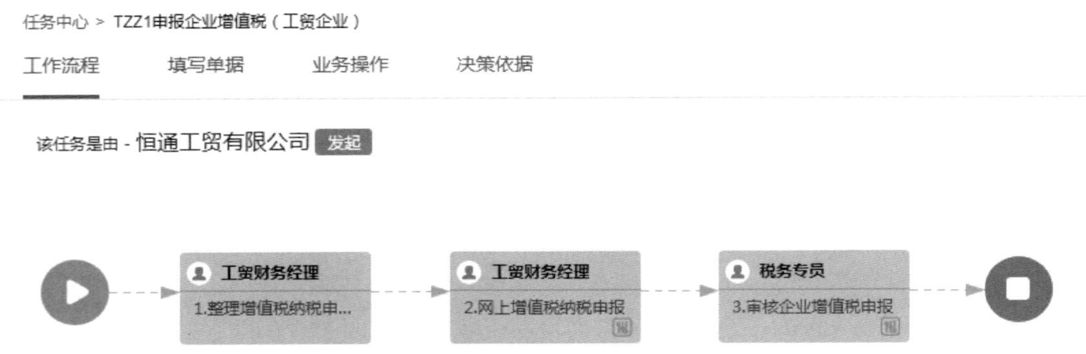

图 3-23 工贸企业申报企业增值税的业务流程

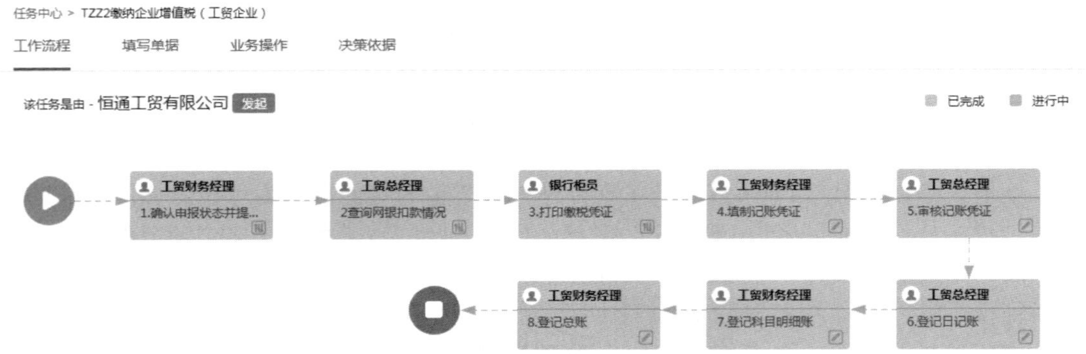

图 3-24 工贸企业缴纳企业增值税的业务流程

2）财务经理网上申报增值税

财务经理在 VBSE 系统中根据确认的金额进行增值税申报，填写完成后提交税务机关审核。

具体操作：在 VBSE 系统待办任务中找到“申报企业增值税”，选择“业务操作”界面，进入“增值税网上报销快捷登录”后，点击左侧的“新建报表”按钮，填写申报表，先填写增值税纳税申报表附列资料（一）和增值税纳税申报表附列资料（二），主表信息即可自动生成，填写完成后点击表格右上角的“保存”按钮进行保存，再点击“上传”按钮即可将所填表格提交至税务机关审核。

【温馨提示】

“增值税纳税申报表附列资料（一）”（简称附表一）是本月开出销项发票汇总；“增值税纳税申报表附列资料（二）”（简称附表二）是企业本月认证进项税发票汇总，根据认证结果分别填入；“增值税纳税申报表附列资料（三）”（简称附表三）是本月服务、不动产和无形资产扣除情况分析表；“增值税纳税申报表附列资料（四）”（简称附表四）是纳税人增值税税控系统专用申报费用和技术维护费用按规定抵减增值税应纳税额的情况。在 VBSE 综合实训中，只填写附表一和附表二即可。

3)税务专员审核企业增值税申报

税务专员在VBSE系统中审核企业提交的增值税申报。

具体操作:税务专员选择企业提交的企业增值税申报任务,在“业务操作”中点击“查看”对企业提交的数据进行审核,确认无误后点击“审核”按钮,审核成功,完成此项任务。

2.缴纳企业增值税

出纳收到增值税扣款通知后,取回税收缴款书交给公司财务,完成相应账务处理。缴纳企业增值税的具体步骤如下。

1)财务经理确认申报状态并提交扣款

财务经理在VBSE系统“业务操作”中查看申报状态,确认审核通过后点击“扣款”按钮。只要企业应缴纳的个人所得税和增值税与税务机关签订了委托银行扣款协议,企业的财务部门就可在网上完成扣款工作。扣款后完成本月的申报工作。

2)出纳(总经理兼)查询网银扣款情况

出纳查询网银,确认增值税扣款成功,到银行打印税收缴税证明。

3)银行柜员打印缴税凭证

银行柜员查询转账记录,确认企业已经缴纳的企业增值税金额无误,打印缴税证明。

4)财务经理填制记账凭证

财务经理根据缴税证明编制记账凭证,将银行税收缴款书和税收缴税证明粘贴在记账凭证后面作为附件,并将记账凭证交给总经理。

5)总经理审核记账凭证

总经理收到记账凭证和缴款书,审核记账凭证填写是否正确,审核无误后,在记账凭证上签字或盖章,交给出纳(总经理兼)。

6)出纳(总经理兼)登记银行存款日记账

出纳根据审核的记账凭证登记银行存款日记账,登记后在记账凭证上签字或盖章,并将记账凭证返还财务经理。

7)财务经理登记科目明细账

财务经理根据审核后的记账凭证登记“应交税费”和“银行存款”科目明细账,记账后在记账凭证上签字或盖章。

8)财务经理登记总账

财务经理根据审核后的记账凭证登记科目总账,记账后在记账凭证上签字或盖章。

四、业务单据

工贸企业增值税的业务单据可参考制造企业增值税业务单据。

任务八　工贸企业扣缴五险一金

一、业务描述

五险一金是指养老保险、失业保险、工伤保险、生育保险、医疗保险和住房公积金。(“任

务四　工贸企业签订社保公积金同城委托收款协议”中对五险一金有详细描述）

在 VBSE 综合实训中，工贸企业财务经理每月初去银行领取社会保险、住房公积金委托扣款凭证即付款通知单，并记账处理。

二、业务流程

工贸企业扣缴五险一金的业务流程如图 3-25 所示。

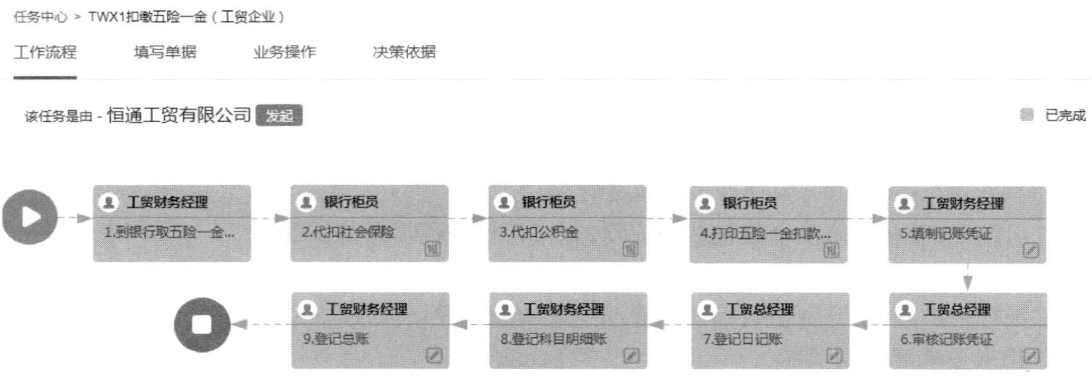

图 3-25　工贸企业扣缴五险一金的业务流程

三、业务步骤

1. 财务经理领取五险一金扣款回单

财务经理到银行取五险一金扣款回单。

【易错点】

在 VBSE 综合实训中，经常出现的问题是财务经理在步骤 1（见图 3-26）到银行取五险一金扣款回单，银行会说没有这个任务。这里需要学生理解，步骤 1、步骤 2、步骤 3、步骤 4 是同步任务，而线上操作没有办法同步进行。步骤 1 是财务经理到银行取五险一金扣款回单，到步骤 4 银行柜员打印五险一金扣款回单任务完成后，财务经理才能领取五险一金扣款回单。

2. 银行柜员代扣社会保险

银行柜员在 VBSE 系统“业务操作”界面的“社会保险扣缴”页面为企业代理扣缴社会保险，点击“扣缴”按钮，办理社会保险代扣；进入“社会保险扣缴（信息）”页面，点击“确定”按钮，进行社会保险扣缴，缴费成功后页面出现消息提醒。

3. 银行柜员代扣公积金

银行柜员进入 VBSE 系统“住房公积金扣缴（信息）”页面，点击“确定”按钮，进行住房公积金扣缴。

4. 银行柜员打印五险一金扣款回单

银行柜员接到企业业务人员的打印请求，查询相关交易记录，如确认交易记录存在，即可打印五险一金扣款回单。

5. 财务经理填制记账凭证

财务经理根据银行五险一金扣款回单填制记账凭证，将银行扣款凭证和五险一金扣款通知粘贴在记账凭证后作为附件。

6. 总经理审核记账凭证

总经理审核记账凭证无误后，在记账凭证上签字或盖章，并将记账凭证交给出纳（总经理兼）。

7. 出纳（总经理兼）登记银行存款日记账

出纳（总经理兼）根据记账凭证登记银行存款日记账，记账后在记账凭证上签字或盖章，并将记账凭证交给财务经理。

8. 财务经理登记科目明细账

财务经理根据记账凭证登记科目明细账，并在记账凭证上签字或盖章。

9. 财务经理登记总账

财务经理根据记账凭证登记科目总账，并在记账凭证上签字或盖章。

四、业务单据

工贸企业五险一金扣款记录界面如图 3-26 所示，工贸企业五险一金记账凭证示例如图 3-27 所示，工贸企业五险一金明细账示例如图 3-28 所示。

图 3-26　工贸企业五险一金扣款记录界面

记 账 凭 证

字第　　号

2019 年　01 月 05 日

摘 要	总账科目	明细账科目	借方金额（亿千百十万千百十元角分）	贷方金额（亿千百十万千百十元角分）	✓
缴纳五险一金	2241--其他应付款	224101--五险一金（个人）	698100		
	2211--应付职工薪酬	221103--住房公积金	345000		
	2211--应付职工薪酬	221102--社会保险	1107450		
	1002--银行存款	100201--工行存款		2150550	
合　计					

附单据　张

图 3-27　工贸企业五险一金记账凭证示例

2019 年 月	日	记账凭证号数	摘 要	借方（千百十万千百十元角分）	✓	贷方（千百十万千百十元角分）	✓	余额（千百十万千百十元角分）
01	05		上月结存					2000000
01	05		工行存款					800000000
01	05		工资发放			3450000		798550000
01	05		缴纳个人所得税			54508		798495492
01	05		部门备用金	50000				798445491
01	05		支付虚拟供应商的货款			712704000		85741491
01	05		支付五险一金			215055		83590941

图 3-28　工贸企业五险一金明细账示例

项目二　工贸企业采购付款业务

任务一　工贸企业下达采购订单

一、业务描述

2019 年 1 月 5 日，工贸企业根据制造企业的采购订单，向虚拟供应商下达采购订单。工贸企业采购合同的材料数量见表 3-1。

表 3-1　工贸企业采购合同的材料数量

序号	存货名称	采购数量	单位	货款	税率	单价(含税)
1	钢管	$9\,600/T\times M$	根	85.00	16%	98.60
2	坐垫	$4\,800/T\times M$	个	65.00	16%	75.40
3	车篷	$4\,800/T\times M$	个	116.00	16%	134.56
4	车轮	$19\,200/T\times M$	个	22.00	16%	25.52
5	经济型童车包装套件	$4\,800/T\times M$	套	73.00	16%	84.68
合计						

注：T代表工贸企业开课组数，M代表制造企业开课组数，参考答案以 4 组工贸企业、10 组制造企业为例。

二、业务流程

工贸企业下达采购订单的业务流程如图 3-29 所示。

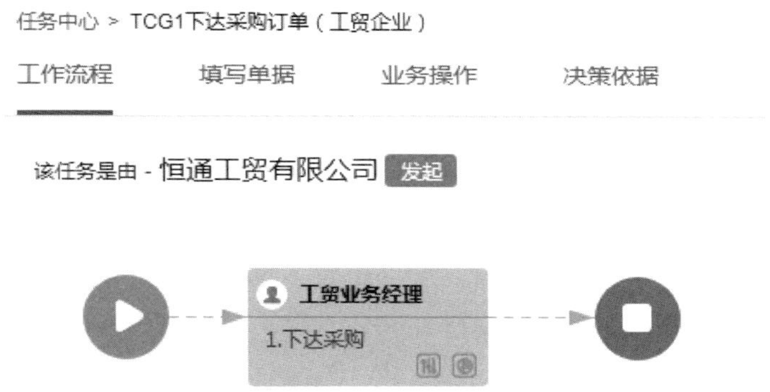

图 3-29　工贸企业下达采购订单的业务流程

三、业务步骤

工贸企业业务经理在 VBSE 系统中选择需要采购的货物(材料)，选择完成后确认采购。

四、业务单据

虚拟供应商原材料界面如图 3-30 所示，工贸企业确定采购货物(材料)操作界面如图 3-31 所示。

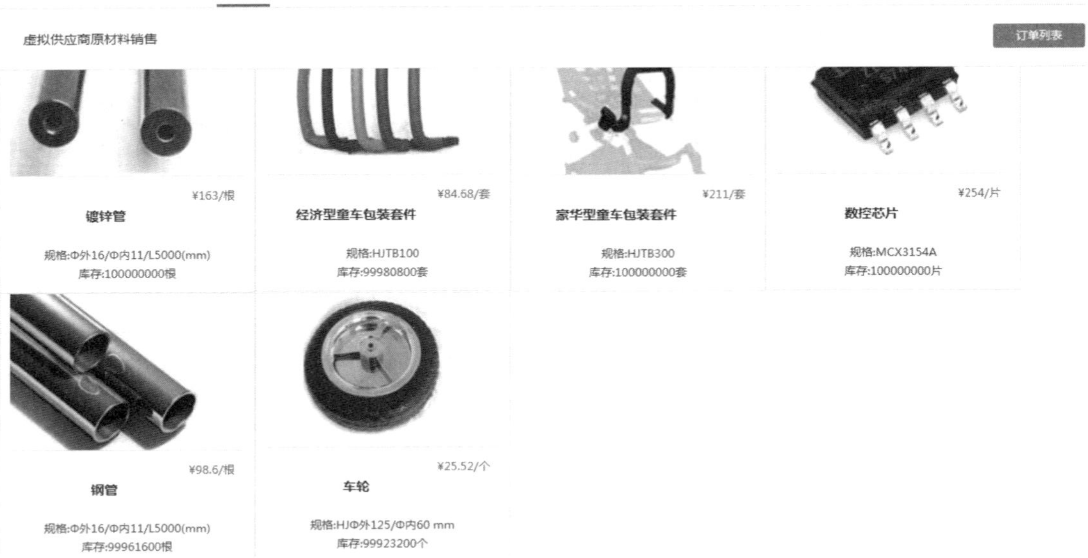

图 3-30　虚拟供应商原材料界面

原材料采购列表

订单编号	供应商	产品名称	数量	含税折扣价(元)	总金额	付款日期	交货日期	状态
XNCG69228295	湖北丽华五金制品有...	钢管	38400	83.81	3218304	2019-01-05	2019-01-05	已确定
XNCG95271701	湖北丽华五金制品有...	经济型童车包装套件	19200	80.45	1544563.2	2019-01-05	2019-01-05	已收货
XNCG69805891	湖北丽华五金制品有...	车轮	76800	20.42	1567948.8	2019-01-05	2019-01-05	已收货
XNCG82369764	湖北丽华五金制品有...	车篷	19200	127.83	2454374.4	2019-01-05	2019-01-05	已付款
XNCG31114515	湖北丽华五金制品有...	坐垫	19200	71.63	1375296	2019-01-05	2019-01-05	已付款

图 3-31　工贸企业确定采购货物(材料)操作界面

任务二　工贸企业支付虚拟货款

一、业务描述

2019 年 1 月 5 日，工贸企业支付虚拟供应商采购款，且有

$$每家工贸企业支付虚拟供应商采购款=\sum[每种存货的采购数量(标准数量/T\times M)\times 每种存货的单价]$$

工贸企业支付虚拟货款示例如图 3-32 所示。

采购订单信息　　标准数量/$T\times M$=采购数量　　采购数量 × 单价=采购金额

序号	存货名称	标准数量	T	M	采购数量	单位	税率	单价	单价（含税）	货款	采购金额（元）
1	钢管	9 600	4	10	24 000	根	16%	85.00	98.60	2 040 000.00	2 366 400.00
2	坐垫	4 800	4	10	12 000	个	16%	65.00	75.40	780 000.00	904 800.00
3	车篷	4 800	4	10	12 000	个	16%	116.00	134.56	1 392 000.00	1 614 720.00
4	车轮	19 200	4	10	48 000	个	16%	22.00	25.52	1 056 000.00	1 224 960.00
5	经济型童车包装套件	4 800	4	10	12 000	套	16%	73.00	84.68	876 000.00	1 016 160.00
合计										6 144 000.00	7 127 040.00

图 3-32　工贸企业支付虚拟货款示例

二、业务流程

工贸企业支付虚拟货款的业务流程如图 3-33 所示。

图 3-33　工贸企业支付虚拟货款的业务流程

三、业务步骤

1. 业务经理提交付款申请

业务经理根据采购入库单提交付款申请。

2. 财务经理审核付款申请

财务经理根据采购入库单审核付款申请相关信息填写是否准确。

3. 总经理审核付款申请

总经理根据采购订单审核付款申请相关信息填写是否准确。

4. 总经理付款

总经理根据审核通过的付款申请进行付款操作。

5. 银行柜员打印银行付款回单

银行柜员打印银行付款回单，并交付财务经理。

6. 业务经理到税务局代开增值发票

业务经理到税务局代开增值发票。

7. 税务专员为虚拟供应商代开增值税发票

税务专员为虚拟供应商代开增值税发票。

8. 业务经理接收增值税发票

业务经理接收税务局代开的增值税发票。

9. 财务经理填制记账凭证

财务经理核对银行付款回单与付款申请，并填制记账凭证，将银行付款回单粘贴在记账凭证后作为附件。

10. 总经理审核记账凭证

总经理审核记账凭证，并对照相关附件检查是否有误，审核无误后签字确认。

11. 总经理登记日记账

总经理根据记账凭证登记簿登记银行存款日记账，记账后在记账凭证上签字或盖章。

12. 财务经理登记科目明细账

财务经理根据记账凭证登记科目明细账，记账后在记账凭证上签字或盖章。

13. 财务经理登记总账

财务经理根据记账凭证登记总账，记账后在记账凭证上签字或盖章。

四、业务单据

工贸企业付款申请书示例如图 3-34 所示，工贸企业总经理支付货款操作界面如图 3-35 所示。

付款申请书

2019 年 1 月 05 日

<table>
<tr><td colspan="2">用途及情况</td><td colspan="11">金 额</td><td colspan="3">收款单位(人)：虚拟供应商</td></tr>
<tr><td colspan="2" rowspan="2">采购</td><td>亿</td><td>千</td><td>百</td><td>十</td><td>万</td><td>千</td><td>百</td><td>十</td><td>元</td><td>角</td><td>分</td><td colspan="3">账 号：000</td></tr>
<tr><td></td><td></td><td>7</td><td>1</td><td>2</td><td>7</td><td>0</td><td>4</td><td>0</td><td>0</td><td>0</td><td colspan="3">开户行：000</td></tr>
<tr><td colspan="2">金额(大写)合计：</td><td colspan="11">柒佰壹拾贰万柒仟零肆拾元整</td><td colspan="3">○电汇 ○汇票 ◉转账 ○现金 ○其他</td></tr>
<tr><td rowspan="2">总 经 理</td><td rowspan="2">牟义龙</td><td colspan="3" rowspan="2">财务部门</td><td colspan="2">经 理</td><td colspan="3">乔建浪</td><td colspan="3" rowspan="2">业务部门</td><td>经 理</td><td colspan="2">马浩天</td></tr>
<tr><td colspan="2">会 计</td><td colspan="3">乔建浪</td><td>经办人</td><td colspan="2">马浩天</td></tr>
</table>

图 3-34 工贸企业付款申请书示例

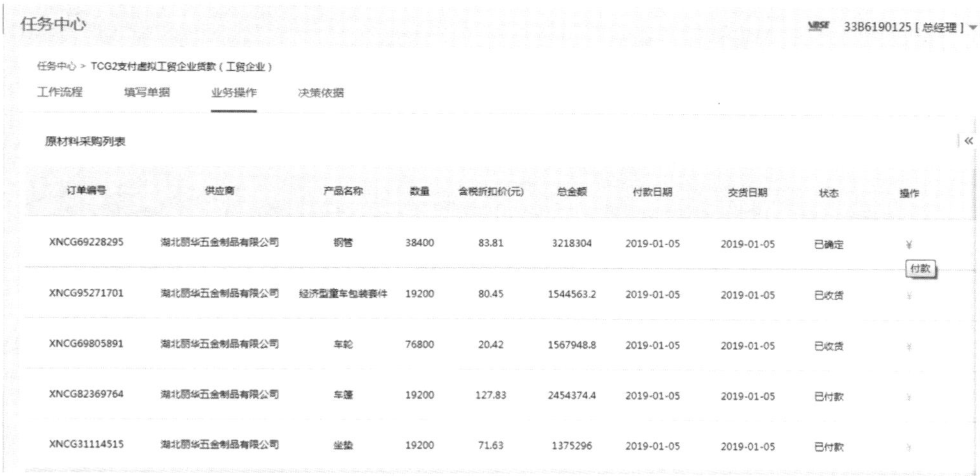

订单编号	供应商	产品名称	数量	含税折扣价(元)	总金额	付款日期	交货日期	状态	操作
XNCG69228295	湖北丽华五金制品有限公司	钢管	38400	83.81	3218304	2019-01-05	2019-01-05	已确定	¥
XNCG95271701	湖北丽华五金制品有限公司	经济型童车包装套件	19200	80.45	1544563.2	2019-01-05	2019-01-05	已收货	¥
XNCG69805891	湖北丽华五金制品有限公司	车轮	76800	20.42	1567948.8	2019-01-05	2019-01-05	已收货	¥
XNCG82369764	湖北丽华五金制品有限公司	车篷	19200	127.83	2454374.4	2019-01-05	2019-01-05	已付款	¥
XNCG31114515	湖北丽华五金制品有限公司	坐垫	19200	71.63	1375296	2019-01-05	2019-01-05	已付款	¥

图 3-35　工贸企业总经理支付货款操作界面

任务三　工贸企业办理到货并入库

一、业务描述

根据前面的任务描述，工贸企业向上游虚拟供应商购买原材料，虚拟供应商发货后，工贸企业接收货物并办理入库。

采购的货物送到后，工贸企业需执行物料验收、入库任务。

1. 采购入库流程

采购入库流程：物料验收→填制入库单→搬运、堆码到货位→填制物料卡→登记存货台账。

2. 物料验收

物料验收是仓管员按照验收标准和验收业务流程，依据掌握的计量与测试知识及质量检验知识，对入库物料进行数量和质量检验的经济技术活动的总称。

物料检验的方式：全检和抽检。

物料检验的内容：数量、质量和包装。

工贸企业和上游虚拟供应商之间的业务往来操作比较简单。

二、业务流程

工贸企业办理到货并入库的业务流程如图 3-36 所示。

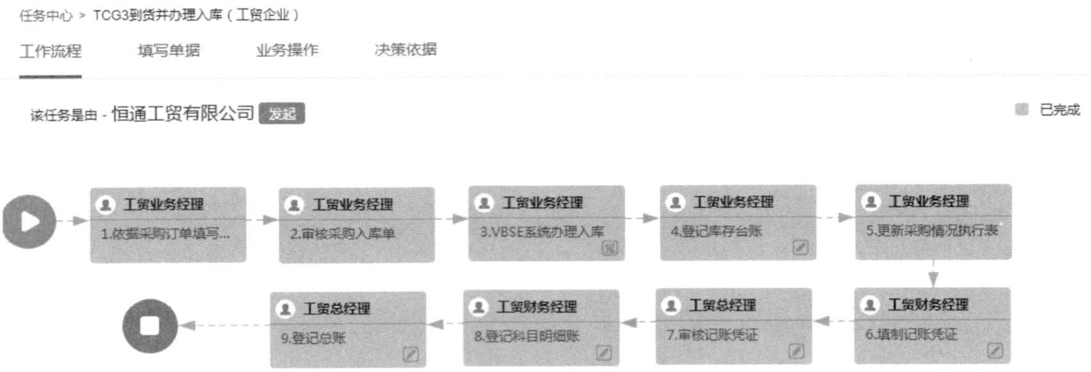

图 3-36 工贸企业办理到货并入库的业务流程

三、业务步骤

1. 业务经理填写采购入库单并审核

业务经理（兼原料质检）根据发货单和质量检验标准进行质量、数量、包装等检测，根据检验结果填写采购入库单，并签字确认；检验无误后在发货单上签字收货。

2. 业务经理在 VBSE 系统办理采购入库

【易错点】

在 VBSE 系统中办理采购入库时，在操作界面中点击“入库”，界面会显示一个仓库和一辆货车的图标，这时需要将鼠标放在货车图标上，然后将其拖动拉进仓库图标，界面会提示“是否入库”，点击“确定”即可。在 VBSE 综合实训中，很多学生看到这两个图标就以为已经入库，这是错误的，一定要操作到位。

3. 业务经理登记库存台账

业务经理根据采购入库单登记库存台账。

4. 业务经理更新采购合同执行情况表

业务经理根据原材料入库单更新采购合同执行情况表。

5. 财务经理和总经理完成相关账簿登记

财务经理填制记账凭证，并由总经理审核记账凭证，财务经理登记科目明细账，总经理登记总账。

四、业务单据

工贸企业办理到货并入库操作界面如图 3-37 所示，工贸企业卸货入库操作界面如图 3-38 所示。（4 组工贸企业、10 组制造企业）

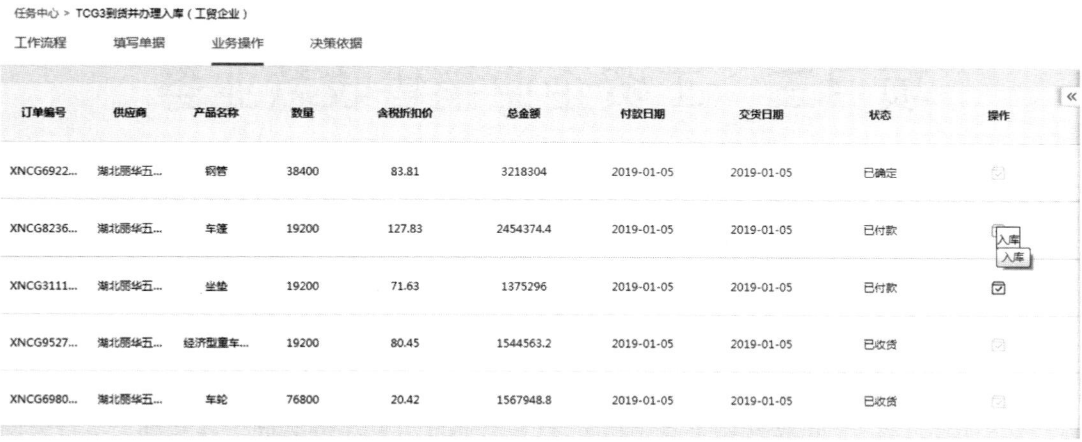

任务中心 > TCG3到货并办理入库（工贸企业）

工作流程 填写单据 业务操作 决策依据

订单编号	供应商	产品名称	数量	含税折扣价	总金额	付款日期	交货日期	状态	操作
XNCG6922...	湖北丽华五...	钢管	38400	83.81	3218304	2019-01-05	2019-01-05	已确定	
XNCG8236...	湖北丽华五...	车篷	19200	127.83	2454374.4	2019-01-05	2019-01-05	已付款	入库
XNCG3111...	湖北丽华五...	坐垫	19200	71.63	1375296	2019-01-05	2019-01-05	已付款	
XNCG9527...	湖北丽华五...	经济型童车...	19200	80.45	1544563.2	2019-01-05	2019-01-05	已收货	
XNCG6980...	湖北丽华五...	车轮	76800	20.42	1567948.8	2019-01-05	2019-01-05	已收货	

图 3-37 工贸企业办理到货并入库操作界面

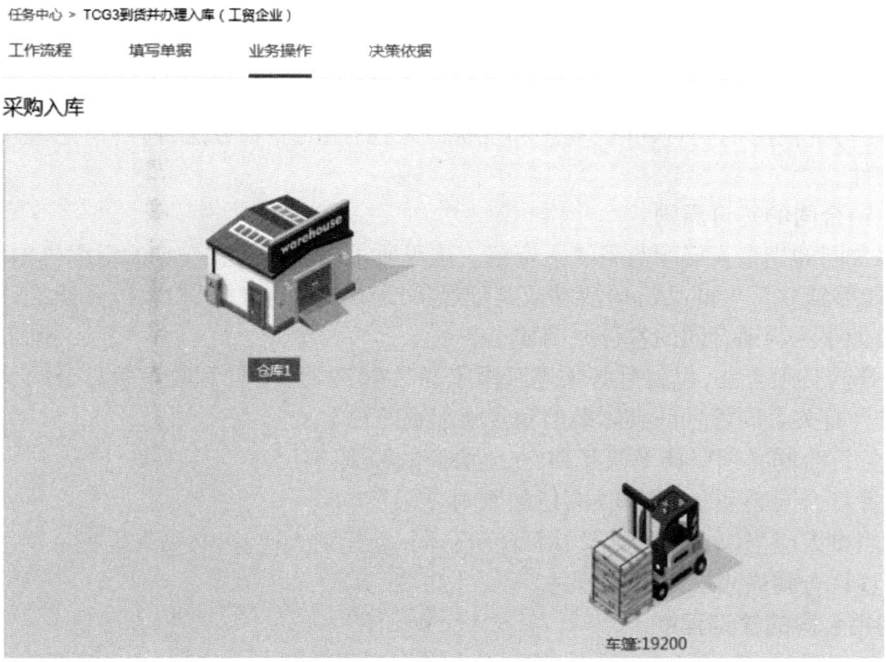

图 3-38 工贸企业卸货入库操作界面

项目三　工贸企业销售收款业务

任务一　工贸企业与制造企业签订购销合同

一、业务描述

购销合同是工贸企业（供方）与购买方经过双方谈判协商一致而签订的约束“供需关系”的法律性文件，合同双方都应遵守和履行，并且是双方联系的共同语言基础。签订合同的双方都有各自的经济目的，购销合同是经济合同，双方权利受相关法律的保护，并承担相应责任。

1. 购销合同的主要条款

购销合同的条款是购销合同的主要内容，应当在力求具体明确、便于执行和避免不必要纠纷的前提下，包括以下主要条款：商品的品种、规格和数量；商品的质量和包装；商品的价格和结算方式；商品的交货期限、地点和发送方式；商品的验收方法；违约责任；合同的变更和解除条件。

2. 购销合同的签订原则

购销合同的当事人必须具备法人资格。这里所指的法人是有一定的组织机构和独立支配财产，能够独立从事商品流通活动或其他经济活动，并享有权利和承担义务，依照法定程序成立的企业。购销合同的签订原则如下。

（1）合同必须合法，也就是必须遵照国家的法律、法令、方针和政策签订合同，其内容和手续应符合有关合同管理的具体条例和实施细则的规定。

（2）签订合同必须坚持平等互利、充分协商的原则。

（3）签订合同必须坚持等价、有偿的原则。

（4）当事人应当以自己的名义签订经济合同，委托别人代签，必须有委托证明。

（5）签订合同应当采用书面形式。

3. 购销合同的签订程序

（1）订约提议，指当事人一方向对方提出订立合同的要求或建议，也称要约。订约提议应提出订立合同所必须具备的主要条款和希望对方答复的期限等，以供对方考虑是否订立合同。提议一方在答复期限内不得拒绝承诺，即提议一方在答复期限内受自己提议的约束。

（2）接受提议，指提议被对方接受，双方对合同的主要内容表示同意，经过双方签署书面契约，合同即可成立，也称承诺。承诺不能附带任何条件，如果附带其他条件，应认为是拒绝要约，而提出新的要约。新的要约提出后，原要约人变成接受新的要约的人，而原承诺人变成新的要约人。

（3）填写合同文本。

（4）履行签约手续。

（5）报请签证机关签证，或报请公证机关公证。有的经济合同，法律规定还应获得主管部门的批准或工商行政管理部门的签证。对没有法律规定必须签证的合同，双方可以协商决定是否签证或公证。

在 VBSE 综合实训中，2019 年 1 月 5 日，工贸企业与制造企业签订购销合同。工贸企业与制造企业签订合同的材料数量见表 3-2。

表 3-2　工贸企业与制造企业签订合同的材料数量

商品名称	销售数量	单价（含税）	单价	税率
钢管	9 600/T	121.80	105.00	16%
坐垫	4 800/T	92.80	80.00	16%
车篷	4 800/T	164.72	142.00	16%
车轮	19 200/T	31.32	27.00	16%
包装套件	4 800/T	103.24	89.00	16%

注：T 代表工贸企业开设组数，参考答案以 4 组工贸企业为例。

注意：参考答案以好佳童车厂与丰达工贸有限公司为例，实际填写应为本次开课各组织名称。若本次开课开设 10 家制造企业，则答案应为本公司分别与 10 家制造企业签订的购销合同，合同名称分别为购销合同 1，购销合同 2，……，购销合同 9，购销合同 10。

二、业务流程

工贸企业与制造企业签订购销合同的业务流程如图 3-39 所示。

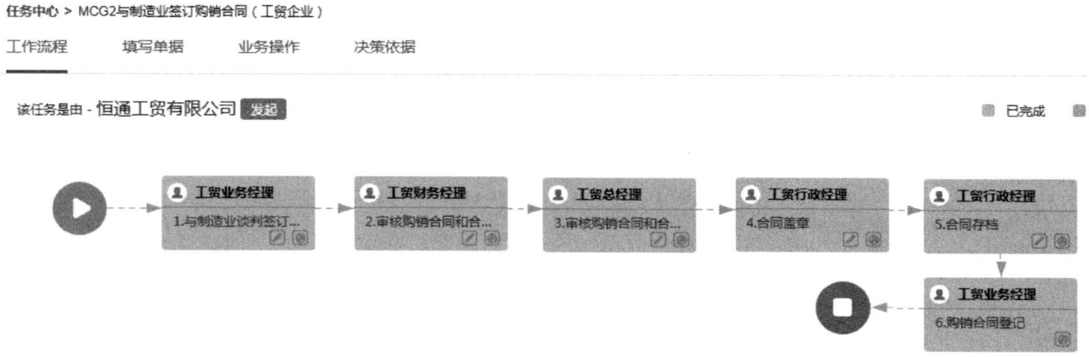

图 3-39　工贸企业与制造企业签订购销合同的业务流程

三、业务步骤

1. 业务经理收到购销合同，填制合同会签单

业务经理根据收到的购销合同填写合同会签单，业务经理将购销合同和合同会签单送交财务经理审核。

2. 财务经理审核购销合同和合同会签单

财务经理审核购销合同的准确性和合理性，确认无误后在合同会签单上签字，并将购销合同和合同会签单送交总经理审核。

3. 总经理审核购销合同和合同会签单

总经理审核购销合同的条款、期限、付款信息等是否符合公司要求，确认无误后在合同会签单上签字，并将购销合同和合同会签单送交行政经理盖章。

4. 行政经理在合同上盖章

行政经理在购销合同上盖章，业务经理在“公章使用登记表”上登记并签字。

5. 行政经理将合同存档

行政经理更新合同管理表-购销合同，并将合同会签单与一份盖章的购销合同进行归档，将另一份盖章的购销合同送交业务经理。

6. 业务经理进行购销合同登记

业务经理对盖章的购销合同进行登记，然后交给合同当事人，业务经理更新“购销合同执行情况表”。

四、业务单据

工贸企业与制造企业签订购销合同示例如图 3-40 所示。

购销合同

SX0003

购货单位（甲方）：华晨商贸城

供货单位（乙方）：好佳童车厂

第一条 订购明细。双方就以下产品达成购销合同。产品名称、数量、单价、交货期等详细列表如下：

产品名称	含税单价	数量	金额	交货日期	付款日期
经济童车	655.20	3000	1965600	2019.01.05	2019.01.25
经济童车	655.20	4000	2620800	2019.01.05	2019.01.25
合计			¥4586400		

第二条 资质要求。甲方要求乙方通过以下资质认证(选择对应选项)。

□ IS09000　□ IS014000　□ 3C

第三条 付款方式。付款日期遵守第一条约定。同城结算采用转账方式；异地结算采用电汇方式。

供货单位名称：好佳童车厂

供货单位开户银行：中国工商银行昌平支行

供货单位银行账号：957688832456

第四条 交货规定

1. 交货方式：乙方负责送货到门。　2. 交货地点：好佳童车厂。

3. 交货日期：见第一条交货日期。　4. 运输费：乙方承担。

第五条 经济责任

1. 产品品种、质量不符合本合同规定时，甲方拒绝接收，乙方承担相应费用。

2. 乙方未按本合同规定的产品数量交货时，发生延期交货的当期，扣除该张订单总额的 10%作为违约罚款。对于未能按期交货的部分，可以在三个月之内补齐。如果在三个月之内未能全部交货，未能交货部分甲方不再收货。

第六条 甲、乙任何一方如要求全部或部分注销合同，必须提出充分理由，经双方协商提出注销合同一方须向对方偿付注销合同部分总额 10%的补偿金。

第七条 本合同所订一切条款，甲、乙任何一方不得擅自变更或修改。如一方单独变更、修改本合同，对方有权拒绝生产或收货，并要求单独变更、修改合同一方赔偿一切损失。

第八条 甲、乙任何一方如确因不可抗力的原因，不能履行本合同时，应及时向对方通知不能履行或须延期履行，部分履行合同的理由。在取得有关机构证明后，本合同可以不履行或延期履行或部分履行，并全部或者部分免予承担违约责任。

第九条 本合同在执行中如发生争议或纠纷，甲、乙双方应协商解决，解决不了时双方可向仲裁机构申请仲裁或向人民法院提起诉讼。（两者选一）

第十条 本合同自双方签章之日起生效，到乙方将全部订货送齐经甲方验收无误，并按本合同规定将货款结算以后作废。

第十一条 本合同在执行期间，如有未尽事宜，由甲乙双方协商，另订附则附于本合同之内，所有附则在法律上均与本合同同等效力。

第十二条 本合同一式两份，由甲、乙双方各执正本一份。

甲方：华晨商贸城（盖章）　乙方：好佳童车厂（盖章）

法定代表人：赵宇（盖章）　法定代表人：梁天（盖章）

委托代理人：______（盖章）　委托代理人：______（盖章）

地址：北京海淀区顺昌路 8 号　地址：北京市昌平区建翔路 115 号

电话：010-65626688　电话：010-69706878

订日期：2019 年 01 月 05日　签订日期：2019 年 01 月05日

图 3-40　工贸企业与制造企业签订购销合同示例

说明：

（1）盖章后的两份合同要送给对方，请对方审核并签字、盖章；

（2）确定对方盖公司合同专用章、法人章和骑缝章；

（3）购销合同一式两份，一份由对方留存，另一份带回企业，待登记完销售订单明细后，送行政助理处归档。

任务二　工贸企业确认制造企业的采购订单

一、业务描述

在 VBSE 综合实训中，2019 年 1 月 5 日，工贸企业根据购销合同确认制造企业的采购订单。

二、业务流程

工贸企业确认制造企业的采购订单的业务流程如图 3-41 所示。

图 3-41　工贸企业确认制造企业的采购订单的业务流程

三、业务步骤

制造企业填写采购订单并保存后，单据自动传递到工贸企业的业务经理处，工贸企业业务经理进入“业务操作”界面，此时订单的状态为“未确定”，点击“操作”按钮，打开工贸企业的销售订单，点击右上角的“确认”按钮，订单状态变为“已确定”；如收到货款，订单状态会变为“已收款”。

【操作注意事项】

在进行此项业务操作时，需要在系统“业务操作”模块中点击“操作”下方的“放大镜”按钮，然后进去与合同内容进行一一核对，确认无误后，点击“确认”按钮。

四、业务单据

工贸企业确认制造企业的采购订单界面如图 3-42 和图 3-43 所示。

任务中心 > MCG4确认制造业的采购订单（工贸企业）

工作流程　填写单据　业务操作　决策依据

订单编号	客户	产品名称	数量	含税折扣价	总金额	交货日期	付款日期	状态	操作
XS100...	宝乐童...	钢管...	10800		875568	2019-01-25	2019-01-25	已收款	

图 3-42　工贸企业确认制造企业的采购订单界面 1

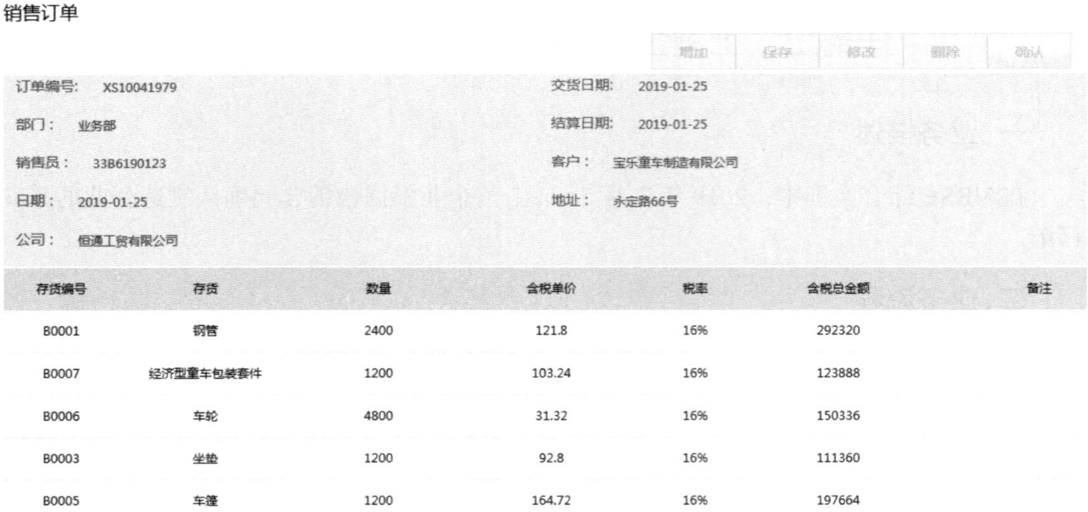

销售订单

增加 保存 修改 删除 确认

订单编号： XS10041979　　交货日期： 2019-01-25

部门： 业务部　　结算日期： 2019-01-25

销售员： 33B6190123　　客户： 宝乐童车制造有限公司

日期： 2019-01-25　　地址： 永定路66号

公司： 恒通工贸有限公司

存货编号	存货	数量	含税单价	税率	含税总金额	备注
B0001	钢管	2400	121.8	16%	292320	
B0007	经济型童车包装套件	1200	103.24	16%	123888	
B0006	车轮	4800	31.32	16%	150336	
B0003	坐垫	1200	92.8	16%	111360	
B0005	车篷	1200	164.72	16%	197664	

图 3-43　工贸企业确认制造企业的采购订单界面 2

思政映射　依法纳税，合理筹划

《中华人民共和国宪法》第五十六条规定："中华人民共和国公民有依照法律纳税的义务。"依法纳税是我国公民必须履行的一项基本义务。我国对违反《中华人民共和国税法》，不履行依法纳税义务的个人和企业，按规定进行行政、经济处罚；情节严重的还要按照《中华人民共和国刑法》的规定，追究其刑事责任。税收具有强制性和无偿性，是国家财政收入的重要来源之一。我国现行税种有 18 个，如增值税、企业所得税、个人所得税、印花税、增值税附加税、房产税、土地使用税等。

为了助推中小企业的发展，近年来我国从税收政策上给予了中小企业很多优惠。其中，有些是针对不同类型的中小企业发展制定的特殊政策，有些是间接针对中小企业制定的优惠政策，还有一些是所有企业都能享受的普惠政策。对中小企业来说，充分有效地利用这些政策至关重要。

依法纳税是每个企业和每个公民的义务。税收筹划要遵循的原则之一是合法性原则，但是在实际的筹划过程中，纳税人的税收筹划方案有可能被税务机关认定为偷税、逃税。究其原因，首先有可能是筹划人员素质不高，把一些偷税、逃税手段误认为是合法的税收筹划，或者是筹划人员没有及时学习最新的税收法规并合理地调整筹划方案，导致其筹划方案在新的税收政策下属于违法行为；其次偷税、逃税等违法行为给企业带来的巨大利益往往会诱使一些纳税人明知故犯，打着税收筹划的幌子行偷税、逃税之实，最终受到法律制裁。

我们要明确税收"取之于民，用之于民，造福于民"的本质。国家通过税收筹集财政资金，并严格根据政府预算将其用于基础设施建设、环境保护和生态建设等公共产品和公共服务。

我们要将税收筹划与国家宏观经济发展相结合，了解税收筹划的长远意义。当前，我国的困难企业较多，但国家又无法照顾到每个纳税人，纳税人利用自身资源，设法通过税收筹划减轻税负,可以暂时渡过难关。短期来看,税收筹划虽然有可能会减少国家的财政收入,但由于其行为符合国家的宏观调控政策,所以随着国家整体产业布局的逐步合理、资源的进一步优化配置,国家经济会进一步发展,企业生产也会更上一层楼。企业的发展会增加国家的税源,上缴给国家的税款也会同步增长。

我们要坚持税收筹划的合法性原则,纳税人首先要熟悉税法。税法规定的内容不仅复杂,而且会经常根据经济发展情况进行修正。只有全面学习税法知识,始终怀有对法律的敬畏感,才能抵制非法盈利的诱惑,自觉坚持依法纳税。

知识拓展一　职工薪酬计算办法

知识拓展一　职工薪酬计算办法

知识拓展二　个人所得税的扣缴方法

知识拓展二　个人所得税的扣缴方法

知识拓展三　企业增值税的暂行条例

知识拓展三　企业增值税的暂行条例

模块四　制造企业经营业务

【模块任务简介】

在 VBSE 综合实训中，制造企业的主要任务包括向工贸企业采购原材料、生产童车、将童车出售给商贸企业，在这个过程中涉及具体的采购付款、销售收款等业务。

【教学目标】

知识点：1. 熟悉制造企业的日常管理业务；
　　　　2. 熟悉制造企业的采购付款业务流程；
　　　　3. 熟悉制造企业的销售收款业务流程。
技能点：1. 能够填写各种业务表单、账单；
　　　　2. 能够熟练掌握制造企业的采购付款业务账务处理；
　　　　3. 能够熟练掌握制造企业的销售收款业务账务处理。
态度点：培养学生具备一定的预测能力和正确的决策意识。

【重点难点】

1. 制造企业的采购付款业务流程。
2. 制造企业的销售收款业务流程。

项目一　制造企业日常管理业务

任务一　制造企业在银行开卡

一、业务描述

成立新公司或有新员工入职时，企业都需要到银行为员工办理银行卡。在 VBSE 综合实训中，学生接手的是一家运营了 15 个月的企业，所有的管理人员全部更换，所以银行卡开卡业务是每一个虚拟组织都要完成的任务。

一般情况下，第一次办理银行卡集体开卡时，需要提供企业营业执照和开户许可证，要与银行签署批量开户协议，填写集体开卡申请书，提交办卡人员身份证复印件。如果企业以前办理过集体开卡业务，再次办理则不用提交企业营业执照。

二、业务流程

制造企业办理银行卡开卡的业务流程如图 4-1 所示。

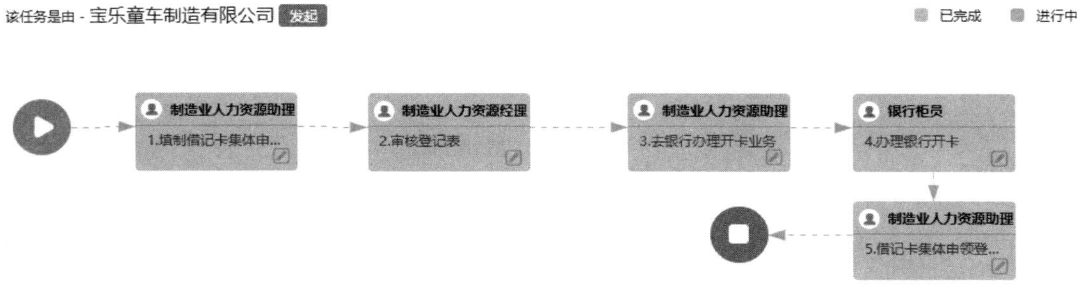

图 4-1　制造企业办理银行卡开卡的业务流程

三、业务步骤

在 VBSE 综合实训中，制造企业、工贸企业和商贸企业都有银行卡开卡业务，制造企业办理银行卡开卡业务的具体步骤如下。

1. 人力资源助理填制“借记卡集体申领登记表”

人力资源助理收集新入职员工的姓名、身份证号等信息，在系统中将新员工信息录入“借记卡集体申领登记表”，然后点击“保存”按钮。

2. 人力资源经理审核登记表

人力资源经理核对“借记卡集体申领登记表”中的员工信息无误后，在系统中盖章审核，点击“完成”按钮。

3. 人力资源助理去银行办理开卡业务

人力资源助理线下到银行柜台递交“借记卡集体申领登记表”，办理银行卡开卡业务。

4. 银行柜员办理银行开卡

银行柜员根据企业提交的“借记卡集体申领登记表”，核对无误后办理银行卡开卡业务，办理完毕后将所办理的银行卡交给企业人才资源助理。

5. 人力资源助理将登记表归档

人力资源助理领回银行卡后，将“借记卡集体申领登记表”归档。

四、业务单据

制造企业借记卡集体申领登记表如图 4-2 所示。

借记卡集体申领登记表

申请日期： 2019 年 1 月 5 日

单位名称	北京宝乐童车制造有限公司	单位地址	永定路66号
负责人姓名	王丽雅	联系电话	17809114716

本单位愿意集体申领借记卡，保证提供的下述资料真实可靠。

序	姓名	拼音姓名	性别	证件名	证件号码	联系地址	邮编	联系电话
1	尚世慧	shangshihui	女	身份证	610401200110216017	西安培华学院	71000	15942387503
2	刘芳芳	liufangfang	女	身份证	610401200110219134	西安培华学院	71000	17342985560
3	张薇	zhangwei	女	身份证	610401200110214308	西安培华学院	71000	13602837416
4	李浩阳	lihaoyang	女	身份证	610401200110211009	西安培华学院	71000	14744679910
5	梁安燚	lianganyi	男	身份证	610401200110217139	西安培华学院	71000	18914137293
6	徐佳怡	xujiayi	女	身份证	610401200110214359	西安培华学院	71000	17749284420
7	屈盈妍	quyingyan	女	身份证	610401200110214419	西安培华学院	71000	17329493553
8	杜贞	duzhen	女	身份证	6104012001102183OX	西安培华学院	71000	15200102277
9	侯思涵	housihan	女	身份证	610401200110214300	西安培华学院	71000	17710678353
10	郭媛媛	guoyuanyuan	女	身份证	610401200110210872	西安培华学院	71000	17366421591
11	王丽雅	wangliya	女	身份证	610401200110211456	西安培华学院	71000	17809114716
12	王依凡	wangyifan	女	身份证	610401200110219852	西安培华学院	71000	15997534620
13	杨彩凤	yangcaifeng	女	身份证	610401200110210047	西安培华学院	71000	17845361209
14	雷思雨	leisiyu	女	身份证	610401200110216510	西安培华学院	71000	13946827137
15	刘远丽	liuyuanli	女	身份证	610401200110213349	西安培华学院	71000	18974165023
16								
17								
18								

审核人： 屈盈妍

图 4-2 制造企业借记卡集体申领登记表

任务二　制造企业各部门借款

一、业务描述

为方便公司各部门工作人员结算因公需要而发生的零星开支、业务采购、差旅费报销等款项，新团队接手部门经营后各部门需借一定金额的备用金。在 VBSE 综合实训中，各部门备用金金额均为 500 元。

公司的日常费用包括办公费、差旅费、通信费等。有些业务费用可以先借款，再报销；有些业务费用发生后直接持票报销。借款时员工需填写借款单，经部门主管、财务经理审批后，到出纳处领取现金，财务做记账处理。

注意：关于借款的详细知识点可查看“模块三　项目一　任务二　工贸企业各部门借款”部分。

下面以人力资源部为例说明制造企业借款任务的具体操作。

二、业务流程

制造企业人力资源部借款的业务流程如图 4-3 所示。

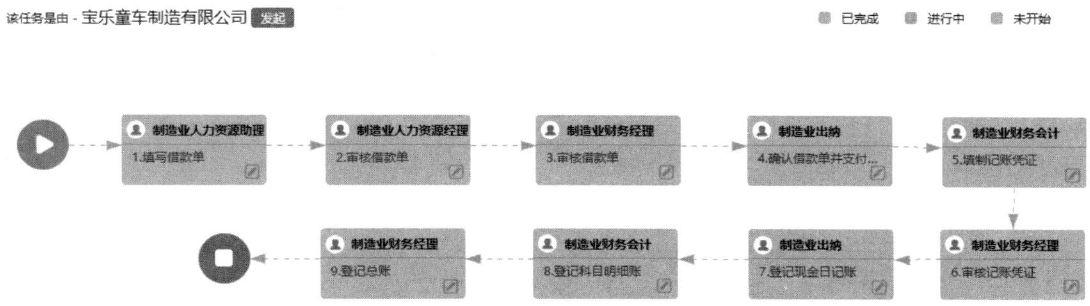

图 4-3　制造企业人力资源部借款的业务流程

三、业务步骤

1. 人力资源助理填写借款单

人力资源助理填写借款单,借款作为部门备用金。

2. 人力资源经理审核借款单

人力资源经理审核借款单填写的准确性和业务的真实性,审核无误后签字。

3. 财务经理审核借款单

财务经理审核借款单填写的准确性和业务的真实性,审核无误后签字。

4. 出纳确认借款单并支付现金

出纳确认借款单,支付现金给借款人,并由借款人签字。

5. 财务会计填制记账凭证

财务会计根据借款单填制记账凭证,并将借款单粘贴在记账凭证后作为附件。

6. 财务经理审核记账凭证

财务经理审核记账凭证,确认无误后签字或盖章。

7. 出纳登记现金日记账

出纳根据记账凭证登记现金日记账。

8. 财务会计登记科目明细账

财务会计根据记账凭证登记科目明细账。

9. 财务经理登记总账

财务经理根据记账凭证登记科目总账。

四、业务单据

制造企业人力资源部借款单填写示例如图 4-4 所示,制造企业人力资源部借款任务记账凭证如图 4-5 所示,制造企业人力资源部借款任务明细账如图 4-6 所示,制造企业人力资源部借款任务总分类账如图 4-7 所示。

借 款 单

申请日期 2019 年 01 月 05 日

部 门	人力资源部	借款人	刘欣	借款事由	部门发生突发情况，需临时用钱
借款金额	人民币（大写）伍佰元 ￥500.00				
实际报销金额	￥500.00	结余金额	500.00	审核意见	高雨萌 王媛
		超支金额	0.00		
出纳签章 王嘉茵 2019 年 01 月 05 日		借款人签章 刘欣 2019 年 01 月 05 日			

第一联 结算回执

图 4-4 制造企业人力资源部借款单填写示例

记 账 凭 证

记字第 005 号

2019 年 1 月 5 日

摘 要	总账科目	明细账科目	借方金额											贷方金额											✓
			亿	千	百	十	万	千	百	十	元	角	分	亿	千	百	十	万	千	百	十	元	角	分	
支付人力资源部借款	1221—其他应收款								5	0	0	0	0												☑
	1002—银行存款																			5	0	0	0	0	☑
																									☐
																									☐
																									☐
																									☐
合 计								￥	5	0	0	0	0						￥	5	0	0	0	0	☑

附单据 1 张

会计主管： 记账：鲁薇 出纳：王嘉茵 复核：王媛 制单：鲁薇

图 4-5 制造企业人力资源部借款任务记账凭证

明 细 账

122101—备用金

总页： 分页：

会计科目

明细科目

记账凭证 2019 年 月	日	类别	号数	摘 要	对应科目	借方金额												贷方金额												借或贷	余额												✓
						十	亿	千	百	十	万	千	百	十	元	角	分	十	亿	千	百	十	万	千	百	十	元	角	分		十	亿	千	百	十	万	千	百	十	元	角	分	
01	05			支付营销部借款									5	0	0	0	0													借								5	0	0	0	0	☑
01	05			支付仓储部借款									5	0	0	0	0													借								5	0	0	0	0	☑
01	05			支付生产部借款									5	0	0	0	0													借								5	0	0	0	0	☑
01	05			支付企管部借款									5	0	0	0	0													借								5	0	0	0	0	☑
01	05			支付采购部借款									5	0	0	0	0													借								5	0	0	0	0	☑
01	05			支付人力资源部借款									5	0	0	0	0													借								5	0	0	0	0	☑

图 4-6 制造企业人力资源部借款任务明细账

1221—其他应收款　**总分类账**　总页：　分页：

科目名称　其他应收款

2019年 月	日	记账凭证号数	摘要	借方	贷方	借或贷	余额
01	05	001	支付备用金	50000		借	¥50000
01	05	003	支付销售部备用金	50000		借	¥100000
01	05	002	支付管理部备用金	50000		借	¥150000
01	05	004	支付生产部备用金	50000		借	¥200000
01	05	005	支付采购部备用金	50000		借	¥250000
01	05	006	支付人力资源借款	50000		借	¥300000

图 4-7　制造企业人力资源部借款任务总分类账

任务三　制造企业签订代发工资协议

一、业务描述

制造企业和银行确立代发工资的合作关系，需要签订代发工资协议。

二、业务流程

制造企业签订代发工资协议的业务流程如图 4-8 所示。

图 4-8　制造企业签订代发工资协议的业务流程

三、业务步骤

1. 人力资源经理到银行签订银企代发工资协议

人力资源经理整理资料，带好营业执照、法人身份证、公章和预留印鉴等（注意：实训中带上营业执照、公章即可），到银行签订银企代发工资合作协议，并加盖单位公章。

2. 银行柜员办理代发工资协议

银行柜员接收、审核提交的代发工资协议，审核通过后盖章返还人力资源经理。

3. 人力资源经理将协议归档

人力资源经理将盖过公章的银企代发工资合作协议归档。

四、业务单据

银企代发工资合作协议示例如图 3-8 所示。

任务四　制造企业签订社保公积金同城委托收款协议

一、业务描述

在 VBSE 综合实训中，制造企业和人力资源和社会保障局、银行确立代收社保公积金的合作关系，需要签订代收社保公积金同城委托收款协议，由人力资源和社会保障局统一收取，并委托银行进行代收。

注意：关于公章、印鉴知识的讲解可查看“模块三　项目一　任务三　工贸企业签订代发工资协议”部分。

二、业务流程

制造企业签订社保公积金同城委托收款协议的业务流程如图 4-9 所示。

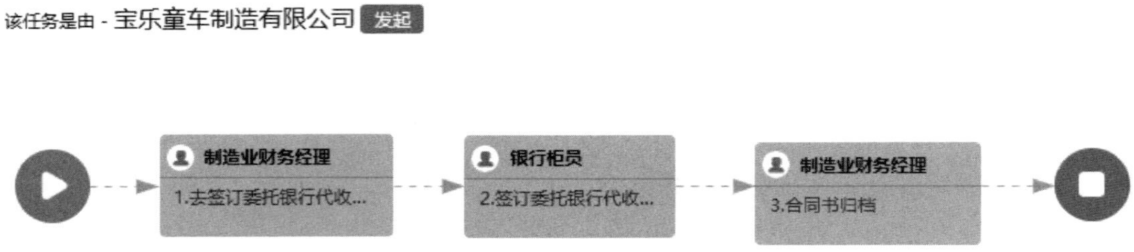

图 4-9　制造企业签订社保公积金同城委托收款协议的业务流程

三、业务步骤

（1）财务经理到银行签订委托银行代收社保公积金同城委托收款协议，并加盖企业公章。

（2）银行柜员签订委托银行代收社保公积金同城委托收款协议，盖章后返还财务经理。

（3）财务经理将盖过公章的协议归档。

四、业务单据

社保公积金委托收款协议合同书示例如图 3-10 所示。

任务五　制造企业发放薪酬

一、业务描述

在 VBSE 综合实训中，发放薪酬任务由人力资源部门和财务部门协调配合完成，会计核算时按照权责发生制原则，工资费用当月分配、下月发放。

二、业务流程

制造企业发放薪酬的业务流程如图 4-10 所示。

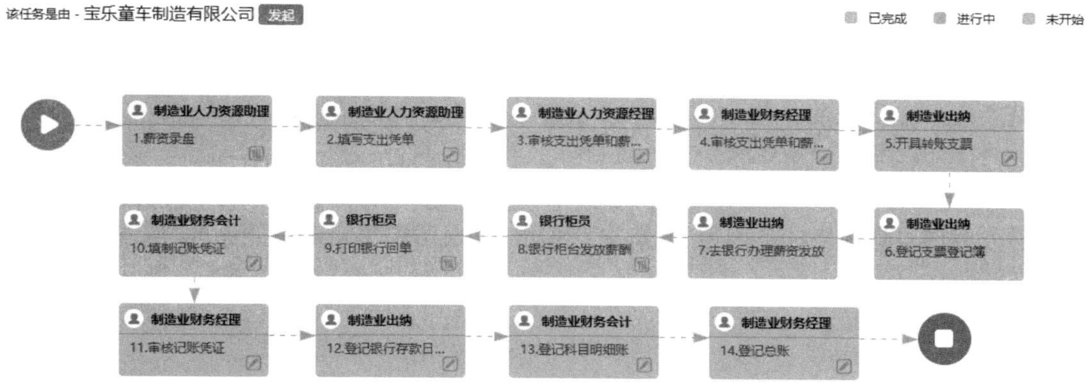

图 4-10　制造企业发放薪酬的业务流程

三、业务步骤

1. 人力资源助理薪资录盘

人力资源助理在 VBSE 系统中打开“薪资录盘”界面，点击“业务操作”，根据薪酬发放表在系统中修改并保存职工基本工资信息，完成后保存并导出，将导出的薪酬发放表文件拷到 U 盘中。

2. 人力资源助理填写支出凭单

人力资源助理根据薪酬发放表填写支出凭单，将填好的支出凭单、薪酬发放表（U 盘）交人力资源经理和财务经理进行审核。

3. 人力资源经理审核支出凭单和薪酬发放表

人力资源经理审核支出凭单和薪酬发放表是否一致、正确，审核支出凭单的日期、金额、支出方式、支出用途及金额大小写是否正确，审核完成后在支出凭单上签字确认。

4. 财务经理审核支出凭单和薪酬发放表

财务经理审核支出凭单和薪酬发放表是否一致、正确，审核支出凭单的日期、金额、支出方式、支出用途及金额大小写是否正确，审核完成后在支出凭单上签字确认。

5. 出纳开具转账支票

出纳根据支出凭单开具转账支票，检查支票填写无误后加盖公司财务章和法人章。

6. 出纳登记支票使用登记簿

出纳根据签发的支票登记支票使用登记簿，支票领用人在支票使用登记簿上签字。

7. 出纳到银行办理薪资发放

出纳带齐薪资发放资料（如薪酬发放表、转账支票、薪资录盘）到银行办理薪资发放。

8. 银行柜员发放薪酬

银行柜员将企业的薪酬发放表导入，在系统中点击“发放”，即发放薪酬。

具体操作：银行柜员在“待办任务”中选择对应公司的“发放薪酬”任务，点击“业务操作”转换到“薪资发放”页面，点击界面右上角“导入”按钮，将对应企业的U盘中的薪酬发放表导入，核对无误后点击界面右上角“发放”按钮，当页面提示“发放成功”时，点击“完成”按钮完成此项任务。

9. 出纳取得银行业务回单

出纳取得银行的业务回单（可以直接在柜台办理时由银行柜员打印取回；若在柜台未打印，次日可以在回单柜中取得）。

10. 财务会计填制记账凭证

财务会计根据银行业务回单、转账支票存根、支出凭单填制记账凭证，并将原始单据作为附件粘贴在记账凭证后。

记账凭证示例如下。

借：应付职工薪酬——工资　　265 500.00

　贷：其他应付款——五险一金　　54 601.50

　　　应交税费——应交个人所得税　　1 737.39

　　　银行存款　　209 161.11

11. 财务经理审核记账凭证

财务经理审核记账凭证与原始单据的一致性，审核无误后签字或盖章。

12. 出纳登记银行存款日记账

出纳根据审核后的记账凭证登记银行存款日记账，并在记账凭证上签字或盖章。

13. 财务会计登记科目明细账

财务会计根据记账凭证登记科目明细账，并在记账凭证上签字或盖章。

14. 财务经理登记总账

财务经理根据记账凭证登记总账，并在记账凭证上签字或盖章。

四、业务单据

制造企业薪酬发放表如图 4-11 所示，制造企业薪酬发放表系统界面如图 4-12 所示，制造企业薪酬发放支出凭单示例如图 4-13 所示，制造企业薪酬发放记账凭证示例如图 4-14 所示，制造企业薪酬发放总分类账示例如图 4-15 所示。

	A	B	C	D	E	F	G
1	序号	姓名	部门	级别	个人账户	公司账户	实发工资
2	1	王丽雅	企业管理部	经理	4231588997835144	0100229999000099002	9115.7
3	2	郭媛媛	仓储部	经理	4231588997835202	0100229999000099002	5952.54
4	3	屈盈妍	人力资源部	经理	4231588997835203	0100229999000099002	5952.54
5	4	杜贞	财务部	经理	4231588997835124	0100229999000099002	5952.54
6	5	雷思雨	营销部	经理	4231588997835187	0100229999000099002	5952.54
7	6	李浩阳	生产计划部	经理	4231588997835139	0100229999000099002	5952.54
8	7	尚世惠	采购部	经理	4231588997835147	0100229999000099002	5952.54
9	8	杨彩凤	财务部	助理	4231588997835150	0100229999000099002	4386.0
10	9	张薇	生产计划部	助理	4231588997835182	0100229999000099002	4386.0
11	10	刘芳芳	财务部	助理	4231588997835179	0100229999000099002	4386.0
12	11	刘远丽	企业管理部	助理	4231588997835149	0100229999000099002	4386.0
13	12	徐佳怡	人力资源部	助理	4231588997835165	0100229999000099002	4386.0
14	13	王依凡	财务部	助理	4231588997835206	0100229999000099002	4386.0
15	14	侯思涵	采购部	助理	4231588997835141	0100229999000099002	4386.0
16	15	梁安燚	营销部	助理	4231588997835195	0100229999000099002	3588.0
17	16	蔡丽娟	车间	中级工人	4231588997835258	0100229999000099002	3189.0
18	17	郑华珺	车间	中级工人	4231588997835256	0100229999000099002	3189.0
19	18	肖鹏	车间	中级工人	4231588997835268	0100229999000099002	3189.0
20	19	黄聪	车间	中级工人	4231588997835276	0100229999000099002	3189.0
21	20	田勤	车间	中级工人	4231588997835194	0100229999000099002	3189.0
22	21	吴新祥	车间	中级工人	4231588997835273	0100229999000099002	3189.0
23	22	田军	车间	中级工人	4231588997835193	0100229999000099002	3189.0
24	23	李小春	车间	中级工人	4231588997835170	0100229999000099002	3189.0
25	24	徐宏	车间	中级工人	4231588997835171	0100229999000099002	3189.0
26	25	洪梁	车间	中级工人	4231588997835189	0100229999000099002	3189.0
27	26	薛萍	车间	中级工人	4231588997835284	0100229999000099002	3189.0
28	27	张世平	车间	中级工人	4231588997835200	0100229999000099002	3189.0
29	28	胡首科	车间	中级工人	4231588997835183	0100229999000099002	3189.0
30	29	邹建榕	车间	中级工人	4231588997835263	0100229999000099002	3189.0

图 4-11　制造企业薪酬发放表

任务中心 > MXC2发放薪酬（制造业）

工作流程　填写单据　业务操作　决策依据

修改　保存　导出

序号	姓名	部门	级别	个人账户	公司账户	实发工资	基本工资
1	王宝珠	仓储部		4231588997835111	0100229999000099001	4386.00	5500.00
2	付海生	管理部门		4231588997835082	0100229999000099001	4386.00	5500.00
3	叶瑛	企业管理部		4231588997835081	0100229999000099001	4386.00	5500.00
4	朱中华	财务部		4231588997835093	0100229999000099001	4386.00	5500.00
5	赵丹	财务部		4231588997835092	0100229999000099001	4386.00	5500.00

图 4-12　制造企业薪酬发放表系统界面

支出凭单

部门：人力资源部　　2019 年　01 月　05 日　　预算项目：

即　付：发放员工薪酬

款

计人民币（大写）：贰拾万柒仟捌佰柒拾壹圆玖角肆分　　￥ 207,871.94

领 款 人：刘欣

会计主管		出纳	王嘉茵

部门经理：高雨萌　　财务部经理：　　总经理：

图 4-13　制造企业薪酬发放支出凭单示例

记 账 凭 证

记字第 006 号

2019 年　01 月　05 日

摘要	总账科目	明细账科目	借方金额	贷方金额	√
发放职工薪酬	2211—应付职工薪酬		20787194		☑
	1002—银行存款			20787194	☑
					☐
					☐
					☐
					☐
合　　计			￥20787194	￥20787194	☐

附单据 1 张

会计主管：　　记账：鲁薇　　出纳：王嘉茵　　复核：王媛　　制单：鲁薇

图 4-14　制造企业薪酬发放记账凭证示例

2211—应付职工薪酬

总 分 类 账

总页：　　分页：

科目名称　应付职工薪酬

2019 年 月	日	记账凭证号数	摘要	借方	贷方	借或贷	余额	√
01	05		上月结转			贷	￥37727550	☐
01	05	006	发放职工薪酬	20787194		贷	￥16940356	☐
01	05	008	缴纳上月五险一金-社会保险	8522550		贷	￥8417906	☐
01	05	008	缴纳上月五险一金-住房公…	2655000		贷	￥5762806	☐
01	05	008	缴纳上月五险一金-社会保险		11248050	贷	￥17010856	☐
01	05	008	缴纳上月五险一金-住房公…		5310000	贷	￥22320856	☐
01	25	014	发放薪水	20787194		贷	￥15336620	☐

图 4-15　制造企业薪酬发放总分类账示例

任务六　制造企业申报和缴纳个人所得税

一、业务描述

在 VBSE 综合实训中,制造企业由财务会计申报企业员工个人所得税,并进行扣缴。

二、业务流程

制造企业申报和缴纳个人所得税的业务流程如图 4-16 和图 4-17 所示。

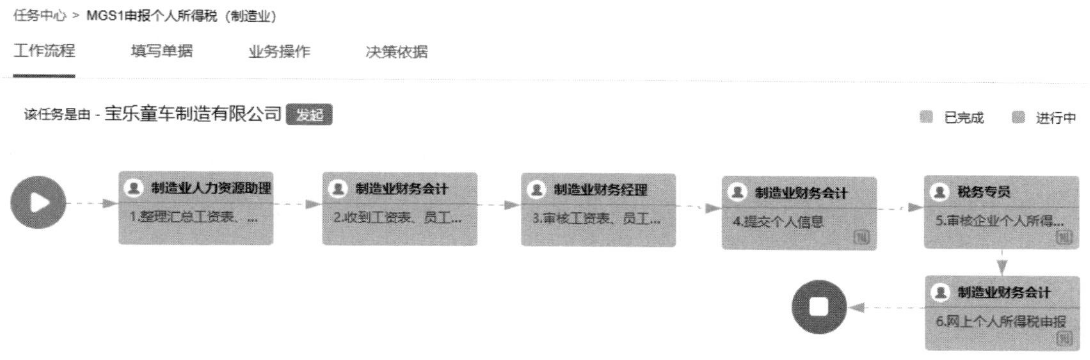

图 4-16　制造企业申报个人所得税的业务流程

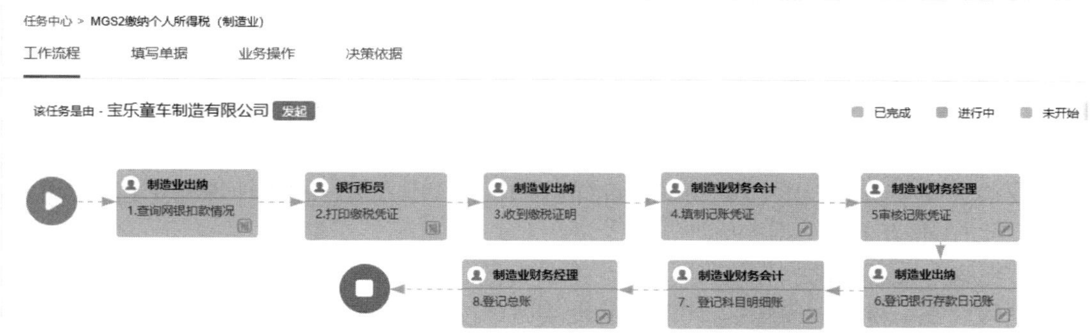

图 4-17　制造企业缴纳个人所得税的业务流程

三、业务步骤

1. 申报个人所得税

1)人力资源助理整理、提交个人所得税纳税申报资料

人力资源助理收集、整理员工信息,根据实际的员工信息编制员工工资表和个人所得税申报表,将员工信息和工资表、个人所得税申报表一同交给财务会计。

2)财务会计收到工资表、员工信息

财务会计收到个人所得税申报表,与人力资源助理确认个人所得税数额,并提交财务经理审核。

3）财务经理审核工资表、员工信息

财务经理审核个人所得税申报表，确定个人所得税数额，并交给财务会计。

4）财务会计提交员工信息

财务会计收到个人所得税申报表，根据员工信息在 VBSE 系统中点击“下载导入模板”，根据员工信息填写“个人所得税基础信息模板”，将填好的“个人所得税基础信息模板”导入系统中，并提交税务机关审核。

具体操作：财务会计在申报个人所得税任务中点击“业务操作”按钮进入“网上申报个人所得税”界面，在界面下方点击“下载导入模板”，下载“个人所得税基础信息模板”并保存，根据员工信息填写下载的“个人所得税基础信息模板”，需要填写的有序号、姓名、国籍（地区）、身份证件类型、身份证件号码，填写完毕后点击“导入”按钮，将员工信息导入系统，确认无误后选中全部员工信息，点击“提交税务局”按钮，出现“提交个人信息成功”后，点击界面右上方的“完成”按钮。

【温馨提示】

填写“个人所得税基础信息模板”时，不能改变模板的格式，否则会导致后续上传时导入失败。另外，已经导入的员工信息不能重复导入，否则将会提示“已经存在、无法导入”。

5）税务专员审核个人所得税申报资料

税务专员在 VBSE 系统中审核企业提交的个人所得税申报表，核对员工信息的真实性等，确认无误后，审核通过；如有问题，可退回。

6）财务会计进行网上个人所得税申报

财务会计在 VBSE 系统中下载“扣缴个人所得税报告表模板”，根据工资表和员工信息填写“扣缴个人所得税报告表模板”，填写完毕后导入系统，确认无误后点击“扣缴个人所得税”按钮，此时会提示扣缴总额，确认无误后点击“是”按钮进行个人所得税扣缴。

【温馨提示】

“扣缴个人所得税报告表”只填写达到扣税标准的员工收入信息。以制造企业为例，制造企业共有员工 58 人，其中符合扣税标准的为 18 名管理人员，40 名工人均未达到个税起征点，不用在此表中填写相关信息。

2. 缴纳个人所得税

出纳取得个税扣款通知后，将取回的缴款回单按照公司财务的工作流程在财务部内依次办理账务处理。

1）出纳查询网银扣款情况

出纳在“业务操作”界面查询银行转账流水信息，查询个人所得税是否扣款成功。如果已经扣款成功，则点击“操作”下方的“打印”按钮，打印缴税证明。

【温馨提示】

在 VBSE 综合实训中，如果未扣款成功，可能是因为在网上申报个人所得税业务时未进行“扣缴”操作。遇到这种情况，一般返回申报个人所得税业务，补做“扣缴”即可。

2）银行柜员打印缴税凭证

银行柜员在缴纳个人所得税任务中的“业务操作”界面查询前来办理业务的企业的银行转账记录，确认无误后打印缴税证明，进入打印页面后，点击下方的“打印”按钮进行银行电子回单打印，完成此项任务。

【温馨提示】

如果计算机未连接打印机，则此项任务无法进行，截图保存即可。

3）出纳收到缴税证明

出纳到银行取回缴税证明，在线上点击“完成”按钮，并将缴税证明交给财务经理。

4）财务会计填制记账凭证

财务会计根据扣款通知和税收缴款书填制记账凭证。

5）财务经理审核记账凭证

财务经理审核记账凭证和相关原始单据，确认无误后签字或盖章。

6）出纳登记银行存款日记账

出纳根据记账凭证登记银行存款日记账，并在记账凭证上签字或盖章。

7）财务会计登记科目明细账

财务会计根据记账凭证登记科目明细账，并在记账凭证上签字或盖章。

8）财务经理登记总账

财务经理根据记账凭证登记总账，并在记账凭证上签字或盖章。

四、业务单据

制造企业申报个人所得税任务界面如图 4-18 所示，制造企业个人所得税扣款任务界面如图 4-19 所示，制造企业出纳查看个税扣款界面如图 4-20 所示，银行打印缴税回单任务界面如图 4-21 所示，个人所得税缴纳记账凭证示例如图 4-22 所示，个人所得税缴纳科目明细账示例如图 4-23 所示。

注意：在 VBSE 综合实训中，扣款业务的操作是在“申报个人所得税”任务中的“税款缴纳”操作中完成。

图 4-18　制造企业申报个人所得税综合所得任务界面

图 4-19 制造企业个人所得税综合所得扣款任务界面

图 4-20 制造企业出纳查看个税扣款界面

任务中心 > MGS2缴纳个人所得税（制造业）

工作流程　填写单据　业务操作　决策依据

宝乐童车制造有限公司 银行转账流水信息

开始时间：2019-01-05　结束时间：2019-01-25　账户余额：9633237.68元

付款方：全部　收款方：全部　用途：全部

付款方	收款方	用途	转账金额	付款日期	操作
宝乐童车制造有限公司	恒通工贸有限公司	货款	-875568.00	2019-01-25	
宝乐童车制造有限公司	隆飞物流有限公司	货款	-3087000.00	2019-01-25	
宝乐童车制造有限公司	隆飞物流有限公司	货款	-3087000.00	2019-01-25	
旭日商贸有限公司	宝乐童车制造有限公司	货款	+1212384.00	2019-01-25	
宝乐童车制造有限公司	隆飞物流有限公司	其他	-12603.60	2019-01-25	

图 4-21　银行打印缴税回单任务界面

记　账　凭　证

2019 年　01 月　5 日　　　记字第 011号

摘要	总账科目	明细账科目	借方金额 亿	千	百	十	万	千	百	十	元	角	分	贷方金额 亿	千	百	十	万	千	百	十	元	角	分	✓
缴纳上月个人所得税	2221—应交税费	222102—应交个人所得税								7	9	0	9												☑
	1002—银行存款	100201—工行存款																			7	9	0	9	☑
																									☐
																									☐
	合	计							¥	7	9	0	9							¥	7	9	0	9	☑

附单据　张

会计主管：王媛　记账：鲁薇　出纳：王嘉茵　复核：王媛　制单：鲁薇

图 4-22　个人所得税缴纳记账凭证示例

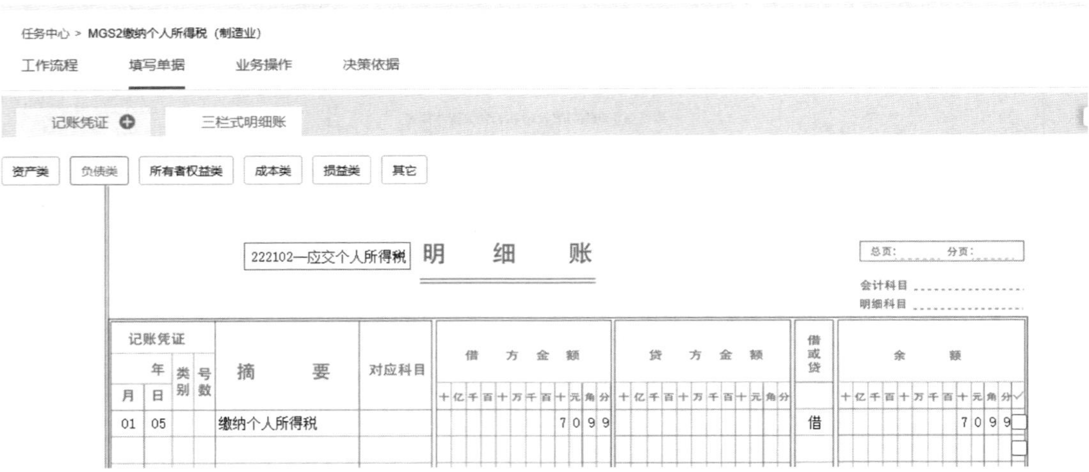

图 4-23 个人所得税缴纳科目明细账示例

任务七 制造企业申报和缴纳企业增值税

一、业务描述

计算增值税应纳税额时，制造企业财务会计需要根据上月资产负债表、利润表及科目余额表填写增值税纳税申报表，并提交财务经理审核。制造企业增值税需要月末申报，下月月初缴纳。

在 VBSE 综合实训中，案例日期为 2019 年 1 月，所以增值税的计算和缴纳沿用当时的税率。

二、业务流程

制造企业申报企业增值税的业务流程如图 4-24 所示，制造企业缴纳企业增值税的业务流程如图 4-25 所示。

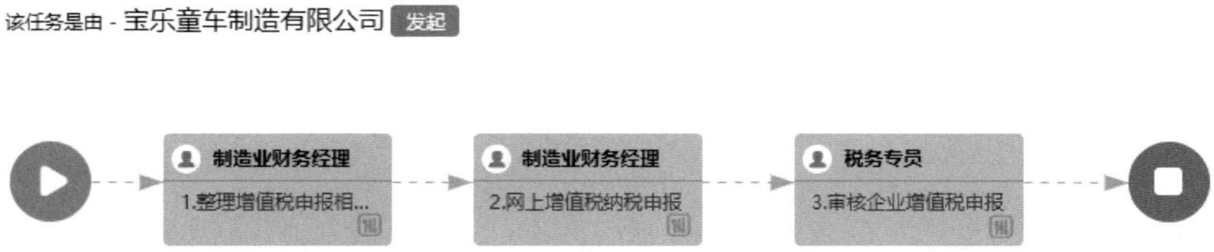

图 4-24 制造企业申报企业增值税的业务流程

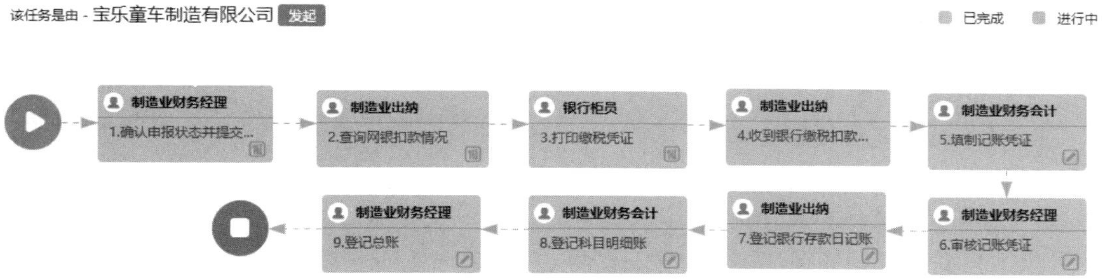

图 4-25　制造企业缴纳企业增值税的业务流程

三、业务步骤

1. 申报企业增值税

1）财务经理整理增值税申报相关资料

财务经理准备上期的进项税和销项税，并分别进行汇总和整理。

2）财务经理网上增值税纳税申报

财务经理在 VBSE 系统中根据确认的金额进行增值税纳税申报，填写完成后提交税务机关审核。

具体操作：在 VBSE 系统待办任务中找到“申报企业增值税”，选择“业务操作”界面，进入“增值税网上报销快捷登录”后，点击左侧的“新建报表”按钮，填写申报表，先填写增值税纳税申报表附列资料（一）和增值税纳税申报表附列资料（二），主表信息可自动生成，填写完成后点击表格右上角的“保存”按钮进行保存，再点击“上传”按钮即可将所填表格提交至税务机关审核。

3）税务专员审核企业增值税申报

税务专员在 VBSE 系统中审核企业提交的增值税申报。

2. 缴纳企业增值税

出纳收到增值税扣款通知后，取回税收缴款书交于公司财务，完成相应账务处理。缴纳企业增值税的具体步骤如下。

1）财务经理确认申报状态并提交扣款

财务经理在 VBSE 系统中“业务操作”界面查看申报状态，确认审核通过后点击“扣款”按钮。只要企业应缴纳的个人所得税和增值税与税务机关签订了委托银行扣款协议，企业的财务部门就可在网上完成扣款工作。

2）出纳查询网银扣款情况

出纳查询网银，确认增值税扣款成功，到银行打印缴税证明。

3）银行柜员打印缴税凭证

银行柜员查询转账记录，确认企业已经缴纳的企业增值税金额无误，打印缴税证明。

4）出纳收到银行缴税扣款证明

出纳收到银行的缴税扣款证明。

5)财务会计填制记账凭证

财务会计根据缴税扣款证明填制记账凭证,并将银行税收缴款书和缴税扣款证明粘贴在记账凭证后作为附件。

6)财务经理审核记账凭证

财务经理审核记账凭证,确认无误后在记账凭证上签字或盖章。

7)出纳登记银行存款日记账

出纳根据记账凭证登记银行存款日记账,并在记账凭证上签字或盖章。

8)财务会计登记科目明细账

财务会计根据记账凭证登记“应交税费”和“银行存款”科目明细账,并在记账凭证上签字或盖章。

9)财务经理登记总账

财务经理根据记账凭证登记科目总账,并在记账凭证上签字或盖章。

四、业务单据

制造企业申报企业增值税操作界面如图 4-26 所示,制造企业出纳查看企业增值税扣款情况如图 4-27 所示,制造企业增值税缴纳记账凭证示例如图 4-28 所示。

图 4-26　制造企业申报企业增值税操作界面

任务中心 > MZZ2缴纳企业增值税（制造业）

工作流程　填写单据　业务操作　决策依据

隆飞物流有限公司	宝乐童车制造有限公司	其他	+6143130.00	2019-01-25	
宝乐童车制造有限公司	融通综合服务有限公司	水电费	-28970.40	2019-01-25	
宝乐童车制造有限公司	融通综合服务有限公司	认证费	-50000.00	2019-01-05	
宝乐童车制造有限公司	人力资源与社会保障局	社会保险缴费	-112480.50	2019-01-05	
宝乐童车制造有限公司	人力资源与社会保障局	住房公积金缴费	-53100.00	2019-01-05	
宝乐童车制造有限公司	中国工商银行北京分行营业部	工资发放	-211060.94	2019-01-05	
宝乐童车制造有限公司	税务局	个税扣缴	-79.09	2019-01-05	
宝乐童车制造有限公司	税务局	增值税扣缴	-204413.79	2019-01-05	
		转账合计：	-366762.32		

图 4-27　制造企业出纳查看企业增值税扣款情况

记　账　凭　证

2019 年　01 月　5 日　　　　记字第 010 号

摘要	总账科目	明细账科目	借方金额											贷方金额											√
			亿	千	百	十	万	千	百	十	元	角	分	亿	千	百	十	万	千	百	十	元	角	分	
缴纳企业增值税	2221—应交税费	222103—应交企业所得税				2	0	4	4	1	3	7	9												☑
	1002—银行存款	100201—工行存款															2	0	4	4	1	3	7	9	☑
																									☐
																									☐
																									☐
																									☐
合　计					¥	2	0	4	4	1	3	7	9			¥	2	0	4	4	1	3	7	9	☑

附单据 1 张

会计主管：王媛　记账：鲁薇　出纳：王嘉茵　复核：王媛　制单：鲁薇

图 4-28　制造企业增值税缴纳记账凭证示例

任务八　制造企业扣缴五险一金

一、业务描述

在 VBSE 综合实训中，制造企业出纳每月初到银行领取社会保险、住房公积金委托扣款凭证即扣款回单，并交财务部门做记账处理，同时告知人力资源助理本月社会保险、住房公积金扣款金额。

二、业务流程

制造企业扣缴五险一金的业务流程如图 4-29 所示。

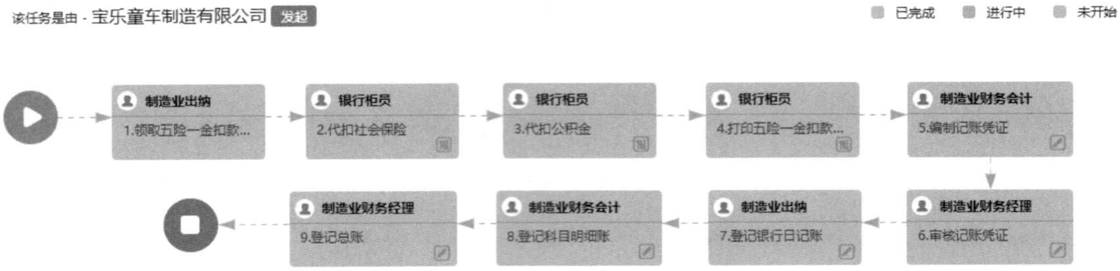

图 4-29 制造企业扣缴五险一金的业务流程

三、业务步骤

1. 出纳领取五险一金扣款回单

出纳到银行领取五险一金扣款回单。

【易错点】

在 VBSE 综合实训中,经常出现的问题是出纳在步骤 1(图 4-29)去银行领取五险一金扣款回单,银行会说没有这个任务。需要注意的是,步骤 1、步骤 2、步骤 3、步骤 4 是同步任务,而线上操作没有办法同步进行,步骤 4 银行柜员打印五险一金扣款回单任务完成后,步骤 1 出纳才能领取五险一金扣款回单。

2. 银行柜员代扣社会保险

银行柜员在"业务操作"界面的"社会保险扣缴"页面为企业代理扣缴社会保险,点击"扣缴"按钮办理社会保险代扣,进入"社会保险扣缴(信息)"页面,点击"确定"按钮进行社会保险扣缴,缴费成功后有页面消息提醒。

3. 银行柜员代扣公积金

银行柜员进入系统"住房公积金扣缴(信息)"页面,点击"确定"按钮进行住房公积金扣缴。

4. 银行柜员打印五险一金扣款回单

银行柜员接到企业前来办理业务人员的打印请求,查询相关交易记录,如确认交易记录存在,即可打印五险一金扣款回单。

5. 财务会计填制记账凭证

财务会计根据银行五险一金扣款回单填制记账凭证,并将银行扣款凭证和五险一金扣款回单粘贴在记账凭证后作为附件。

6. 财务经理审核记账凭证

财务经理审核记账凭证,确认无误后在记账凭证上签字或盖章。

7. 出纳登记银行存款日记账

出纳根据记账凭证登记银行存款日记账，并在记账凭证上签字或盖章。

8. 财务会计登记科目明细账

财务会计根据记账凭证登记科目明细账，并在记账凭证上签字或盖章。

9. 财务经理登记总账

财务经理根据记账凭证登记科目总账，并在记账凭证上签字或盖章。

四、业务单据

制造企业扣缴社会保险操作界面如图 4-30 所示，制造企业扣缴住房公积金操作界面如图 4-31 所示。

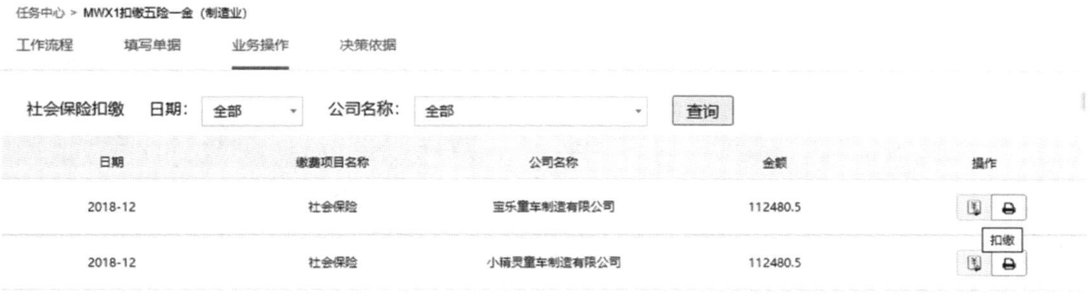

图 4-30　制造企业扣缴社会保险操作界面

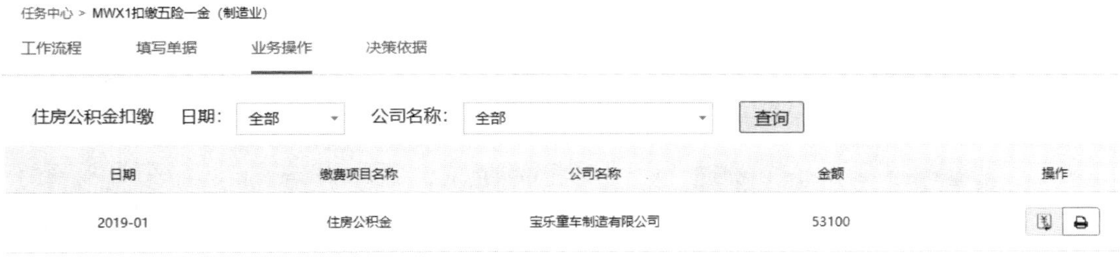

图 4-31　制造企业扣缴住房公积金操作界面

任务九　制造企业报送和支付车间电费

一、业务描述

水电费缴纳是企业日常业务之一，既要注意缴纳流程，也要关注水电费的账务处理，其中生产车间的耗费计入成本，管理部门的耗费计入期间损益。

制造企业根据电费收费标准以及企业本月用电数量，计算应该缴纳的电费总金额，并开具相应的转账支票向服务公司付款。

在 VBSE 综合实训中，电费收费标准是 5 元/度，普通机床耗电为 1 478.4 度/月，数控机床耗电为 2 640 度/月，组装流水线耗电为 4 329.6 度/月，照明用电量忽略不计。

二、业务流程

制造企业报送车间电费的业务流程如图 4-32 所示，制造企业支付车间电费的业务流程如图 4-33 所示。

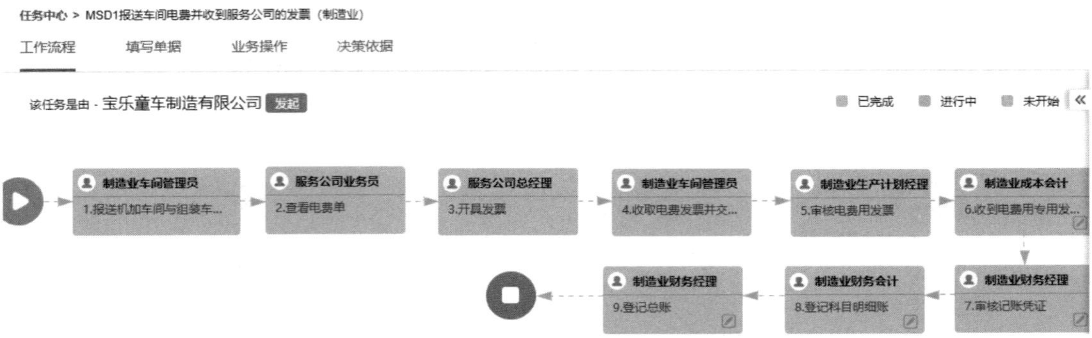

图 4-32 制造企业报送车间电费的业务流程

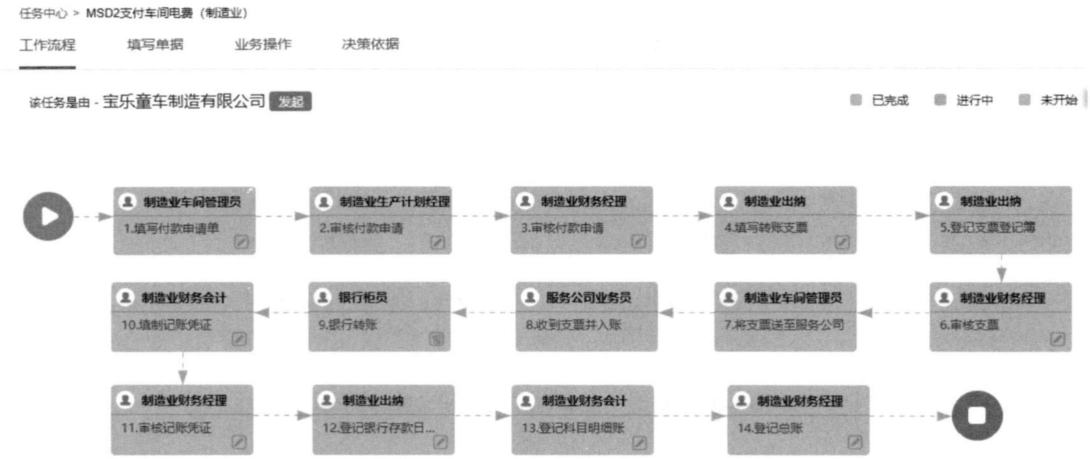

图 4-33 制造企业支付车间电费的业务流程

三、业务步骤

报送和支付车间电费的业务分两次完成，具体步骤如下。

1. 报送车间电费

1）车间管理员报送电费

车间管理员统计机加车间和组装车间的电费，填写“电费缴费单”，报送给服务公司。

2）服务公司业务员查看电费单

服务公司业务员查看“电费缴费单”，核对数据后，通知企业办理业务的人员到服务公司总经理处领取发票。

3）服务公司总经理开具发票

服务公司总经理与企业办理业务的人员确定服务金额，根据金额为企业开具发票。

4）车间管理员领取发票交部门经理审核

车间管理员从服务公司收取电费专用发票，确认发票信息无误后，将发票提交给生产计划部经理审核。

5）生产计划部经理审核电费专用发票

生产计划部经理审核电费专用发票金额与服务金额是否一致，确认无误后，将电费专用发票送至成本会计处。

6）成本会计收到电费专用发票并填制记账凭证

成本会计收到电费专用发票，根据电费专用发票填制记账凭证。

记账凭证示例如下。

借：制造费用——机加车间	22 307.69
制造费用——组装车间	6 502.56
制造费用——生产计划部	299.15
贷：应付账款——融通	34 058.00

7）财务经理审核记账凭证

财务经理审核记账凭证，并对照相关附件检查是否有误，审核无误后签字确认，并将确认后的记账凭证传递给财务会计登记数量金额明细账。

8）财务会计登记科目明细账

财务会计根据记账凭证登记“应交税费”和“应付账款”明细账，并在记账凭证上签字或盖章。

9）财务经理登记总账

财务经理根据记账凭证登记总账，并在记账凭证上签字或盖章。

2. 支付车间电费

车间管理员收到电费专用发票后，申请支付电费，经各级领导审核后由出纳开具支票付款，原始凭证交财务部门完成账务处理。

1）车间管理员填写付款申请书

车间管理员查看发票记录表，确认未支付的发票信息，对照发票记录表上的未支付发票信息填写付款申请书，将付款申请书提交给生产计划部经理审核。

2）生产计划部经理审核付款申请书

生产计划部经理审核付款申请书和发票金额是否一致，确认无误后在付款申请书上签字，并将付款申请书交车间管理员传递给财务经理审核。

3）财务经理审核付款申请书

财务经理审核付款申请书，确认无误后在付款申请书上签字，并将付款申请书交给出纳安排付款。

4）出纳开具转账支票

出纳收到付款申请书，确认无误后对照付款申请书金额开具转账支票，并加盖法人章。

5）出纳登记支票领用登记簿

出纳登记支票领用登记簿，并由支票领用人签字，将支票正联交给财务经理审核并盖章。

6）财务经理审核支票

财务经理审核支票填写是否正确，确认无误后签字，加盖公司财务章，将支票正联交给车间管理员支付给服务公司。

7）车间管理员将支票送至服务公司

车间管理员将支票交给服务公司完成支付，并登记发票记录表，将支票付款状态标注为“已支付”，此项任务在线下完成。

8）服务公司业务员收到转账支票并到银行办理转账

服务公司业务员收到转账支票，并根据转账支票填写进账单，再携带转账支票与进账单到银行办理转账。

9）银行柜员办理转账并打印银行回单

银行柜员收到进账单与转账支票，根据进账单信息办理转账业务，点击“业务操作”进入银行转账页面，输入付款公司和收款公司的基本信息及付款金额，点击“确认”按钮出现支付页面，点击“是”按钮，完成转账业务。根据办理的转账业务，打印银行业务回单，并通知相关人员领取回单。

10）财务会计填制记账凭证

财务会计根据付款申请书和支票存根填制记账凭证，将支票存根和付款申请书粘贴在记账凭证后作为附件，并将记账凭证传递给财务经理审核。

记账凭证示例如下。

借：应付账款——融通　　　　　　34 058.00

　贷：银行存款——工行存款　　　　　　34 058.00

11）财务经理审核记账凭证

财务经理审核记账凭证，并对照相关附件检查是否有误，审核无误后签字确认，并将确认后的记账凭证传递给出纳登记日记账。

12）出纳登记日记账

出纳根据记账凭证登记银行存款日记账，并在记账凭证上签字或盖章。

13）财务会计登记科目明细账

财务会计根据记账凭证登记科目明细账，并在记账凭证上签字或盖章。

14）财务经理登记总账

财务经理根据记账凭证登记总账，并在记账凭证上签字或盖章。

四、业务单据

制造企业支付车间电费付款申请书示例如图 4-34 所示。

付款申请书

2019 年 01 月 25 日

<table>
<tr><td>用途及情况</td><td colspan="11">金 额</td><td>收款单位（人）：融通综合服务公司</td></tr>
<tr><td rowspan="2">缴纳水电费</td><td>亿</td><td>千</td><td>百</td><td>十</td><td>万</td><td>千</td><td>百</td><td>十</td><td>元</td><td>角</td><td>分</td><td>账　号：0100229999000099024</td></tr>
<tr><td></td><td></td><td></td><td></td><td>2</td><td>8</td><td>9</td><td>7</td><td>0</td><td>4</td><td>0</td><td>开户行：中国工商银行北京分行昌平支行</td></tr>
<tr><td>金额（大写）合计：</td><td colspan="11">贰万捌仟玖佰柒拾元肆角</td><td>○电汇 ○汇票 ◉转账 ○现金 ○其他</td></tr>
</table>

<table>
<tr><td rowspan="2">总 经 理</td><td rowspan="2">王文林</td><td rowspan="2">财务部门</td><td>经　理</td><td>张敏敏</td><td rowspan="2">业务部门</td><td>经　理</td><td>高雪</td></tr>
<tr><td>会　计</td><td>张烨茜</td><td>经办人</td><td>魏杨珍</td></tr>
</table>

图 4-34　制造企业支付车间电费付款申请书示例

任务十　制造企业计提折旧

一、业务描述

累计折旧一般指固定资产折旧。固定资产折旧是指在固定资产使用寿命内，按照确定的方法对应计折旧额进行系统分摊。使用寿命是指固定资产的预计寿命，或者该固定资产所能生产产品或提供劳务的数量。应计折旧额是指应计提折旧的固定资产的原价扣除其预计净残值后的金额。已计提减值准备的固定资产，还应扣除已计提的固定资产减值准备累计金额。

折旧仅是成本分析，不是对资产进行计价，其本身既不是资金来源，也不是资金运用，因此固定资产折旧并不承担固定资产的更新。但是，由于折旧方法会影响企业的所得税，从而也会对现金流量产生一定影响。

并不是所有固定资产都计提折旧，可折旧固定资产应具备使用年限有限而且可以合理估计的条件，也就是说固定资产在使用过程中会被逐渐损耗直到没有使用价值。

1. 折旧范围

计提折旧的固定资产：①房屋、建筑物；②在用的机器设备、食品仪表、运输车辆、工具器具；③季节性停用及修理停用的设备；④以经营租赁方式租出的固定资产和以融资租赁方式租入的固定资产。

不计提折旧的固定资产：①已提足折旧仍继续使用的固定资产；②以前年度已经估价单独入账的土地；③提前报废的固定资产；④以经营租赁方式租入的固定资产和以融资租赁方式租出的固定资产。

2. 累计折旧方法

企业计提固定资产折旧的方法有多种，基本上可分为两类，即直线法（包括年限平均法和工作量法）和加速折旧法（包括年数总和法和双倍余额递减法），企业应当根据固定资产所含经济利益预期实现方式选择不同的方法进行折旧。企业选择的折旧方法不同，计提的折旧额相差很大。

企业应当按月计提固定资产折旧，当月增加的固定资产，当月不计提折旧，从下月起计提折旧;当月减少的固定资产,当月仍计提折旧,从下月起停止计提折旧。提足折旧后,不管能否继续使用,均不再计提折旧;提前报废的固定资产,也不再补提折旧。

1)直线折旧法

I. 年限平均法

年限平均法是指将固定资产的应计折旧额均衡地分摊到固定资产预定使用寿命内的一种方法。采用这种方法计算的每期折旧额相等,具体计算公式如下:

年折旧率=(1-预计净残值率)/预计使用寿命(年)×100%

月折旧率=年折旧率/12

月折旧额=固定资产原价 × 月折旧率

II. 工作量法

工作量法是根据实际工作量计算每期应提折旧额的一种方法,具体计算公式如下:

单位工作量折旧额=固定资产原价 ×(1-预计净残值率)/预计总工作量

某项固定资产月折旧额=该项固定资产当月工作量 × 单位工作量折旧额

2)加速折旧法

I. 年数总和法

年数总和法也称合计年限法,指将固定资产的原价减去预计净残值后的净额乘以一个以各年年初固定资产尚可使用年限作为分子,以预计使用年限逐年数字之和作为分母的逐年递减的分数计算每年折旧额的一种方法,具体计算公式如下:

年折旧率=尚可使用年限/预计使用年限的年数总和 ×100%

预计使用年限的年数总和=$n\times(n+1)/2$

月折旧率=年折旧率/12

月折旧额=(固定资产原价-预计净残值)× 月折旧率

II. 双倍余额递减法

对于双倍余额递减法,假设设备入账账面价值为X,预计使用N(N足够大)年,残值为Y,则有

第一年折旧 $C_1=X\times 2/N$

第二年折旧 $C_2=(X-C_1)\times 2/N$

第三年折旧 $C_3=(X-C_1-C_2)\times 2/N$

最后两年需改为直线法计提折旧。

3. 折旧年限

除国务院财政、税务主管部门另有规定外,固定资产计算折旧的最低年限如下:

(1)房屋、建筑物,为20年;

(2)飞机、火车、轮船、机器、机械和其他生产设备,为10年;

(3)与生产经营活动有关的器具、工具、家具等,为5年;

(4)飞机、火车、轮船以外的运输工具,为4年;

(5)电子设备,为3年。

财务会计和成本会计在每个会计期末按照会计制度中确定的固定资产折旧方法计提折旧,并登记科目明细账。生产部门固定资产的折旧计入制造费用,其他部门的折旧计入期间

费用。固定资产购买当月不计提折旧,从次月开始计提折旧,出售当期仍计提折旧。在VBSE 综合实训中,固定资产折旧按照直线法计提。

二、业务流程

制造企业计提折旧的业务流程如图 4-35 所示。

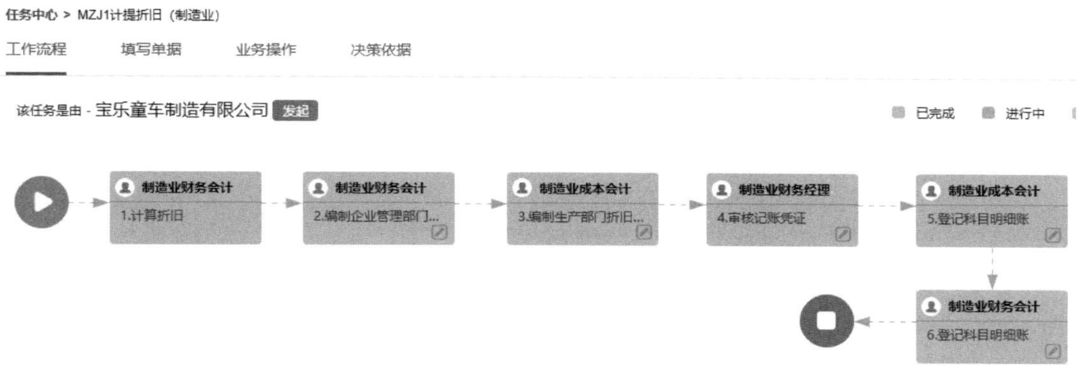

图 4-35　制造企业计提折旧的业务流程

三、业务步骤

1. 财务会计计算折旧

财务会计根据固定资产政策及固定资产明细账计提折旧,填写企业管理部门固定资产折旧计算表、生产部门固定资产折旧计算表。

2. 财务会计编制企业管理部门折旧记账凭证

财务会计根据企业管理部门固定资产折旧计算表填写管理部门折旧记账凭证,并交财务经理审核记账凭证。

记账凭证示例如下。

借:管理费用——折旧费　　　70 700.00

　销售费用——折旧费　　　325.00

　贷:累计折旧　　　71 025.00

3. 成本会计编制生产部门折旧记账凭证

成本会计根据生产部门固定资产折旧计算表填写生产部门折旧记账凭证,并交财务经理审核记账凭证。

记账凭证示例如下。

借:制造费用——折旧费　　　50 575.00

　贷:累计折旧　　　50 575.00

4. 财务经理审核记账凭证

财务经理审核财务会计、成本会计提交的记账凭证,审核无误后在记账凭证上签字并登记总分类账,再将记账凭证分别返还财务会计和成本会计登记科目明细账。

5. 成本会计登记科目明细账

成本会计根据记账凭证登记制造费用明细账，并将记账凭证交财务会计登记累计折旧明细账。

6. 财务会计登记科目明细账

财务会计根据记账凭证登记管理费用明细账，根据管理部门折旧记账凭证和生产部门折旧记账凭证登记累计折旧明细账，并将其与其他记账凭证归档。

四、业务单据

制造企业计提折旧财务会计编制记账凭证示例如图4-36所示，制造企业计提折旧成本会计编制记账凭证示例如图4-37所示。

记　账　凭　证

2019 年　1 月　25 日　　　　记字第　19 号

摘要	总账科目	明细账科目	借方金额											贷方金额											√
			亿	千	百	十	万	千	百	十	元	角	分	亿	千	百	十	万	千	百	十	元	角	分	
计提折旧	6602—管理费用	6602—管理费用					7	0	7	0	0	0	0												☑
	5101—制造费用	510102—折旧					2	8	8	2	5	0	0												☑
	5001—生产成本	50010403—制造费用					1	7	5	0	0	0	0												☑
	5001—生产成本	50010603—制造费用						4	2	5	0	0	0												☑
	6601—销售费用	6601—销售费用							3	2	5	0	0												☐
	1602—累计折旧	1602—累计折旧															1	2	1	6	0	0	0	0	☑
合　计					¥	1	2	1	6	0	0	0	0			¥	1	2	1	6	0	0	0	0	☑

附单据 1 张

会计主管：王媛　记账：鲁薇　出纳：　复核：王媛　制单：鲁薇

图4-36　制造企业计提折旧财务会计编制记账凭证示例

记　账　凭　证

2019 年　01 月　25 日　　　　记字第 020 号

摘要	总账科目	明细账科目	借方金额											贷方金额											√
			亿	千	百	十	万	千	百	十	元	角	分	亿	千	百	十	万	千	百	十	元	角	分	
计提折旧	5001—生产成本	50010603—制造费用					1	7	5	0	0	0	0												☑
	5001—生产成本	50010103—制造费用						4	2	5	0	0	0												☑
	1602—累计折旧																	2	1	7	5	0	0	0	☑
																									☐
																									☐
																									☐
合　计						¥	2	1	7	5	0	0	0				¥	2	1	7	5	0	0	0	☑

附单据　张

会计主管：王媛　记账：吕雪倩　出纳：　复核：王媛　制单：吕雪倩

图4-37　制造企业计提折旧成本会计编制记账凭证示例

项目二 制造企业采购付款业务

任务一 制造企业与工贸企业签订购销合同

一、业务描述

签订采购合同是企业与选择的供应商针对商品的品种、规格、价格、数量、技术标准、质量保证、包装要求、售后服务、交货日期与地点、运输方式、付款条件等进行反复磋商，双方无异议后，为建立双方满意的购销关系而履行的法律手续。

制造企业原材料采购数量见表4-1，制造企业原材料采购信息统计见表4-2。

表4-1 制造企业原材料采购数量

商品名称	采购数量
钢管	9 600/T
坐垫	4 800/T
车篷	4 800/T
车轮	19 200/T
经济型童车包装套件	4 800/T

注：T代表工贸企业开课组数，本次课程数据以四组工贸企业为例。

表4-2 制造企业原材料采购信息统计

序号	品名	规格	单位	到货时间	付款时间	数量	单价	金额小计
1	钢管	ϕ外16/ϕ内11/$L$5000（mm）	根	2019-01-05	2019-01-25	2 400	121.33	291 192
2	坐垫	HJM500	个	2019-01-05	2019-01-25	1 200	91.50	109 800
3	车篷	HJ72×32×40	个	2019-01-05	2019-01-25	1 200	164.70	197 640
4	车轮	HJϕ外125×ϕ内60（mm）	个	2019-01-05	2019-01-25	4 800	30.50	146 400
5	经济型童车包装套件	HJTB100	套	2019-01-05	2019-01-25	1 200	103.70	124 440
金额合计								869 472

注：关于购销合同的详细知识讲解见“模块三 项目三 任务一 工贸企业与制造企业签订购销合同”。

二、业务流程

制造企业与工贸企业签订购销合同的业务流程如图 4-38 所示。

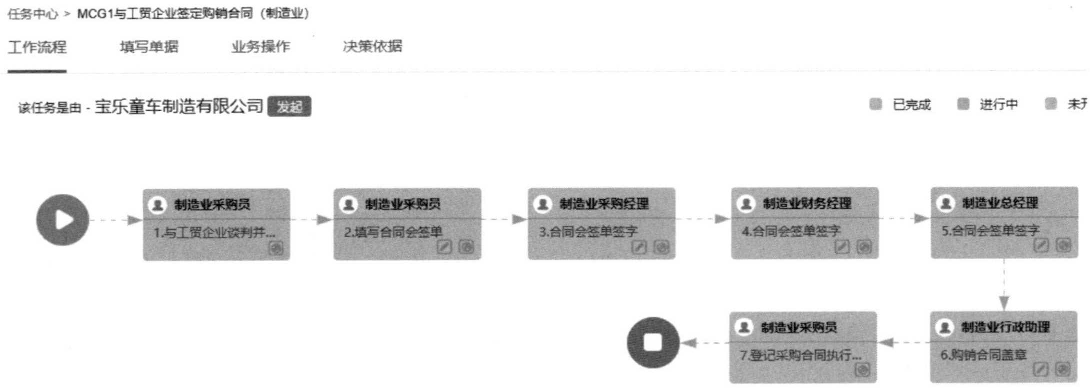

图 4-38　制造企业与工贸企业签订购销合同的业务流程

三、业务步骤

1. 采购员与工贸企业谈判并确立购销合同

采购员根据采购计划选择合适的工贸企业，沟通采购细节内容，拟订购销合同，并由工贸企业先签字盖章，且一式两份。

2. 采购员填写合同会签单

采购员根据购销合同的信息填写合同会签单，并将购销合同和合同会签单提交给采购经理。

3. 采购经理审核合同会签单

采购经理收到购销合同和合同会签单，审核购销合同的准确性和合理性，审核无误后在合同会签单上签字确认，并将购销合同和合同会签单发送给财务经理。

4. 财务经理审核合同会签单

财务经理收到购销合同和合同会签单，审核购销合同的准确性和合理性，审核无误后在合同会签单上签字确认，并将购销合同和合同会签单提交给总经理。

5. 总经理审核合同会签单

总经理收到购销合同和合同会签单，审核采购经理和财务经理是否审核签字，审核购销合同的准确性和合理性，审核无误后在合同会签单和购销合同上签字，并将购销合同和合同会签单发送给行政助理。

6. 行政助理购销合同盖章

行政助理收到购销合同和合同会签单，检查总经理是否签字，确认无误后给合同盖章，并将一份购销合同发送给采购员，另一份存档。

7. 行政助理购销合同存档

行政助理更新合同管理表，登记后将购销合同留存备案。

8. 采购员登记采购合同执行情况表

采购员接收行政助理发送的购销合同，根据制造企业与工贸企业签订的购销合同，登记采购合同执行情况表。

9. 采购员将购销合同返还工贸企业一份

采购员将签订好并已登记的购销合同返还工贸企业一份。

四、业务单据

制造企业与工贸企业签订购销合同示例如图 3-40 所示，合同会签单填写示例如图 4-39 所示，采购合同执行情况表填写示例如图 4-40 所示。

合同会签单

单据编号：0002　　　　会签日期：　2019年　01 月　05 日

<table>
<tr><td rowspan="2">送签部门</td><td rowspan="2">采购部</td><td rowspan="2">签约人：
徐启鑫</td><td rowspan="2">承办人：
袁欣悦</td><td>电　话：
0311-83024777</td></tr>
<tr><td>E-mail:
XJLTCGS@126.com</td></tr>
<tr><td>合同名称</td><td colspan="2">采购合同</td><td>对方单位</td><td>工贸企业</td></tr>
<tr><td>合同主要内　容</td><td colspan="2">采购物品名称、数量、规格及价格、质量标准、验收方式、付款方式、交易地点、供货时间、包装及运输给予说明</td><td>合同金额（大写）</td><td>叁佰伍拾万贰仟贰佰柒…</td></tr>
<tr><td>业务部门审批意见</td><td colspan="4">徐启鑫
日期：2019年01月05日</td></tr>
<tr><td>财 务 部审批意见</td><td colspan="4">毛婉婷
日期：2019年01月05日</td></tr>
<tr><td>总 经 理审批意见</td><td colspan="4">阮滢滢
日期：2019年01月05日</td></tr>
<tr><td>争议解决</td><td colspan="4">合同内包括了可预见性的争议解决方法，对于不可预见的争议，双方协议解决，如有争议，申请北京市昌平区仲裁委员会仲裁，仲裁方案为最终裁决。</td></tr>
<tr><td>归档情况</td><td colspan="4">与合同一起归档，存于行政处理处。</td></tr>
</table>

图 4-39　合同会签单填写示例

新道 seentao 教学专用

采购合同执行情况表

制表部门：采购部　　　　编制日期：2019 年 1 月 5 日

合同编号	合同总数	订单编号	供应商名称	物料编码	物料名称	计量单位	订货日期	订货数量	单价	总金额	计划交期	计划付款	已到数量	入库数量	不合格数量	到货日期	应付金额	已付金额	实际付款	开票情况	开票时间	备注
GX001	1	D001	恒通工贸		钢管	根	2017.1.5	2400	121.33	291192	2017.1.5	2017.1.25		2400			291192			已	2019.1.5	
GX001	1	D001	恒通工贸		坐垫	个	2017.1.5	1200	91.5	109800	2017.1.5	2017.1.25		1200			109800			已	2019.1.5	
GX001	1	D001	恒通工贸		车篷	个	2017.1.5	1200	164.7	197640	2017.1.5	2017.1.25		1200			197640			已	2019.1.5	
GX001	1	D001	恒通工贸		车轮	个	2017.1.5	4800	30.5	146400	2017.1.5	2017.1.25		4800			146400			已	2019.1.5	
GX001	1	D001	恒通工贸		经济型包装套件	套	2017.1.5	1200	103.7	12440	2017.1.5	2017.1.25		1200			12440			已	2019.1.5	

采购部门经理：李斌　　　　采购员：付海生

网址：www.seentao.com 电话：4006600599 编码：DJ0018

图 4-40　采购合同执行情况表填写示例

任务二　制造企业录入采购订单

一、业务描述

制造企业与供应商经过磋商签订采购合同后，制造企业的采购员将采购订单的基本信息录入 VBSE 系统，VBSE 系统根据录入的信息执行未来的采购收货及付款等业务。

二、业务流程

制造企业录入采购订单的业务流程如图 4-41 所示。

图 4-41　制造企业录入采购订单的业务流程

三、业务步骤

采购员根据制造企业与工贸企业签订的购销合同，将采购订单信息录入 VBSE 系统。

【操作注意事项】

在 VBSE 系统中录入采购订单时，需要严格按照采购合同中确认的订单信息一一录入，合同中明确采购的原材料，需要全部录入。

四、业务单据

制造企业采购订单录入操作界面如图 4-42 所示。

任务中心 > MCG3录入采购订单（制造业）

工作流程　填写单据　业务操作　决策依据

增加　保存　修改　删除　确认　查看列表

订单编号：CG10041979
部门：财务部
采购员：33B6190122
日期：2019-01-25
公司：宝乐童车制造有限公司
交货日期：2019-01-25
结算日期：2019-01-25
供应商：恒通工贸有限公司
地址：小红门路45号

存货编号	存货	数量	含税单价	税率	含税总金额	备注	操作
B0001	钢管	2400	121.80	16%	292320.00		
B0007	经济型童车包装套件	1200	103.24	16%	123888.00		
B0006	车轮	4800	31.32	16%	150336.00		
B0003	坐垫	1200	92.80	16%	111360.00		

图 4-42　制造企业采购订单录入操作界面

任务三　工贸企业确认制造企业的采购订单

此任务内容同“模块三　项目三　任务二　工贸企业确认制造企业的采购订单”部分。

任务四　工贸企业准备发货并通知制造企业收货

一、任务描述

工贸企业业务经理向制造企业采购部门下达发货通知。

二、业务流程

工贸企业准备发货并通知制造企业取货的业务流程如图 4-43 所示。

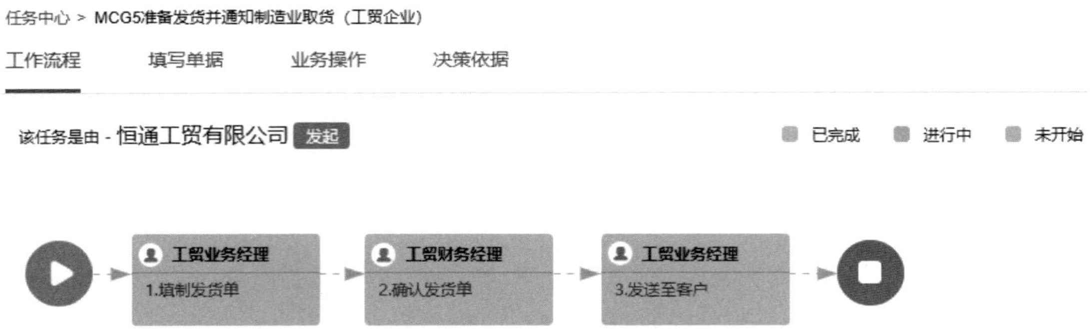

图 4-43 工贸企业准备发货并通知制造企业取货的业务流程

三、业务步骤

1. 业务经理填制发货单

业务经理根据销售订单明细表、发货计划和仓库现状填制发货单（一式四联），并将发货单财务部留存联交给财务经理。

2. 财务经理确认发货单

财务经理接收发货单，检查企业应收账款额度是否过高，如过高则应通知业务经理限制发货。

3. 业务经理发送发货单给客户

业务经理将财务经理确认的发货单送至客户（制造企业）。

四、业务单据

发货单填写示例如图 4-44 所示。

发 货 单 新道 seentao 教学专用

单据编号：XSFH20190001 日 期：2019-01-05 交货日期：2019-01-25

销售订单号：SO201901001 客户名称：北京爱喜商贸有限公司 仓 库：普通仓库

业 务 员：杨绮萱 运输方式：陆运 联 系 人：

产品名称	产品型号	发货数量	备 注
经济型童车		12000	
合 计		12000	

第一联：营销部留存

营销部经理：杨绮萱 账务部经理： 客户确认：

图 4-44 发货单填写示例

相关说明如下。

(1)发货单的填写依据是销售订单明细表及销售发货计划。

(2)发货单一式四联,第一联由营销部门留存,第二联由仓储部留存,第三联由财务部留存,第四联由客户留存。

(3)发货单填写信息说明。

① 单据编号:销售发货单中的单据编号。

② 日期:发货的日期。

③ 交货日期:合同中约定的交货日期。

④ 销售订单号:涉及发货的销售订单号。

⑤ 客户名称:购货方企业名称。

⑥ 仓库:货物出库的仓库名称。

⑦ 业务员:进行发货的销售业务员。

⑧ 运输方式:采用什么方式将货物运送给客户。

⑨ 联系人:客户方收货的联系人名称。

⑩ 产品名称:发货的产品名称。

⑪ 产品型号:用"—"表示"无"。

⑫ 发货数量:发给客户的货物数量。

⑬ 备注:填写一些注意事项或说明。

(4)注意事项:如果发货单中的发货项有空白的情况,则用斜线标注。

任务五　制造企业接到发货单准备收货

一、业务描述

该任务属于线下任务,制造企业的采购员接收工贸企业发送的纸质发货单,随即通知仓储部门准备收货。

二、业务流程

制造企业接到发货单准备收货的业务流程如图 4-45 所示。

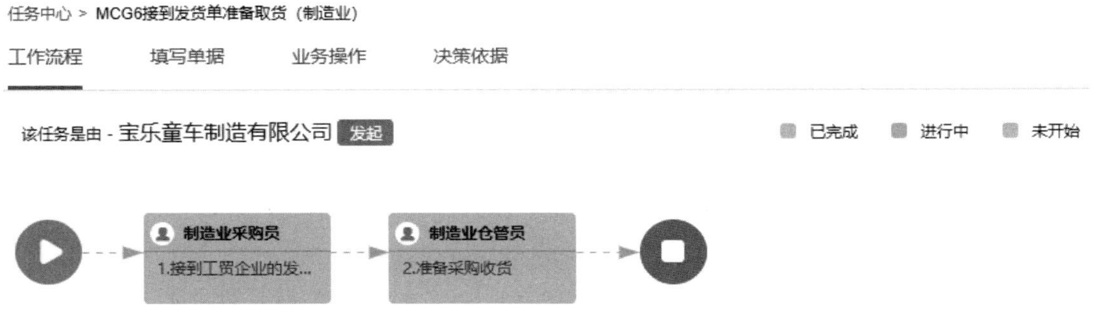

图 4-45　制造企业接到发货单准备收货的业务流程

三、业务步骤

1. 采购员接到发货单

工贸企业按照购销合同约定的到货日期,具备发货条件后通知制造企业的采购员。制造企业的采购员接到发货通知(发货单),并将发货通知发送给仓管员。

2. 仓管员准备采购收货

仓管员接到发货通知(发货单),并根据发货单上的相关信息准备采购收货。

四、业务单据

此任务在 VBSE 综合实训中无具体操作。

任务六 制造企业向物流企业下达运输订单

一、任务描述

在 VBSE 综合实训中,制造企业与物流企业签订运输合同,说明承运货物的具体情况,物流企业承揽制造企业原材料采购的运输业务。制造企业仓储部按照购销合同的约定,通过下达运输订单的方式安排运输。签订纸质合同后,根据运输业务填写纸质运输订单,运输订单有统一的格式,企业也可以自行编制,一般一式两份。

二、业务流程

制造企业向物流企业下达运输订单的业务流程如图 4-46 所示。

图 4-46 制造企业向物流企业下达运输订单的业务流程

三、业务步骤

1. 仓管员填写物流运输订单

仓管员收到工贸企业的发货通知后,根据购销合同约定的到货日期、发货计划和运输方式等联系物流企业,在与物流企业沟通协商后,填写纸质运输订单。

注意:在 VBSE 综合实训中,根据物流企业的规则,物流运输费是货款的 5%。制造企业与工贸企业签订购销合同后安排运输,若货款价格是 869 472.00 元,则运输费为

43 473.6 元。

2. 仓储经理确认物流运输订单

仓储经理审核物流运输订单的准确性和合理性，确认无误后在运输订单上签字。

四、业务单据

运输订单填写示例如图 4-47 所示。

具体填写说明如下。

（1）托运人信息：托运人名称、地址、电话、邮编。

（2）收货人信息：收货人名称、地址、电话、邮编。

（3）运输信息：运输方式、运输时间、运费、到货时间、是否取送、车厢类型等。

（4）货物信息：需要运输货物的名称、重量、体积等，以便运输公司安排车辆运输。

（5）结算方式的选择：选择运费付款方和付款时间。

运输订单

新道 seentao 教学专用

新道科技股份有限公司　网址：www.seentao.com　电话：4006600599　编码：DJ0199

运单号：YS001									
托运人	宝乐童车制造有限公司	地址	永定路66号	电话	62431793	邮编	100037	装货地点	小红门路45号
收货人	宝乐童车制造有限公司	地址	永定路66号	电话	62431793	邮编	100037	卸货地点	永定路66号
取货时间	2019.1.5	到货时间	2019.1.5	是否取送	☑ 取货 ☑ 送货	签单返回	☑ 运单 ☑ 客户单据	需要车种	
序号	货名称品	单位	体积（立方米）	重量（公斤）	数量	备注	费用		
1	钢管	根			2400		运费	43473.6	
2	坐垫	个			1200		杂费		
3	车篷	个			1200		保险费		
合计：							运杂费合计：	43473.6	
结算方式	☐ 托运人现结 ☐ 托运人月结 ☐ 收货人现结 ☐ 收货人月结 ☐ 第三方付费					预收款		付费账号	0100229999000099019

制单人：李斌　　受理日期 2019.1.5　　受理单位 隆飞物流有限责任公司

图 4-47　运输订单填写示例

任务七　物流企业受理制造企业运输订单

一、业务描述

1. 业务受理

业务受理是运输作业必不可少的环节，也是一般运输作业的第一个作业环节，由此可见运输业务受理的重要性。业务受理一般由客服人员来操作，客服人员通过受理业务来对货品信息、运输方式、客户要求等诸多信息进行采集、整理并传递至调度部门，以便于后续作业环节的开展。

2. 货物运输受理的方法

1）整车货物运输受理的方法

整车货物运输受理的方法包括：

（1）登门受理，即由运输部门派人员去客户单位办理承托手续；

（2）下产地受理，即在农产品上市时节，运输部门下产地联系运输事宜；

（3）现场受理，即在各地区召开物资订货、展销、交流会议期间，在会场设立临时托运或服务点，现场办理托运；

（4）驻点受理，即对于生产量大、货物集中、对口供应以及货物集散的车站码头、港口、矿山、油田、基建工地等单位，运输部门可设点或巡回办理托运；

（5）异地受理，即对企业单位在外地的整车货物，运输部门根据具体情况，可向本地运输部门办理托运、要车等手续；

（6）电话、传真、信函、网上托运，即经运输部门认可，本地或外地的货主单位可采用电话、传真、信函、网上托运，运输部门的业务人员受理登记，代填托运单；

（7）签订运输合同，即根据承托双方的运输合同或协议办理货物运输；

（8）站台受理，即货物托运单位派人直接到运输部门办理托运。

2）零担货物运输受理的方法

所谓零担货物，是指一张货物运单（一批）托运的货物重量或容积不够装一车的货物。当一批货物的重量或容积不能装满一辆货车时，可与其他几批甚至上百批货物共用一辆货车装运。

零担货物的特点是运量零星、批数较多、到站分散、品种繁多、性质复杂、包装条件不一、作业复杂。

零担货物运输受理的方法包括：

（1）随时受理，即对零担货物托运地、日期无具体规定，只要在车站经营范围内，发货人将货物送到车站即可办理托运，为货主带来了很大的便利；

（2）预先审批，对加强零担货物运输的计划性和提高零担货物运输的组织水平具有一定作用；

（3）日历承运，要求车站在基本掌握零担货物流量和流向规律的前提下，认真编制承运日期表，事先向发货人公布，发货人按规定日期到车站办理托运手续。

二、业务流程

物流企业受理制造企业运输订单的业务流程如图 4-48 所示。

图 4-48　物流企业受理制造企业运输订单的业务流程

三、业务步骤

1. 业务经理接收确认运输订单

业务经理接收制造企业递送的运输订单，并根据和制造企业签订的运输合同，确认运输订单信息并签字。

2. 业务经理规划路线、调度车辆

业务经理根据运输订单的信息，规划运输线路，调度车辆。

四、业务单据

该业务主要是线下完成，不需要在系统中进行操作或填写单据，涉及的运输订单在前面的业务中已经说明，此处不再赘述。

任务八　物流企业到工贸企业取货并开发票

一、业务描述

1. 取货业务

取货作业是现代物流企业运输作业中比较常见的环节。取货作业属于集货作业的一部分，但其强调根据运输计划将一批货物或多批货物合理取回的过程，通常在经济地理范围内进行，如城区范围内。但即便是城市内的取货，如配送一样，也涉及运输线路优化和合理配载的问题。

2. 取货作业的内容

1）接收取货指令并安排车辆

（1）接收并分析取货指令，对车辆及人力资源进行调度。根据运单分析结果安排车辆、司机和取货相关人员。

（2）确定取货费用，安排取货时间。

（3）准备取货装车，并做发车前检查。司机接到调度指令后，即刻准备取货车辆，并进行发车前检查。检查内容主要包括车辆的清洁、装车辅助材料的准备、随车雨布的配备等。

2)货运员跟车取货

货运员带齐单据，与司机会合跟车取货，到达取货地点后，点验托运货物，并请托运人确认运单信息且签字，货物验收无误后装车。

二、业务流程

物流企业到工贸企业取货并开发票的业务流程如图4-49所示。

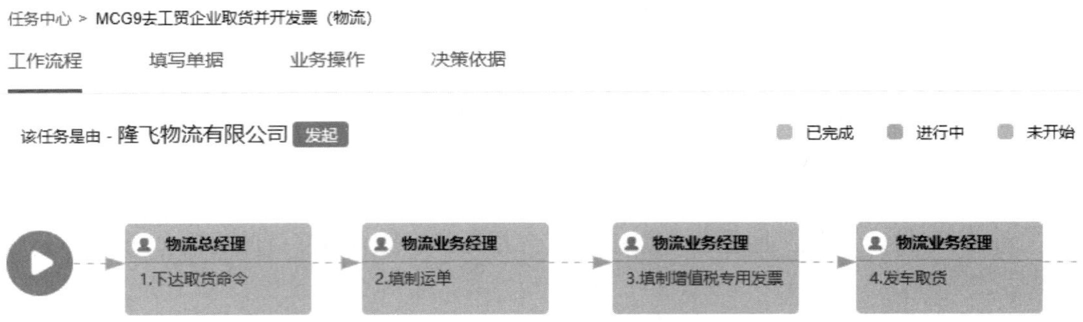

图4-49 物流企业到工贸企业取货并开发票的业务流程

三、业务步骤

1. 总经理下达取货指令

物流企业总经理根据制造企业的运单信息，向业务经理下达准备取货的指令。

2. 业务经理准备取货

业务经理根据取货指令填写运单，并开具增值税专用发票，由上一个任务调度好的车辆到工贸企业取货。

注意：物流企业开具运输费专用发票，第一联留作自己记账用，第二联和第三联交于制造企业。

四、业务单据

增值税专用发票填写示例如图4-50所示。

增值税专用发票由国家税务机关统一定制，对使用范围有明确的规定与限制。增值税专用发票只限于增值税的一般纳税人领购使用，增值税的小规模纳税人和非增值税纳税人不得领购使用。关于增值税专用发票的其他信息可查询《增值税专用发票使用规定》。增值税专用发票一式三联，分别为记账联、抵扣联、发票联。

具体填写说明如下。

（1）购货单位基本信息：实训中根据相关客户或供应商基本信息表填写此部分内容。

（2）密码区：一种密文，包含七方面的数据，即发票代码、发票号码、开票日期、销货方纳税人识别号和购货方纳税人识别号、金额、税率、税额等，实训中此部分可以不填。

（3）开票日期：真实记录发票的开具日期，实训中以系统日期为准。

（4）货物或应税劳务名称：货款或服务数量、价款合计信息记录，注意数字大小写规范。

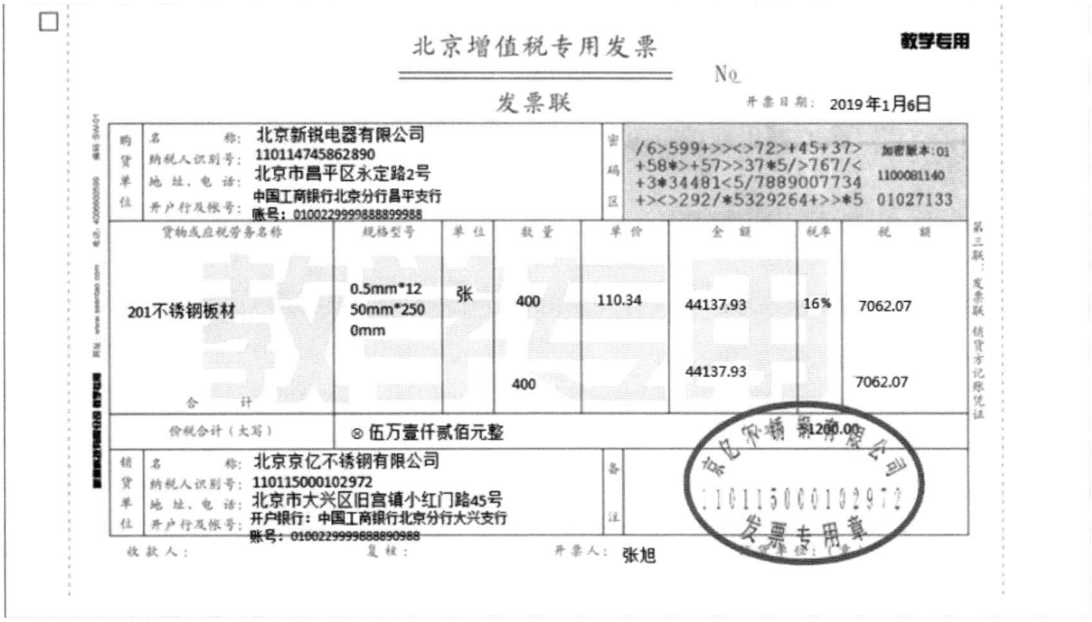

北京增值税专用发票　教学专用

No

发票联　开票日期：2019年1月6日

购货单位	名称：北京新锐电器有限公司 纳税人识别号：110114745862890 地址、电话：北京市昌平区永定路2号 开户行及帐号：中国工商银行北京分行昌平支行 账号：0100229999888899988	密码区	/6>599+>><>72>+45+37> 加密版本：01 +58*>+57>>37*5/>767/< 1100081140 +3*34481<5/7889007734 +><>292/*5329264+>>*5 01027133

货物或应税劳务名称	规格型号	单位	数量	单价	金额	税率	税额
201不锈钢板材	0.5mm*1250mm*2500mm	张	400	110.34	44137.93	16%	7062.07
合　计			400		44137.93		7062.07
价税合计（大写）	⊗伍万壹仟贰佰元整						¥51200.00

销货单位	名称：北京京亿不锈钢有限公司 纳税人识别号：110115000102972 地址、电话：北京市大兴区旧宫镇小红门路45号 开户行及帐号：开户银行：中国工商银行北京分行大兴支行 账号：0100229999888890988	备注	北京京亿不锈钢有限公司 110115000102972 发票专用章

收款人：　复核：　开票人：张旭　销货单位：（章）

第三联：发票联　销货方记账凭证

图 4-50　增值税专用发票填写示例

（5）货物或应税劳务具体信息：此部分依照实际经营业务内容填写，包括货物或劳务的名称、规格型号、单位、数量、单价（不含税）、金额（不含税货款或服务金额）、税率、税额，一张增值税专用发票上可以开具不同种类货物或劳务内容。

（6）销货单位基本信息：实训中根据相关客户或供应商基本信息表填写此部分内容。

（7）复核、开票人等信息：开票单位经办人信息。

（8）备注：此部分填写发票项目中未记录的重要信息，如果没有可以不填；在此处加盖单位发票章。

任务九　工贸企业给制造企业办理出库并开发票

一、业务描述

1. 销售发货

销售发货是指将货物发向客户，销售发货单是销售发货的信息载体，销售发货业务是销售流程的核心，通过销售发货向库存、存货、应收等系统传递信息以实现企业的运转。

2. 销售发货的作用

（1）承接订单，即根据销售订单的发货信息，通知客户已将销售订单和购销合同中的货物如数发货。

（2）通知实物出库，即在通知客户我方已发货的同时，也通知仓储部及物流部按照发货信息进行发货出库作业，将销售订单传递至仓储部及物流部，销售发货单只是信息传递的单据，并不影响库存的变动。

（3）接收对方签收信息，即客户在收货的同时需要在发货单上签字确认，签字确认的发货单作为客户收到货物的依据。

（4）生成发票，即销售人员在与客户结算对账后，可以依据客户签字确认的发货单开具增值税专用发票。（在 VBSE 综合实训中，工贸企业先开发票给制造企业，而后制造企业支付货款给工贸企业）

二、业务流程

工贸企业给制造企业办理出库并开发票的业务流程如图 4-51 所示。

图 4-51 工贸企业给制造企业办理出库并开发票的业务流程

三、业务步骤

1. 业务经理填制出库单，办理出库业务

工贸企业业务经理根据发货单在系统中填制销售出库单（一式三联），并在系统中办理出库，根据销售出库单的信息给客户发货，办理完出库后，库存状态会自动调整为“已出库”。

注意：出库操作在 VBSE 综合实训中属于易错点。打开“出库”界面，会看到在运输车辆图标前面有个小房子（库房）图标，工贸企业业务经理需要把鼠标放在此图标上，并点击鼠标左键将其直接拖动到车辆图标上，系统会提示“是否出库”，点击“确定”即可。

2. 业务经理登记库存台账

业务经理根据销售出库单在系统中填写库存台账，更新库存数量。

3. 业务经理更新销售发货明细表

业务经理根据销售出库单更新销售发货明细表。

4. 业务经理提交开具增值税专用发票申请

业务经理根据销售发货明细表和销售订单的信息提交开具增值税专用发票申请。

5. 财务经理审核开具增值税专用发票申请

财务经理审核开具增值税专用发票申请，审核无误后提交总经理审核。

6. 总经理审核开具增值税专用发票申请

总经理审核开具增值税专用发票申请，审核通过后交业务经理送至财务经理处开具增值税专用发票。

7. 财务经理开具增值税专用发票

财务经理根据审核过的开具增值税专用发票申请，开具增值税专用发票。

8. 财务经理登记发票领取登记簿

财务经理在发票领取登记簿上登记并签字，并将增值税专用发票记账联保留，将发票联和抵扣联交给业务经理送给客户。

9. 业务经理将发票送至客户

业务经理将增值税专用发票送至客户。

10. 财务经理填制记账凭证

财务经理根据发票记账联填制记账凭证，将发票记账联和销售出库单粘贴在记账凭证后作为附件，并将记账凭证交总经理审核。

11. 总经理审核记账凭证

总经理接收记账凭证并审核。

12. 财务经理登记数量金额明细账

财务经理根据记账凭证后所附销售出库单登记数量金额明细账。

13. 财务经理登记科目明细账

财务经理根据记账凭证登记科目明细账，并在记账凭证上签字或盖章。

14. 财务经理登记总账

财务经理根据记账凭证登记总账，并在记账凭证上签字或盖章。

四、业务单据

工贸企业库存台账填写示例如图 4-52 所示，工贸企业办理出库操作界面如图 4-53 所示，工贸企业开票申请单填写示例如图 4-54 所示，工贸企业原材料增值税专用发票示例如图 4-55 所示。

140305—经济型童车… 库存台账

分页：_____ 总页：_____

物料名称：经济型童车包装套件　　规格：　　最高存量：14000

物料编号：　　存放仓库：1号仓库　　最低存量：　　计量单位：件

2019 年		凭证号数	摘要	入库		出库		结存	
月	日			数量	单价	数量	单价	数量	单价
01	05	001				1200	103.72	12800	103.72
01	05	001		19200	84.68			32000	84.68

图 4-52　工贸企业库存台账填写示例

任务中心 > MCG10给制造业办理出库并开发票（工贸企业）

工作流程　填写单据　业务操作　决策依据

订单编号	客户	产品名称	数量	含税折...	总金额	交货日期	付款日期	状态	操作
XS1004...	宝乐童...	钢管...	10800		875568	2019-0...	2019-0...	已收款	

图 4-53　工贸企业办理出库操作界面

开票申请单1

2019 年　01 月　05 日

合同号（订单号）　001　申请人　马浩天

发票类型	增值税专用发票	发票金额	100729
单位名称	恒通工贸有限公司	税号	110000001012587015
开户行 银行账号	0100229999000099015	单位地址 电话	小红门路45号
开票内容 及说明	开具销售增值税发票	备注	无

总经理：牟义龙　财务经理：乔建浪　业务经理：马浩天

图 4-54　工贸企业开票申请单填写示例

1123559117　　北京增值税专用发票　　№ 62351276

机器编号：49992137610　　发票联　　1123559117　62351276

开票日期：2019年1月5日

购买方	名　称：好佳童车制造有限公司 纳税人识别号：110100101032345 地 址、电 话：北京市海淀区北清路6号 010-62437783 开户行及账号：中国工商银行北京分行 0100229999333823	密码区	035926>3>2<0230937-8>1*26906 374*91/- +588247>>/*6+>-89233 785926>3>2<0230937*57+89>097 4/ 737-++ 690195*6067/ /42+2-72

货物或应税劳务、服务名称	规格型号	单位	数量	单价	金额	税率	税额
*商品*钢管		根	2400.00	105.00	252000.00	16%	40320.00
*商品*坐垫		个	1200.00	80.00	96000.00	16%	15360.00
*商品*车篷		个	1200.00	142.00	170400.00	16%	27264.00
*商品*车轮		个	4800.00	27.00	129600.00	16%	20736.00
*商品*经济型童车包装套件		个	1200.00	89.00	106800.00	16%	17088.00
合　计					¥754,800.00		¥120,768.00
价税合计（大写）	⊗捌拾柒万伍仟伍佰陆拾捌元整				（小写）¥875,568.00		

销售方	名　称：丰达工贸有限公司 纳税人识别号：110100101029089327 地 址、电 话：北京市南四环中路55号 010-89458001 开户行及账号：中国工商银行北京支行 0100229999000099117	备注	丰达工贸有限公司 110100101029089327 发票专用章

收款人：管理员　复核：　开票人：　销售方：（章）

税总函〔2015〕340号北京印制有限公司

第三联：发票联　购买方记账凭证

图 4-55　工贸企业原材料增值税专用发票示例

任务十　物流企业装车发运给制造企业

一、业务描述

装车发运是运输作业中必不可少的环节。由于运输现场的装卸、搬运及监装作业时间占装车发运时间的比重较大,合理、高效和低成本的装车作业是装车发运的关键。装车发运的另一个关键是发运前交接手续的办理,应以相关单据为依据,明确划分和界定运输各方的责任和义务。

装车作业:货运员与司机共同监督指挥装车,装车完毕后封车。

发运作业:货物装车完毕后,执行货物的发车出运即货物发运出站。

在 VBSE 综合实训中,由物流企业业务员进行货物装车并送货。

二、业务流程

物流企业装车发运给制造企业的业务流程如图 4-56 所示。

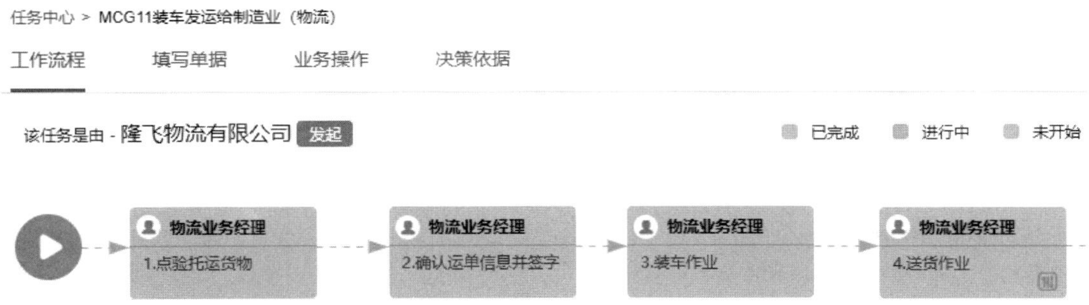

图 4-56　物流企业装车发运给制造企业的业务流程

三、业务步骤

物流企业业务经理点验托运货物、确认运单信息(在 VBSE 综合实训中,由于货物都是虚拟的,物流企业业务员是看不到货物的,核对运单信息就非常重要),确认无误后将货物装车发运给制造企业。

注意:

(1)在 VBSE 综合实训中,有些操作做了简化,货物的装车作业与工贸企业办理出库操作同时进行,即工贸企业办理出库时货物即装车;

(2)送货作业是系统操作,在“业务操作”界面选择对应的收货企业,点击“运输”按钮,弹出运输订单,物流企业业务经理对订单信息进行再次核对,确认无误后点击“运输”按钮即完成送货操作。

四、业务单据

物流企业装车发运给制造企业操作界面如图 4-57 所示。

图 4-57　物流企业装车发运给制造企业操作界面

任务十一　物流企业送货到制造企业

一、业务描述

物流企业业务员将工贸企业的货物送至制造企业指定的仓库并卸货，同时将增值税专用发票交给制造企业。

二、业务流程

物流企业送货到制造企业的业务流程如图 4-58 所示。

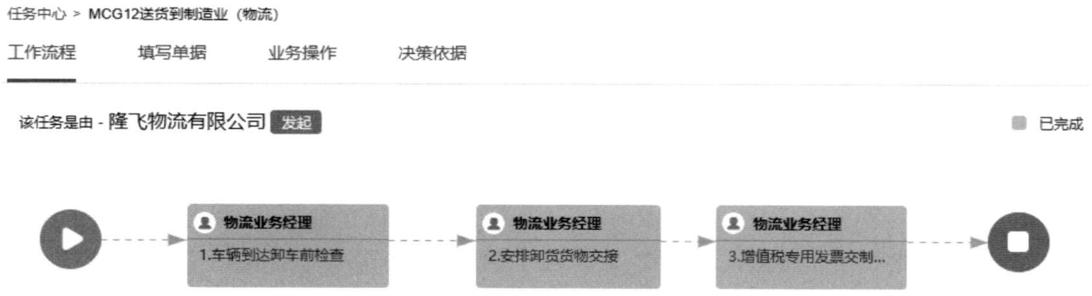

图 4-58　物流企业送货到制造企业的业务流程

三、业务步骤

物流企业将货物运输到制造企业后，物流企业业务经理在卸货前对车辆进行检查，确认没有问题后，再与制造企业交接货物，并将物流企业的增值税专用发票交给制造企业。

四、业务单据

本业务在 VBSE 综合实训中是虚拟业务，没有实体货物可供查验，所以更多地让学生关注业务流程，拓展相关知识，没有单据填写或业务操作。

任务十二　制造企业收货并办理入库

一、业务描述

2019 年 1 月 25 日，根据 2019 年 1 月 5 日与工贸企业签订的购销合同，制造企业收到相关的原材料，同时收到由工贸企业开具的销售发票和由物流企业开具的物流运费发票。制造企业仓储部仓管员填写对应的采购入库单后，仓储部留存入库单第一联，将其他联交给相应的部门。

入库单编号为单据名称+双方企业名称首字母+年月日+合同的个数，如好佳童车厂与丰达工贸签订一份合同，合同编号为“CGRK-HJ-FD-20190125001”，即采购入库-好佳-丰达-2019 年 01 月 25 日 001 号单据；类型为“原材料/半成品/产成品”；仓库为“A 仓库（原材料仓库）/B 仓库（半成品仓库）/C 仓库（产成品仓库）”；制造企业在 2019 年 1 月 5 日签订购销合同，向工贸企业共计采购 9 600 根钢管、4 800 个坐垫、4 800 个车篷、19 200 个车轮和 4 800 套经济型童车包装套件。

制造企业需要与每家工贸企业签订购销合同，如与每家工贸企业签订的购销合同中采购钢管 9 600/T 根（其中 T 表示本次课程开设工贸企业的数量），即总采购钢管数量不变，根据工贸企业开设组数，平分采购钢管数量，其余产品依此类推。

二、业务流程

制造企业收货并办理入库的业务流程如图 4-59 所示。

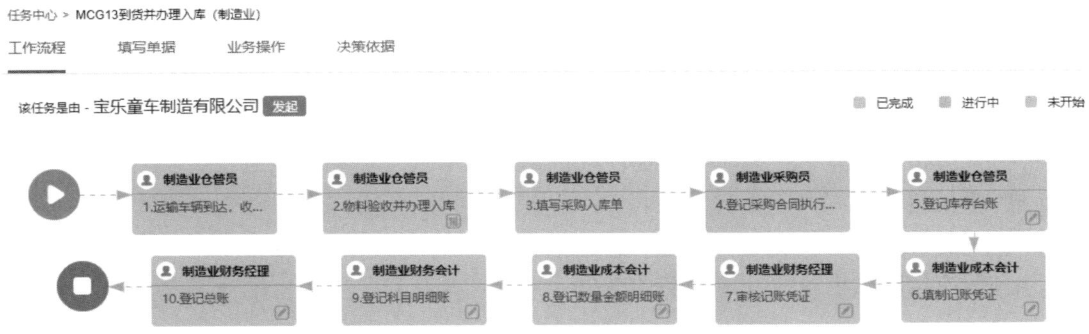

图 4-59　制造企业收货并办理入库的业务流程

三、业务步骤

1. 运输车辆到达，仓管员收到物流运单

制造企业仓管员（兼原料质检员）接收工贸企业发来的货物，附有物流运单。

2. 仓管员验收物料并办理入库

仓管员（兼原料质检员）根据发货单和质量检验标准进行质量、数量、包装等检测；根据检验结果填写物料检验单,并签字确认;检验无误后,在发货单上签字收货。

3. 仓管员填写原材料入库单

仓管员(兼原料质检员)根据物料检验单填写原材料入库单(一式三联),并将原材料入库单提交给仓储经理,仓储经理将审核后的入库单自留一联,另外两联交采购部和财务部。

4. 采购员登记采购合同执行情况表

采购员接收原材料入库单,登记采购合同执行情况表,将发票(发票联和抵扣联)和对应的原材料入库单的财务联送交财务部。

5. 仓管员登记库存台账

仓管员根据原材料入库单登记库存台账。

6. 财务部相关处理

成本会计填制记账凭证,财务经理审核记账凭证,成本会计登记数量金额明细账,财务会计登记科目明细账,财务经理登记总账。

四、业务单据

在实务中,采购入库和发票送达可分为以下几种情况:

(1)货物到库但至月底发票仍未到,会计处理上将暂估金额入账,借记"原材料",贷记"应付账款——暂付应付款";

(2)采购发票已收到,但货物至月底仍未到,借记"原材料",贷记"在途物资";

(3)采购发票和货物在同一时间段到达,就可以确认采购的成本,借记"原材料"和"应交税费——应缴增值税(进项税额)",贷记"应付账款"。

在 VBSE 综合实训中,采购发票和货物到达情况属于第三种。制造企业货物入库并收到采购发票和运费发票。

记账凭证示例如下。

借:原材料 743 138.51

　应交税费——应交增值税(进项税额) 126 333.55

　贷:应付账款 869 472.06

借:原材料 39 165.4

　应交税费——应交增值税(进项税额) 4 308.25

　贷:应付账款 43 473.6

任务十三　制造企业收到运费发票并支付

一、业务描述

制造企业仓管员根据运费发票,填写付款申请单后交仓储经理审批,审批后交财务部办理付款手续。

二、业务流程

制造企业收到运费发票并支付的业务流程如图 4-60 所示。

图 4-60　制造企业收到运费发票并支付的业务流程

三、业务步骤

1. 仓管员填写运输费付款申请单

制造企业仓管员收到物流企业的运费发票，填写付款申请单，并提交给仓储经理。

2. 仓储经理审核付款申请单

仓储经理收到运费发票和付款申请单，审核付款申请单与发票信息是否一致，付款要求是否合理，确认合理后，签字并提交给财务经理。

3. 财务经理审核付款申请单

财务经理审核付款申请单的准确性和合理性，确认无误后，在付款申请单上签字，并转交仓管员。

4. 出纳办理网银付款（转账）

出纳收到付款申请单，检查财务经理是否签字，确认无误后，对照付款申请单办理网银付款。

在 VBSE 系统中，点击“业务操作”模块，出现转账界面，注意输入“付款账户”“付款公司名称”“收款账户”“收款公司名称”以及“转账金额”等，并对照发票核对转账金额。

5. 财务会计填制记账凭证

财务会计根据运费发票编制记账凭证，并将记账凭证和发票提交给财务经理。

6. 财务经理审核记账凭证

财务经理审核记账凭证填写的准确性、合法性和真实性，审核资金使用的合理性，审核无误后签字，并将记账凭证和发票返还给财务会计。

7. 出纳登记银行存款日记账

出纳根据记账凭证登记簿登记银行存款日记账，在记账凭证上签字或盖章，并将记账凭证提交给财务会计。

8. 财务会计登记科目明细账

财务会计根据记账凭证登记科目明细账，并将科目明细表发送给成本会计。

9. 财务经理登记总账

财务经理根据记账凭证登记科目总账。

四、业务单据

运输费增值税专用发票填写示例如图 4-61 所示，付款申请单填写示例如图 4-62 所示，银行回单示例如图 4-63 所示（银行回单按照实际开设企业数量取得，以工贸企业开设 4 家为例，应取得 4 张银行回单），运输费记账凭证示例如图 4-64 所示。

1123559117　　北京增值税专用发票　　№ 62416532

机器编号：49992137610　　　　1123559117　62416532

发票联　　开票日期：2019年1月5日

购买方	名　　称：好佳童车制造有限公司 纳税人识别号：110100101032345 地 址、电 话：北京市海淀区北清路6号 010-62437783 开户行及账号：中国工商银行北京分行 0100229999333823	密码区	035926>3>2<0230937-8>1*26906 374*91/- +588247>>/*6+>-89233 785926>3>2<0230937*57+89>097 4/ 737-++ 690195*6067/ /42+2-72

货物或应税劳务、服务名称	规格型号	单位	数量	单价	金额	税率	税额
*服务*物流运输					39798.55	10%	3979.85
合　　计					¥39,798.55		¥3,979.85
价税合计（大写）	⊗肆万叁仟柒佰柒拾捌元肆角整				（小写）¥43,778.40		

销售方	名　　称：隆飞物流有限公司 纳税人识别号：100108231234856019 地 址、电 话：北京市卓尔大街38号 010-64667658 开户行及账号：中国工商银行北京支行 0100229999000099019	备注	隆飞物流有限公司 100108231234856019 发票专用章

收款人：管理员　　复核：　　开票人：　　销售方：（章）

税总函〔2015〕340号北京印制有限公司

第三联：发票联　购买方记账凭证

图 4-61　运输费增值税专用发票填写示例

付款申请单　　新道 seentao 教学专用

申请部门：	采购部	日期：2019-01-25	
发票编号：	62351276		
收款单位：	隆飞物流有限公司		
单位地址：	北京市卓尔大街38号	付款方式	☑转账
开户行：	中国工商银行北京市支行		□支票
账号：	0100229999000099019	已收发票	
用途：	支付物流的运费	☑是	□否
金额（大写）：	⊗肆万叁仟柒佰柒拾捌元肆角零分	¥43778.40	
经办人签字：	付海生	日期：2019-01-25	
财务主管意见：	钱坤	日期：2019-01-25	
总经理意见：	梁天	日期：2019-01-25	
备注：			

新道科技股份有限公司　网址：www.seentao.com　编码：DJ0215

图 4-62　付款申请单填写示例

ICBC 中国工商银行　　业务回单（付款）

入账日期：2019-01-25　　回单编号：1028376344
付款人户名：好佳童车制造有限公司
付款人账号：0100229999333823
付款人开户行/发报行：中国工商银行北京分行
收款人户名：隆飞物流有限公司
收款人账号：0100229999000099019
收款人开户行　中国工商银行北京分行
币种：人民币　　金额（小写）：¥43778.40
金额（大写）：肆万叁仟柒佰柒拾捌元肆角零分
凭证种类：　　凭证号码：
业务（产品）种类：支付运费　　摘要：支付运费
附言：
支付交易序号：10247931　　报文种类：00100 汇兑报文
委托日期：2019/1/25　　业务种类：转账
收款人地址：
付款人地址：

中国工商银行股份有限公司北京分行 2019.01.25 核算用章（04）

打印次数：1 次　机打回单注意重复　打印日期：2019-01-25　打印柜员：22347

图 4-63　银行回单示例

记账凭证

2019年1月25日　　记字　第 021 号

摘要	总账科目	明细账科目	借方金额	贷方金额	√
支付运输费用	应付账款	隆飞物流	43778.40		
	应付账款	隆飞物流	43778.40		
	应付账款	隆飞物流	43778.40		
	应付账款	隆飞物流	43778.40		
	银行存款	工行存款		175113.60	
	合计		¥175,113.60	¥175,113.60	

附件 4 张

财务主管　记账　出纳　审核　制单

图 4-64　运输费记账凭证示例

任务十四　制造企业收到工贸企业发票并支付

一、业务描述

2019 年 1 月 25 日，制造企业收到工贸企业提供的原材料采购发票，实训中开设几家工贸企业，即收到几张原材料采购发票，每张发票的金额为 3 502 272.00/T 元（其中 T 表示开设工贸企业的数量），即原材料采购费用总金额不变，根据工贸企业开设组数，平分原材料采购费用。制造企业采购订单相关信息见表4-3。

表4-3 制造企业采购订单相关信息

存货编码	存货名称	数量	单位	含税单价	发货日期	交货日期	付款日期
B0001	管钢	9 600/*T*	根	121.80	1月5日	1月25日	1月25日
B0003	坐垫	4 800/*T*	个	92.80	1月5日	1月25日	1月25日
B0005	车篷	4 800/*T*	个	164.72	1月5日	1月25日	1月25日
B0006	车轮	19 200/*T*	个	31.32	1月5日	1月25日	1月25日
B0007	经济型童车包装套件	4 800/*T*	套	103.24	1月5日	1月25日	1月25日

二、业务流程

制造企业收到工贸企业发票并支付的业务流程如图4-65所示。

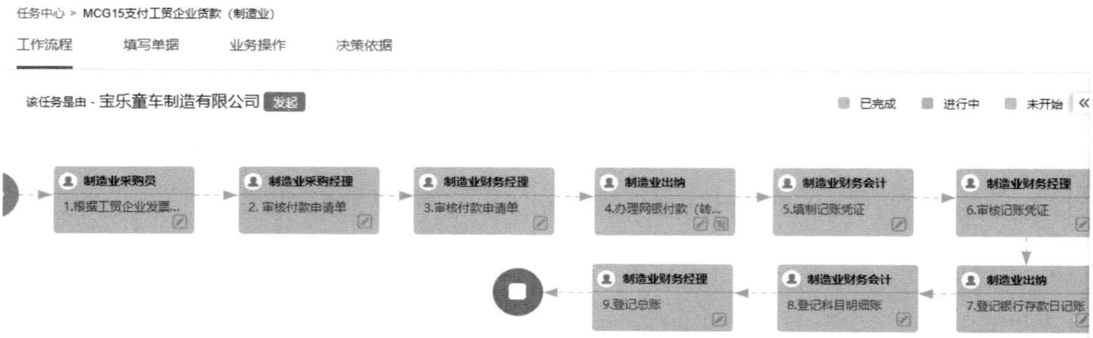

图4-65 制造企业收到工贸企业发票并支付的业务流程

三、业务步骤

1. 采购员收到增值税专用发票

制造企业采购员收到工贸企业根据发货开具的增值税专用发票，在系统中录入发票并填写付款申请单，将发票和付款申请单提交给采购经理。

2. 采购经理审核付款申请单

采购经理审核付款申请单与发票信息是否一致，付款要求是否合理，确认合理后签字，并提交给财务经理。

3. 财务经理审核付款申请单

财务经理审核付款申请单的准确性和合理性，确认无误后在付款申请单上签字，并转交给采购员。

4. 出纳办理网银付款（转账）

出纳收到付款申请单，检查财务经理是否签字，确认无误后，对照付款申请单办理网银付款。

5. 财务会计填制记账凭证

财务会计根据发票填制记账凭证，并将记账凭证提交给财务经理。

记账凭证示例如下。

借：应付账款　　　　　　875 568.00

　贷：银行存款　　　　　　875 568.00

6. 财务经理审核记账凭证

财务经理审核记账凭证填写的准确性、合法性和真实性，审核资金使用的合理性，审核无误后签字，并将记账凭证和发票返还给财务会计。

7. 出纳登记银行存款日记账

出纳根据记账凭证登记簿登记银行存款日记账，在记账凭证上签字或盖章，并将记账凭证交给财务会计。

8. 财务会计登记科目明细账

财务会计根据记账凭证登记科目明细账，并将科目明细账发送给成本会计。

9. 成本会计登记数量金额明细账

成本会计根据科目明细账登记数量金额明细账。

10. 财务经理登记总账

财务经理根据记账凭证登记科目总账。

四、业务单据

以开设四组工贸企业为例，发票金额为 3 502 272.00/4=875 568.00 元。制造企业采购原材料货款增值税专用发票示例如图 4-66 所示。

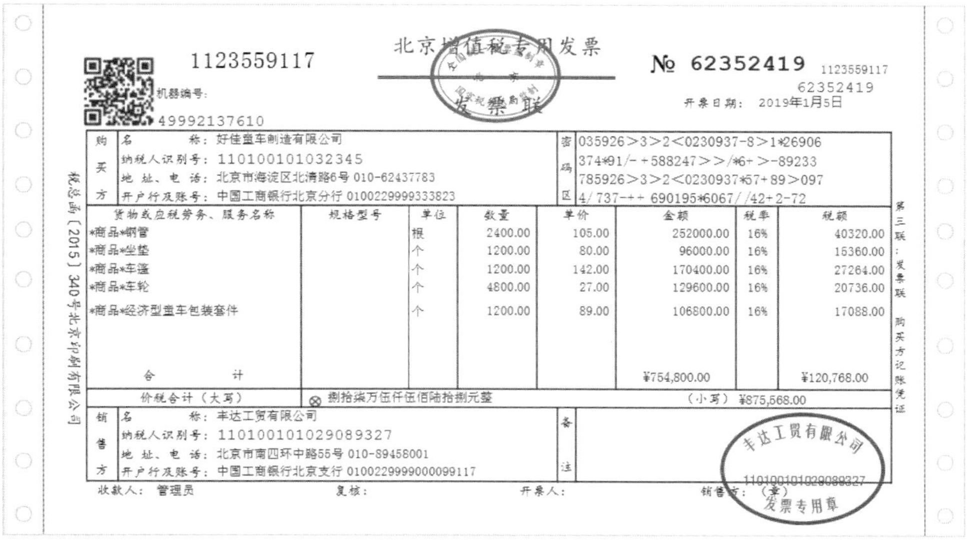

北京增值税专用发票

1123559117　　No 62352419　1123559117　62352419

机器编号：499921376１0

开票日期：2019年1月5日

发票联

购买方	名　　称：好佳童车制造有限公司 纳税人识别号：110100101032345 地 址、电 话：北京市海淀区北清路6号 010-62437783 开户行及账号：中国工商银行北京分行 0100229999333823
密码区	035926>3>2<0230937-8>1*26906 374*91/-+588247>>/*6+>-89233 785926>3>2<0230937*57+89>097 4/737-++ 690195*6067//42+2-72

货物或应税劳务、服务名称	规格型号	单位	数量	单价	金额	税率	税额
*商品*钢管		根	2400.00	105.00	252000.00	16%	40320.00
*商品*坐垫		个	1200.00	80.00	96000.00	16%	15360.00
*商品*车篷		个	1200.00	142.00	170400.00	16%	27264.00
*商品*车轮		个	4800.00	27.00	129600.00	16%	20736.00
*商品*经济型童车包装套件		个	1200.00	89.00	106800.00	16%	17088.00
合　计					¥754,800.00		¥120,768.00
价税合计（大写）	⊗捌拾柒万伍仟伍佰陆拾捌元整				（小写）¥875,568.00		

销售方	名　　称：丰达工贸有限公司 纳税人识别号：110100101029089327 地 址、电 话：北京市南四环中路55号 010-89458001 开户行及账号：中国工商银行北京支行 0100229999000099117	备注

收款人：管理员　　复核：　　开票人：　　销售方：（章）

第三联：发票联　购买方记账凭证

税总函［2015］340号北京印刷有限公司

丰达工贸有限公司　110100101029089327　发票专用章

图 4-66　制造企业采购原材料货款增值税专用发票示例

任务十五　物流企业收到制造企业运费业务回单

一、业务描述

2019 年 1 月 25 日，物流企业收到制造企业运费业务回单。物流企业收到制造企业运费总金额为运输货物总价的 5%，即运费应是 869 472 × 5%=43 473.6。制造企业采购货款信息见表 4-4。

表 4-4　制造企业采购货款信息

序号	货物名称	运送数量	单位	单价	金额
1	钢管	9 600/4=2 400	根	121.33	291 192.00
2	坐垫	4 800/4=1 200	个	91.50	109 800.00
3	车篷	4 800/4=1 200	个	164.70	197 640.00
4	车轮	19 200/4=4 800	个	30.50	146 400.00
5	经济型童车包装套件	4 800/4=1 200	套	103.70	124 440.00
合计		10 800			869 472.00

二、业务流程

物流企业收到制造企业运费业务回单的业务流程如图 4-67 所示。

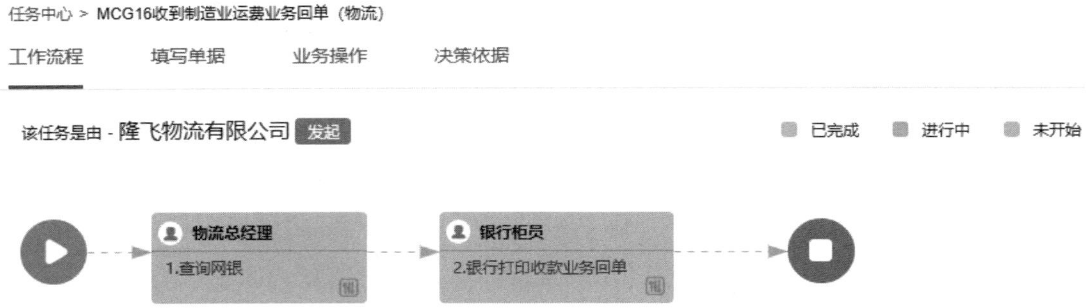

图 4-67　物流企业收到制造企业运费业务回单的业务流程

三、业务步骤

1. 物流企业总经理查询网银

物流企业总经理在 VBSE 系统中执行“业务操作”查询网银，查看运费到账情况并进行核对，确认无误后，前往银行柜员处打印运费回单。

在 VBSE 综合实训中，物流企业的业务主要是围绕其他企业提供服务，其内部业务的操作在很大程度上已经被弱化。所以，在此物流企业总经理只需要查看运费到账情况，不需要进行其他账务处理。

2. 银行柜员打印回单

银行柜员根据制造企业给物流企业的转账情况，打印制造企业给物流企业的收款业务回单。

四、业务单据

运费银行转账回单如图 4-63 所示。

任务十六　工贸企业收到制造企业货款银行回单

一、业务描述

工贸企业收到制造企业支付的销售货款，并取得银行回单。

二、业务流程

工贸企业收到制造企业货款银行回单的业务流程如图 4-68 所示。

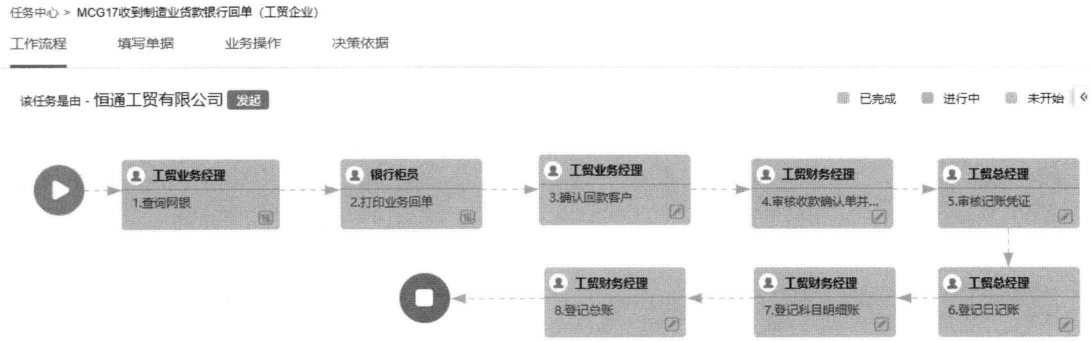

图 4-68　工贸企业收到制造企业货款银行回单的业务流程

三、业务步骤

1. 业务经理查询网银

工贸企业业务经理在 VBSE 系统中执行“业务操作”查询网银，查看货款到账情况并进行核对，确认无误后，前往银行柜员处打印货款回单。

2. 银行柜员打印业务回单

银行柜员根据制造企业给工贸企业的转账情况，打印制造企业给工贸企业的转账回单。

3. 业务经理确认回款客户

业务经理在 VBSE 系统中填写收款确认单，对银行回款进行确认，确认回款客户，并将收款确认单传给财务经理。

4. 财务经理审核收款确认单并填制记账凭证

财务经理审核收款确认单，根据收款确认单填制记账凭证，将银行业务回单粘贴在记账凭证后作为附件，并提交给总经理。

记账凭证示例如下。

借：银行存款　　　　　　869 472.00

　贷：应付账款　　　　　　869 472.00

5. 总经理审核记账凭证

总经理审核记账凭证，并对照相关附件检查是否有误，审核无误后签字确认，并将记账凭证传递给总经理。

6. 总经理（兼出纳）登记日记账

总经理根据记账凭证登记簿登记银行存款日记账，并在记账凭证上签字或盖章。

7. 财务经理登记科目明细账

财务经理根据记账凭证登记科目明细账，并在记账凭证上签字或盖章。

8. 财务经理登记总账

财务经理根据记账凭证登记总账，并在记账凭证上签字或盖章。

四、业务单据

工贸企业业务经理查询货款到账界面如图 4-69 所示。

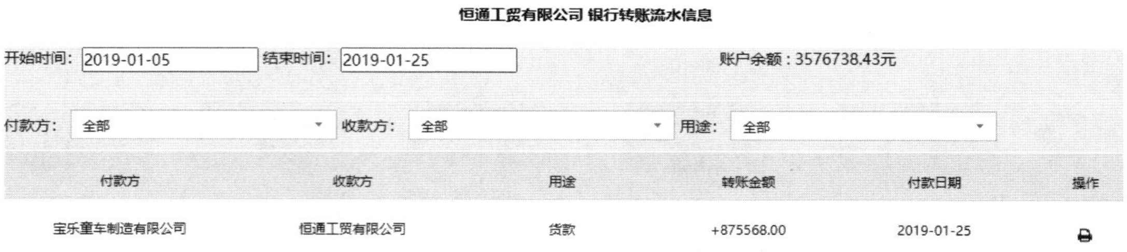

图 4-69　工贸企业业务经理查询货款到账界面

项目三　制造企业生产相关业务

任务一　制造企业整理销售需求

一、业务描述

制造企业营销部将与商贸企业签订的销售订单汇总成表，并将此表下发给生产计划部和采购部，作为制订生产计划的依据。

二、业务流程

制造企业整理销售需求的业务流程如图 4-70 所示。

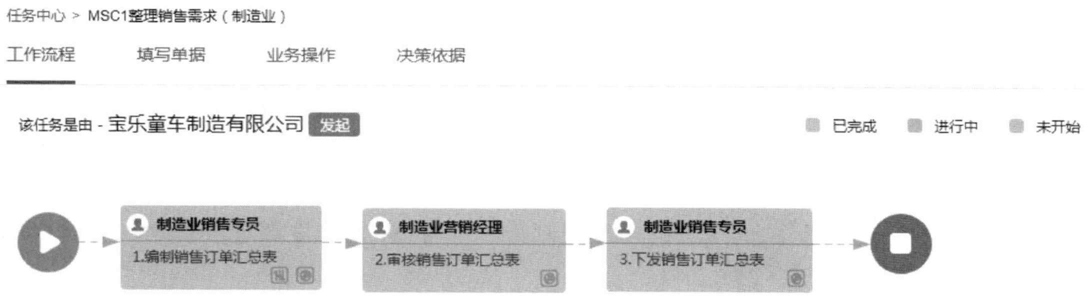

图 4-70　制造企业整理销售需求的业务流程

三、业务步骤

1. 销售专员编制销售订单汇总表

制造企业销售专员根据已经签订的销售订单相关信息编制销售订单汇总表，此表一式两份，销售部和生产计划部各保存一份。销售订单是生产计划部安排生产的依据，其信息的准确性非常重要。

2. 营销经理审核销售订单汇总表

营销经理审核销售订单汇总表，审核无误后签字并返给销售专员。

3. 销售专员下发销售订单汇总表

销售专员将营销经理审核过的销售订单汇总表分别下发给生产计划部和采购部，作为编制主生产计划和采购计划的依据。

四、业务单据

销售订单汇总表见表 4-5。

表 4-5　销售订单汇总表

编制日期：2019 年 1 月 5 日

产品名称	数量	单位	合同约定交货日期
经济型童车	4 000	辆	2019 年 1 月 25 日
经济型童车	5 000	辆	2019 年 1 月 25 日

销售订单汇总表填写说明如下。

（1）产品名称：童车产品名称，如经济型童车。

（2）数量：相同产品名称、相同交货日期的汇总数量。

（3）交货日期：合同中约定的交货日期。

任务二　制造企业编制主生产计划

一、业务描述

主生产计划（Master Production Schedule，MPS）是闭环计划系统的一部分。MPS 的实质是保证销售规划和生产规划对规定的需求（需求什么、需求多少和什么时候需求）与所使用的资源达成一致。MPS 考虑了经营规划和销售规划，使生产规划与之相协调。MPS 着眼于销售什么和能够制造什么，这就能为车间制订一个合适的“主生产进度计划”，并且以粗能力数据调整这个计划，直到负荷平衡。

二、业务流程

制造企业编制主生产计划的业务流程如图 4-71 所示。

图 4-71　制造企业编制主生产计划的业务流程

三、业务步骤

1. 生产计划员编制主生产计划

生产计划员根据接收的销售订单汇总表，结合各车间的生产能力、产品库存状况编制主生产计划计算表，根据主生产计划计算表填写主生产计划表，将主生产计划表交给车间管理员核验，然后交给生产计划部经理审批，具体编制过程如下。

1）销售预测的来源——销售预测汇总表

每年年末，营销部在充分分析市场和自身情况、研究经济政策和宏观环境的基础上做出下一年的年度销售预测，每个季度根据市场变化情况对本季度和下一季度的销售预测进行调整。表 4-6 就是制造企业营销部 2018 年第三季度对年度销售预测进行调整后的结果。

表 4-6　年度销售预测表

编制部门:营销部

产品	第一季度			第二季度			第三季度			第四季度			2019 年第一季度		
	1 月	2 月	3 月	4 月	5 月	6 月	7 月	8 月	9 月	10	11 月	12 月	1 月	2 月	3 月
经济型童车										4 000	5 000	5 000	7 000	5 000	7 000
舒适型童车															
豪华型童车															

2)客户订单的来源——销售订单汇总表

客户订单汇总表是制造企业在参加本季度商品交易会后,由营销部经理对客户订单按交货日期进行汇总而形成的销售订单汇总表,将该表传递给生产计划部作为编制主生产计划的依据。销售订单汇总表见表 4-7。

表 4-7　销售订单汇总表

编制部门:营销部

产品名称	数量	单位	合同约定交货日期
经济型童车	4 000	辆	2018 年 10 月 25 日
经济型童车	5 000	辆	2018 年 11 月 25 日
经济型童车	6 000	辆	2018 年 12 月 25 日

3)填写可用库存——库存报表

库存报表见表 4-8。

表 4-8　库存报表

时间:2018 年 10 月

存货类别	存货名称	型号	期初数量	预计入库	本期出库	预计期末结存
	经济型童车		2 000			
	在产车架		5 000			
	在产童车		4 000			
	钢管		5 000			
	坐垫		5 000			
	车篷		5 000			
	车轮		20 000			
	包装套件		10 000			
	合计					

报告人:王宝珠　　　　审批人:何明海

4)填写可用能力——车间产能报表

车间产能报表见表 4-9。

表 4-9　车间产能报表

产品	工作中心	设备数量	单位设备产能	总产能	可用产能		
					2018 年 10 月	2018 年 11 月	2018 年 12 月
车架	普通机床	10	500	5 000	5 000	5 000	5 000
经济型童车	组装生产线	1	7 000	7 000	5 000	5 000	5 000

5)计算主生产计划量

当预生产量大于可用库存、可用能力之和时,生产能力满足不了订单的需求,可考虑采取外包、加班或者与客户协商推迟交货等办法。此时,主生产计划量为可用的最大能力。

当预生产量等于可用库存、可用能力之和时,生产能力正好满足订单的需求,主生产计划量为可用能力。

当预生产量小于可用库存、可用能力之和时,生产能力不仅可以满足订单的需求,还能扩大销售。此时的主生产计划量根据企业的实际情况和管理层的决策确定。若只满足销售订单需求,主生产计划量为预生产量减去可用库存的差额。若除满足销售订单需求外还要生产,则主生产计划量为可用能力或预生产量减去可用库存,再加上多生产的量。

6)填写主生产计划表——主生产计划计算表

主生产计划计算表如图 4-72 所示。

生产计划部主生产计划计算表（第四季度）

制表日期：2018.10.8　　安全库存：2000辆　　制表部门：生产计划部
产品名称：经济童车　　期初库存：2000辆　　单据编号：0001

月	1	2	3	4	5	6	7	8	9	10	11	12	1	2	3
销售预测										4000	5000	5000	6000	5000	7000
客户订单										4000	5000	6000			
预生产量		销售预测和客户订单两者中的最大值								4000	5000	6000	6000	5000	7000
可用库存										2000	2000	2000	1000	2000	2000
可用能力										5000	5000	5000	7000	7000	7000
主生产计划量										4000	5000	5000	7000	5000	7000

图 4-72　主生产计划计算表

2. 车间管理员核验主生产计划

车间管理员根据车间产能检查主生产计划是否可行(如不可行,返回步骤 1 对主生产计划进行调整),核对确认后签字,并交还给生产计划员。

3. 生产计划部经理审批主生产计

生产计划部经理审批主生产计划，确认无误后签字，并交还给生产计划员。

四、业务单据

本业务的核心是编制主生产计划表，在上述业务步骤中已对主生产计划表的计算过程做了详细说明，其中不涉及单据填写。

任务三 制造企业编制物料净需求计划

一、业务描述

总需求计划是在一段时间内整个生产计划所需要的物料量，而净需求计划则是通过计算得到的，其是在总需求量上扣除现有库存量、已订购量、在途量，最后得出净需求量，其实就是还需要的订购量。

物料清单详细记录了一种产品所用到的所有原材料及其相关属性，反映了生产该种产品对不同物料的数量需求和各物料的从属关系。

物料清单是接收客户订单、选择装配、计算累计提前期、编制生产和采购计划、配套领料、跟踪物流、追溯任务、计算成本、改变成本设计等多项工作所不可缺少的重要文件，上述工作涉及企业的销售、计划、生产、供应、成本、设计、工艺等部门。因此，物料清单不仅是一种技术文件，还是一种管理文件，是联系沟通各部门的纽带，企业各个部门都要用到物料清单。

在 VBSE 综合实训中，物料净需求指生产童车需要的原材料数量和生产车架需要的原材料数量。其中，需要先计算生产童车所需的原材料数量，车架是生产童车的原材料之一，且车架是制造企业自己生产的，所以需要同时计算生产车架所需要的原材料数量。

二、业务流程

制造企业编制物料净需求计划的业务流程如图 4-73 所示。

图 4-73 制造企业编制物料净需求计划的业务流程

三、业务步骤

1. 生产计划员编制物料净需求计划

生产计划员根据主生产计划、物料库存、物料清单,通过填制物料需求计算表进行物料净需求计算,将计算结果填写到物料净需求计划表中,并将物料净需求计划表送车间管理员校对,且送生产计划部经理审核。

经济型童车的物料清单如图 4-74 所示,物料净需求计划具体编制过程如下。

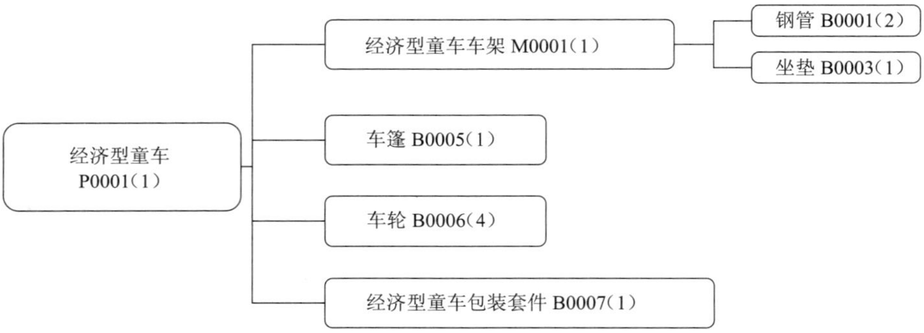

图 4-74　经济型童车的物料清单

1)童车的数据计算

童车净需求数量根据主生产计划表的预计产出数量填写,月份根据主生产计划表的月份填写。下达生产订单的数量根据净需求的数量填写,月份根据提前期向前推。

经济型童车的净需求下达生产订单的关系如图 4-75 所示。例如, 11 月童车净需求 5 000 辆,童车的生产提前期为一个月,也就是说要在 11 月生产出 5 000 辆童车,则需要在 10 月下达童车生产订单 5 000 辆,因此下达订单的月份为 10 月,下达订单数量仍为 5 000 辆。

项目	计算方法	9 月	10 月	11 月	12 月	1 月	2 月	3 月
经济型童车 提前期一个月 批量 5 000	童车净需求=主生产计划表		4 000	5 000	5 000	7 000	5 000	7 000
	下达生产订单	4 000	5 000	5 000	7 000	5 000	7 000	

图 4-75　经济型童车下达生产订单数据的计算过程

2)车架的数据计算

车架的总需求数量为下达经济型童车生产订单时对经济型车架的需求数量和需求时间,即根据物料清单, 1 辆经济型童车需用 1 个经济型车架,则经济型车架的总需求数量为下达生产订单的经济型童车的数量 ×1,月份与下达生产订单月份相同。

净需求等于总需求减去可用库存,可用库存等于期初库存减去安全库存。如果总需求大于可用库存,则净需求具体数据为总需求减去可用库存;如果总需求小于可用库存,则净需求数为 0,净需求的日期与总需求日期相同。

经济型车架净需求的计算过程如图 4-76 所示。

项目	计算方法		10 月	11 月	12 月	1 月	2 月	3 月
经济型童车 提前期一个月 批量 5 000	净需求=主生产计划表		4 000	5 000	5 000	7 000	5 000	7 000
	下达生产订单		5 000	5 000	7 000	5 000	7 000	
经济型车架 提前期一个月 批量 5 000	总需求=经济型童车生产订单下达量 × 用量		5 000	5 000	7 000	5 000	7 000	
	减:可用库存	期初库存	0	0	0	0	0	
		减:安全库存	0	0	0	0	0	
		等于:可用库存	0	0	0	0	0	
	净需求		5 000	5 000	7 000	5 000	7 000	

图 4-76　经济型车架净需求的计算过程

3)车篷的数据计算

根据物料清单, 1 辆经济型童车需用 1 个车篷,则车篷的总需求数量为下达生产订单的经济型童车的数量 ×1,月份与下达生产订单月份相同。

车篷净需求的计算过程如图 4-77 所示。

项目	计算方法		10 月	11 月	12 月	1 月	2 月	3 月
经济型童车 提前期一个月 批量 5 000	净需求=主生产计划表		4 000	5 000	5 000	7 000	5 000	7 000
	下达生产订单		5 000	5 000	7 000	5 000	7 000	
车篷	总需求=经济型童车生产订单下达量 × 用量		5 000	5 000	7 000	5 000	7 000	
	减:可用库存	期初库存						
		减:安全库存						
		等于:可用库存	0	0	0	0	0	
	净需求		5 000	5 000	7 000	5 000	7 000	

图 4-77　车篷净需求的计算过程

4)车轮的数据计算

根据物料清单, 1 辆经济型童车需用 4 个车轮,则车轮的总需求数量为下达生产订单的

经济型童车的数量 ×4,月份与下达生产订单月份相同。

车轮净需求的计算过程如图 4-78 所示。

项目	计算方法		10 月	11 月	12 月	1 月	2 月	3 月
经济型童车 提前期一个月 批量 5 000	净需求=主生产计划表		4 000	5 000	5 000	7 000	5 000	7 000
	下达生产订单		5 000	5 000	7 000	5 000	7 000	
车轮	总需求=经济型童车生产订单下达量 × 用量		20 000	20 000	28 000	20 000	28000	
	减:可用库存	期初库存						
		减:安全库存						
		等于:可用库存	0	0	0	0	0	
	净需求		20 000	20 000	28 000	20 000	28 000	

图 4-78 车轮净需求的计算过程

5)包装套件的数据计算

根据物料清单，1 辆经济型童车需用 1 套包装套件,则包装套件的总需求数量为下达生产订单的经济型童车的数量 ×1,月份与下达生产订单月份相同。

6)钢管的数据计算

根据物料清单，1 个经济型车架需用 2 根钢管,则钢管的总需求数量为下达生产订单的经济型童车车架的数量 ×2。钢管的需求时间为下达经济型车架生产订单时对钢管的需求时间,由于经济型车架的生产周期为 1 个月,也就是生产提前期为 1 个月,则经济型车架生产订单的下达时间比完工时间提前 1 个月,则钢管的需求时间也要提前 1 个月。

钢管净需求的计算过程如图 4-79 所示。

项目	计算方法		9 月	10 月	11 月	12 月	1 月	2 月	3 月
经济型车架 提前期一个月 批量 5 000	生产订单完工			5 000	5 000	7 000	5 000	7 000	
钢管	总需求=童车生产订单下达量 × 用量		10 000	10 000	14 000	10 000	14 000		
	减:可用库存	期初库存		5 000					
		减:安全库存		10 000					
		等于:可用库存		-5 000	0	0	0		
	净需求			15 000	14 000	10 000	14 000		

图 4-79 钢管净需求的计算过程

7）坐垫的数据计算

根据物料清单，一个经济型车架需用 1 个坐垫，则坐垫的总需求数量为下达生产订单的经济型童车车架的数量 ×1。坐垫的需求时间为下达经济型车架生产订单时对坐垫的需求时间，由于经济型车架的生产周期为 1 个月，也就是生产提前期为 1 个月，则经济型车架生产订单的下达时间比完工时间提前 1 个月，则坐垫的需求时间也要提前 1 个月。

坐垫净需求的计算过程如图 4-80 所示。

项目	计算方法		9 月	10 月	11 月	12 月	1 月	2 月	3 月
经济型车架 提前期一个月 批量 5 000	生产订单完工			5 000	5 000	7 000	5 000	7 000	
坐垫	总需求=童车生产订单下达量 × 用量		5 000	5 000	7 000	5 000	7 000		
	减：可用库存	期初库存							
		减：安全库存							
		等于：可用库存		0	0	0	0		
	净需求			5 000	7 000	5 000	7 000		

图 4-80 坐垫净需求的计算过程

8）在途数量

在途数量：钢管=15 000 根；坐垫=5 000 个；车篷=5 000 个；车轮=20 000 个。

在产数量：经济型童车=4 000 辆；车架=5 000 个。

9）计算得出的物料净需求计划表

计算得出的物料净需计划表见表 4-10。

表 4-10 物料净需求计划表

制表部门：生产计划部 制表日期：2019 年 1 月 5 日

物料名称	需求数量					
	1 月	2 月	3 月	4 月	5 月	6 月
钢管（根）	14 000	10 000	14 000	14 000	14 000	14 000
坐垫（个）	7 000	5 000	7 000	7 000	7 000	7 000
车篷（个）	7 000	5 000	7 000	7 000	7 000	7 000
车轮（个）	28 000	20 000	28 000	28 000	28 000	28 000
包装套件（套）	7 000	5 000	7 000	7 000	7 000	7 000

说明：此表为采购件的净需求计划，由于采购也有提前期，所以 2019 年 1 月净需求的 14 000 根钢管，必须在 2018 年 12 月下达 14 000 根钢管的采购订单才能及时满足生产要求，其余以此类推。

2. 生产计划部经理审核物料净需求计划

生产计划部经理审核物料净需求计划计算是否正确，以及物料净需求计划中物料需求时间与数量是否与主生产计划一致，确认无误后批准，并交还给物料计划员。

3. 生产计划员将物料净需求计划送交相关部门

生产计划员将物料净需求计划第一联留下用于生产计划员安排生产，第二联送采购经理以便其安排采购。

四、业务单据

本业务的核心是编制物料净需求计划表，在上述业务步骤中已对物料净需求计划表的计算过程做了详细说明，其中不涉及单据填写。

任务四　制造企业派工领料-车架

一、业务描述

1. 生产派工

生产派工，亦称生产作业分配，即根据生产作业计划及实际生产情况，为各个车间分派生产任务，它是生产进度（作业）控制的第一个环节。

作业分配是以机械类别或个人类别进行工作分配。在VBSE综合实训中，按机械类别进行作业分配，一般应考虑以下两点。

（1）交货日期：按交货日期要求，依先后顺序分配。

（2）从提高作业效率的角度进行分配：将工作量与机械的能力相配合或将相同的作业集中安排，使作业效率提高。

2. 填写派工单

派工单号：根据各产品的派工先后顺序填写。

工序：根据生产产品的工艺路线填写。

工作中心：根据生产产品的生产线名称填写。

计划进度：填写生产的开始日期和完工日期。

3. 派工单填写规则

工单号：工序派工单编码规则为SC-PG-年月流水号，如2011年9月的第一个派工单编码为SC-PG-201109001。

工序：生产童车经过两道工序，第一道工序为车架，填写工序10；第二道工序为童车，填写工序20，工序名称分别为车架生产和童车组装。

二、业务流程

在VBSE综合实训中，生产计划员根据之前编制的主生产计划查看车间产能状况，对车间进行派工，对各个工作岗位的生产任务进行具体安排，并检查各项生产准备工作，保证现场按生产作业计划进行生产。

车间管理员根据生产计划员下达的半成品车架派工单，查看物料结构，填写领料单，进行生产领料；仓管员检查生产用料，办理材料出库，填写材料出库单和物料卡，生产工人开始这个月的车架生产。

制造企业派工领料-车架的业务流程如图 4-81 所示。

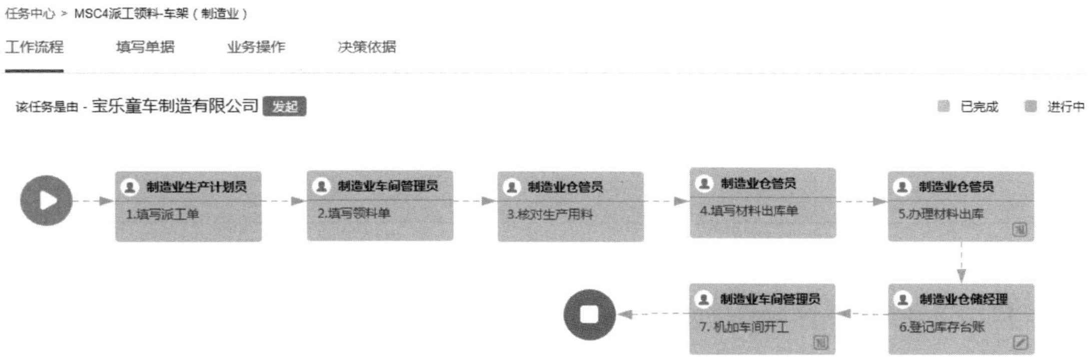

图 4-81　制造企业派工领料-车架的业务流程

三、业务步骤

1. 生产计划员填写派工单

生产计划员根据主生产计划表编制车架派工单，且一式两份，其中一份给车间管理员，另一份自己留存。

2. 车间管理员填写领料单

车间管理员根据派工单和物料清单填写一式三联的领料单，并送仓管员办理领料。

3. 仓管员核对生产用料

仓管员接到领料单，核对领料单上物料的库存情况，确认可以满足后，在领料单上签字。

4. 仓管员填写原材料出库单

仓管员根据领料单填写原材料出库单。

5. 仓管员办理材料出库

仓管员办理材料出库，车间管理员在原材料出库单上签字确认，原材料出库单的生产计划部联交车间管理员随材料一起拿走。

6. 仓储经理登记库存台账

仓储经理根据原材料出库单登记库存台账，并交仓管员留存。

7. 车间管理员机加车间派工

车间管理员根据车间物料、人员和设备的状况对机加车间派工。

注意：在 VBSE 系统中如果出现不能正常派工，可能的原因包括：①材料领用数量不足，应依照物料清单核查所需材料是否已全部领用且数量足够本次派工；②车间所需工人未按照要求招聘到位，包括人员数量和工人级别（如初级工、中级工、高级工）；③派工时生产设备拥有的剩余产能不足；④新增设备已过安装提前期。

四、业务单据

生产计划部车架生产派工单见表 4-11。

表 4-11 生产计划部车架生产派工单

派工日期:2019 年 1 月 25 日　　　　派工部门:生产计划部　　　　单据编号:0003

派工单号	产品	工序	工序名称	工作中心	生产数量	计划进度	
						开始日期	完工日期
SC-PG-201901003	经济型车架	10	车架生产	普通机床	5 000	1 月 25 日	2 月 25 日

生产计划部经理:　　　　车间管理员:

说明:此表为生产计划部经理填写,下达给车间管理员,由车间管理员安排生产。填写完生产派工单后,根据派工单填写生产执行情况表。此表一式两份,一份由生产计划部经理留存,另一份交车间管理员。

制造企业派工领料-车架领料操作界面如图 4-82 所示,制造企业派工领料-车架领料记录如图 4-83 所示,制造企业派工领料-车架派工操作界面如图 4-84 所示,制造企业派工领料-车架派工记录如图 4-85 所示。

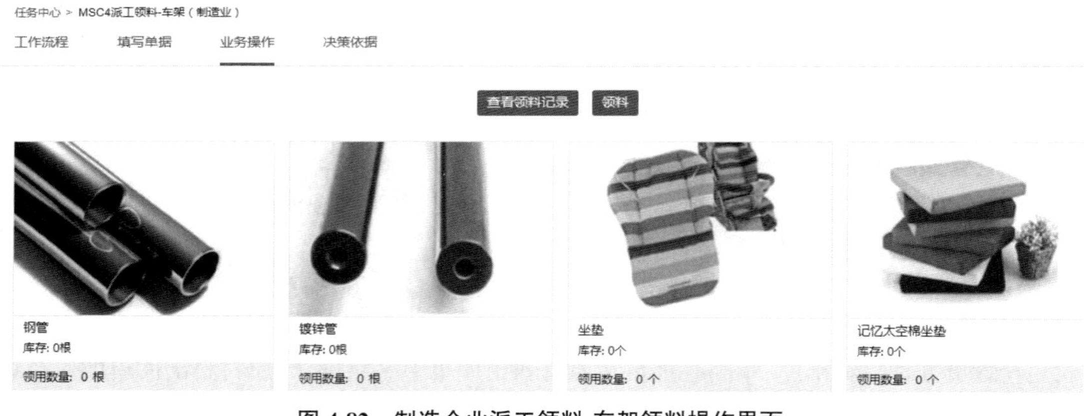

图 4-82 制造企业派工领料-车架领料操作界面

机加车间领料记录

序号	编号	材料名称	领用日期	领用数量	领用人
1	JL17152936	坐垫	2019-01-25	1800	33B6190130
2	JL17152936	钢管	2019-01-25	3600	33B6190130

图 4-83 制造企业派工领料-车架领料记录

任务中心 > MSC4派工领料-车架（制造业）

工作流程 填写单据 业务操作 决策依据

派工 查看派工记录

序号	设备图	设备名称	设备编号	购买日期	产品名称	额定/占用产能	派工数量	派工日期	人员状态	设备状态
1		普通机床	0001	2016-12-25	经济型童车车架	500/500		2019-01-25	已配置	占用
2		普通机床	0002	2016-12-25	经济型童车车架	500/500		2019-01-25	已配置	占用
3		普通机床	0003	2016-12-25	经济型童车车架	500/500		2019-01-25	已配置	占用
4		普通机床	0004	2016-12-25	经济型童车车架	500/500		2019-01-25	已配置	占用
5		普通机床	0005	2016-12-25	经济型童车车架	500/500		2019-01-25	已配置	占用

图 4-84 制造企业派工领料-车架派工操作界面

机加车间派工记录

序号	设备名称	设备编号	产品名称	派工数量	派工日期
1	普通机床	0009	经济型童车车架	500	2019-01-25
2	普通机床	0010	经济型童车车架	500	2019-01-25
3	普通机床	0007	经济型童车车架	500	2019-01-25
4	普通机床	0006	经济型童车车架	500	2019-01-25
5	普通机床	0008	经济型童车车架	500	2019-01-25

图 4-85 制造企业派工领料-车架派工记录

任务五 制造企业派工领料-童车

一、业务描述

生产计划部安排车间领料生产整车，车间管理员领取物料，库房根据领料单发料，并变更库存台账。

二、业务流程

制造企业派工领料-童车的业务流程如图 4-86 所示。

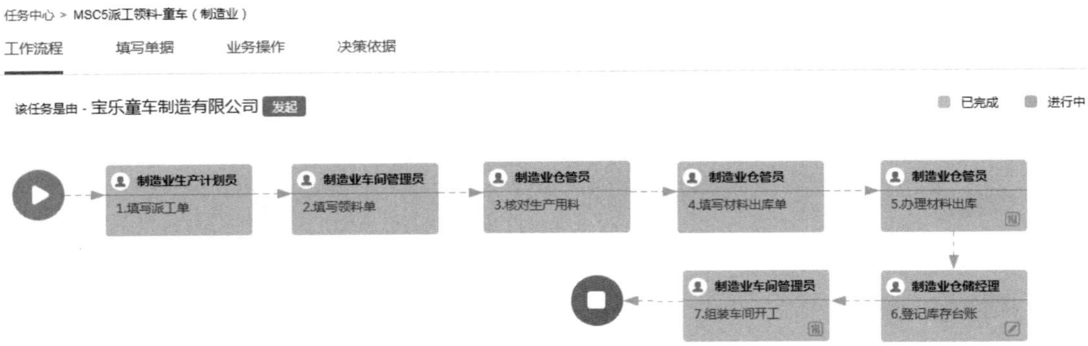

图 4-86　制造企业派工领料-童车的业务流程

三、业务步骤

1. 生产计划员填写派工单

生产计划员根据主生产计划表编制整车派工单，且一式两份，其中一份给车间管理员，另一份自己留存。

2. 车间管理员填写领料单

车间管理员根据派工单和物料清单填写一式三联的领料单。

3. 仓管员核对生产用料

仓管员接到领料单，核对领料单上物料的库存情况，确认可以满足后，在领料单上签字。

4. 仓管员填写原材料出库单、半成品出库单

仓管员根据领料单填写原材料出库单、半成品出库单。

5. 仓管员办理材料出库

仓管员办理材料出库，车间管理员在原材料出库单、半成品出库单上签字确认，将原材料出库单、半成品出库单的生产计划部联交车间管理员随材料一起拿走，将原材料出库单、半成品出库单财务部联交成本会计，将原材料出库单、半成品出库单仓储部联交仓储经理登记库存台账。

6. 仓储经理登记库存台账

仓储经理根据原材料出库单、半成品出库单登记库存台账，并交仓管员留存备案。

7. 车间管理员组织车间开工

车间管理员检查人员、物料、设备的状况，确认后开始安排生产。

四、业务单据

生产计划部童车组装派工单见表 4-12。

表 4-12　生产计划部童车组装派工单

派工日期:2019 年 1 月 25 日　　派工部门:生产计划部　　单据编号:0004

派工单号	产品	工序	工序名称	工作中心	生产数量	计划进度	
						开始日期	完工日期
SC-PG-201901004	经济型童车	20	童车组装	组装生产线	5 000	1 月 25 日	2 月 25 日

生产计划部经理:　　车间管理员:

说明:此表为生产计划部经理填写,下达给车间管理员,由车间管理员安排生产。填写完生产派工单后,根据派工单填写生产执行情况表。此表一式两份,一份由生产计划部经理留存,另一份交车间管理员。

制造企业派工领料-童车领料操作界面如图 4-87 所示,制造企业派工领料-童车组装车间领料记录如图 4-88 所示,制造企业派工领料-童车组装车间派工操作界面如图 4-89 所示,制造企业派工领料-童车组装车间派工记录如图 4-90 所示。

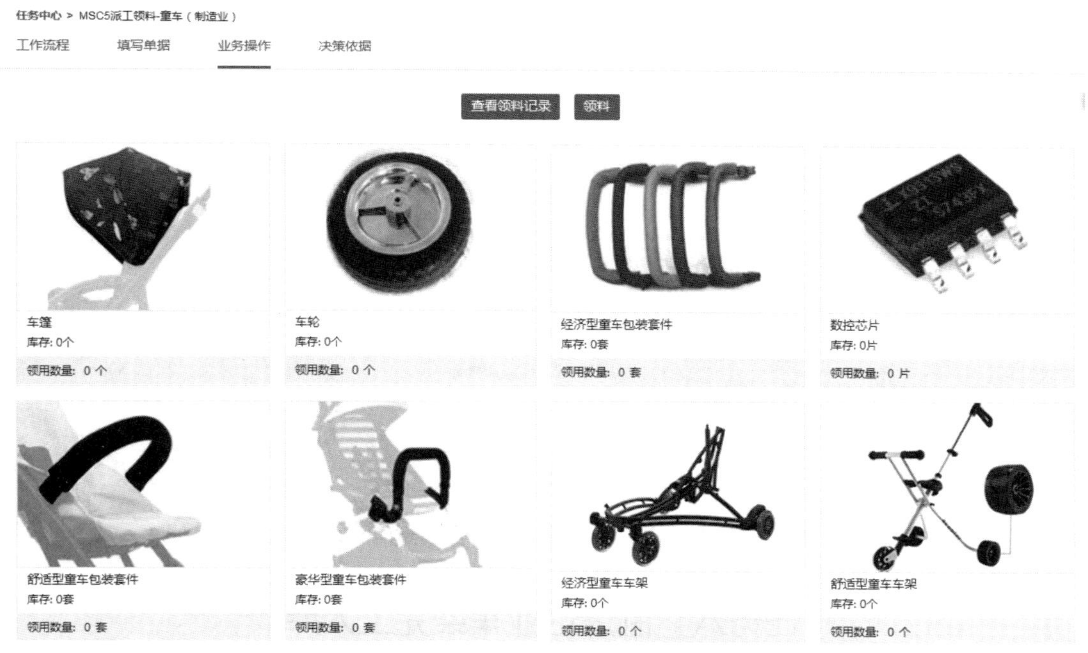

图 4-87　制造企业派工领料-童车领料操作界面

组装车间领料记录

序号	编号	材料名称	领用日期	领用数量	领用人
1	ZL17153213	经济型童车车架	2019-01-25	600	33B6190130
2	ZL17153213	车篷	2019-01-25	1800	33B6190130
3	ZL17153213	经济型童车包装套件	2019-01-25	1800	33B6190130
4	ZL17153213	车轮	2019-01-25	7200	33B6190130
5	ZL12114608	经济型童车车架	2019-01-05	4800	33B6190130

图 4-88 制造企业派工领料-童车组装车间领料记录

任务中心 > MSC5派工领料-童车（制造业）

工作流程 填写单据 业务操作 决策依据

派工 查看派工记录

序号	设备图	设备名称	设备编号	购买日期	产品名称	额定/占用产能	派工数量	派工日期	人员状态	设备状态
1		流水线	0011	2016-12-25	经济型童车	7000/5400		2019-01-25	已配置	占用

图 4-89 制造企业派工领料-童车组装车间派工操作界面

组装车间派工记录

序号	设备名称	设备编号	产品名称	派工数量	派工日期
1	流水线	0011	经济型童车	150	2019-01-25
2	流水线	0011	经济型童车	250	2019-01-25
3	流水线	0011	经济型童车	1000	2019-01-25
4	流水线	0011	经济型童车	1000	2019-01-25
5	流水线	0011	经济型童车	1000	2019-01-25

图 4-90 制造企业派工领料-童车组装车间派工记录

任务六 制造企业车架完工入库

一、业务描述

童车生产有两道工序：第一道工序是在机加车间加工车架，加工完成后办理车架完工入库；第二道工序是组装童车，组装完成后办理产成品入库。

完工单是代表企业加工的产品生产完工的一种原始单据。完工单一式三联，一联留存在生产部，一联送检时留存在质检部，一联作为入库凭证。

生产入库单是产成品验收入库时填制的单据。生产入库单一式三联，存根联留在仓库登记存货台账,一联交财务部作为成本核算的依据,一联交生产计划部作为产量统计的依据。

注意:办理入库前,核对车间出具的“完工单”和“质检报告”信息是否齐全;完工单号指明此次入库的是哪一个完工单完成的产品。由于生产入库时无法确定产品的总成本和单位成本,因此只填数量,不填单价和金额。

二、业务流程

制造企业车架完工入库的业务流程如图 4-91 所示。

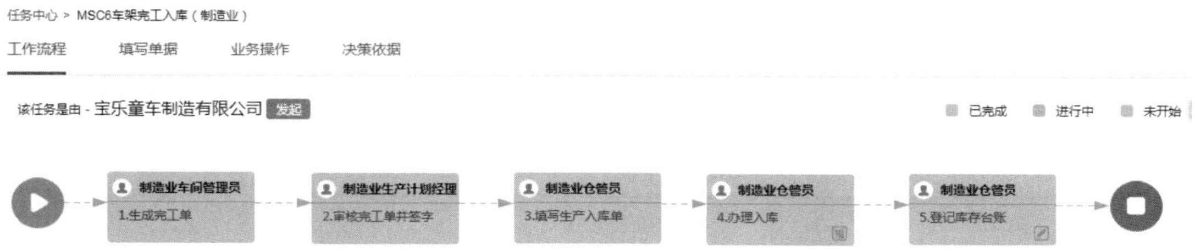

图 4-91 制造企业车架完工入库的业务流程

三、业务步骤

1. 车间管理员生成完工单

机加车间车架生产完工后,车间管理员根据派工单填写完工单,并将派工单及完工单交给生产计划部经理。

2. 生产计划部经理审核完工单并签字

生产计划部经理根据派工单对照审核完工单所填写的产品是否已经完工,审核无误后签字,然后将完工单第一联给车间管理员,并由车间管理员将车架完工单第二联和车架交给仓管员。

3. 仓管员填写半成品入库单

仓管员核对车架完工单与实物是否相符,根据车架完工单填写一式三联的半成品入库单,车间管理员在半成品入库单上签字确认。

4. 仓管员办理入库

仓管员办理入库手续,并将审核的半成品入库单的财务联交给财务部,生产联交给生产计划部,仓库联自行留存,最后办理车架完工入库。

5. 仓管员登记库存台账

仓管员根据半成品入库单登记库存台账。

四、业务单据

生产车间完工单见表 4-13,完工送检单见表 4-14,生产入库单见表 4-15。制造企业车架完工入库操作界面如图 4-92 所示。

表 4-13 生产车间完工单

派工日期:2019 年 1 月 25 日 单据编号:0003

派工单号	产品	完工日期	计划产量	实际完工量	剩余在制品	待检验	不良产品数
SC-PG-201901004	经济型童车	2019-01-25	4 000	4 000	0	0	0

仓管员:刘娜 车间管理员:王伟

表 4-14 完工送检单

派工日期:2019 年 1 月 25 日 单据编号:0001

派工单号	产品	完工数量	检验结果	
			合格品	不合格品
SC-PG-201901004	经济型童车	4 000	4 000	0

质检员(计划员):朱珠 车间管理员:王伟

表 4-15 生产入库单

派工日期:2019 年 1 月 25 日 单据编号:0003

序号	品名	规格型号	单位	入库时间	数量	备注
1	经济型童车		辆	2019-01-05	4 000	

仓管员:刘娜 车间管理员:王伟

图 4-92 制造企业车架完工入库操作界面

任务七　制造企业整车完工入库

一、业务描述

整车组装完工质检入库是指车间管理员对上月开始组装的产品进行完工处理，填写产成品完工单。

二、业务流程

制造企业整车完工入库的业务流程如图 4-93 所示。

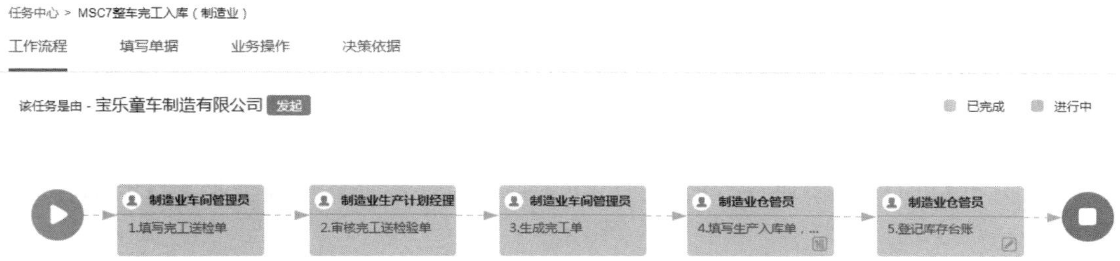

图 4-93　制造企业整车完工入库的业务流程

三、业务步骤

1. 车间管理员填写完工送检单

车间管理员根据整车生产计划完成生产任务，填写完工送检单（一式两联），并送给生产计划部经理。

2. 生产计划部经理审核完工送检单

生产计划部经理审核完工送检单，并对整车进行检验，将检验结果填入完工送检单。

3. 车间管理员生成完工单

车间管理员根据生产计划部经理批复的完工送检单，生成与之数量相同的整车生产完工单，并根据完工单和完工送检单填写生产执行情况表，最后将生产完工单第一联自行留存，第二联交给仓管员。

4. 仓管员填写产品入库单，办理入库

仓管员核对完工单和完工送检单及实物，根据完工单填写一式三联的产品入库单，车间管理员在产品入库单上签字确认，仓管员办理组装完工入库，并把审核的产品入库单的财务联交给财务部，生产联交给生产计划部，仓库联自行留存。

5. 仓管员登记库存台账

仓管员根据产品入库单登记库存台账。

四、业务单据

整车完工入库业务涉及单据与车架完工入库业务相同,可参考使用。

项目四　制造企业销售收款业务

任务一　制造企业与商贸企业签订购销合同

一、业务描述

签订购销合同是企业与客户针对商品的品种、规格、价格、数量、技术标准、质量保证、包装要求、售后服务、交货日期与地点、运输方式、付款条件等进行反复磋商,双方无异议后,为建立双方满意的购销关系而履行的法律手续。

详细讲解可查看“模块三　项目三　任务一　工贸企业与制造企业签订购销合同”部分。

二、业务流程

制造企业与商贸企业签订购销合同的业务流程如图 4-94 所示。

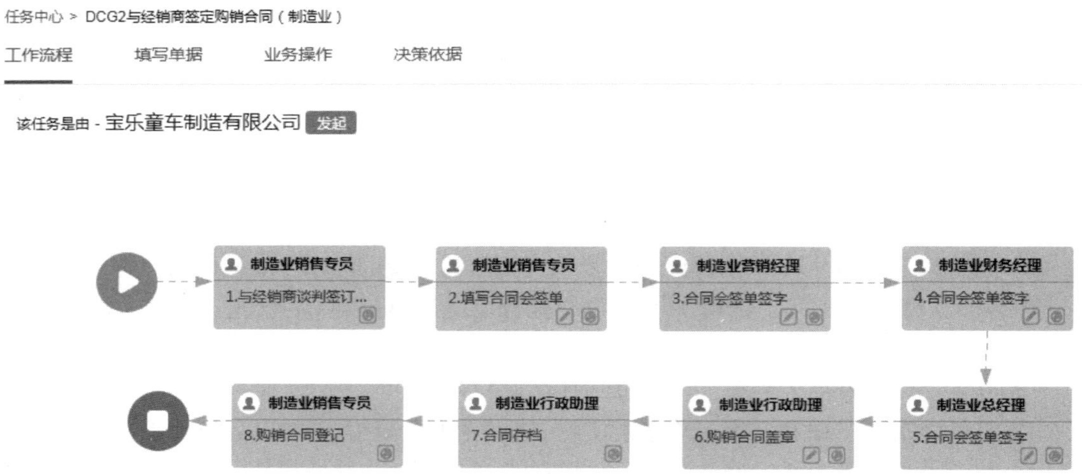

图 4-94　制造企业与商贸企业签订购销合同的业务流程

三、业务流程

1. 销售专员与商贸企业就签订购销合同进行谈判

制造企业销售专员根据销售计划选择合适的商贸企业,协商销售细节,拟订购销合同,并由商贸企业先签字盖章，且一式两份。

2. 销售专员填写合同会签单

销售专员根据购销合同的信息填写合同会签单，并将购销合同和合同会签单提交给营销部经理。

3. 营销部经理在合同会签单上签字

营销部经理审核购销合同的准确性和合理性，审核同意后在合同会签单上签字确认，并将购销合同和合同会签单提交给财务经理。

4. 财务经理在合同会签单上签字

财务经理审核购销合同的准确性和合理性，审核同意后在合同会签单上签字确认，并将购销合同和合同会签单提交给总经理。

5. 总经理在合同会签单上签字

总经理审核合同会签单上营销部经理和财务经理是否签字，审核购销合同的准确性和合理性，审核同意后在合同会签单和购销合同上签字确认，并将购销合同和合同会签单提交给行政助理。

6. 行政助理在购销合同上盖章

行政助理检查合同会签单上总经理是否签字，确认无误后给合同盖章，并将购销合同一份发送给销售专员，另一份存档。

7. 行政助理将购销合同存档

行政助理更新合同管理表，并将购销合同留存备案。

8. 销售专员登记购销合同执行情况表

销售专员根据购销合同登记购销合同执行情况表，并将购销合同返还给商贸企业。

四、业务单据

本业务涉及单据可参考“模块四　项目二　任务一　制造企业与工贸企业签订购销合同”部分。

任务二　商贸企业录入采购订单

一、业务描述

商贸企业采购经理根据购销合同填写采购订单。

二、业务流程

商贸企业录入采购订单的业务流程如图 4-95 所示。

图 4-95 商贸企业录入采购订单的业务流程

三、业务步骤

商贸企业采购经理根据与制造企业签订的购销合同，在 VBSE 系统中录入订单详细信息。

注意：填制合同会签单时，合同编号不可以漏填；会签日期不可以写错；还要注意合同名称、对方单位的名称以及购货的数量、金额和金额的大小写等。

四、业务单据

商贸企业录入采购订单操作界面如图 4-96 所示，商贸企业录入采购订单后显示列表如图 4-97 所示。

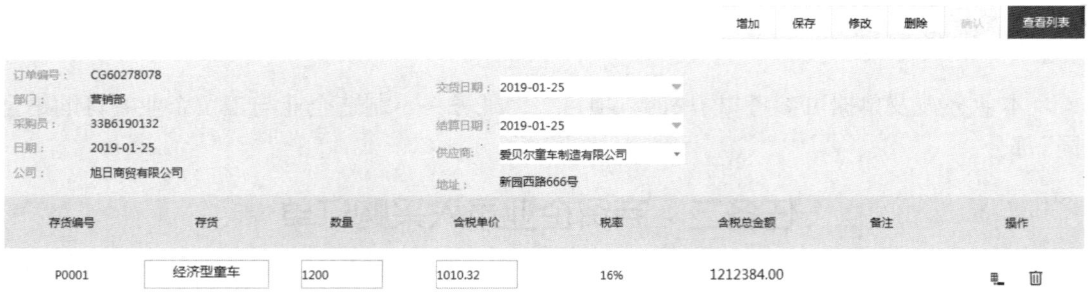

图 4-96 商贸企业录入采购订单操作界面

采购订单列表

订单编号	供应商	产品名称	数量	含税单价	总金额	交货日期	结算日期	状态
CG60278078	爱贝尔童车制造有限...	经济型童车	1200	1010.32	1212384.00	2019-01-25	2019-01-25	已付款
CG10653918	小精灵童车制造有限...	经济型童车	1200	1010.32	1212384.00	2019-01-25	2019-01-25	已付款
CG90735945	宝乐童车制造有限公...	经济型童车	1200	1010.32	1212384.00	2019-01-25	2019-01-25	已付款

图 4-97 商贸企业录入采购订单后显示列表

任务三　制造企业确认商贸企业的采购订单

一、业务描述

制造企业与商贸企业经过磋商签订购销合同后，商贸企业采购经理将采购订单的基本信息录入 VBSE 系统，同时制造企业销售专员需要在 VBSE 系统中核对商贸企业录入的采购订单信息，VBSE 系统将根据录入的采购订单信息执行未来的销售发货及收款等业务。双方要达成共识，避免后期出现争议。

二、业务流程

制造企业确认商贸企业采购订单的业务流程如图 4-98 所示。

图 4-98　制造企业确认商贸企业采购订单的业务流程

三、业务步骤

制造企业销售专员根据制造企业与商贸企业签订的购销合同，在 VBSE 系统中确认商贸企业的采购订单，并根据采购订单信息填写销售订单和销售订单明细表。

四、业务单据

制造企业确认商贸企业采购订单操作界面如图 4-99 所示。

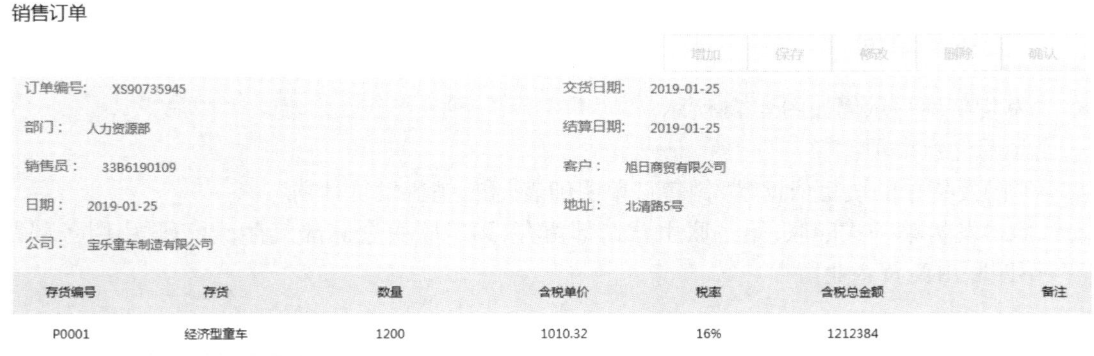

图 4-99　制造企业确认商贸企业采购订单操作界面

任务四 制造企业给商贸企业下达发货通知单

一、业务描述

销售发货是指制造企业销售专员根据销售订单交货日期填写产品发货单，仓管员填写出库单并由销售专员发货给商贸企业，财务部根据发货出库单开具销售发票，当商贸企业收货确认后，销售专员需登记销售发货明细。

二、业务流程

制造企业给商贸企业下达发货通知单的业务流程如图 4-100 所示。

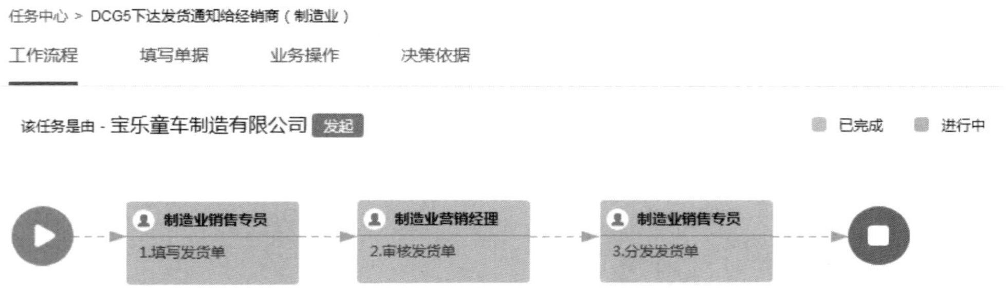

图 4-100 制造企业给商贸企业下达发货通知单的业务流程

三、业务步骤

1. 销售专员填写发货单

销售专员根据购销合同中的销售订单填写发货单，并提交给营销经理。

2. 营销经理审核发货单

营销经理审核发货单基本信息，确认无误后签字，并将发货单返还给销售专员。

3. 销售专员分发发货单

销售专员将发货单分发给商贸企业，通知商贸企业准备取货。

四、业务单据

发货单填写示例如图 4-44 所示。

填写注意事项：

（1）发货单的填写依据是“销售订单明细表”和“销售发货计划”；

（2）发货单一式四联，第一联由营销部留存，第二联由仓储部留存，第三联由财务部留存，第四联由商贸企业留存。

任务五　商贸企业接到制造企业发货通知单

一、业务描述

商贸企业采购经理接到制造企业的发货通知单,并通知仓储经理准备收货。

二、业务流程

商贸企业接到制造企业发货通知单的业务流程如图 4-101 所示。

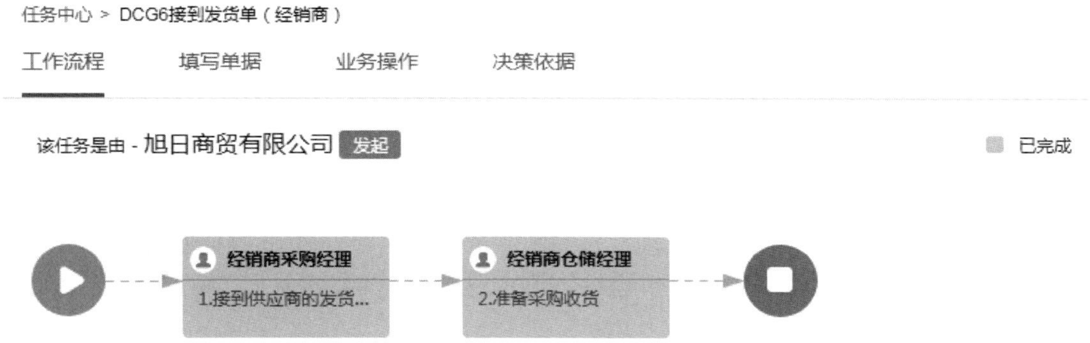

图 4-101　商贸企业接到制造企业发货通知单的业务流程

三、业务步骤

1. 采购经理接到制造企业的发货通知单

商贸企业采购经理收到制造企业的发货通知单,并将发货通知单发送给仓储经理。

2. 仓储经理准备采购收货

仓储经理根据发货通知单准备采购(童车)收货。

四、业务单据

本业务与上一业务关联,不涉及具体的单据填写操作。

任务六　商贸企业向物流企业下达运输订单

一、业务描述

商贸企业与物流企业签订运输合同,建立运输业务合作关系,将商贸企业的物流运输业务外包给物流企业。商贸企业接到制造企业的发货通知单后,即通知物流企业开展运输业务。

二、业务流程

商贸企业向物流企业下达运输订单的业务流程如图 4-102 所示。

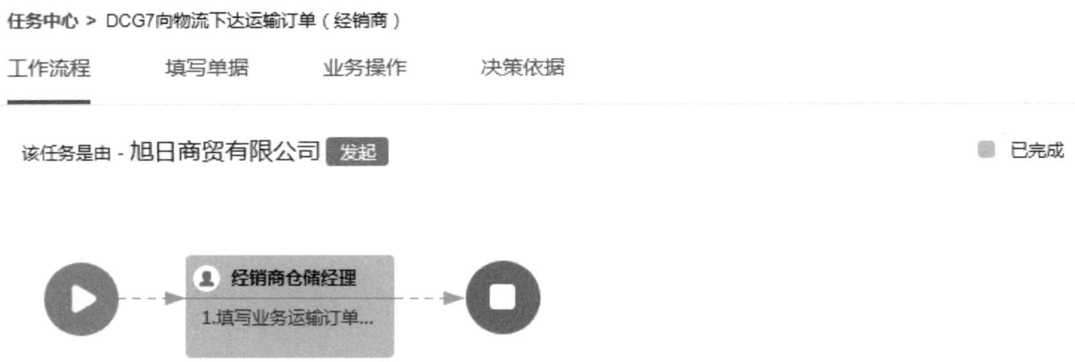

图 4-102 商贸企业向物流企业下达运输订单的业务流程

三、业务步骤

商贸企业仓储经理接收采购经理发来的制造企业的发货通知单，根据发货通知单填写业务运输订单并审核，将运输订单传递给物流企业，并通知物流企业准备取货，开展运输业务。

四、业务单据

商贸企业向物流企业下达运输订单示例如图 4-103 所示。

运输订单

运输订单号：ysdd2019010011

托运人	恒润商贸有限公司	地址	北京市工体北路112号	电话	010-64311039	邮编	100027	装货地址	北京市工体北路112号
收货人	恒润商贸有限公司	地址	北京市工体北路112号	电话	010-64311039	邮编	100094	卸货地点	北京市海淀区北清路6号
取货时间	20190105	到货时间	20190105	是否取送	取货 送货（可选取货，送货）	签单返回	运单 客户单据（可选运单，客户单据）	需要车种	半挂式货车
序号	货品名称	单位	体积（立方米）	重量（公斤）	数量	备注	费用		
1	经济型童车	辆			1200		运费	60619.20	
2							杂费		
3							保险费		
4									
5									
合计							运杂费合计	60619.20	
*结算方式	托运人现结 托运人月结 收货人现结 收货人月结 第三方付费（可选）					预收款		付费账号	4563512600681022350

*制单人　　*受理日期　20190105　　*受理单位　隆飞物流有限责任公司

图 4-103 商贸企业向物流企业下达运输订单示例

任务七　物流企业受理商贸企业运输订单

一、业务描述

1. 物流调度

物流调度主要是指在物流过程中，物流企业根据待发货物的重量、去向、规格、加急程度等对所属的车辆和人员进行合理的安排和调度。物流企业良好的物流调度可以将客户托付的货物及时并完好地送达收货方。

2. 物流调度的工作内容

物流调度的工作由计划、监督（控制）和统计分析三大部分构成。

（1）科学组织运输活动，合理安排配送车辆，保证配送工作的有序进行；优化配送线路，在保证配送任务按期完成的前提下，实现运力投入最小化。

（2）监督、控制运输工具的安全运行，不断了解和分析计划执行过程中各配送因素的变动情况，及时协调各环节的工作，并提出作业调整措施。

（3）及时了解配送任务的执行情况，进行配送活动的统计和分析工作，以便提出改进意见和措施，从而提高工作效率和营运效果，保证完成或超额完成运输计划。

3. 物流调度的工作原则

车辆运行计划在组织执行过程中常会遇到一些难以预料的问题，如客户需求发生变化、装卸机械发生故障、车辆运行途中发生技术障碍、临时性路桥阻塞等。针对以上情况，需要调度部门有针对性地加以分析和解决，随时掌握货物状况、车况、路况、气候变化、驾驶员状况、行车安全等，确保车辆运行计划顺利完成。车辆运行调度工作应贯彻以下原则：坚持从全局出发，局部服从全局的原则；安全第一、质量第一的原则；计划性原则；合理性原则。

物流调度具有以下 4 个方面的特点。

（1）计划性，其是调度工作的基础和依据，应事先划分好配送区域，配送车辆按照划分的区域线路执行每日的配送工作。

（2）机动性，即必须加强运输信息的反馈，及时了解运输状况，机动灵活地处理各种问题，准确及时地发布调度命令，保证运输计划的完成。当遇到门店要货量不均或要货属性（体积、重量等）差异大等情况时，对原来划分的相邻区域可以进行微调。

（3）预防性，由于运输过程中的影响因素多、情况变化快，因此调度人员应对可能产生的问题有所预见。这包括两方面内容：一是采取预防措施，消除影响配送的不良因素，如车辆的定期检查和保养等；二是事先准备，制定有效的应急措施，当发生个别车辆故障或其他突发事件时，应有备用车辆替补完成当日的配送工作。

（4）及时性，调度工作的时间尤其重要，无论工时的利用、配送环节的衔接，还是装卸效率的提高、运输时间的缩短，都体现了时间的观念，因此调度部门发现问题要迅速、反馈信息要及时、解决问题要果断。

二、业务流程

物流企业接到商贸企业的纸质运输订单后,进行线路和车辆的调度,并准备前往制造企业取货。本业务是线下业务,线上没有具体的操作,需要进行线下业务沟通,涉及线下单据流转。

物流企业受理商贸企业运输订单的业务流程如图 4-104 所示。

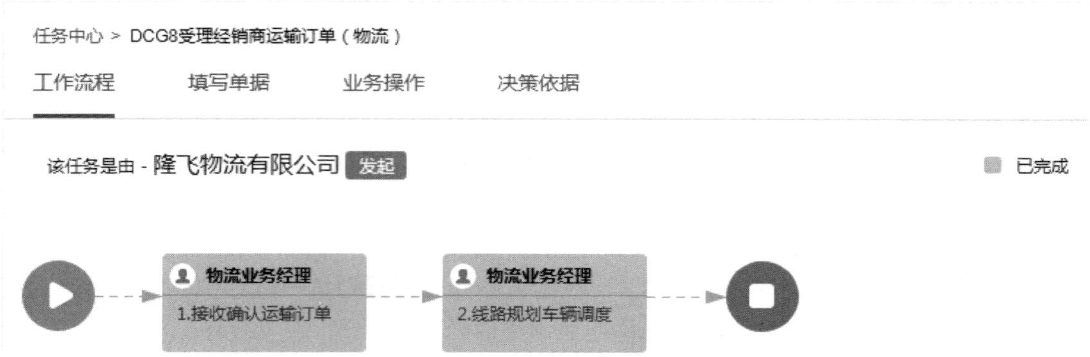

图 4-104　物流企业受理商贸企业运输订单的业务流程

三、业务步骤

1. 业务经理接收确认运输订单

物流企业业务经理接收商贸企业送来的运输订单,确认运输订单信息并签字。

2. 业务经理线路规划和车辆调度

物流企业业务经理根据运输订单信息规划运输线路,并根据运输物品的数量、特性等信息进行车辆调度。

四、业务单据

本业务运输订单信息同图 4-103。

任务八　物流企业到制造企业取货并开发票

一、业务描述

物流企业派人到制造企业取货并开发票。

二、业务流程

物流企业到制造企业取货并开发票的业务流程如图 4-105 所示。

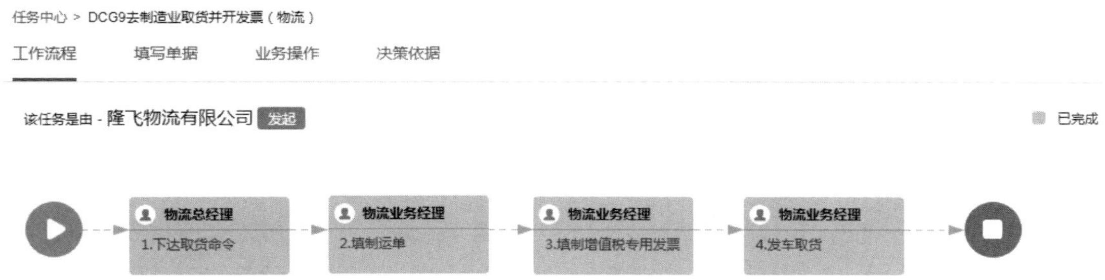

图 4-105　物流企业到制造企业取货并开发票的业务流程

三、业务步骤

1. 总经理下达取货命令

物流企业总经理根据商贸企业的取货通知单，线下安排业务经理准备去制造企业取货。

2. 业务经理填制运单

业务经理根据商贸企业的运输订单填制物流运单（公路货物运单），并应注意区分发货人、收货人、托运人和承运人。

3. 业务经理填制增值税专用发票

业务经理填制增值税专用发票。增值税专用发票一式三联，第一联为销货方记账联，第二联为购货方进项税抵扣联，第三联为购货方记账联。物流企业开具运输费专用发票，第一联留作自己记账，第二联和第三联交给商贸企业。

4. 业务经理发车取货

业务经理下达发车取货命令。

本业务属于线下工作，无须在系统中进行操作。

四、业务单据

公路货物运单填写示例如图 4-106 所示。

具体填写说明如下。

（1）填在一张公路货物运单内的货物必须属于同一托运人。对于拼装分卸货物，应将拼装或分卸情况在运单记事栏内注明。易腐蚀货物、易碎货物、易漏液体货物、危险货物与普通货物，以及性质相抵触、运输条件不同的货物，不得用同一张运单托运。托运人、承运人修改运单时，须签字盖章。

（2）本运单一式两联，第一联用作受理存根，第二联用作托运回执。

公路货物运单

新道 seentao 教学专用

	日期：	2019.01.05						运单编号：	YD001		
发货人	爱贝儿童车制造有限公司	地址	永定路66号	电话		装货地点	永定路66号				
收货人	旭日商贸有限公司	地址	北清路5号	电话		卸货地点	北清路5号				
付款人	旭日商贸有限公司	地址	北清路5号	电话		约定起运时间	2019.1.5	约定到达时间	2019.1.25	需要车种	厢式货车
货物名称及规格	包装形式	件数	体积 长*宽*高(cm)	件重(kg)	重量(t)	货物价值(元)	货物等级	计费项目			
								项目	里程(km)	单价(元)	金额(元)
经济型童车		1200						运费			60619.2
								装卸费			
								单程空驶损失费			
								保价费			
合计					陆万 零 仟 陆 佰 壹 拾 玖 元贰角						
托运人记载事项			(付款人银行账号)	0100229999000099011		承运人记载事项			(承运人银行账号)	0100229999000099019	
注意事项	1、托运人请勿填写栏内项目。 2、货物名称应填写具体品名，如货物品名过多，不能再托运单内逐一填写，必须另附货物清单。 3、保险或保价货物，在相应价格栏中填写货物声明价格							托运人签章： 2019年 1月 5日		承运人签章： 2019年 1月5 日	

第一联 受理存根

新道科技股份有限公司 网址：www.seentao.com 电话：4006600599 编码：DJ0198

图 4-106 公路货物运单填写示例

任务九 制造企业给商贸企业办理出库并开发票

一、业务描述

制造企业根据与商贸企业签订的购销合同，向对应的商贸企业进行经济型童车的发货，将发货单（第四联）给到对应的商贸企业后，发货单其余联给到对应的部门，商贸企业收到发货单后，联系物流企业到制造企业取货。

物流企业接到商贸企业的运输订单后到制造企业取货，将公路货物运单（第二联）给到制造企业仓管员，公路货物运单（第一联）自行留用。

制造企业仓管员根据发货单填制销售出库单，将销售出库单（第二联销售联、第三联财务联）对应联给到对应部门。制造企业财务部根据销售出库单开具销售发票，并由物流企业带给商贸企业。

二、业务流程

制造企业给商贸企业办理出库并开发票的业务流程如图 4-107 所示。

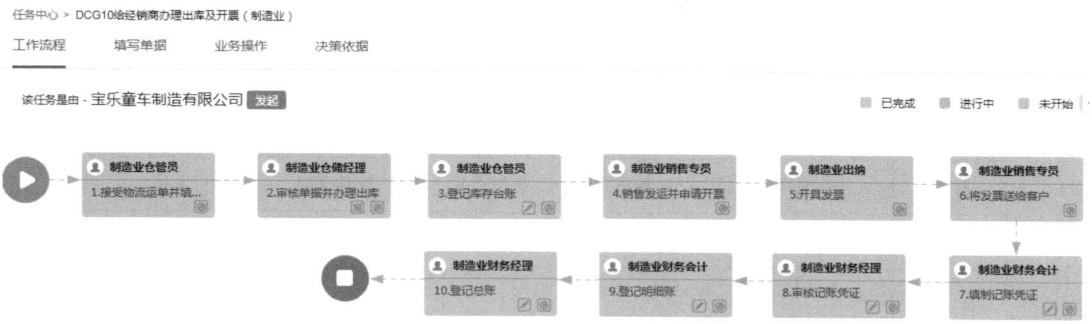

图 4-107　制造企业给商贸企业办理出库并开发票的业务流程

三、业务步骤

1. 仓管员接收物流运单并填制销售出库单

制造企业仓管员接收物流运单，根据发货单填制销售出库单，并提交给仓储经理。

2. 仓储经理审核单据并办理出库

仓储经理审核销售出库单填写是否有误，确认无误后签字，并交还仓管员办理出库手续。

3. 仓管员登记库存台账

仓管员根据销售出库单填写库存台账，并留存备案。

4. 销售专员销售发运并申请开票

销售专员根据销售出库单进行销售发运，将销售出库单第四联送交商贸企业，并向出纳申请开票。

5. 出纳开具发票

出纳从销售专员处获取货物的销售价格，结合销售出库单，开具销售发票。

6. 销售专员将发票送给客户

销售专员将发票交给物流企业，由物流企业带给商贸企业。

7. 财务会计填制记账凭证

财务会计根据开具的发票填制记账凭证，并将记账凭证交给财务经理。

8. 财务经理审核记账凭证

财务经理审核记账凭证，审核无误后交给财务会计。

9. 财务会计登记明细账

财务会计核对记账凭证，根据记账凭证登记科目明细账。

10. 财务经理登记总账

财务经理根据记账凭证登记科目总账。

四、业务单据

销售出库单填写示例如图 4-108 所示，销售出库操作界面如图 4-109 所示，销售出库库存台账填写示例如图 4-110 所示。

销售出库单

销售订单号：YX-DD-201110001　　客户名称：华晨商贸城　　出库类型：销售出库

出库单编号：CC-CPCK-201110001　　出库日期：2019.01.05　　仓位：C01

序号	产品名称	产品编码	规格型号	出库数量	备注
1	经济型童车	P0001		3000	
合计					

仓管员：王宝珠　　仓储部经理：何明海　　销售专员：

图 4-108　销售出库单填写示例

任务中心 > DCG10给经销商办理出库及开票（制造业）

工作流程　填写单据　业务操作　决策依据

订单编号	客户	产品名称	数量	含税折扣价	总金额	交货日期	付款日期	状态	操作
XS90735...	旭日商贸...	经济型童车	1200	1010.32	1212384	2019-01...	2019-01...	已收款	

图 4-109　销售出库操作界面

140501--经济型童车　　**库 存 台 账**　　分页：001　总页：001

物料名称：经济型童车　　规格：无　　最高存量：

物料编号：M0001　　存放仓库：B01　　最低存量：0　　计量单位：个

2019 年		凭证号数	摘　要	入库		出库		结存	
月	日			数量	单价	数量	单价	数量	单价
01	05		上月结转					5,400.00	756.82
01	05		出售商品			1200.00		4400.00	

图 4-110　销售出库库存台账填写示例

任务十　物流企业装车发运给商贸企业

一、业务描述

物流企业到达制造企业，根据运输订单信息验收装车，并送至商贸企业指定仓库。

二、业务流程

物流企业装车发运给商贸企业的业务流程如图 4-111 所示。

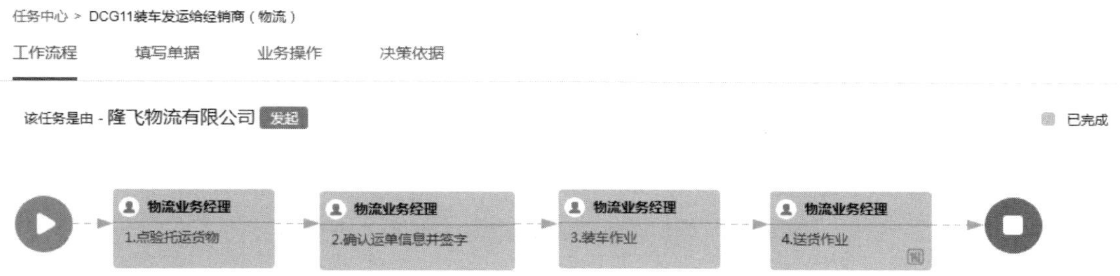

图 4-111　物流企业装车发运给商贸企业的业务流程

三、业务步骤

物流企业业务经理点验托运货物、确认运单信息（在 VBSE 综合实训中，货物都是虚拟的，物流企业业务员看不到货物，核对运单信息就非常重要），确认无误后将货物装车发运给商贸企业。

注意：

（1）在 VBSE 综合实训中，有些操作做了简化，货物的装车作业与制造企业办理出库操作同时进行，即制造企业办理出库时货物即装车；

（2）送货作业是系统操作，在“业务操作”界面，选择对应的收货企业，点击“运输”按钮，弹出运输订单，物流企业业务经理对订单信息进行再次核对，确认无误后点击“运输”按钮即完成送货操作。

四、业务单据

本业务不涉及具体的单据填写。

任务十一　物流企业送货到商贸企业

一、业务描述

物流企业将制造企业的货物送至商贸企业指定仓库。

二、业务流程

物流企业送货到商贸企业的业务流程如图 4-112 所示。

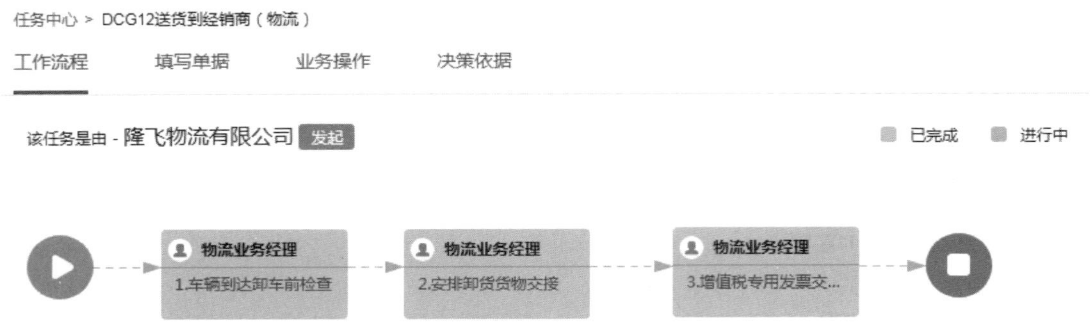

图 4-112 物流企业送货到商贸企业的业务流程

三、业务步骤

物流企业将货物运输到商贸企业后，物流企业业务经理要在卸货前对车辆进行检查，确认没有问题后，与商贸企业交接货物，并将物流企业的运费发票和制造企业的销售发票给商贸企业。

四、业务单据

本业务在 VBSE 综合实训中是虚拟业务，没有实体货物可供查验。所以，更多地让学生关注业务流程，拓展相关知识，没有单据填写或业务操作。

任务十二 商贸企业收货并办理入库

一、业务描述

物流企业将货物运达商贸企业后，商贸企业仓储经理接收物流运单，核对无误后完成入库和记账。

二、业务流程

商贸企业收货并办理入库的业务流程如图 4-113 所示。

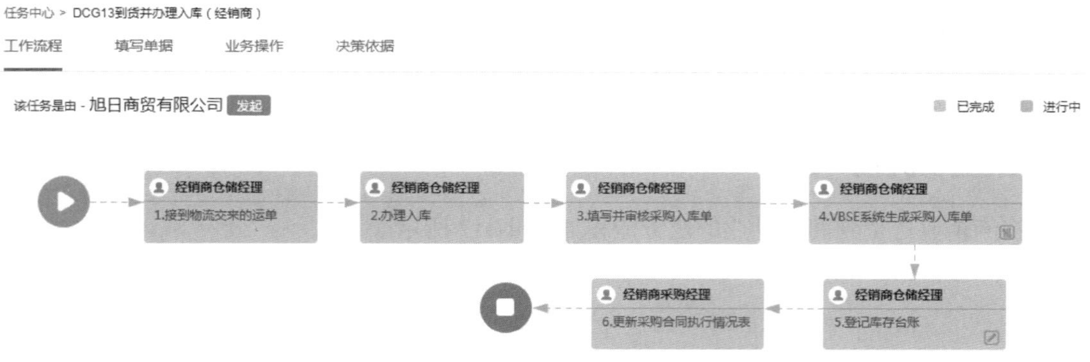

图 4-113 商贸企业收货并办理入库的业务流程

三、业务步骤

1. 仓储经理接收物流企业的运单

商贸企业仓储经理接收物流企业的运单(一式三联),对照货物检查无误后签字确认,并留下运单的存根联和记账联。

2. 仓储经理办理入库

仓储经理根据采购订单、制造企业发货单和物流运单办理入库。在 VBSE 综合实训中,入库需要在 VBSE 系统中进行"业务操作",商品入库后填写入库单,还需要在 VBSE 系统中填写库存台账。

3. 仓储经理填写并审核采购入库单

仓储经理填写并审核采购入库单,并将入库信息提交给营销部经理。

4. 仓储经理在 VBSE 系统生成采购入库单

仓储经理在 VBSE 系统中生成采购入库单。

5. 仓储经理登记库存台账

仓储经理根据入库单(存根联)登记库存台账,将采购入库单提交给采购经理和财务经理。

6. 采购经理更新采购合同情况执行表

采购经理根据采购入库单更新采购合同情况执行表。

四、业务单据

采购入库单填写示例如图 4-114 所示,商贸企业仓储经理办理入库操作界面如图 4-115 所示。

采购入库单

制单日期:2019年01月05日　　仓库:原材料库

供应商名称:河北钢铁公司　　类型:原材料采购

单据编号:CK-CLRK-201110001　　订单编号:CG-DD-201109001

序号	品名	规格型号	单位	入库时间	数量	备注
1	钢管	Φ外 16/Φ内 11/L5000mm	根	2019.01.05	15000	
2						
3						
合计						

仓储部经理:何明海　　仓管员:王宝珠

图 4-114 采购入库单填写示例

任务中心 > DCG13到货并办理入库（经销商）

工作流程 填写单据 业务操作 决策依据

订单编号	供应商	产品名称	数量	含税单...	总金额	付款日期	交货日期	状态	操作
CG602...	爱贝尔...	经济型...	1200	1010.32	1212384	2019-0...	2019-0...	已付款	入库
CG106...	小精灵...	经济型...	1200	1010.32	1212384	2019-0...	2019-0...	已付款	
CG907...	宝乐童...	经济型...	1200	1010.32	1212384	2019-0...	2019-0...	已付款	

图 4-115　商贸企业仓储经理办理入库操作界面

任务十三　商贸企业收到运费发票并支付

一、业务描述

商贸企业仓储经理接到物流企业的运费增值税专用发票，根据增值税专用发票信息提交付款申请，财务部付款并记账。

二、业务流程

商贸企业收到运费发票并支付的业务流程如图 4-116 所示。

图 4-116　商贸企业收到运费发票并支付的业务流程

三、业务步骤

1. 仓储经理收到运费增值税专用发票

商贸企业仓储经理收到物流企业开具的运费增值税专用发票，将发票信息（发票号、开票单位、金额、日期、到期日等）登记到发票记录表上，确认发票信息无误后交给财务经理。

2. 财务经理审核运费发票

财务经理审核运费增值税专用发票，并将发票抵扣联留档，发票记账联传递给出纳。

3. 出纳填制记账凭证

出纳根据发票金额填制记账凭证，将发票记账联粘贴在记账凭证后作为附件，将记账凭证传递给财务经理。

4. 财务经理审核记账凭证

财务经理审核记账凭证，并对照相关附件检查是否有误，审核无误后签字确认。

5. 财务经理登记科目明细账

财务经理根据记账凭证登记科目明细账，并在记账凭证上签字或盖章。

6. 财务经理登记总账

财务经理根据记账凭证登记总账，并在记账凭证上签字或盖章。

7. 仓储经理填写付款申请单

仓储经理查看发票记录表，确认未支付的运费增值税专用发票和商贸企业增值税专用发票信息，对照发票记录表上的未支付发票信息填写付款申请单，并将付款申请提交给财务经理。

8. 财务经理审核付款申请单

财务经理审核付款申请单和发票金额是否一致，确认无误后在付款申请单上签字，并将付款申请单提交给仓储经理，再传递给总经理。

9. 总经理审核付款申请单

总经理审核付款申请单，确认无误后在付款申请单上签字，并将付款申请单交还给仓储经理，再传递给出纳安排付款。

10. 出纳办理付款

出纳确认付款申请单无误后，对照付款申请单金额开具转账支票。

出纳登记支票领用登记簿，并由支票领用人签字，将支票正联交给财务经理。

财务经理审核支票填写是否有误，确认无误后签字，加盖公司财务章和法人章，并将支票交给仓储经理。

仓储经理将支票交给物流企业完成支付，登记发票记录表，并将支票付款状态标注为“已支付”。

11. 出纳编制记账凭证

出纳编制记账凭证，将电汇回单粘贴在记账凭证后作为附件，并将记账凭证提交给财务经理。

12. 财务经理审核记账凭证

财务经理审核记账凭证，并对照相关附件检查是否有误，审核无误后签字确认，并将记账凭证传递给出纳。

13. 出纳登记日记账

出纳根据记账凭证登记银行存款日记账，记账后在记账凭证上签字或盖章，并将记账凭证传递给财务经理。

14. 财务经理登记科目明细账

财务经理根据记账凭证登记科目明细账，并在记账凭证上签字或盖章。

15. 财务经理登记总账

财务经理根据记账凭证登记总账，并在记账凭证上签字或盖章。

四、业务单据

商贸企业运费增值税专用发票示例如图4-117所示，商贸企业运费记账凭证示例如图4-118所示。

北京增值税专用发票

1123552374　　№ 62324604　1123552374　62324604

机器编号：49991087610

开票日期：2019年1月25日

购买方	名称：恒润商贸有限公司 纳税人识别号：13110000001429123 地址、电话：北京市工体北路112号 010-64311039 开户行及账号：中国工商银行北京支行 4563512600681022350				密码区	035926>3>2<0230937-8>1*26906 374*91/- +588247>>/*6+>-89233 785926>3>2<0230937*57+89>097 4/ 737-++ 690195*6067/ /42+2-72	
货物或应税劳务、服务名称	规格型号	单位	数量	单价	金额	税率	税额
*服务*物流运输		件	1200.00	45.92	55108.36	10%	5510.84
合　计					¥55,108.36		¥5,510.84
价税合计（大写）	⊗陆万零陆佰壹拾玖元贰角整				（小写）¥60,619.20		
销售方	名称：隆飞物流有限公司 纳税人识别号：100108231234856019 地址、电话：北京市卓尔大街38号 010-64667658 开户行及账号：中国工商银行北京支行 0100229999000099019				备注		

收款人：管理员　　复核：　　开票人：　　销售方：（章）

税总函〔2015〕340号北京印刷有限公司

第三联：发票联　购买方记账凭证

图4-117　商贸企业运费增值税专用发票示例

记　账　凭　证

字第　　号

2019 年　01 月　25 日

摘要	总账科目	明细账科目	借方金额 亿	千	百	十	万	千	百	十	元	角	分	贷方金额 亿	千	百	十	万	千	百	十	元	角	分	✓
支付运费	2202--应付账款	220211--隆飞物流				1	3	3	3	6	2	2	4												
	1002--银行存款	100201--工行存款															1	3	3	3	6	2	2	4	✓
合　计							1	3	3	6	2	2	4				1	3	3	3	6	2	2	4	

附单据 2 张

会计主管：　　记账：万娜娜　　出纳：王嘉桓　　复核：万娜娜　　制单：万娜娜

图4-118　商贸企业运费记账凭证示例

任务十四　商贸企业收到制造企业发票并支付货款

一、业务描述

商贸企业采购经理收到制造企业的增值税专用发票，根据增值税专用发票信息提交付款申请单，财务部付款并记账。

二、业务流程

商贸企业收到制造企业发票并支付货款的业务流程如图 4-119 所示。

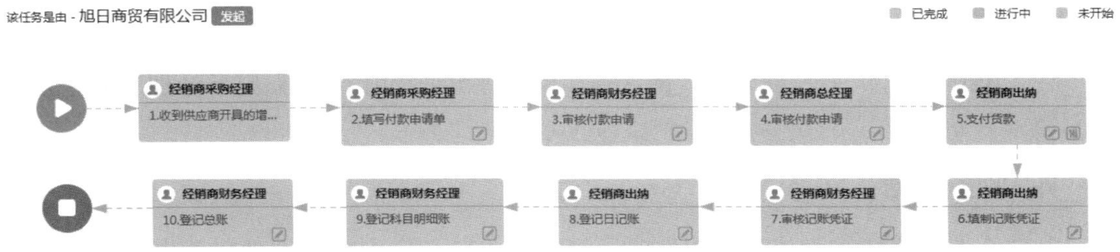

图 4-119　商贸企业收到制造企业发票并支付货款的业务流程

三、业务步骤

1. 采购经理收到制造企业开具的增值税专用发票

商贸企业采购经理收到制造企业开具的增值税专用发票，将发票信息（发票号、开票单位、金额、日期、到期日等）登记到发票记录表上。

2. 采购经理填写付款申请单

采购经理查看发票记录表，确认未支付的运费发票和制造企业增值税专用发票信息，对照发票记录表上的未支付发票信息填写付款申请单，并将付款申请单提交给财务经理。

3. 财务经理审核付款申请单

财务经理审核增值税专用发票，与相关采购入库单进行对比，确定发票上的数量、金额与入库单相符，将发票抵扣联留档，将付款申请单交给营销经理，再传递给总经理。

4. 总经理审核付款申请单

总经理审核付款申请单，确认无误后在付款申请单上签字，并将付款申请单交还采购经理，再传递给出纳。

5. 出纳支付货款

出纳收到付款申请单，确认无误后，在 VBSE 系统中办理网银支付，转账后到银行打印回单作为转账支付凭证。

6. 出纳填制记账凭证

出纳根据付款申请单和银行回单填制记账凭证，将银行回单和付款申请单粘贴在记账凭证后作为附件，并将记账凭证传递给财务经理。

记账凭证示例如下。

借：应付账款　　　　　　1 212 384.00

　贷：银行存款　　　　　　1 212 384.00

7. 财务经理审核记账凭证

财务经理收到记账凭证和发票，审核记账凭证填写的准确性、合法性和真实性，审核资金使用的合理性，审核无误后签字，并将记账凭证和发票返还给财务会计。

8. 出纳登记银行存款日记账

出纳根据记账凭证登记银行存款日记账，在记账凭证上签字或盖章，并将记账凭证交给财务会计。

9. 财务经理登记科目明细账和总账

财务经理根据记账凭证登记科目明细账和总账。

在 VBSE 综合实训中，商贸企业的财务岗位只有出纳和财务经理，财务经理兼财务会计的工作。

四、业务单据

制造企业销售货款增值税专用发票示例如图 4-120 所示，商贸企业付款申请书填写示例如图 4-121 所示。

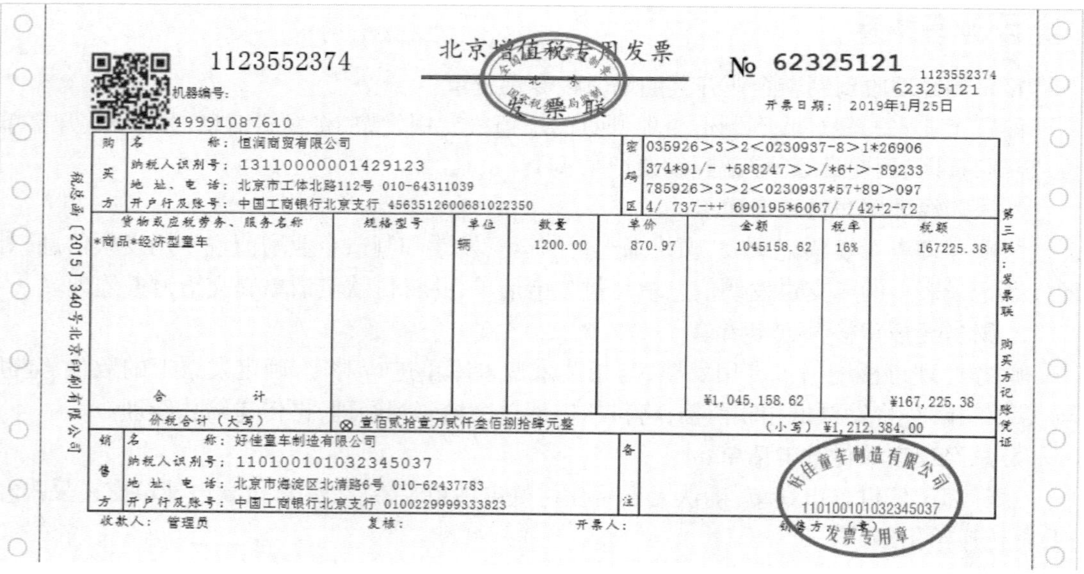

北京增值税专用发票

1123552374　　No 62325121

发票联

机器编号：499991087610　　1123552374　62325121　开票日期：2019年1月25日

购买方　名　　称：恒润商贸有限公司
纳税人识别号：131100000001429123
地 址、电 话：北京市工体北路112号 010-64311039
开户行及账号：中国工商银行北京支行 4563512600681022350

密码区　035926>3>2<0230937-8>1*26906
374*91/- +588247>>/*6+>-89233
785926>3>2<0230937*57+89>097
4/ 737-++ 690195*6067/ /42+2-72

货物或应税劳务、服务名称	规格型号	单位	数量	单价	金额	税率	税额
*商品*经济型童车		辆	1200.00	870.97	1045158.62	16%	167225.38
合　计					¥1,045,158.62		¥167,225.38

价税合计（大写）⊗壹佰贰拾壹万贰仟叁佰捌拾肆元整　（小写）¥1,212,384.00

销售方　名　　称：好佳童车制造有限公司
纳税人识别号：110100101032345037
地 址、电 话：北京市海淀区北清路6号 010-62437783
开户行及账号：中国工商银行北京支行 0100229999333823

备注　好佳童车制造有限公司 110100101032345037 发票专用章

收款人：管理员　复核：　开票人：　销售方：（章）

税总函〔2015〕340号北京印刷有限公司

第三联：发票联 购买方记账凭证

图 4-120　制造企业销售货款增值税专用发票示例

付款申请书

2019 年 01 月 25 日

用途及情况	金额											收款单位(人)：宝乐童车制造有限公司
支付贷款	亿	千	百	十	万	千	百	十	元	角	分	账　号：0100229999000099001
			1	2	1	2	3	8	4	0	0	开户行：中国工商银行
金额(大写)合计：	壹佰贰拾壹万贰仟叁佰捌拾肆元整											◎电汇 ◎汇票 ◉转账 ◎现金 ◎其他
总经理	田子婧	财务部门	经理	李丹琳	业务部门	经理	王斐斐					
			会计	李丹琳		经办人	王斐斐					

图 4-121　商贸企业付款申请书填写示例

任务十五　物流企业收到商贸企业运费业务回单

一、业务描述

物流企业收到商贸企业运费业务回单。

二、业务流程

物流企业收到商贸企业运费业务回单的业务流程如图 4-122 所示。

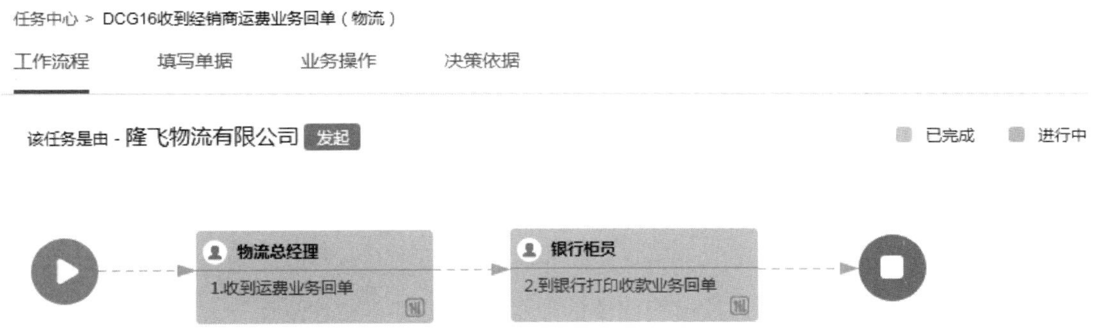

图 4-122　物流企业收到商贸企业运费业务回单的业务流程

三、业务步骤

1. 总经理查询网银

物流企业总经理在 VBSE 系统中执行“业务操作”查询网银，并查看运费到账情况，且进行核对，确认无误后，前往银行柜员处打印运费收款业务回单。

注意：在 VBSE 综合实训中，物流企业的业务主要是围绕其他企业提供服务，其内部业务的操作在很大程度上已经被弱化。所以，在此物流企业总经理只需要查看运费到账情况，不需要做其他账务处理。

2. 银行柜员打印回单

银行柜员根据商贸企业给物流企业的转账情况，打印商贸企业给物流企业的转账回单。

四、业务单据

银行转账回单示例如图 4-123 所示。

ICBC 中国工商银行 企业网上银行（实习） 电子回单 金融@家

电子回单号：20221117100036

付款人	户　名	旭日商贸有限公司	收款人	户　名	隆飞物流有限公司
	帐　号	0100229999000099011		帐　号	0100229999000099019
	开户行	中国工商银行		开户行	中国工商银行
金额	(大写)	贰拾万零壹仟捌佰陆拾壹元玖角肆分			¥: 201861.94
转账用途	货款		转账日期	2019-01-25	

制单人：33B6190103　　流水号: 100036　　银行签章：中国工商银行 电子回单专用章

打印

图 4-123　银行转账回单示例

任务十六　制造企业收到商贸企业货款银行回单

一、业务描述

制造企业出纳到银行取回商贸企业货款的电汇凭单，并交由财务部根据公司流程进行账务处理。

二、业务流程

制造企业收到商贸企业货款银行回单的业务流程如图 4-124 所示。

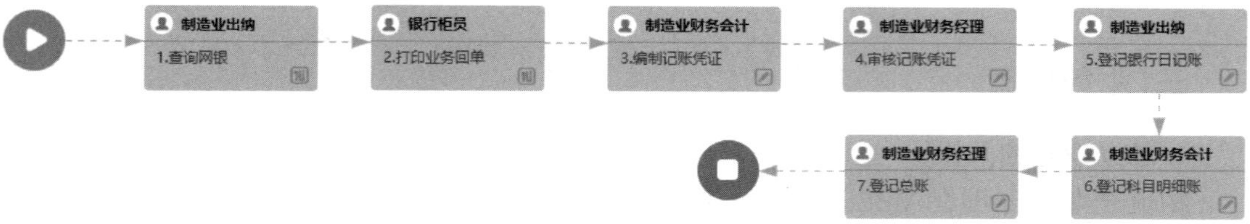

图 4-124　制造企业收到商贸企业货款银行回单的业务流程

三、业务步骤

1. 出纳查询网银

制造企业出纳在 VBSE 系统中执行“业务操作”查询网银，并查看货款到账情况，且进行核对，确认无误后，前往银行柜员处打印回单。

2. 银行柜员打印回单

银行柜员根据商贸企业给制造企业的转账情况，打印商贸企业给制造企业的转账回单。

3. 财务会计审核收款确认单并编制记账凭证

财务会计审核收款确认单，根据收款确认单填制记账凭证，将银行业务回单粘贴在记账凭证后作为附件，并提交给财务经理。

记账凭证示例如下。

借：银行存款　　　　　　1 212 384.00

　贷：应收账款　　　　　　1 212 384.00

4. 财务经理审核记账凭证

财务经理审核记账凭证，并对照相关附件检查是否有误，审核无误后签字确认，并将记账凭证传递给出纳。

5. 出纳登记银行日记账

出纳根据记账凭证登记日记账，并在记账凭证上签字或盖章。

6. 财务会计登记科目明细账

财务经理根据记账凭证登记科目明细账，并在记账凭证上签字或盖章。

7. 财务经理登记总账

财务经理根据记账凭证登记总账，并在记账凭证上签字或盖章。

四、业务单据

银行转账回单示例如图 4-123 所示。

项目五　制造企业期末账务处理

期末结账包括科目汇总、期末结转、结账和编制财务报告等工作。

1. 科目汇总

出纳、财务会计和成本会计分别根据科目明细账进行科目汇总。

2. 期末结转

财务会计将本期发生的“收入”和“费用”类科目结转，计算并结转所得税；成本会计结转产成品及主营业务成本。

3. 结账

为了正确反映一定时期内在账簿中记录的经济业务，总结有关经济业务活动和财务状况，各单位必须在每一个会计期末结账。

结账是在将本期内所发生的经济业务全部登记入账，并对账无误的基础上，按照规定的方法对该期内的账簿记录进行小结，结算出本期发生额合计数和余额，并将余额结转下期或者转入新账。

4. 编制财务报告

财务经理编制企业资产负债表和利润表。

任务一　制造企业成本计算

一、业务描述

在 VBSE 综合实训中,制造企业提供的产品是经济型童车。经济型童车的成本计算可分为两步:先计算车架的成本,再将车架作为原材料计算童车的成本。

童车成本计算的逻辑图如图 4-125 所示。

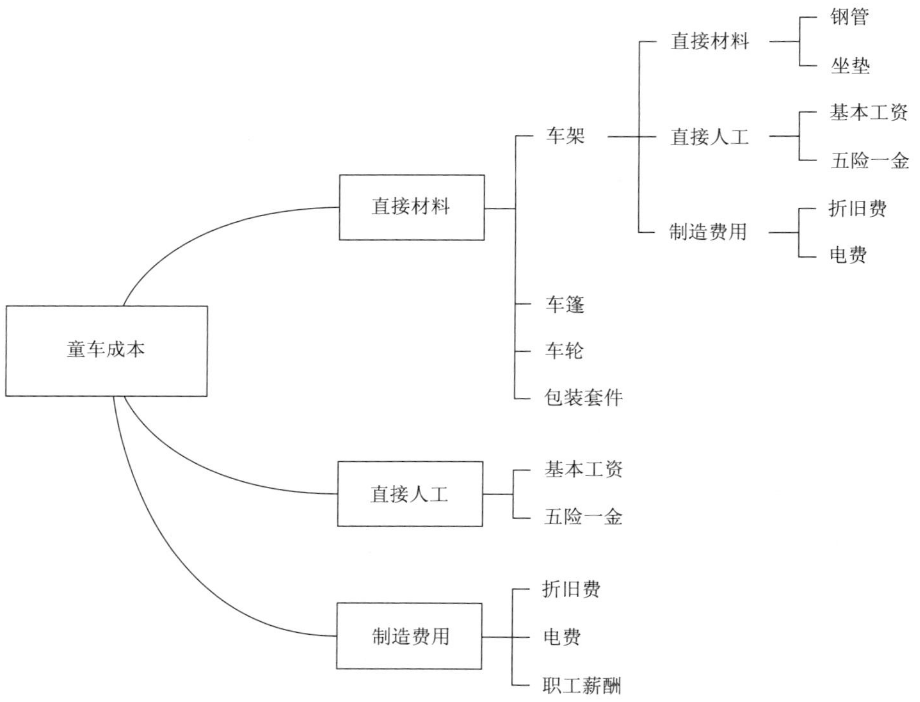

图 4-125　童车成本计算的逻辑图

1. 车架成本的计算

因为存货成本的计算采用全月一次加权平均法,所以需要从系统中导出期初库存情况。

1)计算原材料采购入库成本

固定数据阶段原材料采购订单是含税单价,运费单独计算,所以需要还原原材料的采购成本,即

原材料的采购成本=采购订单中的不含税单价+不含税运费

原材料采购入库成本计算方法和结果见表 4-16。

表 4-16　原材料采购入库成本计算方法和结果

商品名称	数量	含税单价	含税总金额	不含税总单价=含税单价/（1+17%）	不含税总金额	增值税额	含税运维=含税金额×5%	不含税运维=物流运维/1.11	物流费税额	运费分配率（%）	运费分配	含运费（不含税）总金额	不含税单价
钢管	9 600.00	121.33	1 164 768.00	103.70	995 528.21	169 239.79	58 238.40	52 467.03	5 771.37	3.63	34 813.69	1 030 341.90	107.33
坐垫	4 800.00	91.50	439 200.00	78.21	375 384.62	63 815.38	21 960.00	19 783.78	2 176.22	3.63	17 406.85	392 791.46	81.83
车篷	4 800.00	164.70	790 560.00	140.77	675 692.31	114 867.69	39 528.00	35 610.81	3 917.19	3.63	17 406.85	693 099.15	144.40
车轮	19 200.00	30.50	585 600.000	26.07	500 512.82	85 087.18	29 280.00	26 378.38	2 901.62	3.63	69 627.39	570 140.21	29.69
经济型包装套件	4 800.00	103.70	497 760.00	88.63	425 435.90	72 324.10	24 888.00	22 421.62	2 466.38	3.63	17 406.85	442 842.74	92.26
合计	43 200.00		3 477 888.00		2 972 553.85	505 334.15	173 894.40	156 661.62	17 232.78	3.63	156 661.62	3 129 215.47	

2）计算原材料出库成本

针对原材料期初数量（见表 4-17），使用全月一次加权平均法计算原材料的领用成本，计算公式为

领用单价=（期初金额+本期购进金额）÷（期初数量+本期购进数量）

表 4-17　原材料期初数量

存货编码	存货类型	存货名称	规格	计量单位	期初库存量	单价（元）	金额（元）
P0001	产成品	经济型童车		辆	5 400	756.82	4 086 828.00
P0002	产成品	舒适型童车		辆	0	—	—
P0003	产成品	豪华型童车		辆	0	—	—
M0001	半成品	经济型童车车架		个	5 400	346.24	1 869 696.00
M0002	半成品	舒适型童车车架		个	0	—	—
M0003	半成品	豪华型童车车架		个	0	—	—
B0001	原材料	钢管	ϕ外 16/ϕ内 11/$L$5000（mm）	根	10 800	105.20	1 136 160.00
B0002	原材料	镀锌管	ϕ外 16/ϕ内 11/$L$5000（mm）	根	0	—	—
B0003	原材料	坐垫	HJM500	个	5 400	80.18	432 972.00
B0004	原材料	记忆太空棉坐垫	HJM0031	个	0	—	—
B0005	原材料	车篷	HJ72×32×40	个	5 400	144.26	779 004.00
B0006	原材料	车轮	HJϕ外 125/ϕ内 60（mm）	个	21 600	26.89	580 824.00
B0007	原材料	经济型童车包装套件		套	5 400	90.16	486 864.00
B0008	原材料	数控芯片	MCX3154A	片	0		

续表

存货编码	存货类型	存货名称	规格	计量单位	期初库存量	单价（元）	金额（元）
B0009	原材料	舒适型童车包装套件	HJTB200	套	0		
B0010	原材料	豪华型童车包装套件	HJTB300	套	0		

原材料出库成本计算结果见表4-18。

表4-18　原材料出库成本计算结果

商品名称	期初数量	期初单价	期初余额	本期购进数量	本期购进单价	本期购进金额	全月一次加权平均	本期出库数量	本期出库成本	期末结存数量	期末结余金额
钢管	10 800	105.2	1 136 160.00	9 600	107.33	1 030 368.00	106.20	9 600	1 019 542.59	10 800	1 146 985.41
坐垫	5 400	80.18	432 972.00	4 800	81.83	392 784.00	80.96	4 800	388 591.06	5 400	437 164.94
车篷	5 400	144.26	779 004.00	4 800	144.4	693 120.00	144.33	4 800	692 764.24	5 400	779 359.76
车轮	21 600	26.89	580 824.00	19 200	29.69	570 048.00	28.21	19 200	541 586.82	21 600	609 285.18
经济型包装套件	5 400	90.16	486 864.00	4 800	92.26	442 848.00	91.15	4 800	437 511.53	5 400	492 200.47
经济型童车车架	5 400	346.24	1 869 696.00				346.24	4 800	1 661 952.00	600	207 744.00

3）车架成本计算

根据分配的人工费用、折旧费用和材料费用，计算本期投产车架的成本，其计算过程和结果见表4-19。

表4-19　本期投产车架的成本计算过程和结果

本月投产数量	4 800	本月完工数量	4 800
项目	金额（元）	数量	单价（元）
直接材料	1 408 124.88		
直接人工	102 672.00		
制造费用	39 807.00		
本期生产费用合计	1 550 603.88	4 800	323.04
期初库存	1 869 696.00	5 400	346.24
全月加权平均单价（出库单价）			335.32
本月生产领用（出库成本）	1 609 536.00	4 800	335.32
期末余额	1 810 736.88	5 400	335.32

注意：在 VBSE 综合实训中，系统规定机加车间只分配直接费用，所以此处归集的只是直接作用于机加车间的费用，即折旧费为 10 条生产线的折旧，电费为机加车间生产用电（不含照明用电），车间管理人员的工资不做分配，直接计入童车整车的成本。

2. 童车成本的计算

童车的成本包含直接材料（车架成本计算出来后作为原材料之一被组装车间领用）、直接人工费用和制造费用，在前面车架分配时，材料费用、人工费用和制造费用已经完成分配，只需将各数据汇总，即可得到童车成本，见表 4-20。

注意：在 VBSE 综合实训中，两个车间发生的所有间接费用全部计入整车的成本，如生产计划部人员的工资、大厂房的折旧和车间一般消耗等。

表 4-20　童车成本的计算过程和结果

本月投产数量	4 800	本月完工数量	4 800
项目	金额	数量	单价
直接材料	3 281 446.90		
直接人工	111 228.00		
制造费用	66 257.51		
本期生产费用合计	3 458 932.41	4 800	720.61
期初库存	4 086 828.00	5 400	756.82
全月加权平均单价（出库单价）			739.78
本月生产领用（出库成本）	3 550 944.00	4 800	739.78
期末余额	3 994 816.41	5 400	739.78

二、业务流程

制造企业成本计算的业务流程如图 4-126 所示。

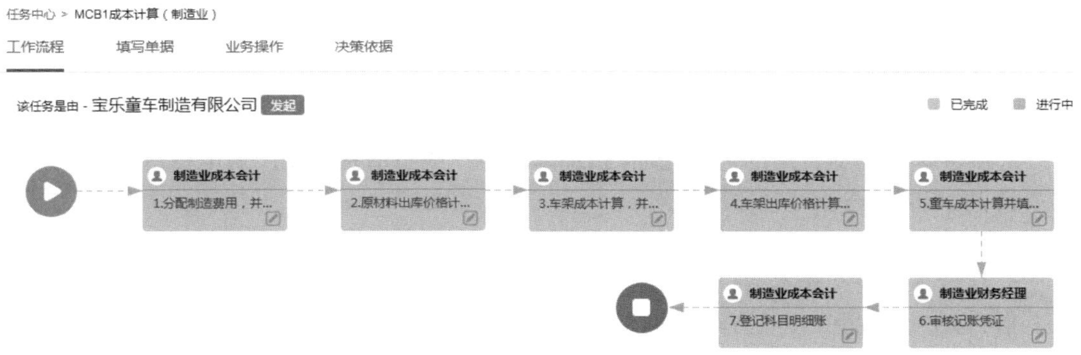

图 4-126　制造企业成本计算的业务流程

三、业务步骤

1. 成本会计分配制造费用,并编制记账凭证

制造企业成本会计根据制造费用明细账,结出本月发生额;根据制造费用明细账的余额,编制制造费用分配表;根据制造费用分配表编制记账凭证。

2. 成本会计计算原材料出库价格,并编制记账凭证

成本会计根据原材料明细账、本月原材料出库单,计算本月原材料的出库成本,根据以上资料编制记账凭证。

3. 成本会计计算车架成本,并编制记账凭证

成本会计根据车架物料清单和生产成本明细账,分别汇总直接材料、直接人工、制造费用本月发生数,编制车架的产品成本计算表,并编制记账凭证。

4. 成本会计计算车架出库价格,并编制记账凭证

成本会计根据车架明细账、本月半成品出库单,计算本月车架的出库成本,并编制记账凭证。

5. 成本会计计算童车成本,并编制记账凭证

成本会计编制童车的产品成本计算表,包括原材料费用、人工费用和制造费用,并编制记账凭证。

6. 财务经理审核记账凭证

财务经理审核记账凭证,审核无误后,将记账凭证交给成本会计。

7. 成本会计登记科目明细账

成本会计根据记账凭证登记科目明细账。

8. 财务经理登记总账

在 VBSE 综合实训中,系统的业务流程中缺少这一步骤,学生要补上相应操作。

四、业务单据

制造企业成本计算中涉及的记账凭证如下。

1. 车架材料分配的记账凭证

借:生产成本——经济车架(料)　　1 408 133.65
　贷:原材料——钢管　　1 019 524.59
　　原材料——坐垫　　388 591.06

2. 结转车架制造费用的记账凭证(机加车间生产线折旧费和生产用电费用)

借:生产成本——经济车架(费)　　39 807.00
　贷:制造费用——经济车架　　39 807.00

3. 结转车架生产成本的记账凭证

借:自制半成品——经济车架　　1 550 603.88
　贷:生产成本——经济车架(料)　　1 408 124.88
　　生产成本——经济车架(工)　　102 672.00
　　生产成本——经济车架(费)　　39 807.00

4. 结转童车直接材料的记账凭证

借:生产成本——经济童车(料)　3 281 398.59
　贷:自制半成品——经济车架存款　1 609 536.00
　　原材料——车篷　692 764.24
　　原材料——车轮　541 586.82
　　原材料——经济包装套件　437 511.53

5. 分配童车制造费用的记账凭证(两个车间共同的间接费用全部计入童车成本)

借:生产成本——经济童车(费)　66 257.51
　贷:制造费用——经济童车(费)　66 257.51

6. 结转童车生产成本的记账凭证

借:库存商品　3 458 884.10
　贷:生产成本——经济童车(料)　3 281 398.59
　　生产成本——经济童车(工)　111 228.00
　　生产成本——经济童车(费)　66 257.51

任务二　制造企业销售成本核算

一、业务描述

销售成本是指已销售产品的生产成本或已提供劳务的劳务成本以及其他销售业务成本。在每月末,按照销售产品的名称及数量,分别根据库存商品中结出的平均成本价计算出总成本,并进行主营业务成本的计算结转,其计算公式如下:

主营业务成本=产品销售数量或提供劳务数量 × 产品单位生产成本或单位劳务成本

就销售产品而言,产品销售数量可直接在"库存商品明细账"上得到;产品单位生产成本可采用多种方法计算确定,如先进先出法、移动加权平均法、全月一次加权平均法等,但企业一旦选定某一种方法后,不得随意变动,这是会计核算一贯性原则的要求。在 VBSE 综合实训中,采用全月一次加权平均法计算产品单位生产成本。

二、业务流程

制造企业销售成本核算的业务流程如图 4-127 所示。

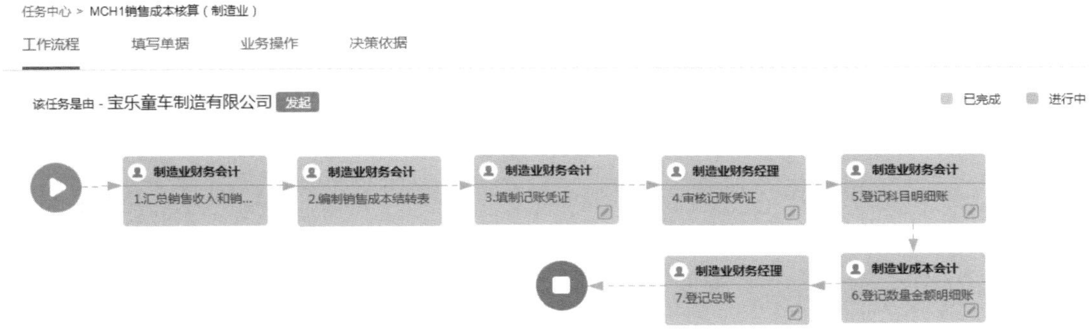

图 4-127　制造企业销售成本核算的业务流程

三、业务步骤

1. 财务会计汇总销售出库情况

财务会计根据销售出库单汇总销售出库的产品数量。

2. 财务会计编制产品销售成本结转明细表

财务会计根据销售数量和库存商品平均单价,编制销售成本结转明细表。

3. 财务会计填制记账凭证

财务会计根据产品出库单及销售成本结转明细表反映的业务内容,编制记账凭证,将相关单据粘贴在记账凭证后作为附件。将记账凭证传递给财务经理审核。

4. 财务经理审核记账凭证

财务经理审核记账凭证的附件、记账科目、金额、手续是否正确与齐全,审核无误后在记账凭证上签字或盖章。

5. 财务会计登记科目明细账

财务会计根据记账凭证登记科目明细账,并在记账凭证上签字或盖章。

6. 成本会计登记数量金额明细账

成本会计根据记账凭证登记数量金额明细账,并在记账凭证上签字或盖章。

7. 财务经理登记总账

财务经理根据记账凭证登记总账,并在记账凭证上签字或盖章。

四、业务单据

制造企业销售成本核算的记账凭证示例如下。

借:主营业务成本　　　　　　3 550 928.18

　贷:库存商品——经济童车　　　　　　3 550 928.18

任务三　制造企业期末账务处理

一、业务描述

在会计期末,制造企业财务部门需要结转本期损益。

二、业务流程

制造企业期末账务处理的业务流程如图4-128所示。

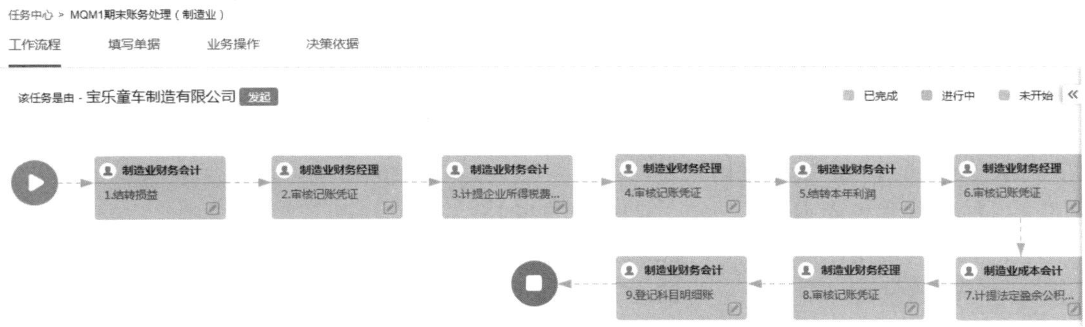

图 4-128　制造企业期末账务处理的业务流程

三、业务步骤

1. 财务会计编制销售产品成本汇总表，填制记账凭证

财务会计根据产品出库单汇总销售出库的产品数量，根据销售数量和库存商品平均单价编制销售成本结转明细表（线下学生自己完成），根据销售出库单及销售成本结转明细表反映的业务内容编制记账凭证，在记账凭证“制单”处签字或盖章。

2. 财务经理审核记账凭证

财务经理审核记账凭证的附件、记账科目、金额、手续是否正确和齐全，审核无误后在“复核”和“财务主管”处签字或盖章，并登记总分类账。

3. 财务会计计提企业所得税费用

财务会计根据本年利润余额计算企业所得税，填制记账凭证。

4. 财务经理审核记账凭证

财务经理审核记账凭证，并登记总账。

5. 财务会计结转本年利润

财务会计根据本年利润余额，结转至利润分配中，填制记账凭证。

6. 财务经理审核记账凭证

财务经理审核记账凭证，并登记总账。

7. 成本会计计提法定盈余公积并结转

成本会计按本年净利润（弥补以前亏损后）的 10%提取法定盈余公积，法定盈余公积累计额达到注册资本的 50%时可以不再提取，将提取的法定盈余公积结转至利润分配中，填制记账凭证。

8. 财务经理审核记账凭证

财务经理审核记账凭证，并登记总账。

9. 财务会计登记科目明细账

财务会计根据记账凭证登记科目明细账，并在记账凭证上签字或盖章。

四、业务单据

制造企业期末账务处理的记账凭证示例如下。

1. 结转收入的记账凭证

借:主营业务收入——经济童车 4 144 902.57

  贷:本年利润——经济童车 4 144 902.57

2. 结转成本和费用的记账凭证

借:本年利润——成本费用结转 3 803 026.22

  贷:主营业务成本 3 550 944.18

    管理费用 228 228.04

    销售费用 23 854.00

3. 计提所得税费用的记账凭证

借:所得税费用 85 469.09

  贷:应交税费——应交所得税 85 469.09

4. 结转所得税费用的记账凭证

借:本年利润 85 469.09

  贷:所得税费用 85 469.09

5. 提取法定盈余公积的记账凭证

借:利润分配——法定盈余公积 25 640.73

  贷:盈余公积——法定盈余公积 25 640.73

6. 结转法定盈余公积的记账凭证

借:本年利润 25 640.73

  贷:利润分配 25 640.73

7. 结转本年利润的记账凭证

借:本年利润 230 766.54

  贷:利润分配——未分配利润 230 766.54

任务四 制造企业编制利润表

一、业务描述

1. 利润表

利润表是反映企业在一定会计期间(如月度、季度、半年度或年度)内生产经营成果的会计报表。由于利润表反映的是某一会计期间的情况,因此又被称为动态报表。企业在一定会计期间内的经营成果既可能表现为盈利,也可能表现为亏损,因此利润表也被称为损益表。

利润表是根据“收入-费用=利润”的基本关系编制的,其具体内容取决于收入、费用、利润等会计要素及其内容,利润表项目是收入、费用和利润要素内容的具体体现。

2. 利润表的组成

1)利润表的结构

利润表一般由表首、正表两部分构成。其中,表首说明报表名称、编制单位、编制日期、报表编号、货币名称、计量单位等;正表是利润表的主体,反映形成经营成果的各个项目和计算过程,所以曾经称为损益计算书。

2)利润表的格式

利润表正表的格式有两种:单步式利润表和多步式利润表。单步式利润表是将当期所有的收入列在一起,然后将所有的费用列在一起,两者相减得出当期净损益。多步式利润表是通过对当期的收入、费用、支出项目按性质加以归类,按利润形成的主要环节列示一些中间性利润指标,如营业利润、利润总额、净利润,分步计算当期净损益。

在我国,利润表采用多步式,每个项目通常又分为"本月数"和"本年累计数"两栏分别列示。"本月数"栏反映各项目的本月实际发生数,在编报中期财务会计报告时,填列上年同期累计实际发生数,在编报年度财务会计报告时,填列上年全年累计实际发生数。如果上年度利润表与本年度利润表的项目名称和内容不一致,则按编报当年的口径对上年度利润表项目的名称和数字进行调整,填入"上年数"栏。在编报中期和年度财务会计报告时,将"本月数"栏改成"上年数"栏。"本年累计数"栏反映各项目自年初起至报告期末止的累计实际发生数。多步式利润表主要分四步计算企业的利润(或亏损):

(1)以主营业务收入为基础,减去主营业务成本和主营业务税金及附加,计算主营业务利润;

(2)以主营业务利润为基础,加上其他业务利润,减去销售费用、管理费用、财务费用,计算营业利润;

(3)以营业利润为基础,加上投资净收益、补贴收入、营业外收入,减去营业外支出,计算利润总额;

(4)以利润总额为基础,减去所得税,计算净利润(或净亏损)。

3. 利润表的编制

利润表编制的原则是"收入-费用=利润"的会计平衡公式和收入与费用的配比原则。

在生产经营中,企业不断地发生各种费用支出,同时取得各种收入,收入减去费用,剩余的部分就是企业的盈利。取得的收入和发生的相关费用的对比情况就是企业的经营成果。如果企业经营不当,发生的生产经营费用超过取得的收入,企业就会发生亏损;反之,企业就能取得一定的利润。会计部门应定期(一般按月份)核算企业的经营成果,并将核算结果编制成报表,从而形成利润表。

4. 利润表包含科目

(1)营业收入。

①减:营业成本、营业税金、附加销售费用、管理费用、财务费用、资产减值损失。

②加:公允价值变动收益(损失以"-"号填列)、投资收益(损失以"-"号填列)。

(2)营业利润(亏损以"-"号填列)。

①加:营业外收入。

②减:营业外支出。

(3)利润总额(亏损以"-"号填列)。

减:所得税。

(4)净利润(亏损以"-"号填列)。

（5）补充资料（非常项目）：①出售、处置部门或被投资单位所得收益；②自然灾害发生的损失；③会计政策变更增加（或减少）利润总额；④会计估计变更增加（或减少）利润总额；⑤债务重组损失；⑥其他。

（6）每股收益：

①基本每股收益；

②稀释每股收益。

二、业务流程

制造企业编制利润表的业务流程如图 4-129 所示。

图 4-129 制造企业编制利润表的业务流程

三、业务步骤

制造企业财务经理编制利润表。

四、业务单据

制造企业科目汇总表见表 4-21，制造企业利润表见表 4-22。

表 4-21 制造企业科目汇总表

科目编码	科目名称	期初余额		本期发生额		期末余额	
		借方	贷方	借方	贷方	借方	贷方
1001	库存现金	20 000.00			3 000.00	17 000.00	
1002	银行存款	10 000 000.00		4 849 536.00	4 329 776.74	10 519 759.26	
1122	应收账款			4 849 536.00	4 849 536.00		
1221	其他应收款			3 000.00		3 000.00	
1402	在途物资						
1403	原材料	3 415 824.00		3 129 215.47	3 080 016.00	3 465 023.47	
1405	库存商品	4 086 828.00		3 458 928.39	3 550 944.18	3 994 812.21	
1409	自制半成品	1 869 696.00		1 550 607.69	1 609 554.68	1 810 749.01	

续表

科目编码	科目名称	期初余额		本期发生额		期末余额	
		借方	贷方	借方	贷方	借方	贷方
1601	固定资产	27 328 800.00				27 328 800.00	
1602	累计折旧		1 824 000.00		121 600.00		1 945 600.00
1606	固定资产清理						
1701	无形资产						
1702	累计摊销						
2202	应付账款		3 735 840.40	3 735 840.40			
2203	预收账款						
2211	应付职工薪酬		378 603.00	378 603.00	378 603.00		378 603.00
2221	应交税费		21 533.34	751 851.22	791 839.91		255 322.03
2241	其他应付款			54 601.50	54 601.50		
2501	长期借款						
4001	实收资本		35 000 000.00				35 000 000.00
4101	盈余公积		396 687.31		25 640.73		422 328.04
4103	本年利润			4 144 902.57	4 144 902.57		
4104	利润分配		8 906 524.35	25 640.73	256 407.26		9 137 290.88
5001	生产成本			5 223 436.08	5 223 436.08		
5101	制造费用			106 065.40	106 065.40		0.00
6001	主营业务收入			4 144 902.57	4 144 902.57		
6401	主营业务成本			3 550 944.18	3 550 944.18		
6402	其他业务支出						
6405	税金及附加						
6601	销售费用			23 854.00	23 854.00		
6602	管理费用			228 228.04	228 228.04		
6603	财务费用						
6711	营业外支出						
6801	所得税费用			85 469.09	85 469.09		
合计		46 721 148.00	46 721 148.00	40 295 162.33	40 295 162.33	47 139 143.95	47 139 143.95

表 4-22　制造企业利润表

编制单位:制造企业　　2019 年 1 月 25 日　　单位:元(角分)

行次	项目	本期金额	上期金额(略)
001	一、营业收入	4 144 902.57	
002	减:主营业务成本	3 550 944.18	

续表

行次	项目	本期金额	上期金额（略）
003	税金及附加		
004	销售费用	23 854.00	
005	管理费用	228 228.04	
006	财务费用		
007	资产减值损失		
008	加：公允价值变动损益		
009	投资收益		
010	其中：对联营企业和合营企业的投资收益		
011	二、营业利润	341 876.35	
012	加：营业外收入		
013	减：营业外支出		
014	其中：非流动资产处置损益		
015	三、利润总额	341 876.35	
016	减：所得税费用	85 469.09	
017	四、净利润	256 407.26	
018	五、每股收益		
019	（一）基本每股收益	0.01	
020	（二）稀释每股收益	0.01	

任务五　制造企业编制资产负债表

一、业务描述

1. 资产负债表

资产负债表是反映企业在某一特定日期（如月末、季末、年末）全部资产、负债和所有者权益情况的会计报表，是企业经营活动的静态体现，根据“资产=负债+所有者权益”的平衡公式，依照一定的分类标准和次序，将某一特定日期的资产、负债、所有者权益的具体项目予以适当的排列编制而成。

资产负债表利用会计平衡原则，将合乎会计原则的资产、负债、股东权益等交易科目分为“资产”和“负债及股东权益”两大区块，在经过分录、转账、分类账、试算、调整等会计程序后，以特定日期的静态企业情况为基准，浓缩成一张报表。资产负债表除可以帮助企业内部除错、把握企业经营方向、消除企业财务可能存在的弊端外，也可让所有阅读者能在最短时间内了解企业的经营状况。

就程序而言，资产负债表为簿记记账程序的末端，是经过登录、分录、过账及试算调整后的最终结果与报表。就性质而言，资产负债表可表现企业或公司资产、负债及股东权益的对比关系,确切反映公司营运状况。就报表基本组成而言,资产负债表主要包含报表左边算式的资产部分及右边算式的负债及股东权益部分。如果作业前端完全依照会计原则记载,并经由正确的分录或转账试算过程后,必然会使资产负债表的左右两边算式的总金额完全相同,而这个算式就是资产金额总计=负债金额合计+股东权益金额合计。

2. 资产负债表的结构和格式

资产负债表一般由表首和正表两部分构成。其中,表首说明报表名称、编制单位、编制日期、报表编号、货币名称、计量单位等;正表是资产负债表的主体,列示用以说明企业财务状况的各个项目。资产负债表正表的格式一般有两种:报告式资产负债表和账户式资产负债表。报告式资产负债表是上下结构,上半部列示资产,下半部列示负债和所有者权益。报告式资产负债表的具体排列形式有两种:一种是按"资产=负债+所有者权益"的原理排列;另一种是按"资产-负债=所有者权益"的原理排列。账户式资产负债表是左右结构,左边列示资产,右边列示负债和所有者权益。不管采取什么格式,资产各项目的合计等于负债和所有者权益各项目的合计的关系不变。

制造企业的资产负债表采用账户式结构,每个项目又分为"期末余额"和"年初余额"两栏分别填列。账户式资产负债表分左右两方,左方为资产项目,大体按资产的流动性大小排列,流动性大的资产(如货币资金、交易性金融资产等)排在前面,流动性小的资产(如长期股权投资、固定资产等)排在后面;右方为负债及所有者权益项目,一般按要求清偿时间的先后顺序排列,短期借款、应付票据、应付账款等需要在一年以内或者长于一年的一个正常营业周期内偿还的流动负债排在前面,长期借款等在一年以上才需偿还的非流动负债排在中间,在企业清算前不需要偿还的所有者权益项目排在后面。

账户式资产负债表中的资产各项目的合计等于负债和所有者权益各项目的合计,即资产负债表左方和右方平衡。账户式资产负债表可以反映资产、负债、所有者权益之间的内在关系,即"资产=负债+所有者权益"。

3. 资产负债表的编制

1)资产负债表的编制原理

资产负债表的编制原理是"资产=负债+所有者权益"的平衡公式。它既是一张平衡报表,反映资产总计(左方)和负债及所有者权益总计(右方)相等;又是一张静态报表,反映企业在某一时点的财务状况,如月末或年末。通过在资产负债表上设立"年初数"和"期末数"栏,也能反映企业财务状况的变动。

2)资产负债表的编制内容

资产负债表根据资产、负债、所有者权益(或股东权益,下同)之间的勾稽关系,按照一定的分类标准和顺序,把企业一定日期的资产、负债和所有者权益各项目予以适当排列。资产负债表反映的是企业资产、负债、所有者权益的总体规模和结构,即资产有多少(资产中,流动资产、固定资产各有多少;流动资产中,货币资金有多少,应收账款有多少,存货有多少等)以及所有者权益有多少(所有者权益中,实收资本(或股本,下同)有多少,资本公积有多少,盈余公积有多少,未分配利润有多少等)。

在资产负债表中,企业通常按资产、负债、所有者权益分类分项反映。也就是说,资产按流动性大小进行列示,具体分为流动资产、长期投资、固定资产、无形资产及其他资产;负债也按流动性大小进行列示，具体分为流动负债、长期负债等；所有者权益则按实收资本、资本公积、盈余公积、未分配利润等项目分项列示。

3）资产负债表的编制方法

资产负债表的编制主要是对日常会计核算记录的数据加以归集、整理，使之成为有用的财务信息。企业资产负债表各项目数据主要通过以下几种方式获得。

I. 根据总账科目余额直接填列

资产负债表大部分项目都是根据总账科目的余额直接填列，如“应收票据”项目，根据“应收票据”总账科目的期末余额直接填列；“短期借款”项目，根据“短期借款”总账科目的期末余额直接填列；“交易性金融资产”“工程物资”“递延所得税资产”“短期借款”“交易性金融负债”“应付票据”“应付职工薪酬”“应缴税费”“递延所得税负债”“预计负债”“实收资本”“资本公积”“盈余公积”等，都在此项之内。

II. 根据总账科目余额计算填列

如“货币资金”项目，根据“库存现金”“银行存款”“其他货币资金”科目的期末余额合计数计算填列。

III. 根据明细科目余额计算填列

如“应收账款”项目，根据“应收账款”“预收账款”两个科目所属的有关明细科目的期末借方余额扣除计提的减值准备后计算填列；“应付账款”项目，根据“应付账款”“预付账款”科目所属的相关明细科目的期末贷方余额计算填列。

IV. 根据总账科目和明细科目余额分析计算填列

如“长期借款”项目，根据“长期借款”总账科目期末余额，扣除“长期借款”科目所属明细科目中反映的将于一年内到期的长期借款部分，分析计算填列。

V. 根据科目余额减去其备抵项目后的净额填列

如“存货”项目，根据“存货”科目的期末余额，减去“存货跌价准备”备抵科目余额后的净额填列；“无形资产”项目，根据“无形资产”科目的期末余额，减去“无形资产减值准备”“累计摊销”备抵科目余额后的净额填列。

二、业务流程

制造企业编制资产负债表的业务流程如图 4-130 所示。

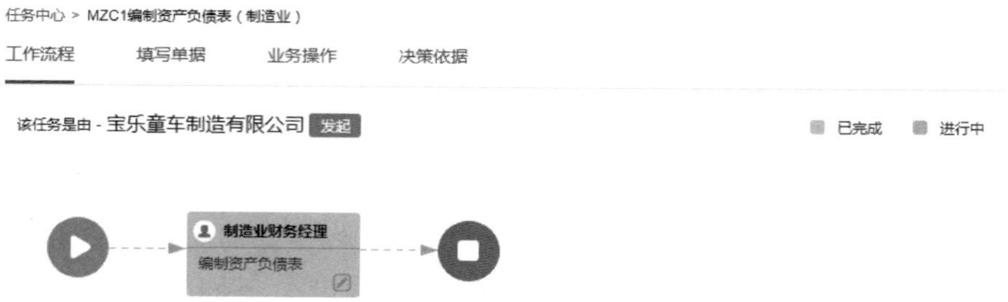

图 4-130 制造企业编制资产负债表的业务流程

三、业务步骤

制造企业财务经理根据科目汇总表和利润表，编制资产负债表。

四、业务单据

制造企业资产负债表见表 4-23。

表 4-23　制造企业资产负债表

编制单位：制造企业　　2019 年 1 月 25 日　　单位：元（角分）

行次	资产科目	期末数	年初数	行次	资产科目	期末数	年初数
001	流动资产：			001	流动负债：		
002	货币资金	1 053 675.26	1 020 000.00	002	短期借款		
003	交易性金融资产			003	交易性金融负债		
004	应收票据			004	应付票据		
005	应收账款	0.00	0.00	005	应付账款	0.00	0.00
006	预付账款			006	预收款项	0.00	
007	应收利息			007	应付职工薪酬	378 603.03	378 603.03
008	应收股利			008	应交税费	255 322.03	215 333.34
009	其他应收款	3 000.00		009	应付利息		
010	存货	9 270 584.69	9 372 348.00	010	应付股利		
011	一年内到期的非流动资产			011	其他应付款		
012	其他流动资产			012	一年内到期的非流动负债		
013	流动资产合计	19 810 343.95	19 392 348.00	013	其他流动负债		
014	非流动资产：			014	流动负债合计	633 925.03	593 936.34
015	可供出售金融资产			015	非流动负债：		
016	持有至到期投资			016	长期借款	0.00	0.00
017	长期应收款			017	应付债券		
018	长期股权投资			018	长期应付款		
019	投资性房地产			019	专项应付款		
020	固定资产	25 383 200.00	25 507 800.00	020	预计负债		
021	在建工程			021	递延所得税负债		
022	工程物资			022	其他非流动负债		
023	固定资产清理			023	非流动负债合计	0.00	0.00
024	生产性生物资产			024	负债合计	633 925.03	593 936.34
025	油气资产			025	股东权益：		

续表

行次	资产科目	期末数	年初数	行次	资产科目	期末数	年初数
026	无形资产	0.00	0.00	026	实收资本(或股本)	35 000 000.00	35 000 000.00
027	开发支出			027	资本公积		
028	商誉			028	减:库存股		
029	长期待摊费用			029	盈余公积	422 328.04	396 687.31
030	递延所得税资产			030	未分配利润	9 137 290.88	8 906 524.35
031	其他非流动资产			031	所有者权益(或股东权益)合计	44 559 618.92	44 303 211.66
032	非流动资产合计	25 383 200.00	25 504 800.00	032			
033	资产总计	4 519 353.95	44 897 148.00	033	负债和所有者权益(或股东权益)总计	4 519 353.95	44 897 148.00

思政映射　大国智造,中国成就

党的十八大以来,在以习近平同志为核心的党中央的坚强领导下,党和国家事业取得了历史性成就,发生了历史性变革。我们以习近平新时代中国特色社会主义思想为指导,以不断刷新的中国跨度、中国精度、中国高度、中国深度、中国力度、中国速度为经纬,聚焦中国具有代表性的基础设施建设和科技创新重大成果。国资央企胸怀“国之大者”,牢记使命担当,当好国民经济“顶梁柱”“压舱石”。中国建设者攻坚克难,以挑战极限的胆识、魄力与智慧创造了一个个奇迹。

十多年间,一系列国之重器和超级工程成为中国成就的崭新地标、中国实力的生动坐标;天山之上,独库公路连通南北疆;伶仃洋里,港珠澳大桥、深中通道将大湾区连成一体;琼州海峡,世界最长海底电缆让海南告别百年“电力孤岛”;苍茫太空,“嫦娥”“天问”“羲和”烙印逐梦足迹……一项项超级工程用“跨越”完成“连结”,让山川之远化为举足之遥,科技工作者用微观世界的一小步,引领大国智造的一大步。作为国家的未来,青年强则国强,我们应当刻苦学习,掌握真本领,为祖国建设贡献力量。

知识拓展一　企业的成本核算

知识拓展一　企业的成本核算

知识拓展二　企业结算票据填写规范

知识拓展二　企业结算票据填写规范

模块五　商贸企业经营业务

【模块任务简介】

在 VBSE 综合实训中，商贸企业（经销商）的经营业务主要包括企业日常管理业务和销售收款业务。其中，日常管理业务主要包括批量办理个人银行卡、各部门借款、签订代发工资协议和社保公积金同城委托收款协议、发放薪酬、扣缴五险一金、申报和缴纳个人所得税和企业增值税等业务；销售收款业务主要包括市场开拓及投放广告、支付费用及开具发票等业务。通过本模块实训，学生可以熟悉商贸企业的经营流程和经营规则，提高学生的业务操作能力和账务处理水平。

【教学目标】

知识点：1. 了解商贸企业日常的经营及市场开拓流程；

2. 熟悉税收相关知识及纳税申报的流程；

3. 熟悉薪酬管理及广告营销策略相关理论；

4. 熟悉销售订单的相关知识。

技能点：1. 能够填写各种业务表单、账单；

2. 能够熟练掌握申报和缴纳企业增值税、个人所得税业务操作流程；

3. 能够熟练掌握薪酬核算、扣除五险一金操作流程；

4. 能够熟练掌握申请、办理市场开拓操作流程；

5. 能够熟练掌握申请、办理广告投放操作流程。

态度点：1. 能够培养学生的职业素养、企业家精神；

2. 熟悉国家税收的法律法规，培养学生经世济民、德法兼修、知行合一的实践开拓精神。

【重点难点】

1. 税收、财务报表的相关知识。
2. 申报和缴纳企业增值税、个人所得税业务操作流程。
3. 填写记账凭证、日记账、科目明细账、总账等表单。

项目一　商贸企业日常管理业务

任务一　商贸企业批量办理个人银行卡

一、业务描述

商贸企业第一次办理银行卡集体开卡时，需要提供企业营业执照和开户许可证，要与银行签署批量开户协议，填写集体开卡申请书，提交办卡人身份证复印件。如果企业以前办理过批量开卡业务，再次办理则不用提交企业营业执照。

二、业务流程

商贸企业办理个人银行卡的业务流程如图 5-1 所示。

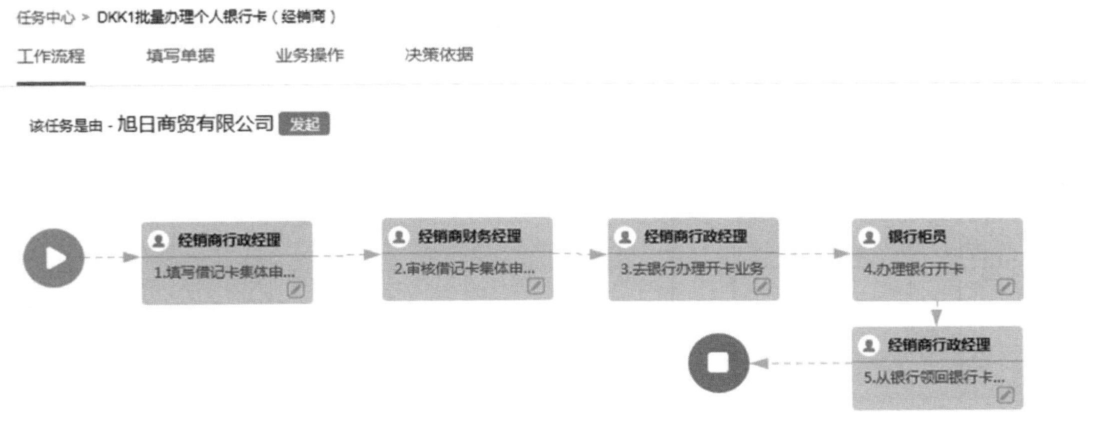

图 5-1　商贸企业办理个人银行卡的业务流程

三、业务步骤

在 VBSE 综合实训中，制造企业、工贸企业和商贸企业都有个人银行卡开卡业务，商贸企业办理个人银行卡的具体步骤如下。

1. 行政经理填写借记卡集体申领登记表

行政经理收集新入职员工的姓名、身份证号等信息，在系统中将新入职员工信息录入“借记卡集体申领登记表”，然后点击“保存”按钮。

2. 财务经理审核登记表

财务经理核对“借记卡集体申领登记表”中的员工信息，确认无误后，在系统中盖章审核，点击“完成”按钮。

3. 行政经理到银行办理银行卡开卡业务

行政经理到银行柜台递交“借记卡集体申领登记表”，办理银行开卡业务。

4. 银行柜员办理银行开卡业务

银行柜员根据企业提交的“借记卡集体申领登记表”，核对无误后办理开卡业务，办理完毕后将所办理的银行卡交给企业行政经理。

5. 将“借记卡集体申领登记表”归档

行政经理领回银行卡后，将“借记卡集体申领登记表”归档。

四、业务单据

“借记卡集体申领登记表”示例如图 5-2 所示。

新道 seentao 教学专用

借记卡集体申领登记表

申请日期:2012年 9月 6 日

单位名称	新锐电器有限公司	单位地址	北京市昌平区北清路34号
负责人姓名	刘琦	联系电话	010-65891111

本单位愿意集体申领借记卡，保证提供的下述资料真实可靠。

序	姓名	拼音姓名	性别	证件名	证件号码	联系地址	邮编	联系电话
1	张杨	ZhangYang	男	身份证	11010119870234	北京市昌平区	100000	63456666
2								
3								
4								
5								
6								
7								
8								
9								
10								
11								
12								
13								
14								
15								
16								

用友新道科技有限公司 网址：www.seentao.com 电话：4006600599 编码：DJ0177

图 5-2 借记卡集体申领登记表示例

任务二　商贸企业各部门借款

一、业务描述

各部门借款主要涉及企业备用金借款，企业备用金具体指企业拨付给企业内部用款单位或职工个人作为零星开支的备用款项，备用金制度可以在一定程度上解决流程冗杂、效率低下的问题。企业备用金由企业拨给部门一定的金额，并由专人管理，部门的开销从备用金预支，消费后报销。部门借款是企业常见业务之一，需要一定的审批流程。财务支出款项后，需要编制记账凭证，登记账簿。

二、业务流程

在 VBSE 综合实训中，经营准备阶段各部门都需要借一定金额（500 元）的备用金，借款时员工需填写借款单，经部门主管、财务经理审批后，到出纳处领取现金，财务编制记账凭证，进行账务处理，借记“其他应收款”，贷记“库存现金”。商贸企业企管部借款的业务流程如图 5-3 所示。

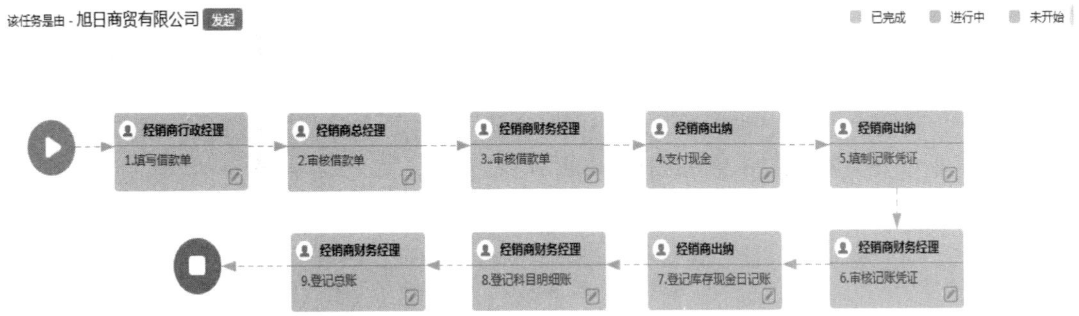

图 5-3　商贸企业企管部借款的业务流程

三、业务步骤

1. 行政经理填写借款单

行政经理到出纳处领取空白借款单，填写借款单，借款作为部门备用金，并将填写好的借款单交给总经理。

2. 总经理审核借款单

总经理审核借款单的金额、填写规范等，审核无误后签字盖章，并将借款单交给财务经理。

3. 财务经理审核借款单

财务经理对借款单的借款用途、金额、付款条款进行审核，审核无误后签字盖章，并将借款单交给出纳。

4. 出纳确认借款单、支付现金，并填制记账凭证

出纳接收借款单，确认无误后，支付现金给借款人，借款人签字确认，在借款单上加盖“现金付讫”章，并根据已支付的借款单填制记账凭证，将借款单粘贴在记账凭证后作为附件，并将记账凭证交给财务经理。

记账凭证示例如下。

借：其他应收款　　　　　500

　贷：库存现金　　　　　500

5. 财务经理审核记账凭证

财务经理审核记账凭证，并对照借款单检查是否有误，审核无误后签字盖章，并将记账凭证交给出纳。

6. 出纳登记现金日记账

出纳根据记账凭证登记库存现金日记账，在记账凭证上签字或盖章，并将记账凭证交回财务经理。

7. 财务经理登记科目明细账和总账

财务经理根据记账凭证登记科目明细账和总账，并在记账凭证上签字或盖章。

四、业务单据

商贸企业部门借款的借款单示例如图 5-4 所示，商贸企业部门借款的记账凭证示例如图 5-5 所示，商贸企业部门借款的现金日记账示例如图 5-6 所示，商贸企业记账凭证样式如图 5-7 所示，商贸企业日记账填写说明如图 5-8 所示，商贸企业明细账填写示例如图 5-9 所示，商贸企业总分类账填写示例如图 5-10 所示。

借　款　单

申请日期　2019　年　01　月　15　日

部门	营销部	借款人	谢梦伟	借款事由	部门备用金
借款金额	人民币（大写）伍佰元整　¥500				
实际报销金额	¥500	结余金额		审核意见	肖蓉　万娜娜
		超支金额			
出纳签章 王嘉桓 2019 年 01 月 15 日		借款人签章 谢梦伟 2019 年 01 月 15 日			

图 5-4　商贸企业部门借款的借款单示例

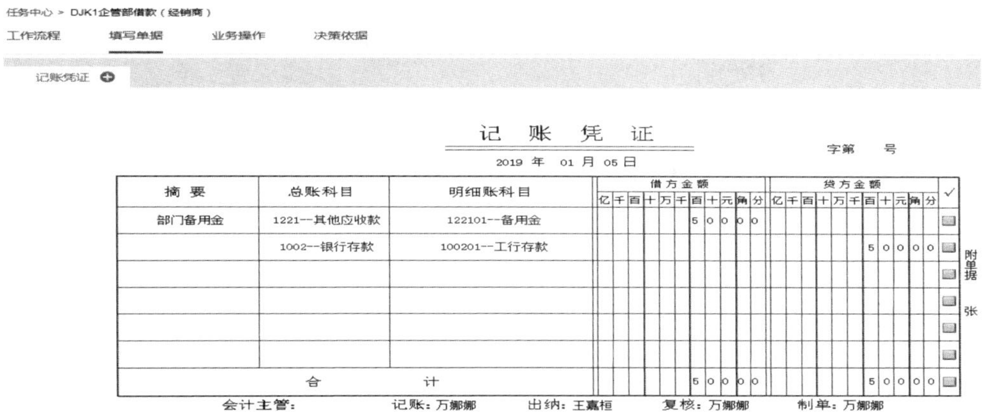

任务中心 > DJK1企管部借款（经销商）

工作流程　填写单据　业务操作　决策依据

记账凭证

记　账　凭　证

2019 年 01 月 05 日　　字第　号

摘要	总账科目	明细账科目	借方金额	贷方金额	✓
部门备用金	1221--其他应收款	122101--备用金	50000		
	1002--银行存款	100201--工行存款		50000	
合　计			50000	50000	

附单据　张

会计主管：　记账：万娜娜　出纳：王嘉桓　复核：万娜娜　制单：万娜娜

图 5-5　商贸企业部门借款的记账凭证示例

任务中心 > DJK1企管部借款（经销商）

工作流程　填写单据　业务操作　决策依据

1001--库存现金　　现金日记账　　第 1 页

2019年 月	日	记账凭证号数	摘要	借方	✓	贷方	✓	余额
1	05		上月结转	2000000	✓			2000000
1	05		企管部部门备用金			50000	✓	1950000
1	05		仓储部部门备用金			50000	✓	1900000
1	05		采购部部备用金			50000	✓	1850000
1	05		营销部部门备用金			50000	✓	1800000

图 5-6　商贸企业部门借款的现金日记账示例

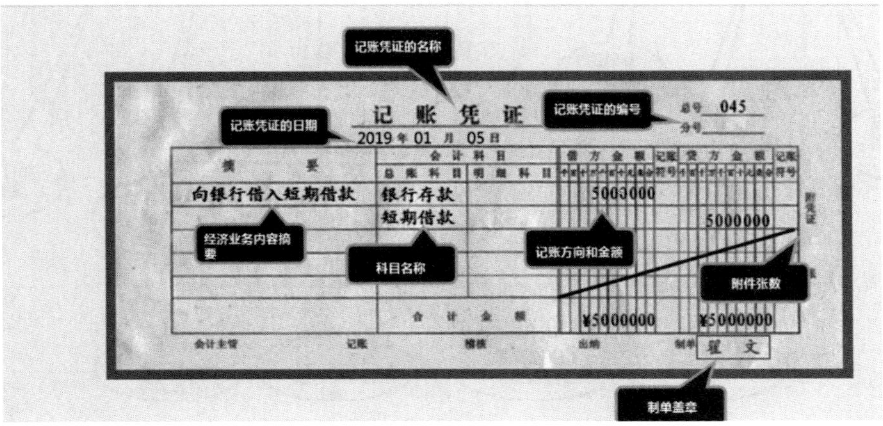

图 5-7　商贸企业记账凭证样式

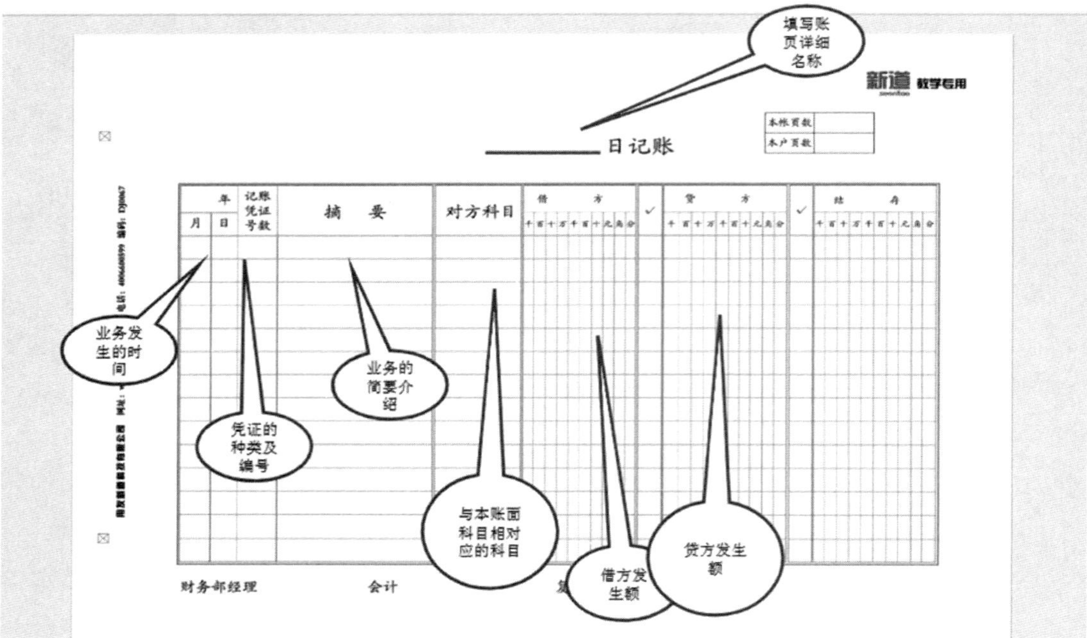

图 5-8 商贸企业日记账填写说明

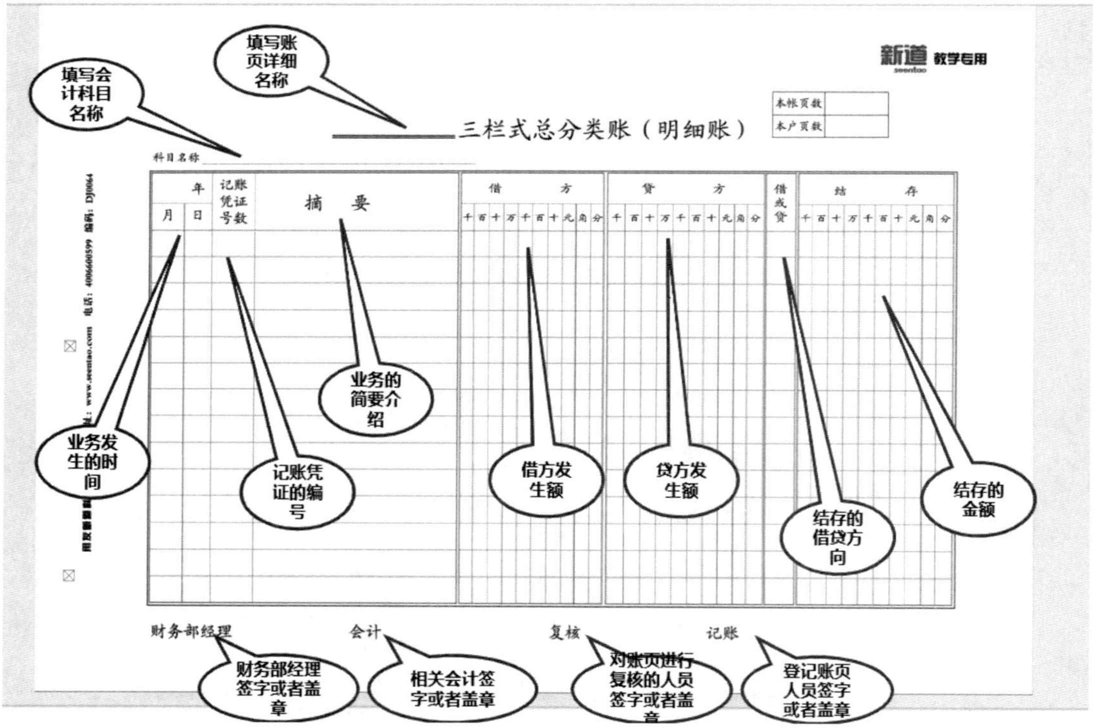

图 5-9 商贸企业明细账填写示例

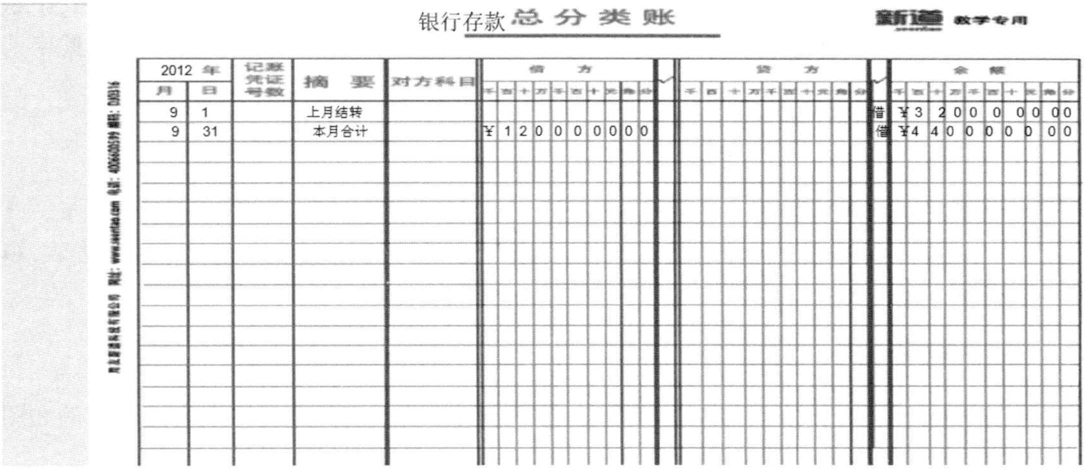

银行存款总分类账

2012年 月	日	记账凭证号数	摘要	对方科目	借方	✓	贷方	✓	借或贷	余额
9	1		上月结转						借	¥3 200 0 00 00
9	31		本月合计		¥1200000000				借	¥440000000

图 5-10　商贸企业总分类账填写示例

任务三　商贸企业签订代发工资协议

一、业务描述

商贸企业和银行确立代发工资的合作关系，需要签订工资代发协议。

二、业务流程

商贸企业签订代发工资协议的业务流程如图 5-11 所示。

图 5-11　商贸企业签订代发工资协议的业务流程

三、业务步骤

1. 行政经理填写“公章、印鉴、资质证照使用申请表”

行政经理填写“公章、印鉴、资质证照使用申请表”，注明使用原由是去银行签订代发工资协议，并将此申请表提交给总经理。

2. 总经理审核“公章、印鉴、资质证照使用申请表”

总经理审核“公章、印鉴、资质证照使用申请表”。

3. 行政经理到银行签订代发工资协议

行政经理根据“公章、印鉴、资质证照使用申请表”，整理相关资料，带好营业执照、组织机构代码证、税务登记证、法人身份证等以及公章、印鉴(注意:实训中带上营业执照、组织机构代码证、税务登记证和公章即可)到银行柜台签订代发工资协议,审核无误后在此申请表上签字确认。

4. 银行柜员办理代发工资协议

银行柜员接收、审核代发工资协议,审核通过后盖章返还企业行政管理。

5. 行政经理将协议归档

行政经理收到银行签字盖章的代发工资协议,审核无误后归档,并登记合同管理表,填写协议信息。

四、业务单据

银企代发工资合作协议如图 3-8 所示,公章、印鉴、资质证照使用申请表填写示例如图 5-12 所示,合同管理表如图 5-13 所示。

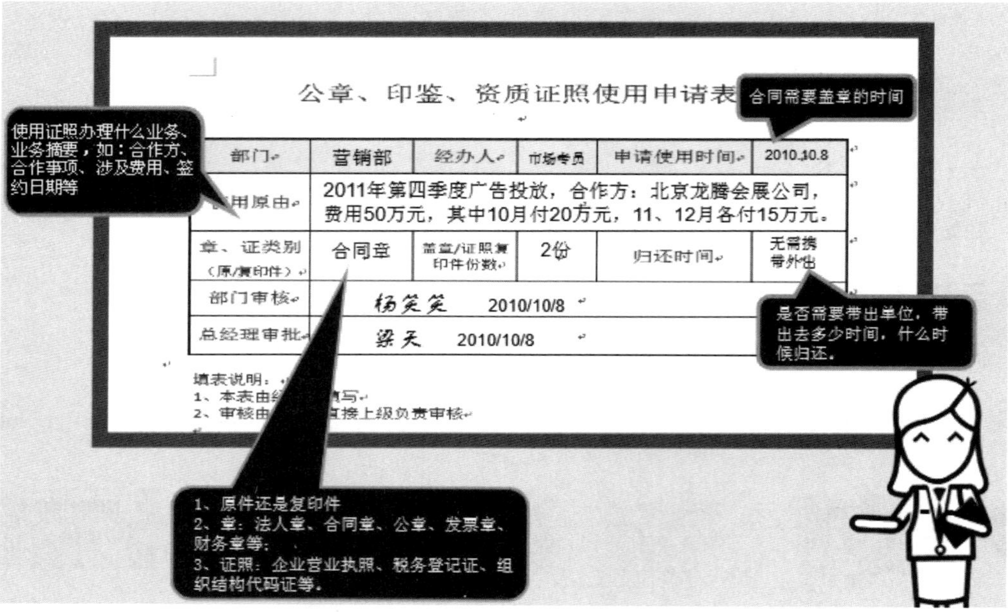

图 5-12 公章、印鉴、资质证照使用申请表填写示例

合同管理表

合同类别：销售合同

合同/协议编号	合作单位	签约日期	截止日期	合同/协议内容	金额	份数/联次
XS-0001	旭日贸易公司	2019.01.05	2019.02.25	经济型童车购销合同，10月交货1000辆，11月交货5000辆、12月交货2000辆	合计5241600元 三期分别应收金额为655200元、3276000元、1310400元	1
XS-0002	华晨商贸城	2019.01.05	2019.02.25	经济型童车购销合同，10月交货3000辆，11月交货4000辆	合计4586400元 两期分别应收金额为1965600元、2620800元	1

图 5-13　合同管理表

任务四　商贸企业签订社保公积金同城委托收款协议

一、业务描述

社保指包含养老保险、医疗保险、工伤保险、生育保险、失业保险等，又称“五险”，公积金指住房公积金。在所属单位上，社保与公积金属于两个不同的单位管理，前者属人力资源与社会保障局，后者属住房公积金管理中心，在实训中统一由人社局征收。

二、业务流程

商贸企业签订社保公积金同城委托收款协议的业务流程如图 5-14 所示。

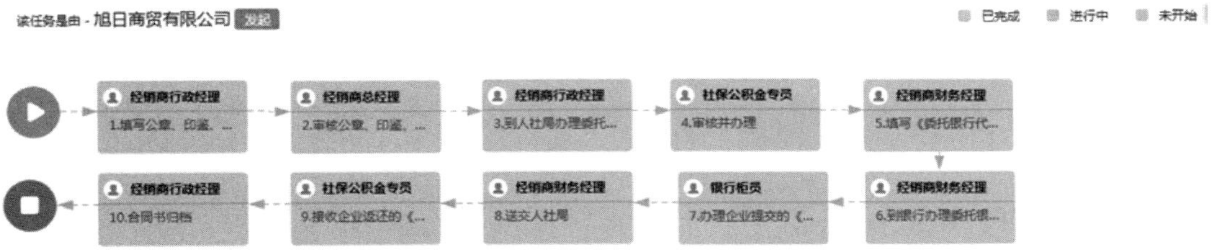

图 5-14　商贸企业签订社保公积金同城委托收款协议的业务流程

三、业务步骤

1. 行政经理填写“公章、印鉴、资质证照使用申请表”

行政经理填写“公章、印鉴、资质证照使用申请表”，注明使用原由是去银行签订社保公积金同城委托收款协议，并将此申请表提交给总经理。

2. 总经理审核“公章、印鉴、资质证照使用申请表”

总经理审核“公章、印鉴、资质证照使用申请表”，审核无误后在申请表上签字确认。

3. 行政经理到人力资源和社会保障局办理社保公积金同城委托收款协议

行政经理携带相关资料到人力资源和社会保障局办理社保公积金同城委托收款协议。

4. 社保公积金专员审核并办理

社保公积金专员接收商贸企业行政经理提交的资料并审核，审核通过后下发《委托收款协议书》（待企业填写完成后盖章即可）。

5. 财务经理填写《委托收款协议书》并到银行办理相关手续

财务经理填写《委托收款协议书》并盖企业公章，且一式三份，然后由社保公积金专员盖章，财务经理再到银行办理社保公积金同城委托收款协议，将相关资料提交给银行柜员。

6. 银行柜员办理企业提交的《委托收款协议书》

银行柜员接收商贸企业财务经理提交的一式三份的《委托收款协议书》并审核，审核通过后盖银行公章并留存一份，其余两份返还商贸企业财务经理。

7. 财务经理送交人社局

财务经理收到银行签字盖章的两份《委托收款协议书》，并将一份交给行政经理归档，一份交给人力资源和社会保障局。

8. 社保公积金专员接收企业返还的《委托收款协议书》

社保公积金专员接收企业返还的《委托收款协议书》，并进行归档。

9. 行政经理将协议书归档

行政经理收到人力资源和社会保障局、银行签字盖章的《委托收款协议书》，审核无误后进行归档，并登记合同管理表，填写相关信息。

四、业务单据

委托银行代收合同书示例如图 5-15 所示。

新道 seentao 教学专用

北京市________基金管理局
委托银行代收合同书

No:

甲方：（参保人）：
乙方：

为便于甲乙双方__________基金的收付结算，经双方认可，特制订如下合同：

一、甲、乙双方共同遵守中国人民银行北京市分行关于北京市特种委托收款结算办法以及社会保险的有关制度和规定，甲方同意每月由中国工商银行北京市昌平区支行通过电脑将应缴的保险费自动划入乙方账户。

二、甲方应提供在建行、农行、工行、中行四家银行中的任一家开立的缴交保险金专用存折账号。

三、乙方在每月月底划款，甲方每月5日前应在自己的账户上留有足够的资金，如甲方账户在乙方划款期间的资金不足以支付当月的保险费，乙方将在下月划款时一并划转，并自15日起每日按应划款项的2‰。加收滞纳金如果连续三个月未能划款成功，乙方将停止甲方的所有保险业务，由此造成的损失由甲方负责。

四、甲方在开立账户后，不得随意更改为其他账号，如存折不慎遗失，应及时通知乙方和开户银行，更换新账号由于甲方未通知或延迟通知乙方和开户银行，使乙方不能按划款而造成的加收滞纳金和其他后果，均由甲方负责。

五、甲方如对划款有疑问，可到乙方查询，乙方应及时给予查对属于电脑错误等原因而造成错收的，双方协定在下月划款时多退少补，当月一般不作更改。

六、每月由乙方提供划款收据，并定期邮寄到甲方所填通讯地址。

七、为保证甲、乙双方能够正常联系，甲方在更改通信地址、联系电话等之后，应立即通知乙方。

八、本协议一式三份，甲、乙双方及甲方开户行各执一份。

甲方（参保人）填写	乙方（市、区社保局/公积金管理中心）
单位名称:	个人电脑号:
通信地址:	参保起始时间:
邮政编码:	联系电话:
联系电话:	

甲方账号（银行填写）：
开户银行:

签订时间：　　年　　月　　日

新道科技股份有限公司　网址：www.seentao.com　电话：4006600599　编码：DJ0115

图 5-15　委托银行代收合同书示例

任务五　商贸企业发放薪酬

一、业务描述

职工薪酬是指企业为获得职工提供的服务或解除劳动关系而给予的各种形式的报酬。企业提供给职工配偶、子女、受赡养人、已故员工遗属及其他受益人等的福利，也属于职工薪酬。职工薪酬主要包括短期薪酬、离职后福利、辞退福利和其他长期职工福利。短期薪酬包括职工工资、奖金、津贴和补贴、职工福利费、社会保险费、住房公积金、工会经费和职工教育等。

在 VBSE 综合实训中，主要涉及短期薪酬。商贸企业发放职工上月工资，由出纳持人力资源部制作的薪酬发放表到银行办理转账，将工资款项从单位基本账户转至单位工资账户，再划拨到员工个人账户。

二、业务流程

商贸企业发放薪酬的业务流程如图 5-16 所示。

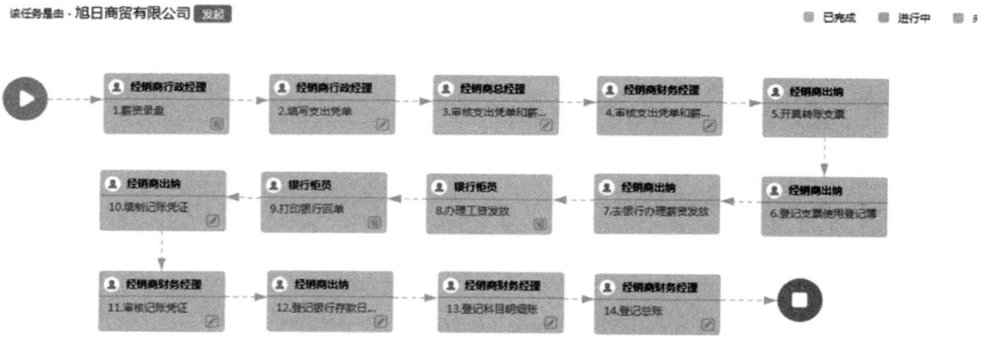

图 5-16　商贸企业发放薪酬的业务流程

三、业务步骤

1. 行政经理薪资录盘

行政经理首先在 VBSE 系统中打开“薪资录盘”界面，点击“业务操作”进行薪资录盘，根据薪酬发放表在系统中修改，并保存职工基本工资信息。在 VBSE 系统中修改完毕后，还有非常重要的一步，即导出工资信息，点击“导出”按钮，下载修改并保存过的薪酬发放表，如图 5-17 所示。

A	B	C	D	E	F	G
序号	姓名	部门	级别	个人账户	公司账户	实发工资
1	肖蓉	企业管理部	总经理	4231588997835234	0100229999000099011	9115.7
2	汪道新	企业管理部	部门经理	4231588997835213	0100229999000099011	5952.54
3	谢梦伟	营销部	部门经理	4231588997835209	0100229999000099011	5952.54
4	陈梅	采购部	部门经理	4231588997835211	0100229999000099011	5952.54
5	张莹	仓储部	部门经理	4231588997835226	0100229999000099011	5952.54
6	万娜娜	财务部	部门经理	4231588997835236	0100229999000099011	5952.54
7	王嘉桓	财务部	职能主管	4231588997835230	0100229999000099011	4386.0

图 5-17　商贸企业薪酬发放表

2. 行政经理填写支出凭单

行政经理根据薪酬发放表填写支出凭单，将填好的支出凭单和薪酬发放表交给总经理和财务经理。

3. 总经理和财务经理审核支出凭单和薪酬发放表

总经理和财务经理审核支出凭单的日期、金额、支出用途以及金额大小书写是否正确，以及与薪酬发放表是否一致，审核无误后，在支出凭单上签字确认。

4. 出纳开具转账支票

出纳开具转账支票，并找财务经理加盖企业公章、财务章和法人章，将待发放的工资数额从公司一般账户转到代发工资专用账户。

5. 出纳登记支票登记簿

出纳根据签发的支票登记支票使用登记簿，支票领用人在支票使用登记簿上签字。

6. 出纳去银行办理薪酬发放

出纳携薪酬发放表、转账支票、薪资录盘文件等薪酬发放资料，去银行办理薪资发放。

7. 银行柜员发放薪酬

银行柜员将薪酬发放表导入并发放薪酬。

具体操作：银行柜员在“待办任务”中找到前来办理业务的公司的“发放薪酬”任务，点击“业务操作”，进入“薪资发放”页面，在页面的右上角出现“导入”和“发放”两个按钮，点击“导入”会出现文件选择界面，选择企业薪酬发放表并导入，相应的数据上传到当前页面，核对无误后点击“发放”按钮，当页面提示“发放成功”时，点击“完成”按钮完成此项任务。

需要注意的是，点击“完成”按钮后会出现几个企业名称，要选择当前办理业务的企业名称完成此项任务。

8. 出纳取得银行业务回单

银行柜员办理完薪酬发放业务后，出纳领取银行的业务回单。此任务可以直接在柜台办理时由银行柜员打印取回；如在柜台未打印，次日可以在回单柜中取得。

9. 出纳填制记账凭证

出纳根据银行业务回单、转账支票存根、支出凭单填制记账凭证，将原始单据作为附件粘贴在记账凭证后。

记账凭证示例如下。

借：应付职工薪酬——工资　　　　265 500.00

　贷：其他应付款——五险一金　　　　54 601.50

应交税费——应交个人所得税　　1 737.39

银行存款　　209 161.11

10. 财务经理审核记账凭证

财务经理审核记账凭证与原始凭证的一致性，审核无误后签字或盖章，点击“完成”按钮完成此任务，并将记账凭证交给出纳。

11. 出纳登记银行存款日记账

出纳根据记账凭证登记银行存款日记账，在记账凭证上签字或盖章，点击“完成”按钮完成此任务，并将记账凭证交回财务经理。

12. 财务经理登记科目明细账

财务经理根据记账凭证登记科目明细账，在记账凭证上签字或盖章，点击“保存”按钮保存当前所填写的科目明细账，确认无误后点击“完成”按钮完成此任务。

13. 财务经理登记总账

财务经理根据记账凭证登记科目总账，并在记账凭证上签字或盖章。

四、业务单据

商贸企业薪酬发放支出凭单示例如图 5-18 所示，商贸企业薪酬发放转账支票示例如图 5-19 所示，商贸企业薪酬发放记账凭证示例如图 5-20 所示，商贸企业薪酬发放科目明细示例如图 5-21 所示，商贸企业薪酬发放总账分类示例如图 5-22 所示。

支出凭单

部门：行政部门　　2019 年 01 月 05 日　　预算项目：

即　付：工资合计

款

计人民币（大写）：伍万伍仟元整　　¥ 55000.00

领款人：汪道新

会计主管		出纳	

部门经理：汪道新　　财务部经理：万鄉鄉　　总经理：肖蓉

图 5-18　商贸企业薪酬发放支出凭单示例

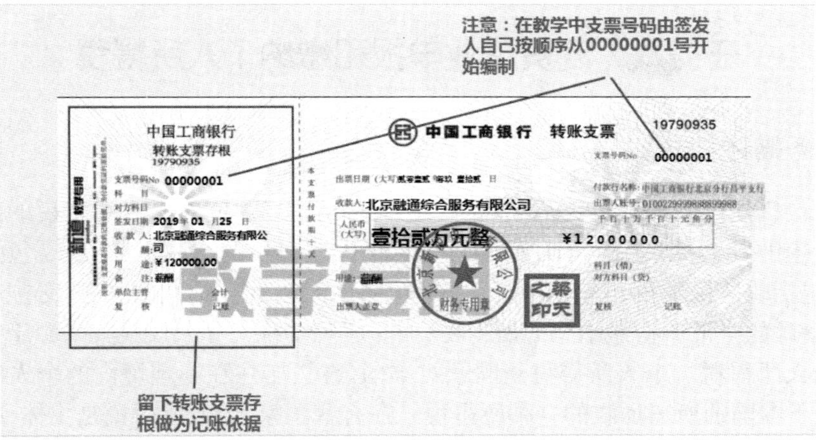

图 5-19　商贸企业薪酬发放转账支票示例

记　账　凭　证

字第　　号

2019 年　01 月　05 日

摘要	总账科目	明细账科目	借方金额（亿千百十万千百十元角分）	贷方金额（亿千百十万千百十元角分）	✓
支付工资	2211--应付职工薪酬	221101--工资	5500000		
	2211--应付职工薪酬	221103--住房公积金	550000		
	2211--应付职工薪酬	221102--社会保险	1676200		
	1002--银行存款	100201--工行存款		7726200	
合　　计			7726200	7726200	

附单据 2 张

会计主管：　记账：万鄉鄉　出纳：王嘉桓　复核：万鄉鄉　制单：万鄉鄉

图 5-20　商贸企业薪酬发放记账凭证示例

1	5		仓储部门备用金	备用金	50000		借	50000
1	5			工行存款		50000	贷	
1	5		支付工资	应付职…	7726200		借	7726200
1	5			银行存款		7726200	贷	
1	5		服务市场开拓费	销售费用	30000000		借	30000000

图 5-21　商贸企业薪酬发放科目明细示例

科目名称　库存现金

年 月	年 日	记账凭证号数	摘要	借方	贷方	借或贷	余额
1	5		其他应收款	50000		借	50000
			银行存款		50000	贷	
1	5		应付职工薪酬	7726200		借	7726200
			银行存款		7726200	贷	

图 5-22　商贸企业薪酬发放总账分类示例

任务六　商贸企业申报和缴纳个人所得税

一、业务描述

个人所得税是调整征税机关与自然人（居民、非居民）之间在个人所得税的征纳与管理过程中所发生的社会关系的法律规范的总称。个人所得税的纳税义务人，既包括居民纳税义务人，也包括非居民纳税义务人。居民纳税义务人负有完全纳税的义务，必须就其来源于中国境内、境外的全部所得缴纳个人所得税；而非居民纳税义务人仅就其来源于中国境内的所得缴纳个人所得税。个人所得税是国家对本国公民、居住在本国境内的个人的所得和境外个人来源于本国的所得征收的一种所得税。在有些国家，个人所得税是主体税种，在财政收入中占较大比重，对经济亦有较大影响。商贸企业个人所得税计算和税率与工贸企业相同。

在VBSE综合实训中，本业务主要是参考调整后的七级超额累进税率进行计算，申报和缴纳个税都在仿真申报系统中完成。

二、业务流程

商贸企业申报个人所得税的业务流程如图5-23所示，商贸企业缴纳个人所得税的业务流程如图5-24所示。

图5-23　商贸企业申报个人所得税的业务流程

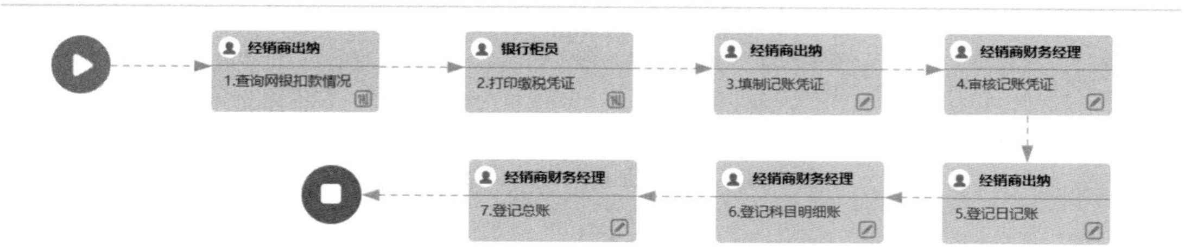

图5-24　商贸企业缴纳个人所得税的业务流程

三、业务步骤

1. 申报个人所得税

1）行政经理整理、提交员工信息

行政经理根据员工信息在VBSE系统中点击“下载导入模板”，根据员工信息填写

"个人所得税基础信息模板",将填好的"个人所得税基础信息模板"导入系统中,并提交税务机关。

具体操作:行政经理在申报个人所得税任务中点击"业务操作"按钮,进入网上申报个人所得税页面,在该页面下方点击"下载导入模板",下载"个人所得税基础信息模板"并保存,根据员工信息填写下载的"个人所得税基础信息模板",重点需要填写的有序号、姓名、国籍(地区)、身份证件类型、身份证件号码。

【温馨提示】

填写该模板时,不能改变模板的格式,否则会导致后续上传时导入失败。另外,已经导入的员工信息不能重复导入,否则将会提示"已经存在无法导入"。

填写好个人所得税基础信息后,点击"导入"按钮,选择已经编辑好的"个人所得税基础信息表"导入系统,确认无误后全部选中,点击"提交税务局"按钮,出现"提交个人信息成功"后,点击"完成"按钮。

2)税务专员审核企业个人所得税申报

税务专员在"待办任务"中选择已经提交的企业申报个人所得税任务,在线审核企业提交的"个人所得税基础信息表",确认无误后点击"完成"按钮。

3)财务经理进行网上个人所得税申报

财务经理在 VBSE 系统中点击"业务操作"按钮,再点击"下载扣缴模板",下载"扣缴个人所得税报告表模板",根据工资表和员工信息填写此表后,点击"导入"按钮,将填好的"扣缴个人所得税报告表"导入系统中并扣缴个人所得税,确认无误后点击"扣缴个人所得税"按钮,提示扣缴总额,确认无误后点击"是"按钮进行个人所得税扣缴。

【温馨提示】

需要注意的是,"扣缴个人所得税报告表"只填写达到扣税标准的员工收入信息。

2. 缴纳个人所得税

出纳取得个税扣款通知后,将取回的税收缴款书按照公司财务的工作流程在财务部内依次办理账务处理。

1)出纳查询网银扣款情况

出纳在"业务操作"界面查询银行转账流水信息,查询个人所得税是否扣款成功。如果已经扣款成功,则点击"操作"下方的"打印"按钮,打印税收缴税证明。

【温馨提示】

在 VBSE 综合实训中,如果未扣款成功,可能是因为在网上申报个人所得税业务时未点击"扣缴"按钮,如果出现该情况,业务又无法返回重做,可由本企业出纳通过学生端主页面"快捷入口"直接将征收税额通过银行转账方式交至税务局。

2)银行柜员打印缴税凭证

银行柜员在缴纳个人所得税任务中的"业务操作"界面,查询前来办理业务的企业的银行转账记录,确认无误后打印缴税证明,进入打印页面后,点击下方的"打印"按钮进行银行电子回单打印,完成此项任务。

【温馨提示】

如果计算机未连接打印机,则此项任务无法进行,截图保存即可,点击"完成"按钮结束此项任务。

3）出纳收到缴税证明

出纳到银行取回缴税证明，在线上点击“完成”按钮，并将缴税证明交给财务经理。

4）出纳填制记账凭证

出纳将扣款通知和税收缴款书作为原始凭证，填制记账凭证。

记账凭证示例如下。

借：应交税费——应交个人所得税　　　　　　1 737.39

　贷：银行存款　　　　　　1 737.39

5）财务经理审核记账凭证

财务经理审核记账凭证和相关原始单据，确认无误后签字或盖章，并将记账凭证交给出纳。

6）出纳登记银行存款日记账

出纳根据记账凭证登记银行存款日记账，在记账凭证上签字或盖章，点击“完成”按钮，将记账凭证交给财务经理。

7）财务经理登记科目明细账

财务经理根据记账凭证登记科目明细账，并在记账凭证上签字或盖章。

8）财务经理登记总账

财务经理根据记账凭证登记总账，并在记账凭证上签字或盖章。

四、业务单据

商贸企业个人所得税缴纳关键信息如图 5-25 所示，商贸企业个人所得税缴纳记账凭证示例如图 5-26 所示，商贸企业个人所得税缴纳银行存款日记账示例如图 5-27 所示，商贸企业个人所得税缴纳科目明细账示例如图 5-28 所示，商贸企业个人所得税缴纳总分类账示例如图 5-29 所示。

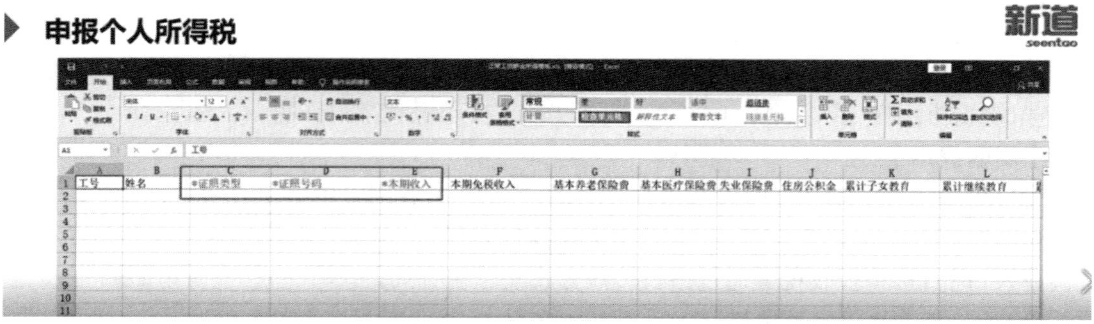

图 5-25　商贸企业个人所得税缴纳关键信息

记　账　凭　证

字第　　号

2019 年　01 月　05 日

摘　要	总账科目	明细账科目	借方金额（亿千百十万千百十元角分）	贷方金额（亿千百十万千百十元角分）	√
缴纳个人所得税	2221--应交税费	222102--应交个人所得税	6814		
	1002--银行存款	100201--工行存款		6814	✔
合　　计					

附单据　　张

会计主管：　　记账：万娜娜　　出纳：王嘉桓　　复核：万娜娜　　制单：万娜娜

图 5-26　商贸企业个人所得税缴纳记账凭证示例

第 1 页

2019年 月	日	记账凭证号数	摘　要	借方（千百十万千百十元角分）	√	贷方（千百十万千百十元角分）	√	余额（千百十万千百十元角分）
1	05		银行存款	470000000	✔			
1	05		支付工资			7726200	✔	462273800
1	05		支付市场开拓费			34800000	✔	427473800
1	05		支付广告投放费			15900000	✔	425883800
1	05		缴纳社保			2328600	✔	423555200
1	05		缴纳住房公积金			1100000	✔	422455200
1	05		缴纳个人所得税			6814	✔	422448386

图 5-27　商贸企业个人所得税缴纳银行存款日记账示例

资产类　负债类　所有者权益类　成本类　损益类　其它

222101--应交增值税　应交税费-应交

月	日	凭证种类	凭证号数	摘　要	借方 合计	借方 进项税额	借方 已交税金	借方 减免税款	借方 出口抵减内销应纳税额
1	5			缴纳个人所得税	39310345		39310345		
1	25			期末账务处理-本…	5035630				
				所得税费用			5035630		

图 5-28　商贸企业个人所得税缴纳科目明细账示例

月	日	凭证	摘要	借方	贷方	借或贷	余额	√
1	5		缴纳个人所得税-应交税费	39310345		借	402620590	✔
			银行存款		39310345	贷	9517245	✔
1	5		出售奢车-库存商品		1442844000	贷		

图 5-29　商贸企业个人所得税缴纳总分类账示例

任务七　商贸企业申报和缴纳企业增值税

一、业务描述

增值税是对销售货物或者提供加工、修理、修配劳务以及进口货物的单位和个人就其实现的增值额征收的一个税种。增值税已经成为我国最主要的税种之一，增值税的收入占我国全部税收的60%以上，是最大的税种。增值税由国家税务局负责征收，税收收入中50%作为中央财政收入，50%作为地方财政收入。进口环节的增值税由海关负责征收，税收收入全部作为中央财政收入。

2021年《政府工作报告》指出，将小规模纳税人增值税起征点从月销售额10万元提高到15万元，小微企业和个体工商户年应纳税所得额不到100万元的部分，在现行优惠政策基础上，再减半征收所得税。

一般纳税人纳税额计算公式如下：

应纳税额=当期销项税额-当期进项税额

销项税额=销售额 × 税率

销售额=含税销售额 ÷（1+税率）

其中，销项税额指纳税人提供应税服务按照销售额和增值税税率计算的增值税额；进项税额指纳税人购进货物或者接受加工、修理、修配劳务和应税服务，支付或者负担的增值税额。

商贸企业的企业增值税需要月末申报，下月月初缴纳。

二、业务流程

商贸企业申报企业增值税的业务流程如图5-30所示，商贸企业缴纳企业增值税的业务流程如图5-31所示。

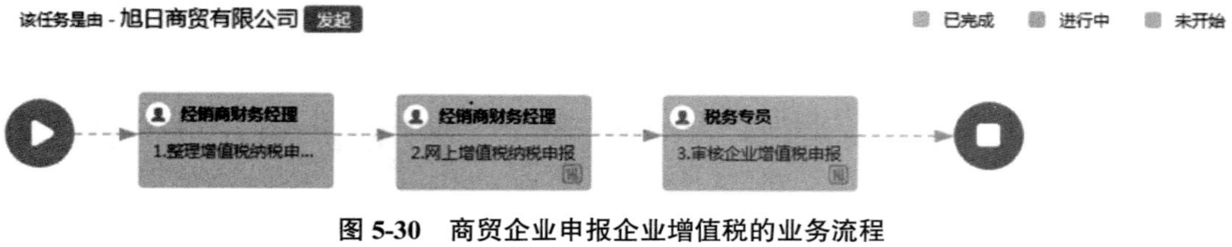

图5-30　商贸企业申报企业增值税的业务流程

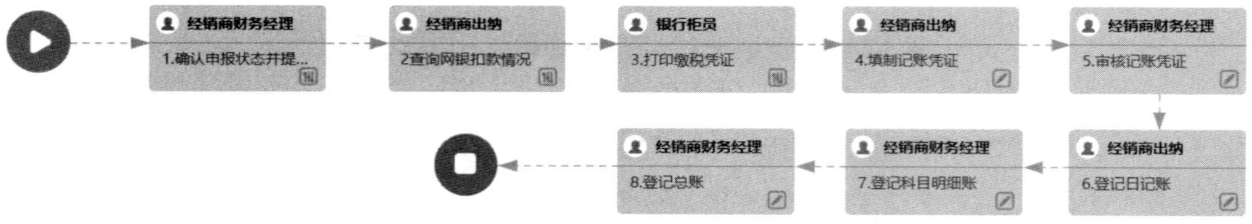

图5-31　商贸企业缴纳企业增值税的业务流程

三、业务步骤

1. 申报企业增值税

1)财务经理汇总并整理业务数据

财务经理汇总并整理业务数据,填写增值税纳税申报表。

2)财务经理网上申报增值税

财务经理在 VBSE 系统中根据确认的金额进行增值税申报,填写完成后提交税务机关审核。

具体操作:在 VBSE 系统待办任务中找到“申报企业增值税”,选择“业务操作”界面,进入“增值税网上报销快捷登录”后,点击左侧的“新建报表”按钮,填写申报表,先填写增值税纳税申报表附列资料(一)和增值税纳税申报表附列资料(二),主表信息可自动生成,填写完成后,点击表格右上角的“保存”按钮进行保存,再点击“上传”按钮即可将所填表格提交至税务机关审核。

【温馨提示】

“增值税纳税申报表附列资料(一)”(简称附表一)是本月开出销项发票汇总;“增值税纳税申报表附列资料(二)”(简称附表二)是企业本月认证进项税发票汇总,根据认证结果分别填入;“增值税纳税申报表附列资料(三)”(简称附表三)是本月服务、不动产和无形资产扣除情况分析表;“增值税纳税申报表附列资料(四)”(简称附表四)是纳税人增值税税控系统专用申报费用和技术维护费按规定抵减增值税应纳税额的情况。在 VBSE 综合实训中,只填写附表一和附表二即可。

3)税务专员审核企业增值税申报

税务专员在 VBSE 系统中审核企业提交的增值税申报。

具体操作:税务专员选择企业提交的企业增值税申报任务,在业务操作中点击“查看”,对企业提交的数据进行审核,确认无误后点击“审核”按钮,审核成功,完成此项任务。

2. 缴纳企业增值税

1)财务经理确认申报状态并提交扣款

财务经理在 VBSE 系统“业务操作”中查看申报状态,确认审核通过后点击“扣款”按钮。只要企业应缴纳的个人所得税和增值税与税务机关签订了委托银行扣款协议,企业的财务部门就可在网上完成扣款工作,扣款后完成本月的申报工作。

2)出纳查询网银扣款情况

出纳查询网银,确认增值税扣款成功,到银行打印缴税证明。

3)银行柜员打印缴税凭证

银行柜员查询转账记录,确认企业已经缴纳的企业增值税金额无误后,打印缴税证明。

4)出纳收到银行缴税扣款证明

出纳收到银行的缴税扣款证明,将缴税扣款证明交给财务经理。

5)出纳填制记账凭证

出纳根据缴税证明编制记账凭证,将银行税收缴款书和税收缴税证明粘贴在记账凭证后作为附件,并将记账凭证交给财务经理。

记账凭证示例如下。

借:应交税费——未交增值税　　　　215 333.33

　贷:银行存款　　　　215 333.33

6)财务经理审核记账凭证

财务经理审核记账凭证和税收缴款书,审核无误后在记账凭证上签字或盖章,并交给出纳登记。

7)出纳登记银行存款日记账

出纳根据记账凭证登记银行存款日记账,在记账凭证上签字或盖章,并将记账凭证返还财务经理。

8)财务经理登记科目明细账

财务经理根据记账凭证登记“应交税费”和“银行存款”科目明细账,并在记账凭证上签字或盖章。

9)财务经理登记总账

财务经理根据记账凭证登记科目总账,并在记账凭证上签字或盖章。

四、业务单据

商贸企业增值税纳税申报表如图 5-32 所示,商贸企业增值税纳税申报表附列资料(一)如图 5-33 所示,商贸企业增值税纳税申报表附列资料(三)如图 5-34 所示,商贸企业增值税纳税记账凭证示例如图 5-35 所示,商贸企业增值税纳税银行存款日记账示例如图 5-36 所示,商贸企业增值税纳税科目明细账示例如图 5-37 所示,商贸企业增值税纳税总分类账示例如图 5-38 所示。

上期销售					
单价(含税)	数量	税率	税额	价款	价税合计
950.00	3000	0.16	393103.45	2456896.55	2850000.00
			¥ 393,103.45	¥ 2,456,896.55	¥ 2,850,000.00

图 5-32　商贸企业增值税纳税申报表

征收项目	申报表种类	税款所属期起	税款所属期止	申报期限	申报状态	操作
增值税	增值税一般纳税人月度申报	2018-12-01	2018-12-31	2019-01-15	已扣款	查看
城市维护建设税、...	城建税、教育费附加、地方教育附加税(费...	2018-12-01	2018-12-31	2019-01-15	已扣款	查看
企业所得税	居民企业所得税月(季)度申报	2018-12-01	2018-12-31	2019-01-15	已扣款	查看
---	财务报表(适用执行小企业会计准则的企业)	2018-12-01	2018-12-31	2019-01-15	已审核	查看

图 5-33　商贸企业增值税纳税申报表附列资料(一)

增值税纳税申报表附列资料（三）
（服务、不动产和无形资产扣除项目明细）

项目及栏次	本期服务、不动产和无形资产价税合计额（免税销售额）	服务、不动产和无形资产扣除项目				
		期初余额	本期发生额	本期应扣除金额	本期实际扣除金额	期末余额
	1	2	3	4=2+3	5(5≤1且5≤4)	6=4-5
16%税率的项目	0.00	0.00	2456896.55	2456896.55	0.00	2456896.55
10%税率的项目	0.00	0.00	0.00	0.00	0.00	0.00

尊敬的纳税人您单位当前为销售货物劳务纳税人!

增值税纳税申报表（一般纳税人适用）

项目	栏次	一般项目		即征即退项目	
		本月数	本年累计	本月数	本年累计
（一）按适用税率计税销售额	1	2456896.55	0.00	0.00	0.00
其中：应税货物销售额	2	0.00	0.00	0.00	0.00

图 5-34　商贸企业增值税纳税申报表附列资料(三)

记　账　凭　证

2019 年　01 月　05 日　　　　字第　　号

摘要	总账科目	明细账科目	借方金额（亿千百十万千百十元角分）	贷方金额（亿千百十万千百十元角分）	✓
缴纳企业增值税	2221--应交税费	22210105--已交增值税	3 9 3 1 0 3 4 5		☐
	1002--银行存款	100201--工行存款		3 9 3 1 0 3 4 5	☑
					☐
					☐
					☐
					☐
合　　计					☐

附单据 2 张

会计主管：　记账：万娜娜　出纳：王嘉桓　复核：万娜娜　制单：万娜娜

图 5-35　商贸企业增值税纳税记账凭证示例

2019年 月	日	记账凭证号数	摘要	借方（千百十万千百十元角分）	✓	贷方（千百十万千百十元角分）	✓	余额（千百十万千百十元角分）
1	05		银行存款	4 7 0 0 0 0 0 0 0	☑		☐	
1	05		支付工资		☐	7 7 2 6 2 0 0	☑	4 6 2 2 7 3 8 0 0
1	05		支付市场开拓费		☐	3 4 8 0 0 0 0 0	☑	4 2 7 4 7 3 8 0 0
1	05		支付广告投放费		☐	1 5 9 0 0 0 0 0	☑	4 2 5 8 8 3 8 0 0
1	05		缴纳社保		☐	2 3 2 8 6 0 0	☑	4 2 3 5 5 5 2 0 0
1	05		缴纳住房公积金		☐	1 1 0 0 0 0 0	☑	4 2 2 4 5 5 2 0 0
1	05		缴纳个人所得税		☐	6 8 1 4	☑	4 2 2 4 4 8 3 8 6
1	05		缴纳企业增值税		☐	3 9 3 1 0 3 4 5	☑	3 8 3 1 3 8 0 4 1

图 5-36　商贸企业增值税纳税银行存款日记账示例

资产类 负债类 所有者权益类 成本类 损益类 其它

222101--应交增值税 应交税费-应交

年		凭证		摘要	借方				
月	日	种类	号数		合计	进项税额	已交税金	减免税款	出口抵减内销应纳税额
1	5			缴纳企业增值税	39310345		39310345		
1	25			期末账务处理-本…	5035630				
				所得税费用			5035630		

图 5-37 商贸企业增值税纳税科目明细账示例

1	5		缴纳增值税-应交税费	39310345		借	402620590
			银行存款		39310345	贷	9517245
1	5		出售童车-库存商品		1442844000	贷	

图 5-38 商贸企业增值税纳税总分类账示例

任务八 商贸企业扣缴五险一金

一、业务描述

五险一金是员工的劳动保障,由企业和个人共同缴纳。企业为员工缴纳五险一金是企业的义务,代扣代缴个人应该缴纳的五险一金也是企业的义务。商贸企业签订相关扣款协议后,企业五险一金的缴纳可从企业银行账户自动划拨到社保中心和住房公积金中心。

二、业务流程

商贸企业扣缴五险一金的业务流程如图 5-39 所示。

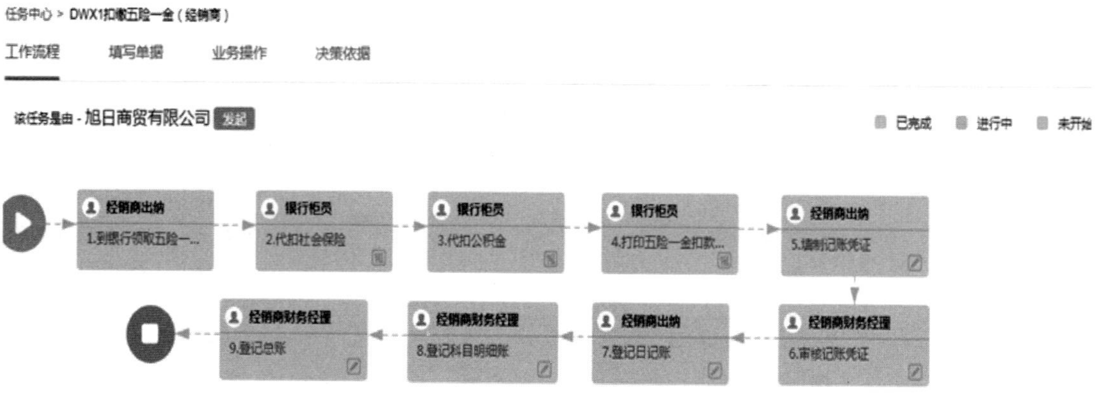

图 5-39 商贸企业扣缴五险一金的业务流程

三、业务步骤

1. 出纳领取五险一金扣款回单

出纳到银行取五险一金银行扣款回单。

2. 银行柜员代扣社会保险

银行柜员在 VBSE 系统“业务操作”界面的“社会保险扣缴”页面为企业办理扣缴社会保险，点击“扣缴”按钮，办理社会保险代扣；进入“社会保险扣缴（信息）”页面，点击“确定”按钮，进行社会保险扣缴，缴费成功后有页面消息提醒。

3. 银行柜员代扣公积金

银行柜员进入 VBSE 系统“住房公积金扣缴（信息）”页面，点击“确定”按钮，进行住房公积金扣缴。

4. 银行柜员打印五险一金扣款回单

银行柜员接到企业前来办理业务人员的打印请求，查询相关交易记录，如确认交易记录存在，即可打印五险一金扣款回单。

5. 出纳填写记账凭证

出纳根据银行五险一金扣款回单填制记账凭证，将银行扣款凭证和五险一金扣款通知粘贴在记账凭证后作为附件，并将记账凭证传递给财务经理。

记账凭证示例如下。

借：应付职工薪酬——社会保险费（单位）　86 553.00

　　应付职工薪酬——住房公积金（单位）　26 550.00

　　其他应付款——五险一金（个人）　54 601.50

　贷：银行存款——工行存款　167 704.50

6. 财务经理审核记账凭证

财务经理审核记账凭证无误后，在记账凭证上签字或盖章，并将记账凭证交给出纳。

7. 出纳登记银行存款日记账

出纳根据记账凭证登记银行存款日记账，并在记账凭证上签字或盖章。

8. 财务经理登记科目明细账

财务经理根据记账凭证登记科目明细账，并在记账凭证上签字或盖章。

9. 财务经理登记总账

财务经理根据记账凭证登记科目总账，并在记账凭证上签字或盖章。

四、业务单据

商贸企业扣缴五险一金记账凭证示例如图 5-40 所示，商贸企业扣缴五险一金银行存款日记账示例如图 5-41 所示。

记　账　凭　证

年　月　日　　　　字第　号

摘要	总账科目	明细账科目	借方金额（亿千百十万千百十元角分）	贷方金额（亿千百十万千百十元角分）	✓
住房公积金缴费	2211--应付职工薪酬	221103--住房公积金	1100000		
	2211--应付职工薪酬	221102--社会保险	2328600		
	1002--银行存款	100201--工行存款		3428600	✓
合计			3428000	3428600	

附单据　张

会计主管：　记账：万娜娜　出纳：王嘉桓　复核：万娜娜　制单：万娜娜

图 5-40　商贸企业扣缴五险一金记账凭证示例

2019年 月	日	记账凭证号数	摘要	借方（千百十万千百十元角分）	✓	贷方（千百十万千百十元角分）	✓	余额（千百十万千百十元角分）
1	05		银行存款	470000000	✓			
1	05		支付工资			7726200	✓	462273800
1	05		支付市场开拓费			34800000	✓	427473800
1	05		支付广告投放费			15900000	✓	425883800
1	05		缴纳社保			2328600	✓	423555200
1	05		缴纳住房公积金			1100000	✓	422455200

图 5-41　商贸企业扣缴五险一金银行存款日记账示例

任务九　商贸企业计提折旧

一、业务描述

固定资产在使用过程中逐渐损耗而转移到商品或费用中去的那部分价值称为折旧。计提折旧指预先计入某些已经发生但是未实际支付的折旧费用。计提折旧时需要区分会计期间和折旧期间，这两者所指的期间不一定相同。折旧期间指开始计提折旧时依次顺延的年限，如从 2022 年 3 月开始计提折旧，对于折旧而言的第一年是 2022 年 3 月—2023 年 3 月；而会计期间在我国通常指每年的 1 月 1 日—12 月 31 日。

常见的固定资产计提折旧的方法有平均年限法、工作量法、双倍余额递减法以及年数总和法。在 VBSE 综合实训中，主要使用平均年限法，又称直线法，它是将固定资产的折旧额均衡地分摊到各期的一种方式，各期计提的折旧额是相同的，具体计算公式如下：

年折旧额=（固定资产原值-预计净残值）/折旧年限

其中，折旧年限也可以是月数。

二、业务流程

商贸企业计提折旧的业务流程如图 5-42 所示。

图 5-42　商贸企业计提折旧的业务流程

三、业务步骤

1. 财务经理计算折旧

财务经理根据实训中规定的固定资产折旧规则及固定资产期初数据计提折旧，并填写固定资产折旧计算表。

2. 出纳填制记账凭证

出纳根据固定资产折旧计算表填写记账凭证，并将折旧计算表粘贴在记账凭证后作为附件。

记账凭证示例如下。

借：管理费用——折旧费　　70 700.00

　　销售费用——折旧费　　325.00

　贷：累计折旧　　71 025.00

3. 财务经理审核记账凭

财务经理审核记账凭证，审核无误后在记账凭证上签字。

4. 财务经理登记科目明细账

财务经理根据记账凭证登记科目明细账，并在记账凭证上签字或盖章。

5. 财务经理登记总账

财务经理根据记账凭证登记科目总账，并在记账凭证上签字或盖章。

四、业务单据

商贸企业计提折旧记账凭证示例如图 5-43 所示，商贸企业计提折旧总分类账示例如图 5-44 所示。

记 账 凭 证

字第 号

2019 年 01 月 05 日

摘 要	总账科目	明细账科目	借方金额（亿千百十万千百十元角分）	贷方金额（亿千百十万千百十元角分）	✓
计提折旧	1602--累计折旧	1602--累计折旧	87375000		☐
	1606--固定资产清理	1606--固定资产清理		87375000	☑
					☐
					☐
					☐
					☐
合 计			87375000	87375000	☐

附单据 2 张

会计主管： 记账：万娜娜 出纳：王嘉桓 复核：万娜娜 制单：万娜娜

图 5-43 商贸企业计提折旧记账凭证示例

1	5		出售童车-库存商品		1442844000	贷		☐
			应收帐款	1442844000		借	9517245	☑
1	25		计提折旧-累计折旧	87375000		借	96897245	☑

图 5-44 商贸企业计提折旧总分类账示例

项目二 商贸企业销售收款业务

任务一 商贸企业申请和办理市场开拓

一、业务描述

市场开拓策略是指商品生产者以什么样的手段和方法打开市场，提高企业产品的市场占有率，主要包括企业如何选定目标市场，企业如何选定为目标市场服务的方向，企业产品何时、何地、采取何种方式投放市场，企业产品在市场上保持何种优势，企业采取何种促销手段，企业产品的质量控制在什么程度，企业开展多少售后服务等。也就是说，在市场营销工作中，除市场调查、预测以及企业内部生产管理活动外，都可看作市场开拓的内容。

在 VBSE 综合实训中，商贸企业没有生产环节，以销售产品为主，而且销售给虚拟客户，不需要物流运输，主要体现在市场开拓和收款上。

二、业务流程

商贸企业申请和办理市场开拓的业务流程如图 5-45 所示。

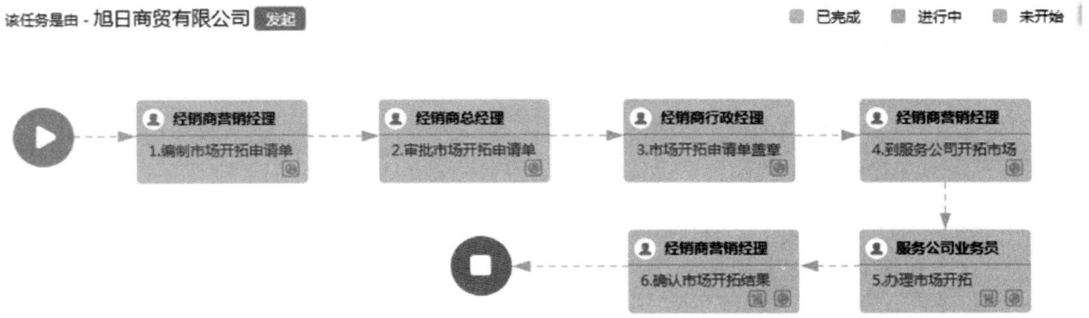

图 5-45　商贸企业申请和办理市场开拓的业务流程

三、业务步骤

1. 营销经理编制市场开拓申请单

营销经理查看系统中的教学资源，获得市场需求，根据公司策略和市场预测，选择要开拓的市场，确定要投放的金额，并填写市场开拓申请单。

2. 总经理审批市场开拓申请单

总经理根据公司的经营策略及资金使用计划，审核市场开拓申请单的合理性，确认同意后签字批准。

3. 行政经理在市场开拓申请单盖章

行政经理确认营销经理在公章使用登记表上确认签字后，在审批通过的市场开拓申请单上盖企业公章。

4. 营销经理到服务公司开拓市场

营销经理到服务公司办理市场开拓，提交市场开拓申请单，确定市场开拓的地点。

5. 服务公司业务员办理市场开拓业务

服务公司业务员查看商贸企业业务员要办理市场开拓的地区，根据市场开拓申请单，为对应的商贸企业开拓市场，服务公司在 VBSE 系统中选择“北部”，并选择商贸企业，且告知商贸企业业务员业务办理完成，并到服务公司总经理处领取发票。

6. 营销经理确认市场开拓结果

营销经理到服务公司确认市场开拓结果。

四、业务单据

商贸企业市场开拓申请示例如图 5-46 所示。

市场开拓申请

新道 教学专用

编号：			日期：	
申请单位：			委托单位：	
开拓区域：	□北部	□南部	□西部	□东部
开拓金额：			¥：	
经办人：			日期：	
财务经理意见：			日期：	
总经理意见：			日期：	
备注：			签章（公章）：	

图 5-46 商贸企业市场开拓申请示例

任务二 商贸企业收到市场开拓费发票

一、业务描述

发票具有合法性、真实性、统一性、及时性等特征，是最基本的会计原始凭证之一；发票是记录经济活动内容的载体，是财务管理的重要工具；发票是税务机关控制税源、征收税款的重要依据；发票是国家监督经济活动，维护经济秩序，保护国家财产安全的重要手段。增值税专用发票的主要内容包括：

（1）购销双方纳税人名称；

（2）购销双方纳税人地址、电话；

（3）购销双方纳税人登记号、开户银行及账户；

（4）销售货物或劳务的名称、计量单位和销售数量；

（5）不包括增值税在内的单位售价及货款总金额；

（6）增值税税率、税额；

（7）发票填开日期、发票号码等。

二、业务流程

商贸企业收到市场开拓费发票的业务流程如图 5-47 所示。

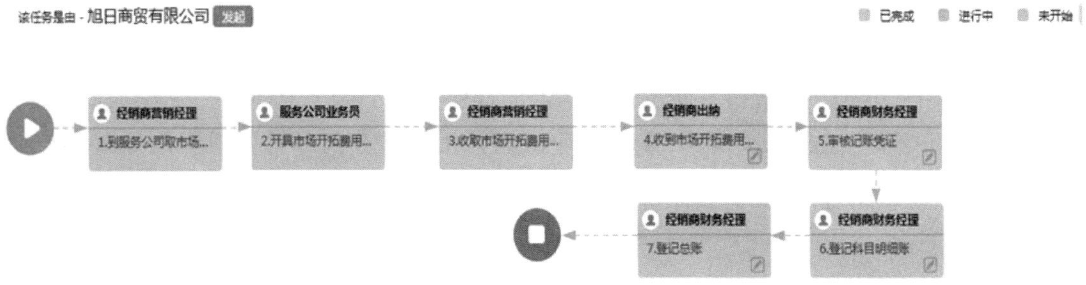

图 5-47　商贸企业收到市场开拓费发票的业务流程

三、业务步骤

1. 营销经理到服务公司领取发票

营销经理携带本公司的开票信息(公司名称、税务登记号、注册地址和电话、开户银行及账户等信息)到服务公司业务员处领取市场开拓费发票。

2. 服务公司业务员开具增值税专用发票

服务公司业务员根据市场开拓申请单的金额和商贸企业营销经理提供的企业信息开具增值税专用发票,将增值税专用发票发票联、抵扣联交给营销经理,将增值税专用发票记账联备案留档。

3. 营销经理收取市场开拓费发票

营销经理收取市场开拓费增值税专用发票并登记备案,并将市场开拓费增值税专用发票送至出纳处。

4. 出纳收到市场开拓费用增值税专用发票并记账

出纳收到市场开拓费增值税专用发票,根据市场开拓费增值税专用发票填制记账凭证,并在 VBSE 系统中进行单据填写。

记账凭证示例如下。

借:销售费用　　300 000

　应交税费——应交增值税(进项税额)　　51 000

　贷:应付账款——融通公司　　351 000

5. 财务经理审核记账凭证

财务经理审核记账凭证,并对照相关附件检查是否有误,审核无误后签字确认。

6. 财务经理登记科目明细账和总账

财务经理根据记账凭证登记科目明细账和总账,并在记账凭证上签字或盖章。

【温馨提示】

在实务中,企业通常设置“往来会计”一岗,专职负责应收款和应付款的管理,一般不应由出纳填制记账凭证。由于在 VBSE 综合实训中岗位数量有限,没有设置往来会计岗位,故由出纳填制记账凭证。

四、业务单据

商贸企业市场开拓费记账凭证示例如图 5-47 所示，商贸企业市场开拓费银行存款日记账示例如图 5-48 所示，商贸企业市场开拓费明细账示例如图 5-49 所示，商贸企业市场开拓费总分类账示例如图 5-50 所示，商贸企业市场开拓费增值税专用发票示例如图 5-51 所示，商贸企业市场开拓费发票记录表如图 5-52 所示。

记账凭证

记　账　凭　证

2019 年　1 月　5 日　　　　字第　　号

摘要	总账科目	明细账科目	借方金额	贷方金额	✓
支付市场开拓费	6601--销售费用	6601--销售费用	30000000		
	2221--应交税费	22210101--进项税额	4800000		
	1002--银行存款	100201--工行存款		34800000	✔
合　计			34800000	34800000	

附单据 3 张

会计主管：　记账：万鄉鄉　出纳：王嘉桓　复核：万鄉鄉　制单：万鄉鄉

图 5-47　商贸企业市场开拓费记账凭证示例

100201--工行存款　**银行存款日记账**　第 1 页

2019年 月	日	记账凭证号数	摘要	借方	✓	贷方	✓	余额
1	05		银行存款	470000000	✔			
1	05		支付工资			7726200	✔	462273800
1	05		支付市场开拓费			34800000	✔	427473800
1	05		支付广告投放费			15900000	✔	425883800
1	05		缴纳社保			2328600	✔	423555200
1	05		缴纳住房公积金			1100000	✔	422455200
1	05		缴纳个人所得税			6814	✔	422448386
1	05		缴纳企业增值税			39310345	✔	383138041
1	05		收到货款	1050732800	✔			1433870841
1	25		支付运费			6061920	✔	1433264649
1	25		应付制造业账款			562545176	✔	870719473

图 5-48　商贸企业市场开拓费银行存款日记账示例

1121--应收票据　**明　细　账**　总页：　分页：

会计科目

明细科目

记账凭证 年 月	日	类别	号数	摘要	对应科目	借方金额	贷方金额	借或贷	余额	✓
1	5				进项税额	4800000		借	4800000	✔
1	5				工行存款		38400000	贷		

图 5-49　商贸企业市场开拓费明细账示例

1	5		服务市场开拓费—销售费用	30000000		借	30000000 ✓
			应交税费	4800000		借	4800000 ✓
			银行存款		34800000	贷	

图 5-50　商贸企业市场开拓费总分类账示例

开拓费用发票

北京增值税专用发票　抵扣联

1100152211　№ 62482341　1100152211 62482341

机器编号：499991004047　开票日期：2019年1月5日

购买方　名称：恒润商贸有限公司
纳税人识别号：131100000014299123
地址、电话：北京市工体北路112号 010-64311039
开户行及账号：中国工商银行北京支行 4563512600681022350

密码区：
035926>3>2<0230937-8>1*26906
374*91/- +588247>>/*6+>-89233
785926>3>2<0230937*57+89>097
4/ 737-++ 690195*6067/ /42+2-72

货物或应税劳务、服务名称	规格型号	单位	数量	单价	金额	税率	税额
*服务*市场开拓费					300000.00	16%	48000.00
合计					¥300,000.00		¥48,000.00
价税合计（大写）	⊗叁拾肆万捌仟元整				（小写）¥348,000.00		

销售方　名称：融通综合服务有限公司
纳税人识别号：100108231234858024
地址、电话：北京市东华北里12号 010-51064000
开户行及账号：中国工商银行北京支行 0100229999000099026

备注

收款人：管理员　复核：　开票人：　销售方：（章）

融通综合服务有限公司 100108231234858024 发票专用章

京税函〔2015〕340号北京印刷有限公司

第二联：抵扣联　购买方扣税凭证

北京增值税专用发票　发票联

1100152211　№ 62482341　1100152211 62482341

机器编号：499991004047　开票日期：2019年1月5日

购买方　名称：恒润商贸有限公司
纳税人识别号：131100000014299123
地址、电话：北京市工体北路112号 010-64311039
开户行及账号：中国工商银行北京支行 4563512600681022350

密码区：
035926>3>2<0230937-8>1*26906
374*91/- +588247>>/*6+>-89233
785926>3>2<0230937*57+89>097
4/ 737-++ 690195*6067/ /42+2-72

货物或应税劳务、服务名称	规格型号	单位	数量	单价	金额	税率	税额
*服务*市场开拓费					300000.00	16%	48000.00
合计					¥300,000.00		¥48,000.00
价税合计（大写）	⊗叁拾肆万捌仟元整				（小写）¥348,000.00		

销售方　名称：融通综合服务有限公司
纳税人识别号：100108231234858024
地址、电话：北京市东华北里12号 010-51064000
开户行及账号：中国工商银行北京支行 0100229999000099026

备注

收款人：管理员　复核：　开票人：　销售方：（章）

融通综合服务有限公司 100108231234858024 发票专用章

京税函〔2015〕340号北京印刷有限公司

第三联：发票联　购买方记账凭证

图 5-51　商贸企业市场开拓费增值税专用发票示例

发票记录表

序号	日期	发票号	供应商名称	业务员	金额	交票人签字	收票人签字	备注
01								
02								
03								
04								
05								
06								
07								
08								
09								
10								
11								
12								
13								
14								
15								

图 5-52　商贸企业市场开拓费发票记录表

任务三　商贸企业支付市场开拓费

一、业务描述

商贸企业在VBSE系统中将产品销售给虚拟客户，为了增加产品销量，提高市场占有率，商贸企业首先要开拓市场，选择目标市场，打广告，做宣传。

在VBSE综合实训中，本业务委托服务公司完成，所以需要支付给服务公司市场开拓费。

二、业务流程

商贸企业支付市场开拓费的业务流程如图5-53所示。

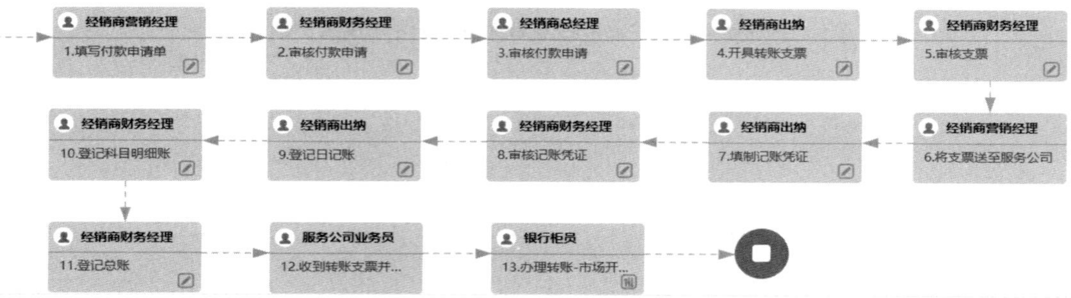

图 5-53　商贸企业支付市场开拓费的业务流程

三、业务步骤

1. 营销经理填写付款申请单

营销经理查看发票记录表，确认未支付的发票信息，对照发票记录表上的未支付发票信息在系统中填写付款申请单，并将付款申请单提交给财务经理。

2. 财务经理审核付款申请单

财务经理审核付款申请单和发票金额是否一致，确认无误后在付款申请单上签字，并将付款申请单交给营销经理再传递给总经理。

3. 总经理审核付款申请单

总经理审核付款申请单，确认无误后在付款申请单上签字，将付款申请单交还给营销经理，并传递给出纳。

4. 出纳开具转账支票

出纳收到营销经理转交的批复后的付款申请单，确认无误后对照付款申请单金额开具转账支票，并登记支票领用登记簿，支票领用人签字，将支票正联交给财务经理。

5. 财务经理审核支票

财务经理审核支票填写是否正确，确认无误后签字，并加盖公司财务章和法人章，将支票正联交给营销经理。

6. 营销经理将支票送至服务公司

营销经理将支票交给服务公司完成支付，登记发票领用表，将支票付款状态标注为“已领”。

7. 出纳填制记账凭证

出纳根据付款申请单和支票存根填制记账凭证，将支票存根和付款申请单粘贴在记账凭证后作为附件，并将记账凭证传递给财务经理。

8. 财务经理审核记账凭证

财务经理审核记账凭证，并对照相关附件检查是否有误，审核无误后签字确认，并将记账凭证传递给出纳。

9. 出纳登记日记账

出纳根据记账凭证登记簿登记银行存款日记账，在记账凭证上签字或盖章，并将记账凭证传递给财务经理。

记账凭证示例如下。

借：应付账款　　　　351 000

　贷：银行存款　　　　351 000

10. 财务经理登记科目明细账和总账

财务经理根据记账凭证登记科目明细账和总账，并在记账凭证上签字或盖章。

11. 服务公司业务员收到转账支票并到银行办理转账

服务公司业务员向办理市场开拓的商贸企业催收市场开拓费，收到商贸企业的转账支票后，根据转账支票填写进账单，并携带转账支票与进账单到银行办理转账。

12. 银行柜员办理转账

银行柜员收到服务公司提交的进账单与转账支票，根据进账单信息办理转账业务，并打印银行业务回单，将银行业务回单交给服务公司业务员。

四、业务单据

商贸企业支出市场开拓费支票示例如图 5-54 所示，商贸企业签发转账支票的注意事项如图 5-55 所示，商贸企业支出市场开拓费付款申请书示例如图 5-56 所示。

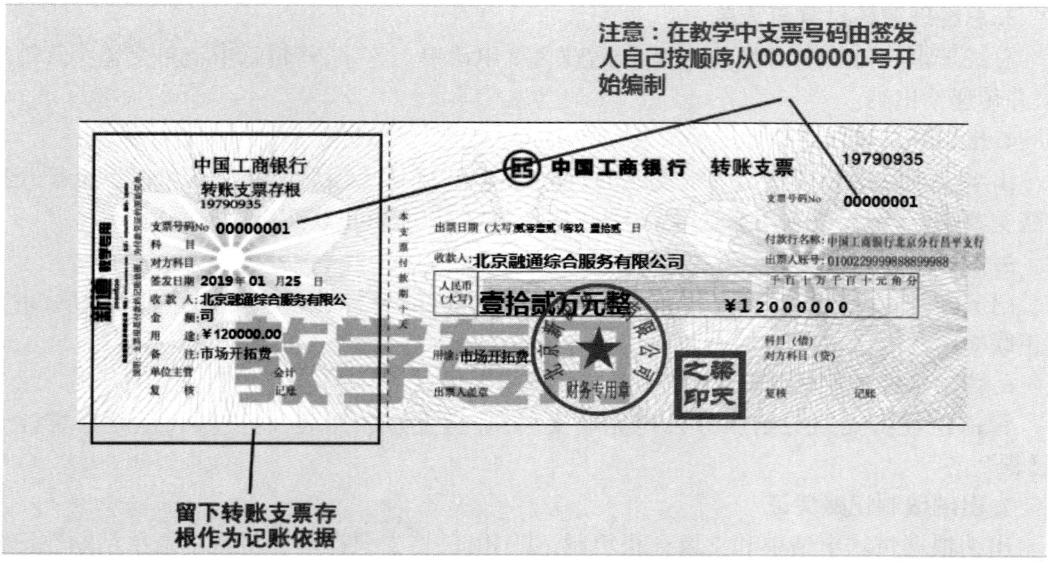

图 5-54 商贸企业支出市场开拓费支票示例

如何签发转账支票

1、转账支票签发日期：数字必须大写，大写数字写法：零、壹、贰、叁、肆、伍、陆、柒、捌、玖、拾。
（1）壹月贰月前零字必写，叁月至玖月前零字可写可不写。拾月至拾贰月必须写成壹拾月、壹拾壹月、壹拾贰月(前面多写了“零”字也认可，如零壹拾月)。
（2）壹日至玖日前零字必写，拾日至拾玖日必须写成壹拾日及壹拾X日（前面多写了“零”字也认可，如零壹拾伍日）。

2、收款人：填写收款人单位全称。

3、金额：注意数字的大写写法：零、壹、贰、叁、肆、伍、陆、柒、捌、玖、拾、佰、仟、万、亿；大写金额前不得留有空格；大小金额必须一致；小写前加人民币符号¥。

4、用途：据实填写使用用途。

5、密码：填写该张支票密码。

6、支票存根联：根据支票正联信息填写。

7、在支票正联加盖银行预留印鉴：财务章、法人章。

图 5-55 商贸企业签发转账支票的注意事项

付款申请书

2019 年　1 月　5 日

<table>
<tr><td>用途及情况</td><td colspan="11">金　额</td><td colspan="4">收款单位（人）：融通综合服务有限公司</td></tr>
<tr><td rowspan="2">支付市场开拓费</td><td>亿</td><td>千</td><td>百</td><td>十</td><td>万</td><td>千</td><td>百</td><td>十</td><td>元</td><td>角</td><td>分</td><td colspan="4">账　号：01002299990000990244</td></tr>
<tr><td></td><td></td><td></td><td>3</td><td>4</td><td>8</td><td>0</td><td>0</td><td>0</td><td>0</td><td>0</td><td colspan="4">开户行：工商银行</td></tr>
<tr><td>金额（大写）合计：</td><td colspan="13">叁拾肆万捌仟元整</td><td colspan="2">◎电汇 ◎汇票 ◉转账 ◎现金 ◎其他</td></tr>
<tr><td rowspan="2">总 经 理</td><td rowspan="2" colspan="3">肖蓉</td><td rowspan="2" colspan="3">财务部门</td><td colspan="2">经　理</td><td colspan="3">万娜娜</td><td rowspan="2">业务部门</td><td>经　理</td><td colspan="3">谢梦伟</td></tr>
<tr><td colspan="2">会　计</td><td colspan="3"></td><td>经办人</td><td colspan="3">谢梦伟</td></tr>
</table>

图 5-56　商贸企业支出市场开拓费付款申请书示例

任务四　商贸企业申请和办理广告投放

一、业务描述

广告作为一种传递信息的活动，是企业应用最广的促销方式和营销手段。它以促进销售为目的，需要付出一定的费用，通过特定的媒体传播商品或劳务等有关经济信息的大众传播活动。此项业务主要是商贸企业营销经理根据虚拟市场的订单情况提交广告投放申请，委托服务公司办理广告投放业务，并支付一定的费用。

二、业务流程

商贸企业申请和办理广告投放的业务流程如图 5-57 所示。

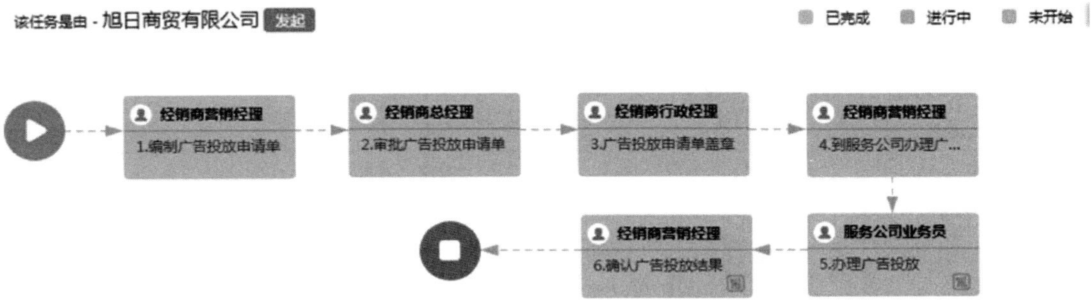

图 5-57　商贸企业申请和办理广告投放的业务流程

三、业务步骤

1. 营销经理编制广告投放申请单

营销经理根据公司经营策略、市场预测和开拓的市场及投放金额，编制广告投放申请单，并提交给总经理。

2. 总经理审批广告投放申请单

总经理根据公司经营策略及资金使用计划，审核其合理性，确认同意后签字批准。

3. 行政经理在广告投放申请单上盖章

行政经理确认营销经理在公章使用登记表上签字后，在审批通过的广告投放申请单上盖企业公章。

4. 营销经理到服务公司办理广告投放

营销经理到服务公司办理广告投放，提交广告投放申请单。

5. 服务公司业务员办理广告投放

服务公司业务员查看商贸企业营销经理提交的广告投放申请单，根据广告投放申请单为商贸企业办理广告投放。

6. 营销经理确认广告投放结果

营销经理到服务公司确认广告投放结果。

四、业务单据

商贸企业广告投放申请如图 5-58 所示。

新道 教学专用 seentao

广告投放申请

编号：		日期：	
申请单位：		委托单位：	
投放区域：	□北部 □南部 □西部 □东部 □中部		
投放金额：	¥：		
经办人：		日期：	
财务经理意见：		日期：	
总经理意见：		日期：	
备注：		签章（公章）：	

新道科技股份有限公司 网址：www.seentao.com 编码：DJ0186

注：投放广告费时，需要先开拓对应的市场，否则广告费无法投放。

图 5-58 商贸企业广告投放申请

任务五 商贸企业收到广告投放费发票

一、业务描述

商贸企业委托服务公司投放广告需要支付费用，而商贸企业营销经理需到服务公司索取广告投放费发票。

二、业务流程

商贸企业收到广告投放费发票的业务流程如图 5-59 所示。

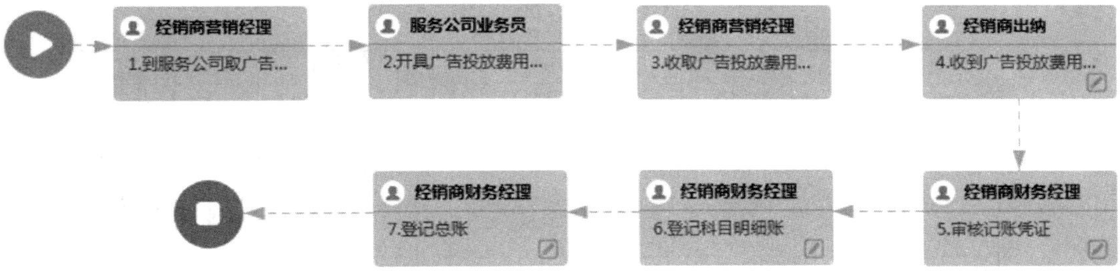

图 5-59　商贸企业收到广告投放费发票的业务流程

三、业务步骤

1. 营销经理到服务公司取广告投放费发票

营销经理携带本公司的开票信息(公司名称、税务登记号、注册地址及电话、开户银行及账户等信息)到服务公司业务员处取广告投放费发票。

2. 服务公司业务员开具广告投放费发票

服务公司业务员根据广告投放申请单的金额和商贸企业营销经理提供的企业信息开具增值税专用发票,将增值税专用发票发票联、抵扣联交给营销经理,将增值税专用发票记账联备案留档。

3. 营销经理收取广告投放费发票

营销经理从服务公司收取广告投放费专用发票并登记备案,将广告投放费专用发票送至出纳处。

4. 出纳收到广告投放费专用发票并记账

出纳收到广告投放费专用发票,根据广告投放费专用发票填制记账凭证。

记账凭证示例如下。

借:销售费用　　　　　150 000

　应交税费——应交增值税(进项税额)　　　　9 000

　贷:应付账款　　　　159 000

5. 财务经理审核记账凭证并登记科目明细账和总账

财务经理审核记账凭证,并对照相关附件检查是否有误,审核无误后签字确认;并根据记账凭证登记科目明细账和总账,在记账凭证上签字或盖章。

四、业务单据

商贸企业广告投放费记账凭证示例如图 5-60 所示,商贸企业广告投放费银行存款日记账示例如图 5-61 所示,商贸企业广告投放费明细账示例如图 5-62 所示,商贸企业广告投放费总分类账示例如图 5-63 所示，商贸企业广告投放费增值税专用发票示例如图 5-64 所示。

任务中心 > DYX6支付广告投放费用（经销商）

工作流程　填写单据　业务操作　决策依据

记账凭证

记　账　凭　证

2019 年　1 月　5 日　　　　字第　　号

摘要	总账科目	明细账科目	借方金额	贷方金额	✓
支付广告投放费	6601--销售费用	6601--销售费用	1500000		
	2221--应交税费	22210101--进项税额	90000		
				1590000	✓
合计			1590000	1590000	

附单据 3 张

会计主管：　记账：万鄉鄉　出纳：王嘉桓　复核：万鄉鄉　制单：万鄉鄉

图 5-60　商贸企业广告投放费记账凭证示例

100201--工行存款

银行存款日记账

第 1 页

2019年 月	日	记账凭证号数	摘要	借方	✓	贷方	✓	余额
1	05		银行存款	470000000	✓			
1	05		支付工资			7726200	✓	462273800
1	05		支付市场开拓费			34800000	✓	427473800
1	05		支付广告投放费			15900000	✓	425883800

图 5-61　商贸企业广告投放费银行存款日记账示例

月	日	类别	号数	摘要					✓
1	5				进项税额	4800000		借	4800000 ✓
1	5				工行存款		38400000	贷	
1	5			服务广告投放费	销售费用	15000000		借	15000000 ✓
					进项税额	900000		借	900000 ✓
					工行存款		15900000	贷	

图 5-62　商贸企业广告投放费明细账示例

1	5		服务市场开拓费--销售费用	30000000		借	30000000 ✓
			应交税费	4800000		借	4800000 ✓
			银行存款		34800000	贷	
1	5		服务广告投放费--销售费用	15000000		借	15000000 ✓
			应交税费	900000		借	900000 ✓
			银行存款		15900000	贷	

图 5-63　商贸企业广告投放费总账分类示例

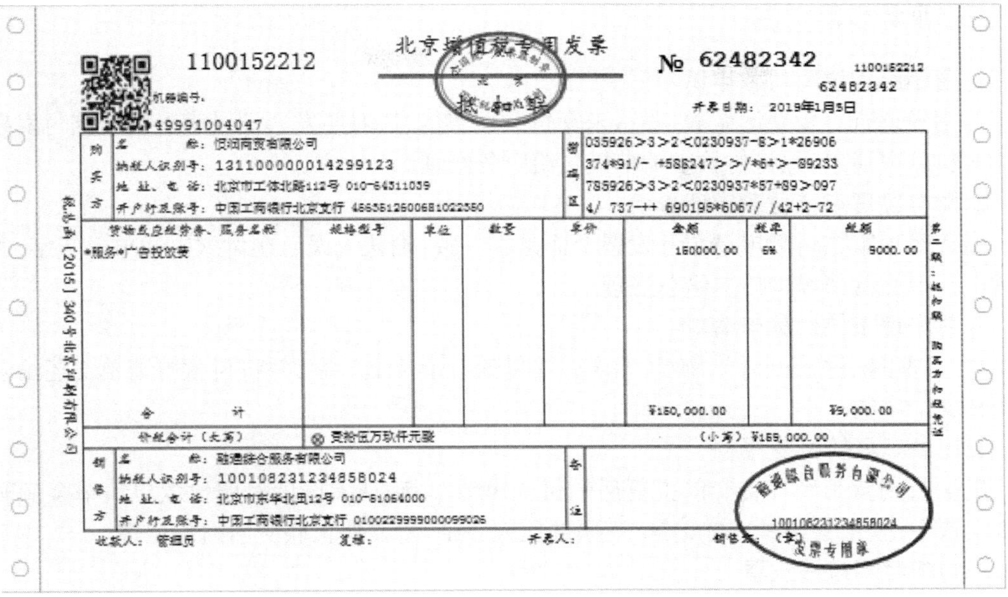

北京增值税专用发票

1100152212　№ 62482342　1100152212 62482342

机器编号：499991004047　开票日期：2019年1月5日

购买方	名　　称：恒润商贸有限公司 纳税人识别号：131100000014299123 地 址、电 话：北京市工体北路112号 010-64311039 开户行及账号：中国工商银行北京支行 4663512600681022350	密码区	035926>3>2<0230937-8>1*26906 374*91/- +588247>>/*6+>-89233 785926>3>2<0230937*57+89>097 4/ 737-++ 690195*6067/ /42+2-72

货物或应税劳务、服务名称	规格型号	单位	数量	单价	金额	税率	税额
*服务*广告投放费					150000.00	6%	9000.00
合　　计					¥150,000.00		¥9,000.00
价税合计（大写）	⊗壹拾伍万玖仟元整				（小写）¥159,000.00		

销售方	名　　称：融通综合服务有限公司 纳税人识别号：10010823123485B024 地 址、电 话：北京市东华北里12号 010-61064000 开户行及账号：中国工商银行北京支行 0100229999000099026	备注	融通综合服务有限公司 100108231234858024 发票专用章

收款人：管理员　复核：　开票人：　销售方：（章）

第二联：抵扣联　购买方扣税凭证

税总函〔2015〕340号北京印制有限公司

图 5-64　商贸企业广告投放费增值税专用发票示例

任务六　商贸企业支付广告投放费

一、业务描述

商贸企业根据广告投放费增值税专用发票，提交支付广告投放费申请及付款处理。

二、业务流程

商贸企业支付广告投放费的业务流程如图 5-65 所示。

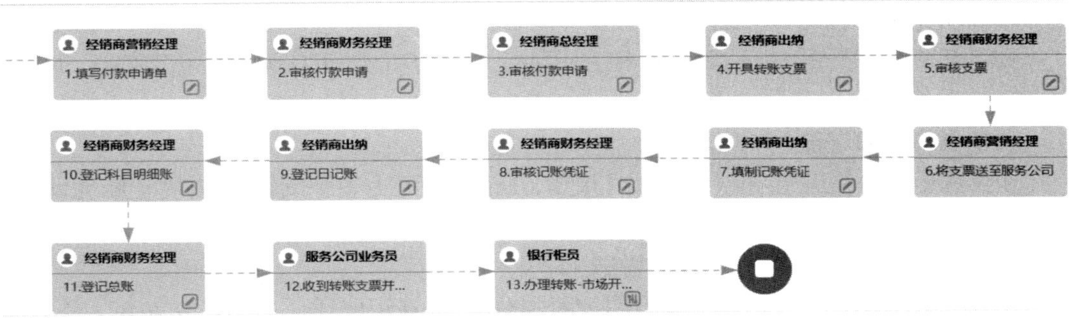

图 5-65　商贸企业支付广告投放费的业务流程

三、业务步骤

1. 营销经理填写付款申请单

营销经理查看发票记录表，确认未支付的发票信息，对照发票记录表上的未支付发票信息填写付款申请单，并将付款申请单提交给财务经理。

2. 财务经理审核付款申请单

财务经理审核付款申请单和发票金额是否一致，确认无误后在付款申请单上签字，并将付款申请单交营销经理传递给总经理。

3. 总经理审核付款申请单

总经理审核付款申请单，确认无误后在付款申请单上签字，并将付款申请单交还给营销经理转交给出纳。

4. 出纳开具转账支票

出纳收到营销经理转交的批复后的付款申请单，确认无误后对照付款申请单金额开具转账支票，并登记支票领用登记簿，支票领用人签字，将支票正联交给财务经理。

5. 财务经理审核支票

财务经理审核支票填写是否有误，确认无误后签字，加盖公司财务章和法人章，并将支票正联交给营销经理。

6. 营销经理将支票送至服务公司

营销经理将支票交给服务公司完成支付，登记发票领用表，将支票付款状态标注为"已领"。

7. 出纳填制记账凭证

出纳根据付款申请单和支票存根填制记账凭证，将支票存根和付款申请单粘贴在记账凭证后作为附件，并将记账凭证传递给财务经理。

记账凭证示例如下。

借：应付账款　　　　　　159 000

　贷：银行存款　　　　　　159 000

8. 财务经理审核记账凭证

财务经理审核记账凭证，并对照相关附件检查是否有误，审核无误后签字确认，并将记账凭证传递给出纳。

9. 出纳登记日记账

出纳根据记账凭证登记银行存款日记账，在记账凭证上签字或盖章，并将记账凭证传递给财务经理。

10. 财务经理登记科目明细账和总账

财务经理根据记账凭证登记科目明细账和总账，并在记账凭证上签字或盖章。

11. 服务公司业务员收到转账支票并到银行办理转账

服务公司业务员向办理广告投放的商贸企业催收广告投放费，收到商贸企业的转账支票，根据转账支票填写进账单，携带转账支票与进账单到银行办理转账。

12. 银行柜员办理转账

银行柜员收到服务公司提交的进账单与转账支票，根据进账单信息办理转账业务，并打印银行业务回单，将银行业务回单交给服务公司业务员。

四、业务单据

商贸企业广告投放费转账支票示例如图 5-66 所示，商贸企业广告投放费付款申请书示例如图 5-67 所示。

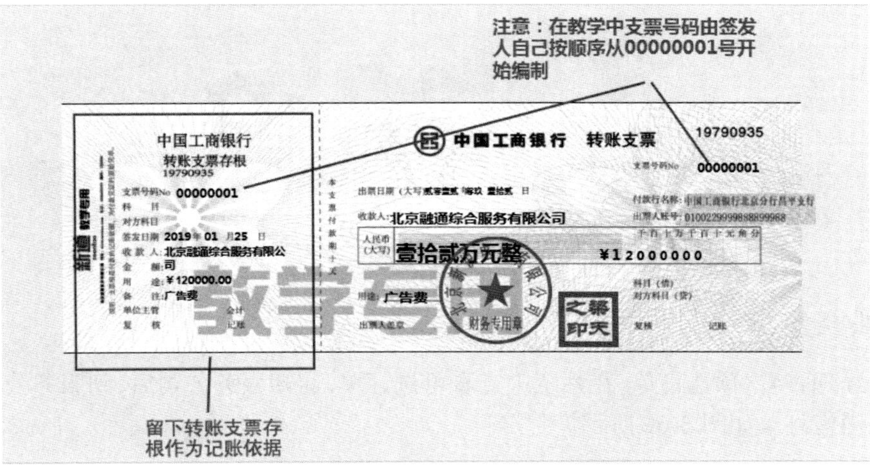

图 5-66　商贸企业广告投放费转账支票示例

付款申请书

2019 年　1 月　5 日

<table>
<tr><td>用途及情况</td><td colspan="11">金　额</td><td colspan="4">收款单位(人)：融通综合服务有限公司</td></tr>
<tr><td rowspan="2">支付广告投放费用</td><td>亿</td><td>千</td><td>百</td><td>十</td><td>万</td><td>千</td><td>百</td><td>十</td><td>元</td><td>角</td><td>分</td><td colspan="4">账　号：0100229999000099024</td></tr>
<tr><td></td><td></td><td></td><td>1</td><td>5</td><td>9</td><td>0</td><td>0</td><td>0</td><td>0</td><td>0</td><td colspan="4">开户行：工商银行</td></tr>
<tr><td>金额(大写)合计：</td><td colspan="11">壹拾伍万玖仟元整</td><td colspan="4">○电汇 ○汇票 ◉转账 ○现金 ○其他</td></tr>
<tr><td rowspan="2">总 经 理</td><td rowspan="2" colspan="3">肖蓉</td><td rowspan="2" colspan="3">财务部门</td><td colspan="2">经　理</td><td colspan="3">万娜娜</td><td rowspan="2">业务部门</td><td>经　理</td><td colspan="2">谢梦伟</td></tr>
<tr><td colspan="2">会　计</td><td colspan="3"></td><td>经办人</td><td colspan="2">谢梦伟</td></tr>
</table>

图 5-67　商贸企业广告投放费付款申请书示例

任务七　商贸企业查看虚拟销售订单

一、业务描述

销售订单指企业与客户之间签订的一种销售协议，可实现企业与客户之间的沟通，反映客户对企业待售货物的一种请求，同时也是企业对客户的一种销售承诺。销售订单是销售管理系统实质性功能的第一步，它向上承接销售合同，向下传递销售发货。通过销售订单信息的维护与管理，实现企业对销售的计划性控制，使企业的销售活动、生产活动、采购活动处于有序、流畅、高效的状态。在 VBSE 综合实训中，商贸企业查看虚拟销售订单比较简单，只有一步操作，即在 VBSE 系统中“业务操作”界面查看虚拟市场的销售订单。

二、业务流程

商贸企业查看虚拟销售订单的业务流程如图 5-68 所示。

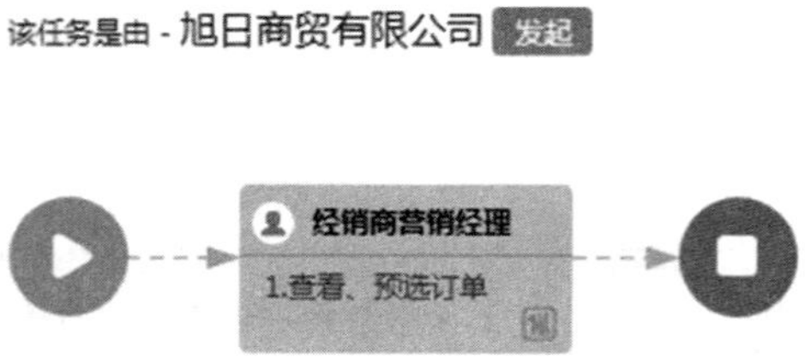

图 5-68　商贸企业查看虚拟销售订单的业务流程

三、业务步骤

营销经理查看、预选订单，在系统中查看可选订单，通知服务公司后，到服务公司进行选单。虚拟销售订单如图 5-69 所示。

2019 年 1 月 5 日，营销部经理查看虚拟销售订单。

注：固定数据阶段，每家经销商只能选择一笔虚拟订单，自主经营部分可以按照广告投放得分依次选择虚拟订单

业务数据

订单详情：

订单编号	客户	商品	数量	单价	金额	交货日期	结算日期
SO-0001	上海乐康妇婴用品有限公司	经济型童车	12000	1202.37	14428440.00	1 月 5 日	1 月 25 日
SO-0002	广州好康妇婴用品有限公司	经济型童车	12000	1202.37	14428440.00	1 月 5 日	1 月 25 日
SO-0003	北京爱喜商贸有限公司	经济型童车	12000	1202.37	14428440.00	1 月 5 日	1 月 25 日
SO-0004	成都新兴商贸有限公司	经济型童车	12000	1202.37	14428440.00	1 月 5 日	1 月 25 日

图 5-69　虚拟销售订单

任务八 服务公司组织商贸企业竞单

一、业务描述

该业务由服务公司总经理发起并完成,服务公司总经理需要在系统中为商贸企业办理选单。操作时,先选择公司,再选择订单。

二、业务流程

服务公司组织商贸企业竞单的业务流程如图 5-70 所示。

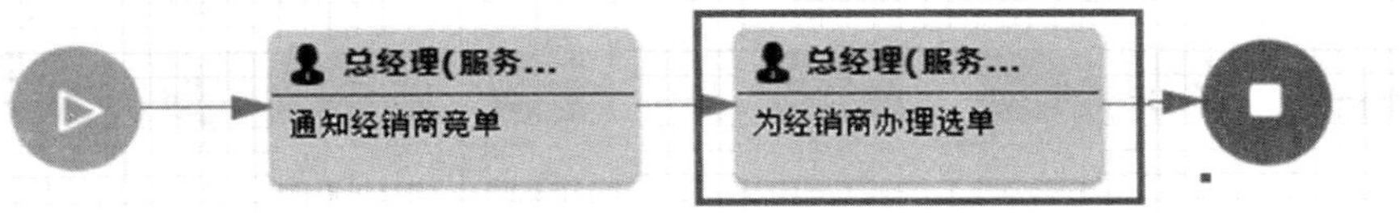

图 5-70 服务公司组织商贸企业竞单的业务流程

三、业务步骤

服务公司总经理通知商贸企业竞单,并为商贸企业办理选单。

四、业务单据

本业务暂不涉及单据填写。

任务九 商贸企业查看竞单结果

一、业务描述

营销经理在系统中查看选择的虚拟订单信息。本业务只有一步操作,即在 VBSE 系统中“业务操作”界面查看销售订单情况,此时显示订单状态是“已确定”,点击右边操作中的放大镜,可看到该订单的详细情况。

二、业务流程

商贸企业查看竞单结果的业务流程如图 5-71 所示。

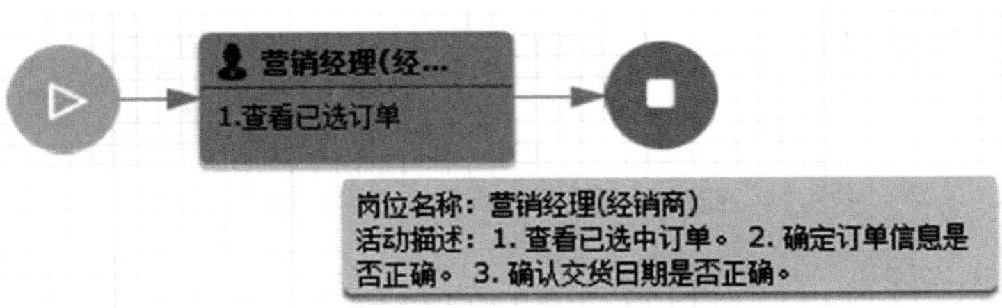

图 5-71 商贸企业查看竞单结果的业务流程

三、业务步骤

营销经理查看已选中订单，确定订单信息是否正确，确认交货日期是否正确。商贸企业竞单详情如图 5-72 所示。

业务数据

订单详情：

订单编号	客户	商品	数量	单价	金额	交货日期	结算日期
SO-0001	上海乐康妇婴用品有限公司	经济型童车	12000	1202.37	14428440.00	1月5日	1月25日
SO-0002	广州好康妇婴用品有限公司	经济型童车	12000	1202.37	14428440.00	1月5日	1月25日
[redacted]	[redacted]	[redacted]	[redacted]	[redacted]	[redacted]	[redacted]	[redacted]
SO-0004	成都新兴商贸有限公司	经济型童车	12000	1202.37	14428440.00	1月5日	1月25日

图 5-72 商贸企业竞单详情

四、业务单据

本业务暂不涉及单据填写。

任务十 商贸企业给虚拟商贸企业发货

一、业务描述

商贸企业给虚拟商贸企业发货，由于发货对象是虚拟的，商贸企业填写发货单后，自行留存即可。

二、业务流程

商贸企业给虚拟商贸企业发货的业务流程如图 5-73 所示。

图 5-73 商贸企业给虚拟商贸企业发货的业务流程

三、业务步骤

1. 营销经理填制发货单

营销经理根据销售订单明细表和发货计划填制发货单(一式四联),将发货单财务部留存联交给财务经理,将发货单仓储部留存联和客户联交给仓储经理。

2. 财务经理确认发货单

财务经理收到发货单,检查本企业的应收账款额度是否过高,如过高则应通知营销经理限制发货,将发货单交给出纳。

3. 仓储经理确认发货单

仓储经理根据仓库现状确认发货单,进行发货准备工作。

四、业务单据

商贸企业给虚拟商贸企业发货的发货单示例如图 5-74 所示。

发 货 单

新道 教学专用

单据编号:XSFH20190001　日　期:2019-01-05　交货日期: 2019-01-25

销售订单号:SO201901001　客户名称:北京爱喜商贸有限公司　仓　库:普通仓库

业 务 员:杨绮萱　运输方式:陆运　联 系 人:

产品名称	产品型号	发货数量	备　注
经济型童车		12000	
合　计		12000	

第一联:营销部留存

营销部经理:杨绮萱　账务部经理:　客户确认:

说明:

发货单的填写依据是“销售订单明细表”及“销售发货计划”;

发货单一式四联,第一联由营销部门留存,第二联由仓储部留存,第三联由财务部留存,第四联由客户留存。

图 5-74 商贸企业给虚拟商贸企业发货的发货单示例

任务十一 商贸企业给虚拟商贸企业办理出库并开具发票

一、业务描述

商贸企业给虚拟商贸企业办理出库并开具发票,需要在 VBSE 系统中进行出库操作,开具纸质销售发票,进行账务处理。

二、业务流程

商贸企业给虚拟商贸企业办理出库并开具发票的业务流程如图 5-75 所示。

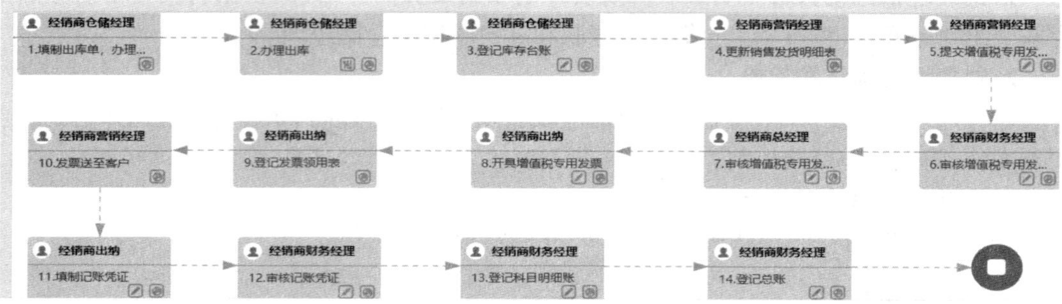

图 5-75　商贸企业给虚拟商贸企业办理出库并开具发票的业务流程

三、业务步骤

1. 仓储经理填制出库单，办理出库业务并登记库存台账

仓储经理根据发货单填制销售出库单（一式三联），根据发货单在 VBSE 系统中办理出库业务，办理出库完成后，根据销售出库单登记库存台账，将销售出库单传递给营销经理并告知已出库。

2. 营销经理更新销售发货明细表，提交增值税专用发票申请

营销经理根据销售发货明细表和销售订单的信息提交开具增值税专用发票申请，并将开票申请单提交财务经理。

3. 财务经理、总经理审核增值税专用发票申请

财务经理先审核开具增值税专用发票申请，审核通过后提交总经理审核，总经理审核通过后，交给营销经理送至出纳处。

4. 出纳开具增值税专用发票并登记

出纳根据开具增值税专用发票申请，开具增值税专用发票，营销经理在发票领取登记簿登记并签字，出纳将增值税专用发票记账联保留，将发票联和抵扣联交给营销经理送给客户。

5. 出纳填制记账凭证

出纳根据发票记账联填制记账凭证，将发票记账联和销售出库单粘贴在记账凭证后作为附件，将记账凭证交给财务经理。

记账凭证示例如下。

借：应收账款　　　　　　5 771 375.63

　　贷：主营业务收入　　　　　　4 932 799.68

　　　　应交税费——应交增值税（销项税额）　　　　838 575.95

6. 财务经理审核记账凭证并登记科目明细账及总账

财务经理审核记账凭证，审核无误后，根据记账凭证登记科目明细账和总账，并在记账凭证上签字或盖章。

【温馨提示】

销售订单中的单价为含税价，要折算成不含税价开票。

四、业务单据

商贸企业给虚拟商贸企业开票申请单示例如图 5-76 所示，商贸企业给虚拟商贸企业发货记账凭证示例如图 5-77 所示，商贸企业给虚拟商贸企业发货科目明细账示例如图 5-78 所示，商贸企业给虚拟商贸企业发货总分类账示例如图 5-79 所示。

开票申请单

2019 年 1 月 5 日

合同号（订单号） XNXSP6241907 申请人 谢梦伟

发票类型	增值税专用发票	发票金额	14428440.00
单位名称	北京爱喜商贸有限公司	税号	13110000001429000
开户行 银行账号	中国工商银行北京支行	单位地址 电话	北京市温泉路010-82234579
开票内容 及说明	[redacted]	备注	[redacted]

总经理：肖蕾　　财务经理：　万娜娜　　业务经理：　谢梦伟

图 5-76　商贸企业给虚拟商贸企业开票申请单示例

记账凭证

记　账　凭　证

2019 年 01 月 05 日　　字第　　号

摘要	总账科目	明细账科目	借方金额（亿千百十万千百十元角分）	贷方金额（亿千百十万千百十元角分）	✓
出售童车	1405--库存商品	140501--经济型童车		1442844000	☑
	1122--应收账款	112225--北京爱喜	1442844000		☐
					☐
					☐
					☐
					☐
合　　计			1442844000	1442844000	☑

附单据 2 张

会计主管：　记账：万娜娜　出纳：王嘉桓　复核：万娜娜　制单：万娜娜

图 5-77　商贸企业给虚拟商贸企业发货记账凭证示例

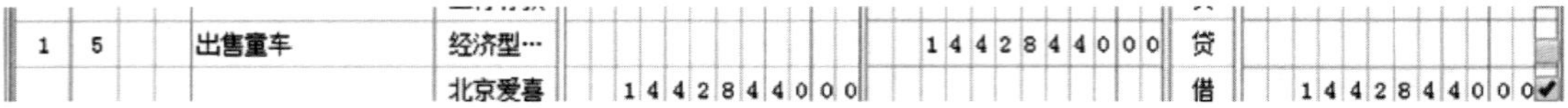

图 5-78　商贸企业给虚拟商贸企业发货科目明细账示例

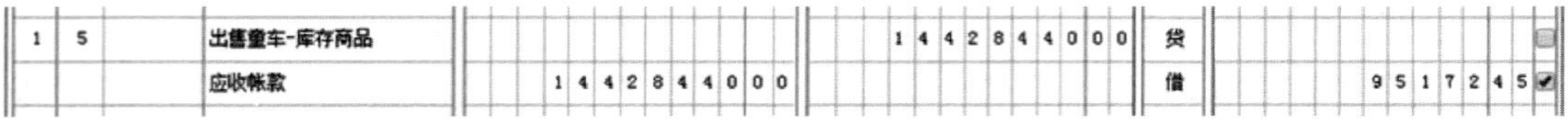

图 5-79　商贸企业给虚拟商贸企业发货总分类账示例

任务十二　商贸企业收到虚拟商贸企业货款

一、业务描述

商贸企业收到虚拟商贸企业货款，商贸企业营销经理需要在 VBSE 系统中完成收款操作，出纳取回银行电汇转账凭证后，填制记账凭证，登记明细账和日记账。

二、业务流程

商贸企业收到虚拟商贸企业货款的业务流程如图 5-80 所示。

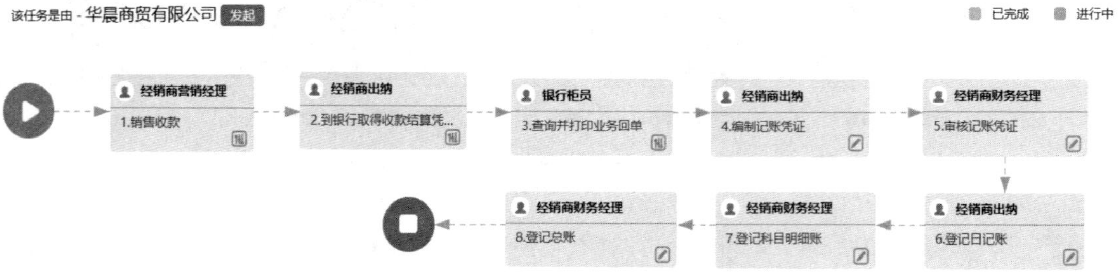

图 5-80　商贸企业收到虚拟商贸企业货款的业务流程

三、业务步骤

1. 营销经理确认销售收款

营销经理在 VBSE 系统中办理销售收款业务，通知出纳查询银行存款。

2. 出纳到银行取得收款结算凭证

出纳在 VBSE 系统中查询网银确认收入，并到银行取得收款结算凭证。

3. 银行柜员查询并打印业务回单

银行柜员根据出纳提供的信息查询交易记录，打印查询到的交易记录业务回单，并将打印的业务回单交给出纳。

4. 出纳编制记账凭证

出纳根据银行业务回单编制记账凭证，将银行业务回单粘贴在记账凭证后作为附件，并将记账凭证交财务经理。

记账凭证示例如下。

借:银行存款　　　　　5 771 375.63

　贷:应收账款　　　　　5 771 375.63

5. 财务经理审核记账凭证

财务经理审核记账凭证,确认无误后交给出纳。

6. 出纳登记日记账

出纳根据记账凭证登记银行存款日记账,在记账凭证上签字或盖章,并将记账凭证传递给财务经理。

7. 财务经理登记明细账和总账

财务经理根据记账凭证登记科目明细账和总账,并在记账凭证上签字或盖章。

四、业务单据

商贸企业收到虚拟商贸企业货款业务单据信息如图 5-81 所示,商贸企业收到虚拟商贸企业货款记账凭证示例如图 5-82 所示,商贸企业收到虚拟商贸企业货款银行存款日记账示例如图 5-83 所示。

业务数据

虚拟订单信息如下:

存货编码	存货名称	数量	单位	含税单价	金额	发货日期	收款日期
P0001	经济型童车	12000	辆	1202.37	14428440.00	1 月 5 日	1 月 25 日

图 5-81　商贸企业收到虚拟商贸企业货款业务单据信息

记　账　凭　证

字第　　号

2019 年　01 月　05 日

摘 要	总账科目	明细账科目	借方金额											贷方金额											✓
			亿	千	百	十	万	千	百	十	元	角	分	亿	千	百	十	万	千	百	十	元	角	分	
收到货款	1122--应收账款	112225--北京爱喜		1	0	5	0	7	3	2	8	0	0												
	1002--银行存款	100201--工行存款													1	0	5	0	7	3	2	8	0	0	✓
合　　计				1	0	5	0	7	3	2	8	0	0		1	0	5	0	7	3	2	8	0	0	

附单据 2 张

会计主管:　　记账:万娜娜　　出纳:王嘉桓　　复核:万娜娜　　制单:万娜娜

图 5-82　商贸企业收到虚拟商贸企业货款记账凭证示例

100201--工行存款

银行存款日记账

第 1 页

2019年 月	日	记账凭证号数	摘要	借方	✓	贷方	✓	余额
1	05		银行存款	470000000	✓			
1	05		支付工资			7726200	✓	462273800
1	05		支付市场开拓费			34800000	✓	427473800
1	05		支付广告投放费			15900000	✓	425883800
1	05		缴纳社保			2328600	✓	423555200
1	05		缴纳住房公积金			1100000	✓	422455200
1	05		缴纳个人所得税			6814	✓	422448386
1	05		缴纳企业增值税			39310345	✓	383138041
1	05		收到货款	1050732800	✓			1433870841
1	25		支付运费			6061920	✓	1433264649
1	25		应付制造业账款			562545176	✓	870719473

图 5-83 商贸企业收到虚拟商贸企业货款银行存款日记账示例

思政映射 事无诚不成，商无信不兴

“诚信”是我国社会主义核心价值观内容之一，也是我国民法的基本原则之一。对每个人来说，诚信既是一种道德品质和道德信念，也是一种道德责任，更是一种崇高的人格力量。对一个企业来说，“诚信”是一种形象、一种品牌、一种信誉，也是企业兴旺发达的基础。

《论语·颜渊》有言：“人无信不立，事无信不成，商无信不兴。”诚信在古代先贤心中的地位可见一斑，他们劝人坚守诚信，并以诚信为立身之本，而今虽已步入一个新时代，但诚信的重要性丝毫没有削减，反而更为重要，新时代社会主义核心价值观中个人层面的“诚信”二字便是最好的体现。

知识拓展 购销合同编制与签订规范

知识拓展 购销合同编制与签订规范

模块六　物流企业经营业务

【模块任务简介】

在 VBSE 综合实训中,物流企业的主要业务是制造企业、商贸企业的运输业务,物流企业的操作是围绕运输展开的,物流企业内部的经营在实训中基本没体现。所以,物流企业的核心业务就是运输合同和运输业务。

【教学目标】

知识点:1. 掌握运输合同的特点;

2. 了解签订运输合同的注意事项。

技能点:能够编制运输合同。

态度点:掌握职场谈判的方法和技巧。

【重点难点】

运输合同。

任务一　物流企业与制造企业签订运输合同

一、业务描述

2019 年 1 月 5 日,物流企业与制造企业签订运输合同,货物运输期限从 2019 年 1 月 5 日起到 2020 年 1 月 5 日止。其中部分合同条款内容包括:运费计算标准为运送货物订单金额的 5%,结算依据为收货方签收的运单,运送服务完成后同时开具运输服务的专用发票,并在开票后的 10 日内完成运费的支付。

二、业务流程

物流企业与制造企业签订运输合同的业务流程如图 6-1 所示。

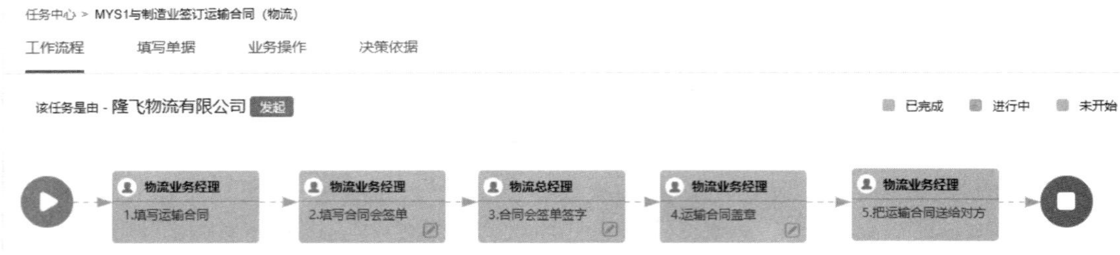

图 6-1 物流企业与制造企业签订运输合同的业务流程

三、业务步骤

该业务主要由物流企业的业务经理和总经理共同完成。

1. 业务经理填写运输合同

运输合同的签订是由双方共同完成的，在业务流程中只体现物流企业业务经理，但在实训中物流企业的业务经理一定要和制造企业进行多次谈判，确定运输合同的规范和内容，在双方共同认可的情况下，才能签订合同。

2. 业务经理填写合同会签单

合同会签单是企业内部对各类合同的登记和管理，在合同会签单中登记关于签订合同的详细信息，便于进行查阅。在实训中，由物流企业业务经理填写合同会签单。

3. 总经理审核合同会签单

总经理审核合同会签单填写内容的准确性和完整性，确认无误后签字。

4. 业务经理给运输合同盖章并归档

在实训中，物流企业的内部业务比较少，业务经理身兼数职。在这里业务经理担任行政助理，给审定后的运输合同盖章，并做好归档管理工作。

5. 业务经理返还运输合同给制造企业

业务经理将最终审核无误的运输合同返还制造企业。

四、业务单据

在实务中，运输合同因业务不同，形式、内容等会有差异。但需要注意：

（1）合同中应明确合同双方的权利和义务，如承运期限、运输方式、运费、违约处理等内容；

（2）合同按约定时间生效，未约定时间的自成立时生效。

合同会签单示例如图 6-2 所示。

合同会签单

单据编号：ht0002　　　　会签日期：2019 年 01 月 05 日

送签部门	业务部	签约人：徐祺	承办人：徐祺	电话：15719141221 E-mail：2409281834@qq.com
合同名称	[illegible]飞物流合同		对方单位	小精灵童车制造公司
合同主要内容	运输物品名称，数量及价格、运输方式及运输日期。		合同金额（大写）	肆万叁仟柒佰柒拾捌元肆角
业务部门审批意见	已审阅合同，同意签约 日期：2019.01.05			
财务部审批意见	已审阅合同，同意签约 日期：2019.01.05			
总经理审批意见	同意 日期：2019.01.05			
争议解决	合同包括可预见的争议性解决方案，对于不可预见的争议，双方协商解决。如有异议，申请“北京市昌平区仲裁委员会”仲裁，仲裁方案为最终解决方案			
归档情况	与合同一起归纳。			

图 6-2　合同会签单示例

任务二　物流企业与商贸企业签订运输合同

一、业务描述

2019 年 1 月 5 日，物流企业与商贸企业签订运输合同，货物运输期限从 2019 年 1 月 5 日起到 2020 年 1 月 5 日止。其中部分合同条款内容包括：运费计算标准为运送货物订单金额的 5%，结算依据为收货方签收的运单，运送服务完成后同时开具运输服务的专用发票，并在开票后的 10 日内完成运费的支付。

二、业务流程

物流企业与商贸企业签订运输合同的业务流程如图 6-3 所示。

图 6-3　物流企业与商贸企业签订运输合同的业务流程

三、业务步骤

该业务主要由物流企业的业务经理和总经理共同完成。

1. 业务经理填写运输合同

运输合同的签订是由双方共同完成的，在业务流程中只体现物流企业业务经理，但在实训中物流企业的业务经理一定要和商贸企业进行多次谈判，确定运输合同的规范和内容，在双方共同认可的情况下，才能签订合同。

2. 业务经理填写合同会签单

合同会签单是企业内部对各类合同的登记和管理，在合同会签单中登记关于签订合同的详细信息，便于进行查阅。在实训中，由物流企业业务经理填写合同会签单。

3. 总经理审核合同会签单

总经理审核合同会签单填写内容的准确性和完整性，确认无误后签字。

4. 业务经理给运输合同盖章并归档

在实训中，物流企业的内部业务比较少，业务经理身兼数职。在这里业务经理担任行政助理，给审定后的运输合同盖章，并做好归档工作。

5. 业务经理返还运输合同给商贸企业

业务经理将最终审核无误的运输合同返回给商贸企业。

四、业务单据

合同会签单示例如图 6-2 所示。

任务三　物流企业与制造企业的运输业务

因为物流企业与制造企业的运输业务是双方合作的过程，物流企业与制造企业的运输业务已经在“制造企业采购付款业务”部分详细描述，此处不再赘述。

任务四　物流企业与商贸企业的运输业务

因为物流企业与商贸企业的运输业务是双方合作的过程，物流企业与商贸企业的运输业务已经在“制造企业销售收款业务”部分详细描述，此处不再赘述。

思政映射　新基建、大交通与智能物流

随着我国“新基建”的高速发展，传统物流势必被新型网络物流逐渐替代，网络货运的技术升级和发展成为关键点。物流行业平台和物流装备制造企业积极参与并利用“新基建”，并为其赋能，我国已进入“智能物流”时代。

党的二十大报告指出：“要坚持以推动高质量发展为主题，把实施扩大内需战略同深化供给侧结构性改革有机结合起来，增强国内大循环内生动力和可靠性，提升国际循环质量和水平，加快建设现代化经济体系，着力提高全要素生产率，着力提升产业链供应链韧性和安全水平，着力推进城乡融合和区域协调发展，推动经济实现质的有效提升和量的合理增长。”这为我们指明了方向。

十年来，我国交通运输基础性、先导性、战略性作用充分发挥，为国家战略实施提供了坚强保障。我国完成了“具备条件的乡镇和建制村通硬化路、通客车”的兜底性目标任务，实现了“小康路上不让任何一地因交通而掉队”的庄严承诺，为打赢脱贫攻坚战和乡村振兴战略实施提供有利服务。我们坚持与世界相交、与时代相通，大力推进交通互联互通，更好服务“一带一路”高质量发展。

物流一头连着生产，一头连着消费。十年来，物流业在服务生产、促进消费、畅通循环方面发挥了积极作用。“新基建”的发展核心，即5G网络、大数据中心、人工智能等技术，已经大量运用到物流运营服务领域。其中，智能调度、视频监控、物流配送等，帮助众多业内企业重塑供应链和提升物流效率。智能物流系统主要由5G、大数据和人工智能等技术支撑，随着“新基建”的发展，这些功能将更加强大，各类智能物流设施和设备必定伴随着新基建的铺设进入更多应用场景。以“互联网+”为支撑，物流行业实现可视化、可控化、智能化、网络化。在“新基建”加持下，一站式智慧物流服务为企业降本增效。平台依托人工智能、物流大数据、云计算等核心技术，形成了网络货运系统、智能供应链、无车承运、物流增值税业务等服务体系，将线上交易、线下服务全面深度结合。

知识拓展　运输合同签订注意事项

知识拓展　运输合同签订注意事项

模块七　VBSE 仿真经营的经营复盘

【模块任务简介】

在 VBSE 综合实训课程结束后，学生需要对实训过程进行总结。首先对实训过程的相关资料进行整理、归档，其次根据教师的要求认真撰写实训报告，最后进行实训汇报。学生通过撰写实训报告和进行实训汇报，学会归纳和总结，提升思考问题和解决问题的全局意识和表达能力等。

【教学目标】

知识点：了解企业经营复盘的内涵。

技能点：1. 掌握企业经营复盘的方法；

2. 掌握实训报告的撰写方法。

态度点：1. 培养总结、归纳的习惯；

2. 培养展示自己工作情况的方法。

【重点难点】

实训报告的撰写。

任务一　各企业经营复盘

一、认识复盘

1. 复盘的概念

“复盘”原是围棋术语，本意是对弈双方下完一盘棋后，重新在棋盘上把对弈过程摆一遍，看看哪些地方下得好，哪些地方下得不好，哪些地方可以有不同甚至是更好的下法等。这个把对弈过程还原并且进行研讨、分析的过程，就是复盘。通过复盘，对弈双方可以看到全局以及整个对弈过程，了解棋局的演变，总结出适合自己的套路，或找到更好的下法，从而实现自己棋力的提升。如今复盘的应用领域很多，股市中的复盘就是指在股市收盘后静态地看一遍市场全貌。

复盘的主要目的是总结过往案例，启发未来投资，投资团队进行经验分享，进一步提升投资管理能力。复盘的核心是反省与学习，通过总结过去成功的经验和失败的教训，启发和指导未来的投资，帮助防范未来投资时可能面对的错误和风险。

将复盘运用到企业管理中，指从过去的经验、实际工作中学习，帮助管理者有效地总结经验、提升能力，以实现绩效的改善。

2. 复盘的三个关键

作为一种基本的工作方法论，要理解复盘的精髓，需掌握三个关键词。

1）亲身经历

人类的学习途径与方式有很多，按照来源可分为从自己学习和向他人学习两大类。从自己学习的主要方法就是复盘，因为自己过去经历的事件是成年人获取信息、对信息进行加工与处理的主要途径。其他的方式与来源可能还包括顿悟、创新性的涌现（如 U 型理论）等。向他人学习也比较普遍，大家都比较熟悉，如前人总结出来的教科书、案例或经验教训以及标杆学习等。

2）过去

组织学习大师彼得·圣吉曾讲过，从本质上看，人类只能通过“试错法”进行学习。大卫·库伯提出的“经验学习”模型也是成人学习领域最主要的基础理论之一。虽然按照麻省理工学院奥托·夏默博士的说法，仅向过去学习是不够的，还需要向正在涌现的未来学习（参见他提出的“U 形理论”）。但不可否认的是，成年人最主要的学习来源仍是过去的经验，而复盘就是从自己过去的经验中学习的结构化方法。

3）学习

复盘的本质是从过去的经验中学习，但大家对“什么是学习”仍存在诸多理解上的差异，有的人认为获取一些知识或信息就是学习，有的人将培训、听讲等具体形式看成是学习。

3. 复盘的种类

复盘大致可以分为战略复盘、企业管理复盘、项目复盘、工作复盘、过程复盘、数据复盘等，甚至个人都可以进行复盘，也就是自我复盘。可以说，复盘无处不在，只是多与少、正式与非正式的不同。

本教材所说企业经营管理中的复盘可以理解为从过去的经验、实际工作中学习，帮助管理者有效地总结经验、提升能力，以实现绩效的改善。

复盘并不是一个哗众取宠的词，它是总结的一种形式，但是比总结更有内涵，总结只是复盘的一部分。总结是对事件过程进行梳理，对已经发生的行为和结果进行描述、分析和归纳，关注事件的关键点和里程碑。而复盘除包含总结的动作外，还会对未发生的行为进行虚拟探究，探索其他行为的可能性和可行性，以找到新的方法和出路。

（1）复盘是一个动态连续的过程，既包含对已知事物的总结，又包含对未知事物的探寻。复盘的进化式过程是加上执行实践的参照对比，从而排除错误的认识和路径，找到更有效、更符合本质规律的做法，如同高手切磋，除能看到对方对已知的理解外，还会探寻招式的绝妙之处以及具体的应用场景，或者用其他的招式应对会产生怎样的连锁反应等。

（2）复盘是一个结构化比较强的总结方法，遵照一定的流程、已定的形式进行事情的回顾与总结。相较而言，总结的形式比较随意，没有特定的结构，视个人习惯和理解能力而定。

（3）复盘是以学习为导向的归纳总结。复盘的目的并不在于评价已经发生的事实，而是从发生过的事件中获取经验教训，找到改进的地方，为未知事件的发生做好准备，防止在同一个地方跌倒两次,这其实就是一个学习的过程。进行复盘必须秉持客观原则,对已经发生的事实既不批评,也不表扬。

(4)复盘是一种团队活动。虽说个人复盘也是存在的,但在企业管理中,复盘多以团队方式进行,如部门之间、小组之间进行的项目复盘。通过复盘,团队成员能够敞开心扉,彼此之间坦诚相待,激发集体的智慧,挖掘出知识、经验,从而促进整体的提高和协同效率的改善。可以说,复盘是一种高效的团队学习方法。

4. 复盘的四步法

本教材将针对各类企业的复盘大致分为四个步骤。

1)对对感觉

领导可以把大家召集起来,先感觉一下最近这一段时间做得好还是不好,做得好的多找找客观原因,做得不好的多找找主观原因。

2)回顾目标,评估结果

如公司确认这个月的销售目标是要做 200 万元的营业额,为什么没做到,做 200 万元的目的是什么?往深里追究,认真回顾当时用了哪些策略和目标,有哪些关键的行动等。根据这个目标就可以评估结果以及根据结果来看到底有没有达成目标,是不是当时这个目标定得有问题。

3)分析原因

原因的分析可以是多方面的,如可以用“五个为什么”或者鱼骨图工具进行分析,找出根本性的原因在哪里,这时往往需要深入挖掘人性。在复盘的时候,可能领导一开始脸红扑扑的,后来变白了,最后发青了,因为分析原因是很痛苦的一个过程,这是现实中经常会发生的事情。

4)总结经验

总结经验时要提升到战略层面,从而形成一个具有穿透性的认知。企业正确经营就要干三件事情:第一是搭班子,第二是定战略,第三是带队伍。这个顺序很重要,不是先定战略再搭班子,而是先搭班子再定战略最后带队伍,这就是一个具有穿透性的认知。

5. 复盘的标准流程

复盘的标准流程是场景重现、明确目标、分析原因、总结规律、制订行动计划。

(1)场景重现:将复盘的事情从头到尾叙述一遍,强调三个内容,即信息罗列、行动初衷和目标、个人状态和结果。

(2)明确目标:当时的目标是什么?最终的结果如何?

(3)分析原因:对比结果与预期目标,差距是什么,造成差距的原因是什么?

(4)总结规律:这是一个什么类型的事件或过程;未达到目标对自己有什么影响;同类型事件有没有成功案例可参考。

(5)制订行动计划:下一步可以做些什么来提高事件或过程的完成效率和质量。

二、企业经营复盘中需关注的风险点

企业经营往往是有风险的,所以企业要学会规避风险,投资失误和经营失误都会影响企业的经营,严重的会导致企业倒闭,复盘整个供应链也往往有很多风险。

1. 库存断供

供应链是链条，断了就会失去其本来的价值，不论是供应商给目标企业断供，还是目标企业给客户断供，都是致命的。所以企业要有必要的库存，以备不时之需。

2. 大量物料呆滞

不管是老产品不能及时退出市场，还是新产品不能有效推向市场，如果出现大量物料呆滞，那就是灾难性的。

3. 大量订单不能交付

如果合同条款苛刻，一旦出现大量订单不能交付，则会面临大额罚款。

4. 资金断流

资金流是企业的血液，资金断流会严重威胁企业的生存，有观点认为资金断流的风险远远大于库存断供。

5. 倒账

倒账是应收账款收不回来，或者预付账款被供应商骗走，供应链的毛利往往也就是15%左右，一旦一笔生意倒账，做十笔生意也未必能赚回来。如果金额不是很大，不至于影响资金流，那么企业还可以持续经营。但是，如果金额过大，造成资金断流或者库存断供，那就是灾难性的。

6. 大量订单取消

大量订单取消会造成库存积压，从而影响资金流。

7. 质量事故

质量事故不但严重影响企业经营，相关责任人也会受到法律的制裁。这些看似是生产的问题，实际上也是供应链管理存在问题。

8. 设备故障

有些企业主要靠关键设备维持生产，维护好这些设备就显得至关重要。

9. 合同欺诈

不少企业因为合同欺诈倒闭，这样的例子在实务中非常多。

10. 罢工

不管是供应商的工人罢工、客户的工人罢工，还是目标企业的工人罢工，都是非常棘手的问题。

11. 重资产难以变现

某些投入设备、厂房等的重资产，事后发现没有市场，难以收回投资，尤其是最近十来年，随着土地价格猛涨，不少企业热衷于拿地建厂房，把本来就不多的现金投入周转很慢的厂房和设备中，造成经营困难甚至倒闭。

12. 国家政策变化

如环保政策变化，有些工厂因不能满足要求而被勒令关闭。

13. 传染病大流行

2003 年的“非典”疫情和 2020 年的新冠肺炎疫情就是最现实的例子。

14. 台风、海啸等不可抗力因素

做企业都是有风险的，供应链也是如此，企业家需要有冒险精神。预则立，不预则废，有备则无患，好的企业无非是多做了一些防范。

三、各企业经营汇报

在 VBSE 综合实训中，各企业在复盘的基础上，撰写 PPT 和实训报告，进行实训汇报。

1. 实训汇报的目的

在课程开始时，教师给学生讲清楚实训结束后要进行实训汇报。学生在实训的过程中，要记录和总结实训中的优势和存在的问题，以团队为单位积累实训汇报素材。

在 VBSE 综合实训中，教师更多的是组织者、讲解员、教练和顾问的角色，主要是让学生自己去解决实训中的问题，完成实训任务。通过实训汇报可以让学生对自己的工作内容做系统的梳理和总结，检验学生的参与程度及实训效果。同时，实训汇报可给学生提供一个展示自我、分享实训感受的平台，有助于激发学生更多的创新思维，使实训效果更上一个台阶。

2. 实训汇报的内容

实训汇报应围绕以下几个方面开展：

（1）企业经营的基本情况以及各岗位任务；

（2）企业经营过程中建立的企业文化；

（3）各组织在实训过程中的收获、经验和教训。

3. 汇报形式

实训汇报以团队为单位进行，形式可以多种多样，可以推荐代表发言，可以制作 PPT 讲稿或视频等。

实训汇报为学生提供了一个充分发挥自己特长的机会，锻炼语言表达能力，也是对团队合作的一种促进。

任务二　各组织实训考核及资料整理

一、实训资料的整理

在课程结束后，学生以实训组织为单位，整理并提交相关实训资料。

1. 资料的种类

（1）企业管理类资料，包括企业基本情况、企业基本业务等介绍性文档，新团队接手企业后进行企业文化建设（海报）的资料、企业的规章制度等。

（2）单证报表类资料。各组织在实训过程中要填写纸质单据或打印电子单据，这些单据要分岗位装订。其中，会计资料的装订要严格按照《会计法》规定，符合国家会计制度；手工会计凭证和信息化环境下打印出来的凭证，各装订一本；账簿和报表均分类填写封面并装订；证章等实训器材从各岗位收齐后放回工具箱；其他纸质实训资料需要分类整理，按日期排序，装订后按组织统一上交。

（3）实训日志。本课程要求参与者每日拟订实训日志（工作日志），记录当天工作所得。本课程结束后，按岗位整理实训日志，按团队装订提交。

2. 资料的归档要求

（1）CEO 组织本机构办公用品回收任务，分别上交给不同的责任人。

（2）所有填制过的单据汇总给本组织的财务负责人，然后由其统一上交给服务公司；所有未填制过的单据分种类上交给税务局；所有印章上交给供应商；所有办公用具（印泥、工作牌等）上交给客户；所有现金、银行卡以企业为单位统一汇总，然后上交给银行。

（3）实训日志及企业管理用文件、人事制度、发展规划、营销策划、企业文化等文档性纸质材料，由机构人事经理整理后，上交给指导教师；实训日志每日书写，第二天汇总给所在组织的 CEO，统一上交给指导教师。

二、实训报告的撰写

1. 实训报告的撰写及评价

每位学生从自己的岗位任务出发，撰写实训报告。实训报告中需要详细说明在实训中完成的具体任务、完成的质量、出现的问题以及对策和最后的收获等。指导教师根据学生实训报告的撰写情况进行打分，作为学生成绩的组成部分。

对企业经营组织业绩的评价主要从经营效益和制度建设两个方面进行。根据实训模拟的经营数据，从企业利润、品牌价值、资质、市场开拓情况、研发能力等方面对所在组织进行分析评价；结合所在企业的相关制度，从完整性、规范性、适用性、制度文档管理等方面对企业的制度进行分析评价。在各虚拟组织自评的基础上，教师对各组织进行打分，并作为学生成绩的组成部分。

2. 团队内部评价考核

团队内部评价考核由团队负责人评定，各组织负责人对团队成员日常工作中的表现进行综合评价，依据是日常工作中工作任务的完成情况、工作态度等多维评价指标，评价结果写在过程性考核表中并提交给指导教师，也作为学生成绩的组成部分。

思政映射　学会复盘，遇见更好的自己

苏联作家奥斯特洛夫斯基在《钢铁是怎样炼成的》中写道：“一个人的生命是应该这样度过的，当他回首往事的时候，不因虚度年华而悔恨，也不因碌碌无为而羞耻。”这句话激励了几代人。我们的课程迎来尾声，是盘点收获，是挥手告别，也是走向新生。海子说：“我们最终都要远行，最终都要与稚嫩的自己告别，告别是通向成长的苦行之路。”人生路漫漫，但我们遇到了最好的时代，中国走向复兴，民族充满希望，人人激情满满。我们要时常复盘自己走过的路，时常跟过去的自己重新对话，反思过去，迎接美好未来，创造新的天地。

参考文献

[1] 李爱红,杨松柏.VBSE跨专业综合实训教程:基于新道V综3.X平台[M].北京:机械工业出版社,2019.